21 世纪普通高等教育“十三五”规划教材·公共基础课系列

市场调查与预测

（第四版）

闫秀荣　崔　佳　主　编

孟　威　李　乐　李明武　张永强　副主编

上海财经大学出版社

图书在版编目(CIP)数据

市场调查与预测/闫秀荣,崔佳主编.—4版.—上海:上海财经大学出版社,2019.9
(21世纪普通高等教育"十三五"规划教材·公共基础课系列)
ISBN 978-7-5642-3311-2/F·3311

Ⅰ.①市… Ⅱ.①闫…②崔… Ⅲ.①市场调查-高等学校-教材②市场预测-高等学校-教材 Ⅳ.①F713.52

中国版本图书馆CIP数据核字(2019)第149235号

□责任编辑 胡 芸
□封面设计 张克瑶

市场调查与预测
(第四版)
闫秀荣 崔 佳 主 编
孟 威 李 乐 李明武 张永强 副主编

上海财经大学出版社出版发行
(上海市中山北一路369号 邮编200083)
网 址:http://www.sufep.com
电子邮箱:webmaster@sufep.com
全国新华书店经销
上海华业装璜印刷厂印刷装订
2019年8月第4版 2019年8月第1次印刷

787mm×1092mm 1/16 18印张 461千字
印数:50 001—54 000 定价:45.00元
(本教材配套习题集电子版,请扫各章首二维码下载)

21世纪普通高等教育“十三五”规划教材

21 SHIJI PUTONG GAODENG JIAOYU “SHISANWU” GUIHUA JIAOCAI

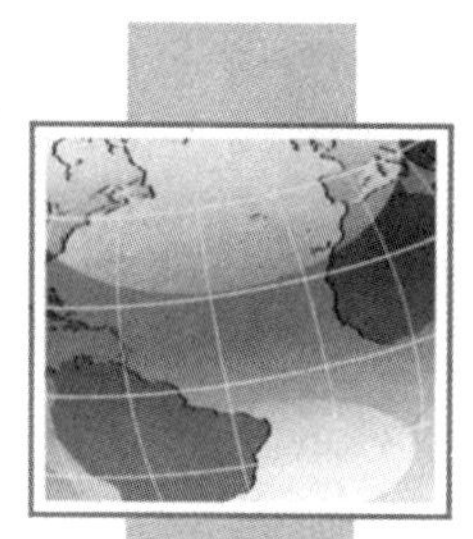

编 委 会

BIAN WEI HUI

第四版前言

市场调查与预测作为一门市场研究的综合性的应用科学，在现代市场经济环境中逐步被企业重视起来，特别是在全球经济危机的大环境中，更需要能够分析预测未来经济发展趋势的实用型人才。在现代高等教育中，如何培养社会需要的实用型现代人才，是广大教育者迫切需要研究的重要课题。

本书以适应市场调查与市场预测教学及实践为宗旨，系统地阐述了市场调查与市场预测的基本理论、基本知识和基本方法，并注重知识的系统性及结构的严谨性，整体布局合理，理论与实践紧密结合，具有较强的综合性、系统性和适用性。

本书根据我国经济发展进程中的需要及现代社会对高等教育人才需求的特点，在编写的指导思想、市场营销职业岗位群的要求标准及培养学生市场营销综合能力等方面都进行了进一步的完善，力求理论联系实际，深入浅出地介绍各种实用的市场调查与预测的方法、技能，具有较强的可操作性，是现代高等教育中培养实用型人才的适用教材，同时也是企业培训的实用教材。

为了给读者提供最新的内容和完整的补充资料，本书吸收和借鉴了国内外市场调查的最新研究成果，对每章都做了修订。在编写过程中，注重以下几个方面：

第一，本书全面介绍了市场调查和预测常用的基本知识和方法。这是学生运用理论解决实际问题的基础。

第二，随着互联网技术的飞速发展和普及，本书及时介绍了最新的调研方法和案例，在教材中新增了移动端互联网调研、在线论坛调研、调研结果的有效沟通等内容和案例。

第二，在教材的实用性方面有了很大的改进。更新了大量企业案例分析及习题设计与企业实际相融合，以反映最新的调研实践，让学生在学习本课程之后能够在企业实践中更好地展示才华。

第三，本书主要从培养学生的操作能力和实际工作的要求出发，侧重于分析在企业的经营实践中应用文案法、实验法、访谈法、抽样技术、问卷设计及专家法、时间序列分析、因果分析等预测方法。同时，按照市场调查及市场预测实践的整体要求，介绍相关工作的特征、原则、程序等。特别是在实际应用中的一些专业软件包工具，可以让学生掌握统计分析的操作与应用方法。

第四，本书还配有与教材配套的习题、教学课件等，是高等教育教学中管理类专业最适宜的教材，同时也可供有关管理人员参考使用。

本书由闫秀荣、崔佳任主编，孟威、李乐、李明武、张永强任副主编。全书共分十章，参与本书编写及修订的人员有：第一章由东北农业大学张永强、哈尔滨师范大学研究生学院孟威编写，第二章由哈尔滨师范大学管理学院姜红梅、首都机场集团公司张春丽编写，第三章由哈尔滨师范大学管理学院王广学、长江大学李明武编写，第四章由哈尔滨师范大学管理学院姜红梅、崔佳编写，第五章、第七章由齐齐哈尔大学胡锐、阜新蒙古族自治县教师进修学校张晓丽编写，第六章由哈尔滨师范大学管理学院刘泽栋、北京基伊埃能源技术有限公司闫浩编写，第八章由深圳能健恒商贸发展有限公司李妍、哈尔滨师范大学管理学院薛宏冰编写，第九章、第十章由齐齐哈尔大学赵英姝、哈尔滨师范大学管理学院闫秀荣编写。

在编写本书的过程中，综合了多本教材的优点和内容体系，并且得到了多家企业的帮助，我们对此表示由衷的感谢！但由于编者的水平及时间有限，书中难免会有错误之处，敬请读者批评指正，以便我们今后加以改正。

此外，为了帮助学生更好地消化理解、熟悉掌握每一章的知识点，本书各章配有相应的习题，由此生成的二维码附于各章首，参考答案部分附于文末，需要者可自行扫码下载。为了便于老师教学，本书各章还配有相应的 PPT，需要者可前往上海财经大学出版社网站(http://www.sufep.com)下载。

编 者

2019 年 8 月

目　录

第四章 市场调查资料收集方法

第五章 市场调查的抽样技术

第六章 市场调查问卷设计

第七章 市场调查资料的统计分析

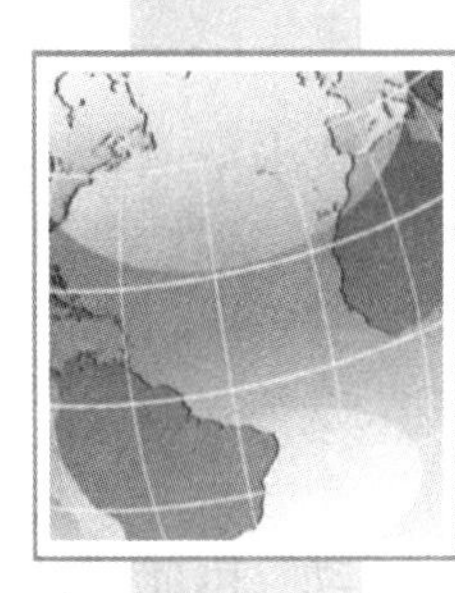

第一章
市场调查与预测概述

本章习题

学习目的与要求

通过本章的学习，应使学生掌握市场调查与预测的概念、特点、类别、程序、范围及作用；掌握市场调查与现代企业的营销原理、市场调查与预测促进企业成长的原理以及企业经营与市场调查的关系；了解市场调查与预测的功能、地位和市场调查与预测对现代企业发展的重要性。

第一节　市场调查的概念、特点及类别

一、市场调查的概念

市场调查的概念有多种表述形式，但基本上都强调对市场信息进行系统性的收集与分析，强调市场信息对经营管理和市场营销决策的意义。

美国市场营销协会在 20 世纪 80 年代后期对市场调查做出定义，认为市场调查通过信息识别，明确市场营销的机会和问题，形成、优化和评估市场营销活动，监督市场营销运作，改进对市场营销整个过程的理解，从而有效地把顾客、消费者和社会公众与市场营销主体相联结。基于这种观点，企业通过市场调查可以获得有关消费者、竞争者以及公众的信息，并把企业的信息传递出去，因此市场调查也是市场营销的手段。

美国学者 Luck 和 Wales 认为，市场调查是指采用科学方法解决市场营销中的各种问题。

德国学者 Lisowsky 认为，市场调查是指企业本身在经营和推销的各种环境影响下，运用系统的科学原理方法所获得并认识的情报。

日本学者石井荣造认为，市场调查是指营销活动的企划、试行、检验的各种情况下对所发生的相关课题，用某些方法来收集数据、分析数据，是客体的实际状况和构造明朗化的一种手段。

中国台湾地区学者樊志育认为，市场调查可分为狭义的市场调查和广义的市场调查。狭义的市场调查(Market Research)主要是对顾客所做的调查，即以购买商品、消费品的个人或工厂为对象，以探讨商品的购买、消费等各种事实、意见及动机。广义的市场调查(Marketing Research)是指用科学的方法收集产品从生产者转移到消费者手中的一切与市场销售有关的资料，包括从认识市场到制定营销决策的全过程。

我们把市场调查定义为市场营销整个领域中的一个重要元素，是运用科学的方法系统地、客观地辨别、收集、分析和传递有关市场营销活动的各方面信息，为企业营销管理者制定有效的市场营销决策提供重要的依据，是对市场营销活动全过程的分析和研究。

二、市场调查的特点

(一)内容的广泛性

市场调查研究的内容十分广泛,既有对消费者的类型、结构、消费需求、消费水平、购买动机、购买行为、对产品的要求和意见等关于消费者的研究,也要对政治、经济、文化、宗教、人口、风俗习惯、国民收入等市场环境进行研究,同时也进行市场需求分析、产品调查、产品生命周期分析、竞争环境分析、价格和渠道分析、广告效力研究、企业形象调查、服务及大众传媒调查等。

(二)选题的针对性

市场调查是针对企业解决市场营销问题、为营销决策提供信息而开展的活动。因此,其目的性较强,是按客户的具体情况"量体裁衣"的。在对一项调查研究进行设计时,首先想到的3个问题是:这项调查需要多少费用?需要多长时间?可以获取多少信息?要想办法将方案设计得尽可能满足顾客的信息需求和经费预算,即项目的设计要与调查经费和客户的需求相适应。所选调查课题有其特定的针对性。

(三)程度的伸缩性

市场调查所收集数据的多少和复杂程度可以根据所需信息和经费的多少来调整。简单的调查可以设计得只需几页记录纸和一个简单计算器,结果也就是几页调查报告。复杂、大规模的调查要采用高级的计算机和数据分析程序,以处理、计算并生成大量精确的信息。市场调查的深入程度和规模大小根据实际的需要和经费具有很大的伸缩性。

(四)过程的系统性

市场调查不仅是资料记录、整理和分析的活动,更是一个周密策划、精心组织、科学实施的过程,由一系列工作环节、步骤、活动和成果组成。它包含对信息的判断、收集、记录、整理、分析、研究和传播等活动。这些活动互相联系、互相依存、互相作用,组成一项复杂的工作,因此需要科学的理论和方法指导,同时也需要进行科学的组织和管理。

三、市场调查的类别

市场现象的复杂性和市场经营多方面的需要,决定了市场调查不能只用单一的方法或从某一个方面进行,而是必须应用各种方法对市场进行全面系统的调查。由于主体、客体、范围、时间、功能等方面所存在的差异,市场调查可以从各种角度区分为多种类型。

(一)按市场调查的主体进行分类

1. 企业的市场调查

企业是市场调查的主要主体。在经营过程中,企业必然经常需要对各种问题做出判断和决策,因而需要进行市场调研。本书的叙述是以企业为主体展开的。当然,这并不妨碍本书内容对其他市场主体(即个人或组织)的适用性。

2. 政府部门的市场调查

政府部门在社会经济活动中承担着管理者和调节者的职能,在许多情况下还从事某些直接经营活动。无论是执行管理或调节职能,还是直接从事经营活动,都需要了解和掌握充分的市场信息。为此,政府部门经常需要开展市场调研活动。一般而言,政府部门的市场调查所涉及的范围比较大。

3. 社会组织的市场调查

各种社会组织,例如各种学术团体、中介组织、事业单位、群众组织、民主党派等,为了学术研究、工作研究、提供咨询等需要，也会组织一些市场调研活动。这种市场调查通常具有专业性强的特点。

4. 个人的市场调查

个人也是市场调查的主体。某些个人由于种种原因，也需要进行市场调查。比如，某些个体业主，由于个人经营上的原因，需要了解相关的市场信息，从而进行市场调查活动；有些研究人员为开展研究，也需要进行市场调查；即使作为消费者，也需要了解相关的市场信息，从而对市场的某些方面进行研究。一般而言，个体的市场调研范围较小，实施起来不一定很规范。

(二)按市场调查的范围分类

1. 专题性的市场调查

专题性的市场调查简称专题调查，是指市场调查主体为解决某个具体问题而对市场中的某个方面进行的调查。这种市场调查具有组织实施灵活方便，所需人力物力有限，对调查人员的要求相对较低的特点。但是，它提供的信息具有某种局限性，存在市场调查主体无法仅凭此对市场全面了解的不足。在许多情况下，当企业或其他市场调查主体面临某些涉及面有限的具体问题需要做出决策时，只要提供的信息能保证满足决策所需，专题调查就是合理的选择。事实上，大多数市场调查属专题调查。

2. 综合性的市场调查

综合性的市场调查简称综合调查，是指市场调查主体为全面了解市场的状况而对市场的各个方面进行的全面调查。相对于专题调查而言，综合调查涉及市场的各个方面，提供的信息能全面地反映市场的全貌，有助于市场调查主体正确了解和把握市场的基本状况。但是，由于这种市场调查涉及面广，组织实施比较困难，不但需要投入相当多的人力、物力，费时费钱，对调查人员的要求也相对较高。一般而言，这种市场调查只在必要时才组织实施，在实践中比较少见。

(三)按市场调查的功能分类

1. 探索性调查

探索性调查是一种为了掌握和了解调查者所面临的市场调查问题的特征和与此相联系的各种变量的市场调查。

顾名思义，探索性调查是通过对一个问题或一种状况进行探索和研究达到对其的了解。其目的可以是：系统地阐述一个市场营销问题；更确切地定义一个市场问题；识别可供选择的行动方案；发展各种假设；探寻关键的变量和主要变量的联系；为探寻解决问题的途径而获取信息；为进一步调查打好基础；等等。

一般而言，当市场调查人员对需要解决的问题尚无足够的了解而不能有效推进调研项目时，探索性调查往往是必要且有成效的。探索性调查的作用通常在于发现问题的端倪，而不能揭示问题的本质。所以，探索性调查大多作为大型的市场调查项目的开端。

探索性调查具有一些明显的特征。从所需的信息资料看，由于这种调查往往处于调查活动的初期，对所需的信息只能给予大致的定义，并没有明确的规定；调查的过程富有弹性，并非严密规定；所选择的样本规模较小，并且不强调其代表性；获取的信息资料主要反映事物本质的定性信息；调查结果应被视作尝试性的，或应被作为进一步调查的基础。总之，灵活性和多样性是探索性调查的最主要特征，常规的市场调查方案和程序很少被全盘采用，严密设计的调查表、大规模的样本、随机抽样技术等亦很少采用。相反，调查人员在调研过程中需随时捕捉各种信息，形成新的概念和理解。一旦新的概念和理解形成，他们将沿着新的方向开展探测性调查。所以,调查的重点有可能经常变换。调查人员的创造性和才智在探索性调查中起着重大的作用。

探索性调查一般采用简便易行的调查方法,比如第二手资料的收集、小规模的试点调查、定性调查、专家或相关人员的意见集合等。

比如,化妆品市场是竞争日益激烈、消费需求变化快的竞争性市场。某化妆品企业为开发新产品,决定开展市场调研,作为新产品开发决策的依据。该企业的市场调查人员首先进行了探索性市场调查。他们通过召开现有的和潜在的消费者座谈会以及由市场营销人员、技术人员和部分经销商代表组成的座谈会,探索可以向市场推出哪些新产品。通过探索性调查,他们大致了解了市场的动态和消费需求发展的趋势,形成了许多新产品开发的概念。这些概念又经描述性的调查,进行进一步的研究论证和筛选,最后为企业开发新产品的决策提供了很好的依据。结果,该公司成功地向市场推出了几种新的化妆品,很受消费者欢迎,扩大了市场份额,取得了良好的收益。

2. 描述性调查

描述性调查是结论性调查的一种。顾名思义,描述性调查的主要目标是对市场调查问题,通常是对市场的特征和功能、调查问题的各种变量等做尽可能多的描述。常见的描述性调查有:市场分析、销售分析、产品分析、销售渠道分析、价格分析、形象分析和广告分析等。

描述性调查所要了解的是有关问题的相关因素和相关关系。它所要回答的是“什么”“何时”“如何”等问题,并非要回答“为什么”的问题。所以,描述性调查的结果通常是说明事物的表征,并不涉及事物的本质及影响发展变化的内在原因。它是一种最基本、最一般的市场调查。

描述性调查通常被用于以下情形:

(1)描述相关群体的特征。比如,描述消费者、销售人员、组织、地区市场等的特征。如对某类商品的购买者进行调研,把其归类为经常购买者、一般购买者、偶尔购买者等不同类型。

(2)确定消费者或顾客对产品或劳务特征的理解和反应。比如,确定消费者对产品的质量、价格、款式、品牌等的理解以及这些因素对其购买决策的影响。

(3)估计某个特殊群体在具有某种行为特征的群体中的比重。比如,估计白领阶层在购物时使用信用卡的比重。

(4)确定各种变量对市场营销问题的关联程度。比如,确定住宅建设(主要是竣工面积)与装饰材料需求之间的关系等。

描述性调研需要有一套事先设计好的计划,有完整的调研步骤,并对调研问题提出最后的答案。对调研所需的信息资料需做明确定义,样本规模较大,并有代表性。对资料来源需做仔细选择,要有正规的信息收集方法。一般而言,描述性调研的信息来源很多,几乎各种来源的信息都可用于描述性调研,调研的方法也可包括各种类型。

3. 因果性调查

因果性调查也是结论性调查的一种。它是旨在确定有关事物的因果联系的一类市场调查。事物的发展变化总有一定的因果联系。因果调查的直接目的有两个:一是了解哪些变量是原因性因素(即自变量)、哪些变量是结果性因素(即因变量);二是确定原因和结果(即自变量和因变量)之间的关系。

显然,描述性调查仅仅回答了“什么”“何时”“如何”等问题,因果性调查则进一步回答“为什么”的问题。它涉及事物的本质,即影响事物发展变化的内在原因。市场营销的管理者更多的是根据事物之间内在的因果联系作出营销决策的，因而因果性调查是一种十分重要的市场调查。

此外，对市场调查还可以从其他角度进行分类。比如，按照市场调查的区域可以分为地方性市场调查、地区性市场调查、全国性市场调查、国际市场调查等；按调查的对象可以分为消费者市场调查、生产者市场调查、消费者及其购买行为调查、广告调查、形象调查、产品调查、价格调查、销售渠道调查等；按调查的时间可以分为一次性、突击性的市场调查和连续性、经常性的市场调查等。市场调查的种类不同，其调查的特征、内容、要求、方法等都会有区别。

第二节　市场预测的概念、特点及类别

一、市场预测的概念

现代企业经营管理的重心在企业决策，企业决策的基础是信息。市场预测是为企业提供信息的重要手段，做好市场预测有益于决策者提高市场预见能力和判断能力。市场预测越可靠，企业决策越正确，经营管理越有效，创造的财富就越多。

预测是人类研究客观事物未来发展变化的行为，是人类根据客观事物发展变化的内在联系及规律推测未来不确定事物的认识活动，具体来说就是在调查过去和现在情况的基础上，通过分析研究，发现和掌握事物发展过程中固有的规律性，用以预计和推断未来。

市场预测就是在市场调查研究的基础上，运用科学的预测方法，对未来市场的发展趋势进行分析和预见，得出符合市场变化规律的结论，为市场营销决策提供可靠依据的过程。市场预测包含四个要素，即信息、方法、分析和判断。信息，是指对有关预测对象进行市场调查得到的情况和数据资料，包括过去的形态、变化趋势以及相互关系的情况资料。它是市场预测的基础。方法，是指分析信息之间的相互关系，得到未来发展变化结果的科学预测分析方法。它不仅包括先进的数学计量方法，也包括在实践中积累起来的、有效的、主观的经验和逻辑判断方法。分析，一是理论上要分析预测结果是否符合经济理论和统计分析的条件；二是在实际上要对预测误差进行精确性分析，并对预测结果的可靠性进行评价。判断，是指对预测结果的采用与否，或对预测结果依据最新的经济动态所做的修正做出判断。它贯穿于市场预测活动的各个环节，是市场预测活动全过程中不可或缺的一环。

二、市场预测的特点

(一)科学性

市场预测方法有以数理统计为核心的定量分析预测方法和以理论分析为核心的定性分析预测方法。定量分析预测方法所依据的各种数学模型及统计结果本身，都经过严格的定量推理和论证，所以在方法论的科学性上能得到较为可靠的保证。对于定性分析预测方法，预测程序的科学性、预测推理的逻辑性是我们对某项具体的市场预测结论的科学性做出评价的主要依据。预测方法的科学性，最终应该由预测结果本身是否符合一定的科学理论所阐明的事物发展的基本规律来确定。

(二)连贯性

连贯性即把未来的发展同过去和现在联系起来。市场是一个连续发展的过程，未来的市场是在现有市场的基础上继续发展。因此，我们可以依据收集到的过去的和现在的市场资料

来预测将来的市场变化。

(三)类推性

类推性即市场上各种有关事物之间存在着某种类似的关系和发展模式。人们可以根据已知事物的某种类似的发展模式,类推某个预测目标未来的发展模式。

(四)局限性

市场预测由于是对未来的不确定性市场表现做出估计和推断,成功与否取决于两点:一是对制约目标的事物内在规律的把握程度,把握得越准确,预测的准确性越高;二是对所有预测目标相关的影响因素是否一一了解,了解得越清楚,预测得越准确。

三、市场预测的类别

市场预测的种类很多,可以按市场预测时间的长短进行分类,按预测的目的进行分类,按市场预测的空间区域进行分类,按预测主体进行分类,也可按市场预测采用的方法进行分类,等等。

(一)按市场预测时间的长短分类

1. 短期预测

短期预测一般是指以日、周、旬、月为单位,是对一个年度以下的需求前景的预测。因为短期预测目标明确、资料齐全、不确定因素少、预测结果准确,所以市场预测中大量采用的是短期预测。短期预测是调整生产能力、采购、安排生产作业计划等具体生产经营活动的依据,其中年度预测主要为制定年度计划服务。

2. 中期预测

中期预测一般是指 1 年以上 5 年以下时间长度的市场预测。中期预测由于不确定因素不是很多,数据资料较齐全,预测的准确性虽比短期预测稍差,但仍属较好之列。中期预测常用于市场潜力、价格变化、商品供求变动趋势等的预测,为企业的中期经营决策提供依据。

3. 长期预测

长期预测一般是指 5 年或更长时间的市场预测,又称远景预测。它是市场预测中时间最长的一类。由于不确定因素多,且时间越长,不可控的因素越多,预测中难以把握和预计各种可能的变化因素,所以预测的精确度相对中期和短期预测而言要低。长期预测要通过中期预测和短期预测加以具体化并付诸实施。长期预测是企业长期发展规划、产品开发研究计划、投资计划、生产能力扩充计划的依据。

三种预测既有区别,又相互联系。一般而言,长期预测为中期预测和短期预测提供方向和依据,中期预测是长期预测的具体化和短期预测的依据,短期预测则是在中期预测基础上的进一步具体化。

(二)按预测的商品层次进行分类

1. 单项商品预测

单项商品预测是对某种品牌、质量、规格、花色、款式等具体商品市场需求的预测。比如,对 25 英寸彩电各种品牌的需求预测。单项商品预测是十分具体细微的,有极强的针对性。

2. 分类别商品预测

分类别商品预测是对某一类商品按其不同特征进行市场需求预测的。比如对绿色食品需求预测、对上海产地针织面料需求预测等。商品分类及其特征选择可按生产经营管理具体信息要求来决定。一般按商品用途分类,如食品类、服装类、日用品类、纺织面料类等。商品特征通常包括产地、原材料、质量等级等。分类别商品预测主要是分析研究商品的结构，以合理地组织各类商品生产和营销活动。

3. 商品总量预测

商品总量预测是对各种商品的生产总量和消费需求总量进行预测。这类预测的目的是为实现社会有支付能力的货币需求与商品供应做到总量上的平衡，为调节供求关系决策提供依据。它常常表现为一定时间、地点和条件下的购买力总量预测、国内生产总值预测等。

(三)按市场预测的空间区域分类

1. 国际市场预测

国际市场预测是指以世界范围内国际市场的发展趋势为对象的市场预测。随着世界经济全球化进程的加快，越来越多的企业进入世界市场，国际化经营成为十分普遍的现象。国际化经营需要了解和把握国际市场的发展变化趋势，所以国际市场预测越来越重要。国际市场预测可分为整个世界市场、欧美市场、亚洲市场预测等多种类型，甚至是国别市场的预测。国际市场预测由于预测面广、涉及范围大、变量和不可控因素多、收集资料困难，因而预测的难度很大，且范围越大则难度越大。显然，世界性的市场预测的难度最大，这些是在实施国际市场预测时必须充分注意的。

2. 国内市场预测

国内市场预测是以全国范围内的市场状况为预测对象的市场预测。国内市场预测可以是全国市场、城市市场、农村市场预测。随着全国统一市场的形成，以及许多企业以国内市场为目标市场，有必要了解和掌握国内市场的发展趋势，开展国内市场预测。国内市场预测同样具有预测面广、涉及范围大、变量和不可控因素多、收集资料困难、预测难度大的特点。

(四)按市场预测的范围分类

1. 宏观市场预测

宏观市场预测是从国民经济全局出发，对商品的生产和流通总体的发展方向做出的综合性经济预测和市场预测。其空间范围往往是全国性市场预测，以合理配置各种资源等为主要目的，为国民经济宏观决策提供必要的、可靠的依据。

2. 中观市场预测

中观市场预测是涉及国民经济各行业的市场预测。从空间范围来看，是以省级区域为总体的市场预测。如预测国民经济中某个行业可向市场提供的产品总量、某类产品数量或某种商品的数量，与其需求量对比分析，研究供给与需求之间是否适应；预测某省的购买力总量的发展变化情况等。它主要用以满足地区或行业组织生产与市场营销决策的需要。

3. 微观市场预测

微观市场预测是企业从生产经营环境出发，对生产和经营的商品及市场占有率等方面进行的预测。从空间范围上看，表现为当地市场与企业产品所涉及地区的市场预测。微观市场预测的范围比较小，其预测的过程及其内容可以比较具体、细致，它可以具体地预测市场商品需求的数量、品种、规格及质量等，为企业根据市场变化合理安排生产和营销活动提供准确、具体的市场信息。

(五)按市场预测采用的方法分类

1. 定性市场预测

定性市场预测是指基于对预测对象的购买者的调查及其周围的人(如销售人员、外界专家等)的意见，对预测对象进行的估计和评价，属于主观判断。常用的方法有经验判断预测法、历史类比法、专家意见集合法及德尔菲法。定性预测通常是在数据不足且难于获得或没有必要去收集详细的数据时，凭借个人的经验、知识或集体的智慧和直观的材料，对事物的性质和规律进行预测，而不是依靠复杂的数学工具进行预测。定性预测的优点是可以充分考虑政治、经济、社会等各种因素对预测对象未来发展变化趋势的影响，简便易行，使用面较广，有一定的科学性。不足之处是对未来变化趋势难以做出精确的说明，对各项预测目标之间相互影响的程度难于做出量的说明，对预测结果难以估计其误差和评价它的可信程度。把定性预测和定量预测结合起来，在定性分析的同时，辅之以定量的分析，是克服定性预测的不足、确保有较高预测准确性的有效途径。

2. 定量市场预测

定量市场预测是根据历史数据，通过建模和解模，对预测对象未来发展变化趋势进行量的分析和描述的方法。定量市场预测方法常用的有：时间序列预测法、回归分析预测法、马尔柯夫预测法等。

定量市场预测通常在原始数据比较充裕或数据来源多且稳定的情况下使用。定量分析的优点是：由于重视数据的作用，以数学模型作为分析手段，不易受人为的因素影响，精确度比较高；能对预测目标的未来发展程度和过程及其各目标之间的影响和制约关系做出定量推断，可以估算出预测误差和可信度，因而有利于保证预测的科学性和客观性。定量市场预测的不足之处是对预测人员的数学知识的要求比较高。对数据资料的要求比较高。如果资料少，或者情况发生突变，定量市场预测将难以有效进行。

第三节 市场调查与预测的程序及内容

一、市场调查的程序

（一）确定问题和调研目标

企业营销调研的第一个步骤是确定所要调研的问题及调研工作所要达到的目标。在任何一个问题上都存在许多可以进行调研的内容。例如，当某企业需要了解某种新型化妆品有多大市场时，可以提出如下问题："消费者喜欢什么样的化妆品？""消费者使用化妆品的目的是什么？""消费者愿意花多少钱去购买化妆品？""如果推出一种抗衰老的护肤品，市场会有多大？""消费者愿意到什么地方去购买化妆品？"调研的侧重点可以多种多样。这就要求企业营销管理者必须善于把握问题，对问题的规定要适当，既不要太宽，也不要太窄。

（二）制定调研计划

营销调研的第二个阶段是制订一个有效的调研计划。营销调研计划应由专业人员设计。营销管理人员必须具有充分的营销调研知识，以便能够审批该计划和分析调研结果。营销调研计划的内容应包括：组织本次市场调研的目的，确定总体范围，收集资料和信息的方法，确定调研人员，明确调研步骤与工作内容，拟定调研提纲，审核本次调研的必要性，提出调研过程中可能遇到的问题及解决办法。同时还要确定调研资料的处理与分析方法，制定调研预算并报批等。

（三）收集信息

根据企业需要调查的问题和要求，必须寻找到科学准确的调研资料。这是一个花费最高也最容易出错的阶段。营销调研既要收集第二手资料，也要收集第一手资料。

在现代通信和电子技术的影响下，数据收集方法正在迅速变化。发达国家的有些公司正在使用中心网络终端，在一个集中的地点进行访问工作。专职的电话访问员随意拨通全国范围内一些地方的电话号码，向被访问者提出一组通过显示屏幕阅读的问题。访问员使用数据输入终端，把被访问者的回答正确地输入计算机。这个过程省略了编辑和编号工作，减少了错误，节省了时间，并且能计算出全部要求的统计数字。还有一些调研公司在购物中心建立了交互式终端，在购物现场采集信息。

(四)分析信息

对所收集到的各种信息进行整理分析，包括将资料分类编号、分析统计和编辑整理。对实地调查得来的资料要检查误差，发现记录不完整和数据前后矛盾的地方，应审核情报资料的根据是否充分、推理是否严谨、阐述是否全面、结论是否正确。研究人员可把数据列成表格，并制定一维和二维的频率分布，对主要变量要计算其平均数并衡量离中趋势。在营销决策支持系统中，研究人员应努力采用一些先进的统计技术和决策模型，以期得出更多的调查结果，为营销决策提供更为有效的依据。

(五)提出调查结论

对营销调研结果做出准确的解释和结论是营销调研的最后一个步骤。市场营销调研人员或调研部门应向营销管理部门提交调查结果。这个调查结果应是与管理者正在进行的营销决策有关的一些主要结果，它们应是简明、扼要的说明与论证，而不只是一系列高深的统计数据模型。

二、市场调查的研究内容

市场调查的研究内容十分广泛，主要是指过去和现在有关的各种市场资料、数据和信息。归纳起来，有以下基本内容及相关专项研究：

(一)基本调查内容

市场调查的基本调查内容是指对市场基本情况的调查，包括市场可行性研究、各地区销售潜力的研究以及产品销售影响因素的研究三个方面。

1. 市场可行性研究

市场可行性研究，就是了解市场规模，分析市场前景。不同产品的市场规模、市场潜力均不同，企业在生产决策和营销决策时，要充分分析产品、品牌或服务的市场需求，评价潜在市场的规模、潜力，以决定在该市场投资是否有价值以及投资的规模。

2. 各地区销售潜力的研究

同一种产品在不同的地区，其销售机会和潜力可能有很大的差别。例如，进口的昂贵家用电器，在我国沿海经济比较发达的地区，其销售机会和潜力比较大；而在内陆地区，由于经济相对落后，其销售潜力比较有限。烈性白酒，在气候寒冷的北方，销售前景良好；而在气候炎热的南方，销售前景则不容乐观。

3. 产品销售影响因素的研究

一种产品市场销量的上升和下降，引起的原因有很多，如经济环境、竞争压力、促销手段和品质改良等。产品销量的上升或下降是企业、公司非常关注的问题，也是市场调查要解决的基本问题。

(二)专项调查内容

市场调查的专项调查内容是指针对某一特定领域或某一特定方面进行的专项市场调查，

主要包括市场环境调查、消费者研究、需求分析、产品调查、产品生命周期分析、竞争环境分析、服务调查、价格调查、大众传媒调查等。

1. 市场环境调查

市场环境的调查主要是指企业所面临的市场环境的调查，包括政治环境、经济环境、社会文化环境以及气候、地理环境的调查。政治环境的调查包括国家政策、法令、条例、重大活动、事件的调查；经济环境的调查包括人口、国民收入、消费结构水平、物价水平等的调查；社会文化环境的调查包括教育程度、职业构成、家庭类型、风俗习惯的调查。气候、地理环境决定了地区之间资源状态分布、消费习惯、结构及消费方式的不同。市场环境调查的各个因素并不以企业的意志为转移，企业要对这些不可控制因素的特征有充分的了解，从而避免在经营中出现与周围环境相冲突的情况，保证经营活动顺利进行。

2. 消费者研究

分析购买本产品的消费者是个人还是团体，并分析其性别、年龄、职业、居住区域、收入水平、消费结构等会影响其购买行为，还应分析谁是购买决策者、谁是使用者，以及消费者的欲望和动机、影响消费者购买决策的因素、消费者的购买习惯。这一领域的研究通常要回答下列问题：消费者忠诚于某一品牌的时间长度，影响品牌忠诚的原因，开始使用某一品牌的原因，使用什么特定品牌，消费者产品的使用次数，购买地点，消费者一次购买量，消费者对公司市场活动的意见或态度等。

3. 需求分析

产品是供不应求还是供大于求？产品在市场上的占有率是多少？市场潜在需求量有多少？分析同行竞争者的地位和作用、优势和劣势；细分市场对某种产品的需求情况；分析国内外市场的变化动态和趋势。

4. 产品调查

产品调查主要包括产品生产能力调查、产品质量调查和产品包装调查三方面。产品生产能力是一个企业综合实力的体现。如果企业的产品被市场看好，市场需求巨大，而企业的生产能力却不能满足市场需求，可能眼看有市场机会却抓不住，因而也是市场发展前景的标志。产品生产能力调查就是对企业产品总的生产量、分大类产品生产能力、分品种产品生产能力等多方面进行调查，以进一步挖掘企业潜力，制定相应战略，最大限度地利用生产能力，取得更好的经济效益。

产品质量的好坏直接关系到产品的品牌、声誉、知名度等方面，直接关系到企业的生存和发展。产品质量的调查就是要了解产品从外在特征到内在特性是否满足消费者的需求，是否达到企业目标的要求；与竞争者相比是否有优势，优势在哪里，劣势在哪里，机会和威胁在哪里，从而制定改进策略和措施，在激烈的竞争中立于不败之地。

包装是产品的一部分，它除了保护产品、方便运输及销售之外，还具有树立品牌形象和企业形象、促进销售等作用。产品包装调查主要是调查包装的外观设计、容量、包装材料等是否被消费者接受和喜爱：他们为什么会喜爱？他们希望通过产品的包装获得哪些产品信息？竞争产品的包装有什么特点？消费者的评价如何？为便于运输，应该了解包装是否方便运输、储存、拆封，能否适应不同的运输方式和气候条件等。

5. 产品生命周期分析

任何产品都会经历一个进入市场、成长、成熟、衰退直至退出市场的过程，这被称为产品的生命周期，包括引入期、成长期、成熟期和衰退期四个阶段。企业的产品目前处于产品生命周期的哪个阶段？是处于产品生命周期的引入期、成长期、成熟期还是衰退期？企业在产品生命周期的不同时期应采用不种的策略。例如在引入期，新产品刚投入市场，产品的销售额和利润的增长都比较缓慢，这时企业就应适应产品生命周期中引入期的特点制定相应的市场调查策略，市场调查的重点是消费者选择此种产品的动机、消费者对产品价格的承受力以及市场上有无类似产品等。

6. 竞争环境分析

任何产品在市场上都会遇到竞争对手，当产品进入销售旺季时，竞争对手会更多。竞争可以是直接竞争，如生产或经营同类产品的厂家；也可以是间接竞争，即产品不同，但用途相同的产品，如矿泉水制造厂商对生产果汁、汽水的厂商来说就构成了间接竞争。不论何种竞争，不论竞争对手的实力如何，要想使自己处于有利地位，首先要对竞争环境进行调查，以确定企业的竞争策略。

7. 服务调查

商品的售前、售中、售后服务已日益成为我国广大消费者购买商品时考虑的重要因素。在生活水平提高的情况下，小件商品的售后服务并不被人们特别看重，而在耐用消费品和一些技术性产品的购买过程中，服务是消费者考虑的重要内容。正因为如此，企业之间的竞争往往在服务上做文章。某种产品在特定地区维修方便，会使其销售量在本地区内超过其他没有这种优势的同类产品，这种现象已屡见不鲜。就服务本身来讲，它包括的内容有：对产品代办托运、免费运送、上门修理、技术咨询、培训有关人员、提供零配件、代办保险、索赔、担保产品性能和使用期限等。对不同的产品，顾客对服务的要求也有所不同，如技术性产品与家用电器都要求维修方便，并担保使用性能，但前者更注重技术培训和咨询方面的服务，后者则更注重运输、维修是否方便等。

8. 价格调查

产品价格是企业可控因素中最活跃、最敏感、最难以有效控制的因素。企业为产品所规定的价格是否适当，关系到产品的销量、市场占有率和利润的大小、产品与企业形象的好坏。产品打入市场，必然要考虑成本与利润。制定产品价格的意义不仅在于弥补成本和费用支出，获得利润，而且与竞争密切相关，因为价格竞争仍然是占有市场的有效手段。所以，产品定价除了需要考虑本企业产品的生产成本及费用支出的多少以外，还要视市场及竞争情况而定。定价高，利润也高，但销售量会减少，资金周转也就随之加快。销售旺季可适当提价，淡季适当降价。产品的价格弹性不同，调价会带来不同的效果。定价的高低与目标市场消费者的购买力高低也有关系，目标市场消费水平高的顾客与消费水平低的顾客所能承受的价格变动有很大不同，前者更注重体现身份，后者更注重价廉物美。所以，产品的价格调查不完全是企业单方面所能决定的，它涉及消费者和经销商的利益，受到他们以及市场供求状况、竞争产品价格以及其他各种社会环境因素的影响和制约。企业在为产品定价或调价之前，进行价格调查是完全必要的。

9. 大众传媒调查

大众传媒调查主要是指以下几个方面的调查：各种出版物的年度销售排行榜和月度销售排行榜，读者群与读者偏好调查，广告的诉求点及广告资源的分配，广播电视收视(听)率调查。

10. 企业形象研究

企业形象研究主要是指以下几个方面的调查：分析社会团体、政府有关部门的看法和评价；了解企业、产品或服务在消费者心目中的地位或形象；企业员工对企业的意见和认同感；探讨企业的有利形象和不利形象及其在同类企业所处的地位等。

11. 广告效力研究

广告效力研究，即广告效果评估。在所有促销活动中，广告被公认是效果好、影响面广的一种形式，它被消费者广泛接受，而且对消费者购买动机的形成有重要的促进作用。评价被传播或即将被传播给目标对象的信息作用的大小，包括传播效果测定和销售效果测定等，这种研究可为企业进行有效的广告宣传活动提供借鉴和依据。

总之，市场调查的内容及范围十分广泛，其功能也愈显重要。此外，市场调查的内容还有证券调查、房产调查以及IT、汽车、家电、通信、环保等各个行业的市场调查等。

案例1—1

江崎公司是如何取得成功的

日本泡泡糖年销售额约为740亿日元，其中大部分市场被劳特公司所垄断，可谓江山"劳特"独坐，其他企业要想挤进泡泡糖市场谈何容易，但江崎糖业公司对此并不畏惧。江崎糖业公司成立了市场开发班子，专门研究霸主劳特产品的不足：第一，成年人泡泡糖市场正在扩大，而劳特却仍旧把重点放在儿童泡泡糖市场上；第二，劳特产品主要是果味型泡泡糖，而现在消费者的口味趋于多样化；第三，劳特多年来一直生产单调的条板状泡泡糖，缺乏新型式样；第四，劳特产品价格是110日元，买卖时往往因找零钱而颇感不便。通过分析，江崎糖业公司决定以成人泡泡糖市场作为自己的目标市场，并制订了相应的市场营销策略。不久，便推出了四大功能型泡泡糖产品：司机用泡泡糖，使用了高浓度薄荷和天然牛黄，以强烈的刺激消除长时间驾车过程中的困倦；交际用泡泡糖，可清洁口腔、去除口臭；体育用泡泡糖，内含多种维生素，有益于运动者消除疲劳；轻松型泡泡糖，主要通过添加叶绿素来改变人的不良情绪。江崎糖业公司精心设计了产品的包装和造型。价格定为50日元和100日元两种，避免了找零钱的麻烦。功能型泡泡糖问世后，像飓风一样席卷全日本。江崎糖业公司不仅挤进了由劳特独霸的泡泡糖市场，而且占据了25%的市场份额，当年销售额达175亿日元。

（案例来源：黄静，《市场调查与预测》，清华大学出版社2014年版，第12页。）

问题：

1. 江崎糖业公司为什么会成功？
2. 结合案例谈谈市场调查的作用。

三、市场预测的程序

（一）确定预测目标

这是指确定预测内容、目标或要求。预测目标、期限与数量须用文字说明。

（二）收集和分析有关资料

这是指对收集到的资料要严格审核，要做到数据可靠、可比，计算口径一致，核算方法相同，统计时间与计量单位一致等。

（三）选择预测方法

这是指根据对资料的动态分析来选择合适的预测方法。

（四）进行预测

这是指利用已有信息资料，用已选定的方法进行预测，以获得预测结果。

（五）分析评价预测结果

分析是否已达到预测目标的要求，预测误差是否在允许范围内，预测结果的合理程度怎样等。若已满足这些要求，可写出正式预测报告，以供决策之用；若不能满足这些要求，就要回到之前的步骤，进行相应调整，然后再进行预测。

四、市场预测的内容

市场预测的核心内容是市场供应量和需求量，此外，还有市场各种主要相关因素的预测。市场预测的内容主要包括：

（一）生产发展及变化趋势预测

社会生产的发展形成市场供应量，是市场需求的物质基础。社会生产的方式、水平及其发展变化，对社会分配和消费起着决定作用。市场供应量的大小和需求量在数量、构成上是否能够得到平衡，归根到底取决于社会生产的发展，取决于国民生产总值及其分配比例关系的变化。生产部门必须生产出符合社会经济发展、适合市场需求数量和结构的产品，才能实现市场供应量与需求量之间的平衡。对生产进行预测，主要是对生产的数量、品种及其发展变化趋势进行预测。生产预测既可以国民经济为总体，预测其总生产量，也可按不同类别商品生产进行预测；既可以进行宏观预测，也可以进行中观和微观预测。这主要取决于预测目的的需要。

（二）市场需求预测

市场需求预测，即社会商品购买力及其投向的预测。在市场营销学中，市场需求量的预测也称市场预测，市场占有率的预测也称销售预测。

某个产品的市场需求是指一定的顾客，在一定的地理区域、一定的时间、一定的市场营销环境和一定的市场营销方案下购买的产品总量。市场需求包括产品、总量、购买能力、顾客数量、地理范围、时期、市场营销环境和市场营销方案八个方面。其中居民购买力是主要内容，要对居民购买力进行分类预测；还要在市场需求总量和分类市场需求量预测的基础上，对各种主要商品的需求量进行预测。

（三）企业需求预测

企业需求是在市场总需求中企业所占的份额。对企业来说，预测企业需求和预测市场需求同等重要，企业需求直接关系到企业的预测决策。

（四）商品资源预测

对市场需求进行预测的同时，应该对商品资源的发展趋势进行预测。这关系到社会商品购买力和商品可供量的平衡问题，也关系到国民经济综合平衡和可持续发展问题。对供不应求商品的销售预测，不仅要考虑市场需要，还要根据市场的可能情况决定销售量。

（五）商品价格预测

市场预测中的价格预测，主要是从形成和影响商品价格的各种因素入手，预测各种影响因素的变动，预测产品的成本和利润等。这些是形成和影响商品价格的主要因素，每种因素的变动都会引起市场商品价格的变化。对市场价格进行预测，是在对各影响因素预测的基础上，对商品价格的未来水平和变动趋势进行预测；同时还要说明市场商品价格的变动原因，分析商品价格的变动是否合理，并分析市场价格变动对市场需求量的影响程度等问题。

市场商品价格与市场需求量有很紧密的联系。有时表现为市场需求量决定市场商品价格变动；有时又表现为商品价格高低影响需求量的大小。在市场价格预测中，必须考虑市场商品的供求关系，研究市场供求关系对商品价格的影响，同时研究市场价格水平对市场供求的反作用。只有充分考虑到各种影响因素的综合变动,才能对市场商品价格做出精确的预测。

(六)消费需求变化预测

随着我国社会主义市场经济的发展,我国城乡居民物质和文化生活水平不断提高,消费需求的变化是非常明显的。消费需求变化的原因,主要是由生产的发展、居民购买力的提高和消费者消费心理的变化等引起的。在消费需求变化预测中,必须充分收集各种影响因素的资料,综合考虑这些因素对消费需求变化的影响程度。

消费需求的变化主要表现在两个方面:一是消费需求数量的变化;二是消费需求结构的变化。

(七)商品饱和点预测

企业要增强竞争能力、争取良好的经济效果,就必须对自己经营的产品进行市场生命周期的预测。商品饱和点的预测在产品市场生命周期的预测中是最重要的一环。饱和点有两种含义:一是社会需要量的饱和;二是支付能力需求的暂时饱和。饱和点不是固定不变的。

此外,还有供给预测、购买力及其投向预测、外贸商品预测、相关科技发展前景预测、经济效益和社会效益预测等。

第四节　市场调查与预测的功能、地位和作用

一、市场调查与预测的功能

(一)信息功能

信息功能是市场调查与预测的基本功能,即市场调查与预测的主体为了一定的目的,采用一定的方法和手段,收集、加工、提供各种信息以及相关的营销环境信息。按现代信息论,各种市场信息和环境信息是客观存在的,有市场存在,就必然会有各种市场信息随着市场的发展变化而不断生成。同样,各种营销环境信息也会不断生成。企业从事市场营销活动,必须充分占有相关的各种市场信息和环境信息,作为决策和开展营销活动的依据。但是,市场信息和环境信息不会自动到达营销人员的手中。市场调研与预测是企业获取信息的基本手段和途径。

(二)认识功能

认识功能是市场调研与预测的另一个基本功能,即消除营销主体对市场营销环境以及企业本身状况的不确定性,正确认识客观事物是人类行为的前提条件。正确认识客观事物的前提是充分占有并正确理解有关的信息。在人们没有占有或不完全占有信息的情况下,必然会在对客观事物的认识上存在不确定性。对市场及其营销环境的认识具有同样的状况。由于市场及其环境的复杂性和多变性,人们对其认识总会或多或少地带有模糊性和不确定性。这种不确定性的存在将影响市场营销活动的正常进行,所以,消除营销主体对市场、营销环境及其本身状况的不确定性是开展市场营销的必要条件。市场调查与预测所提供的信息将有效地消除营销主体的不确定性,使其正确认识自己开展营销活动所面临的内外部条件。

(三)沟通功能

沟通功能是市场调研与预测的延伸功能,即市场营销主体与社会公众之间进行信息的互

相传输、交换，实现意见的沟通。从表面上看，市场调查与预测活动表现为市场调研与预测主体向有关社会组织或公众获取信息，但信息学告诉我们，任何信息活动均是双向的。事实上，在市场调查与预测过程中，调查与预测主体不断向被调查者传输各种信息，同时又获得各种信息，这个过程是一种交互式信息沟通过程，实现双方意见的交换，实现市场营销各方的相互了解、相互协调，从而保证营销活动能在和谐的氛围中正常进行。

(四)反馈和调节功能

反馈和调节功能也是市场调研与预测的另一个延伸功能，即市场调研与预测主体在市场调研与预测的过程中获取信息，通过加工处理与反馈，指导和调节营销活动。反馈与调节是信息工作的基本功能，也是市场调研与预测的重要功能。市场调查与预测本身不是目的，获取信息并不意味着市场调研与预测活动的终结。通过市场调研与预测，获取各类相关信息后，还必须进行必要的加工处理，成为有用的信息，而真正的价值在于信息的反馈，使各类信息成为企业营销活动的依据，有效地指导和调节营销活动。

二、市场调查与预测的地位

市场调查与预测是经营管理的一个重要职能，在企业的经营管理中占有十分重要的地位。及时收集、加工并提供全面、准确、适用的信息，使企业能准确、全面地认识市场，是企业开展营销活动的前提和基础，而市场调查与预测是营销决策的基础。

所谓决策，是为了达到某一个预定的目标，在几种可行方案中进行合理的选择和决定。决策是一个过程。它是针对某一个问题，在充分占有和掌握各种内、外部信息的基础上，根据实际可能和需要，按照最优化的要求，通过多方案论证和比较，选择近期或长期的奋斗目标，以及为实现这些目标而确定的规划、措施、途径等行动方案。决策是经营管理的重要职能，直接关系到经营管理的成败优劣。决策正确与否，在很大程度上取决于是否占有充分的资料和信息，是否对决策问题的内部关系和外部状况有正确的认识和了解。所以，国外流传这样的说法：决策科学化等于90%的情报信息加10%的判断。在市场经济条件下，几乎所有的营销决策都必须占有充分的市场信息，而获得充分的市场信息的重要途径就是市场调查与预测。

三、市场调查与预测的作用

市场调查与预测通过信息把营销者和消费者、顾客及公众联系起来，这些信息用来辨别和界定营销机会和问题，产生、改善和评估市场营销方案，监控市场营销行为，改进对市场营销过程的认识，帮助企业营销管理者有效地进行市场营销决策。市场调查与预测对企业的生产经营活动有如下作用：

(一)有利于企业进行正确的市场定位

市场定位是指企业根据自身的经营资源和经营能力等内部条件以及市场需求和营销环境等外部条件，经过科学决策，正确选定自己的目标市场的行为和过程。在社会主义市场经济条件下，尤其是在买方市场格局下，企业的市场定位正确与否至关重要。

一般认为，市场定位的程序包括7个步骤，它们分别是：企业内部条件分析、外部营销环境分析、市场细分、发现市场机会、确定目标市场、确定目标营销策略、产品定位。市场调查与预测对企业的市场定位具有十分重要的影响和制约作用。7个步骤中，第一和第二个步骤是前提和基础。企业内部条件和外部条件的分析均需在了解和掌握市场及其影响因素(即营销环境)的基本状况及其发展趋势，了解和掌握企业自身的经营资源和条件的基础上做出的，如果离开了市场调查与预测，对企业内外部条件的分析只能是一种盲目的主观想象。市场细分、发现市场机会、确定目标市场、确定目标营销策略和产品定位等步骤均以内外部条件分析为基础，其本身也要以市场调查与预测提供的信息为依据。总而言之，市场调查与预测开展得越好，越有利于企业正确的市场定位。

（二）有利于企业制定与实施正确的市场营销战略

市场营销战略是企业为实现既定的目标，在复杂的营销环境中，对市场营销中较长期的、重大的、全局性的问题所做出的筹划和采取的对策。市场营销是一个竞技场，每个市场营销的参与者必须有自己正确的营销战略，才能在竞争中立于不败之地，才能生存和发展。除了目标营销战略以外，进入市场战略、竞争战略、增长战略、市场扩张战略、营销因素组合战略、国际营销战略等也是每个企业必须花大力气加以制定和实施的。与市场定位一样，要制定营销战略，必须了解和掌握市场及其影响因素（即营销环境）的基本状况及其发展趋势，了解和掌握企业自身的经营资源和条件、活动范围和营销战略。目标在可以接受的风险限度内与市场环境提供的各种机会相协调。显然，确定正确的市场营销战略必须以市场调研与预测为基本前提。

（三）有利于企业实行正确的产品开发与产品策略

企业的产品开发与产品策略包括确定产品组合，设计产品的造型、体积、花色，选择产品的品牌与包装，开发新产品等一系列活动与策略。产品开发与产品策略正确与否，直接影响和制约产品能否适销对路，能否顺利销售出去，能否取得良好的经济效益，以及能否满足消费者需要。实行正确的产品开发和产品策略，关键是正确地掌握消费者的需求特点，尤其是目标市场消费者的需求特点，把握市场消费的趋势，了解产品的生命周期、其他企业的产品开发、产品策略以及资源、科技发展等情况。通过市场调查与预测，企业能有效获取上述市场信息，为企业的产品开发和产品策略提供可靠的依据。

（四）有利于企业实行正确的产品定价与价格策略

目前，我国的商品定价权已经交给企业。企业要自主选择定价方法，即在成本导向定价、需求导向定价、竞争导向定价等方法中做出抉择；要在各种新产品的定价选择策略（即市场撇脂定价、渗透定价、满意定价等策略）中做出抉择，并确定具体的价格水平；要适时采用调价策略、折扣和让价策略。企业定价是调节和诱导市场需求、参与市场竞争、实现营销目标的重要手段。实行正确的产品定价和价格策略，除了需要考虑企业的定价目标、成本因素外，必须充分考虑商品的供求关系、消费需求的类型、数量、购买力总量和购买水平、消费习惯和偏好、竞争与垄断的格局、政府干预、产品特征、通货膨胀、相关与连带产品的价格等诸多因素。通过市场调查与预测，企业能充分占有上述各类信息，为产品定价和选择价格策略提供保证。

（五）有利于企业正确选择销售渠道和渠道策略

销售渠道是指商品从生产领域进入消费领域的通道以及相应设置的市场销售机构。任何产品均须经过一定的销售渠道才能最终到达消费者或用户手中。第一，企业在产销合一、产销分离、产销联合三种形式中做出选择；第二，要正确选择批发商、零售商、代理商或经纪商；第三，要确定相应的渠道策略，比如宽渠道、窄渠道和单一渠道策略还是长渠道、短渠道策略；第四，要确定产品的物流形式和渠道；第五，企业要正确地营建自己产品的销售网络体系。选择销售渠道及策略，除应考虑历史因素、产品因素以外，还必须充分考虑顾客特点、销售区域、竞争、中间商、国家政策、法律以及交通运输等多种因素。通过市场调研与预测，企业可以获得上述各类信息，正确做出销售渠道及策略选择的决策。

（六）有利于企业有效开展促销活动

促销是企业通过人员或非人员的方式向目标市场传递各种信息，启发、推动或创造对企业产品或服务的需求，引起购买欲望和购买行为，以改善企业经营环境的综合性策略。促销具有传递信息、沟通情感、树立形象、激发需求、促进购买、扩大销售的功能和作用，对企业的市场营销具有重要意义。促销的基本类型和途径包括广告宣传、营业推广、人员推销和公共关系。无论运用何种促销手段，都必须掌握充分的市场信息。市场调研与预测能为企业提供开展促销活动的各类信息，促进促销活动的有效开展。

总之，企业的整个市场营销活动均以信息为依据和条件，市场调查与预测对市场营销的全过程、各个环节、各个方面均具有十分重要的作用。

案例 1－2

康师傅方便面的成功之道

台湾顶新食品公司打算进入大陆方便食品市场，但不知道大陆市场究竟需要哪一种方便食品。当时大陆方便面食品工厂已有上千家，竞争比较激烈。顶新公司没有贸然投资，而是委托大陆市场调查机构进行方便食品需求调查。结果发现，除非不得已，消费者对方便面食品并不感兴趣，主要原因是口味较差，而且食用不方便。而生产者生产的方便面大都是低档的，调料基本上是味精、食盐和辣椒粉等原料。根据这些情况，该公司大胆预测，大陆下一个方便面食品市场将是高档、注重口味、更为方便的产品。于是在天津经济开发区投资 500 万美元成立了顶益食品公司，生产高档方便面食品。结果一炮打响，尤其是碗式包装更为方便，人们食用方便面不再是一种权宜之计，而成为快餐食品中优先选择的品种。小小的方便面硬是卖出了 70 亿元。

（案例来源：《MBA 市场营销案例研究》。）

本章小结

作为一门学科，市场调查与预测是在 20 世纪才开始建立和完善起来的。随着商品经济的高速发展，企业要想在激烈的市场竞争中获胜，必须把市场调查与预测作为企业进入市场的前提。市场调查与预测作为收集、分析市场信息的有效工具，具有其独特的含义、特点、内容和操作步骤。同时，要明确市场调查与预测的地位、作用以及企业经营与市场调查的关系。在应用过程中还必须遵照科学有效的程序，才能使市场调查与预测真正在现代企业经营中发挥更加有效的作用。

复习思考题

1. 市场调查的特点有哪些？
2. 市场调查与预测的地位及作用是什么？
3. 探索性调查的特征及作用是什么？
4. 简述市场预测的程序。
5. 市场调查与预测的功能有哪些？
6. 谈谈你对市场调查在现代企业发展过程中的重要性的认识。

案例分析

皆大欢喜的冒险游戏

日本日清食品公司在准备将营销触角伸向美国食品市场的计划制定之前，为了能够确定海外扩张的最佳“切入点”，曾不惜高薪聘请美国食品行业的市场调查权威机构，对方便面的市场前景和发展趋势进行全面细致的调查与评估。

美国食品行业的市场调查权威机构所得出的调查评估结论，却令日清食品公司大失所望：“由于美国人没有吃热汤面的饮食习惯，而是喜好‘吃面条时干吃面，喝热汤时只喝汤’，绝不会把面条和热汤混在一起食用，由此可以断定，汤面合一的方便面是很难进入美国食品市场的，更不会成为美国人一日三餐必不可少的快餐食品。”

可是，日清食品公司并没有盲目迷信市场调查结论，而是抱着“求人不如求己”的想法，派出自己的专家考察组前往美国进行实地调研。经过一番打破常规的商场问卷和家庭访问，专家考察组最后得出了与美国食品行业的市场调查权威机构完全相反的调查评估结论：美国人的饮食习惯虽然呈现出“汤面分食，绝不混用”的特点，但随着世界各地不同种族移民的大量增加，这种饮食习惯在悄悄地发生变化。再者，美国人在饮食中越来越注重口感和营养，只要在口味和营养上投其所好，方便面就有可能迅速占领美国食品市场，成为美国人的饮食“新宠”。

结果当然如你所知，日清公司出奇制胜地突破了“众口难调”的产销“瓶颈”，轻而易举地打入了美国快餐食品市场，开发出了一片新天地。

（案例来源：http://wenku.baidu.com/view/50eb96fe770bf78a652954d0.html。）

思考题：分析日清公司案例给你的启示。

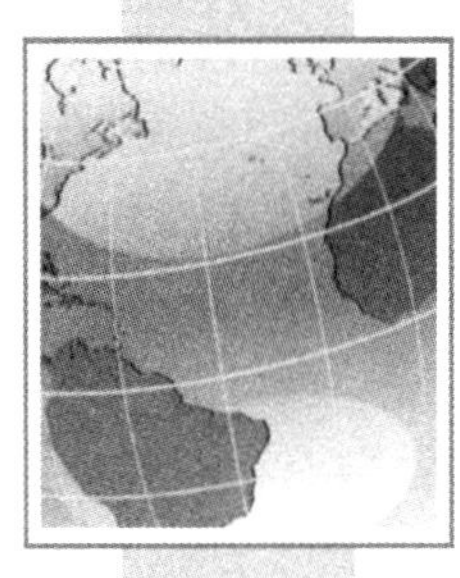

第二章 市场调查与预测行业、机构及人员

本章习题

学习目的与要求

本章旨在让读者认识市场调查与预测行业的发展历程；了解市场调查机构的分类及其职能；理解企业设置市场调查机构的影响因素；掌握选择市场调查预测专业机构的渠道和方法；懂得市场调查人员应具备的素养及对他们进行有效管理的方法。

第一节　市场调查与预测行业的发展及结构

企业在市场营销过程中需要各种各样的情报、信息。市场动向的把握、正确的经营决策都需要准确的市场信息。搞好市场调查与预测，对于企业科学地制定战略决策、确定经营目标、决定分销渠道、制定市场价格、改善企业经营、提高管理水平、创造经济效益、促进企业发展，都是十分重要的。这些信息中，一部分是企业可以通过企业内部现有的信息系统或在生产经营过程中得到的，但有许多信息，特别是涉及外部环境的信息，并不能通过一般的渠道得到，这就需要对有关问题进行专门研究。这些研究需要具有专门知识的研究人员去进行市场调查与预测，如产品偏好试验、广告效果研究、区域性的销售预测等。所以，一般来说，市场调查与预测要由企业中的专门市场研究机构或者委托专业的市场调研机构或公司进行。

一、市场调查与预测行业的发展

在经济发展的今天，全球花在市场调查、市场预测、广告调查和民意调查服务上的费用每年超过 90 亿美元。在过去的 20 年中，市场调查行业已经变得高度集中。全球用在调查服务上的花费大约有 39％集中于 10 家最大的市场调查预测组织。大约有 51％的调研、预测由 25 家最大的全球组织进行，其余的由 1 000 家以上的小型调查企业进行。

从美国 Harrisburg Pennsylvanian 于 1824 年 7 月 24 日首次发表竞选民意调查结果，到 1879 年 N. W. Ayer & Son 广告公司进行的第一次商业调查，再到 20 世纪 60 年代美国市场调查与预测逐渐发展壮大，现已成为被普遍应用和广泛接受的研究社会经济现象的重要行业。美国每年在市场调查上的花费达 46 亿美元。美国的行业集中程度十分明显，10 家最大的公司占了美国在营销、广告、民意调查上的花费总额的 59％。20 家最大的公司占了 72％，前 30 家占了 79％。

改革开放以来，我国市场调查与预测行业蓬勃发展，调查机构层出不穷。1988 年，进入中国不久的宝洁公司为了满足自己的需要，支持广州社会科学院的软科学所开办了中国第一家市场调查公司——广州市场研究公司。1990 年华南市场研究公司诞生，1992 年底零点在北京开始营业……据估计,目前我国以市场调查研究为主业的机构约有 3 000 家,形成一定规模的约有 400 家。

中国市场调查与预测行业在其起步阶段,要特别提到像宝洁、奥美这类用户的特别贡献。从 2003 年开始,先后有大约 40 家国际市场调查机构在中国注册或者建立合资研究公司,今天大部分中国本土的早期市场调查品牌也已经与国际品牌合资。目前排名在中国市场调查行业前 10 位的公司主要是国际公司。它们的到来在很大程度上显示它们的跨国客户重视消费者与用户需要的自然延伸,同时也为中国市场调查行业的发展提供了示范与管理资源。今天的中国市场调查与预测市场呈现的是国际研究公司、本土民营研究公司与少量国有市场调查机构共存的局面。20 年前中国的市场调查营业额总量在全球排在倒数几位,大约 15 年前排在第 60 位,10 年前排在第 35 位,5 年前排在第 25 位,目前大致排在第 15 位。这 20 年中,中国的市场调查行业在很低的基数上保持了快速的发展,但是与我国 GDP 在全球的排位相比还显得落后。今天中、美之间的 GDP 大约是 1∶5,而双方在市场调查上的投入比大约是 1∶50,中国经济决策的科学水平与消费者民意含量还有相当发掘空间。[①]

二、市场调查与预测行业的结构

市场调查与预测行业的结构见图 2—1。该图显示了以问卷调查为基础的调查与预测过程中的 4 个层次。处于层次 1 和层次 2 的企业是营销调查数据的最终消费者,即信息使用者。他们需要的信息取决于消费者个人和那些制定商业购买决策的人,即应答者。处于层次 3 的企业是调查设计者和提供者,处于层次 4 的企业是数据收集者。

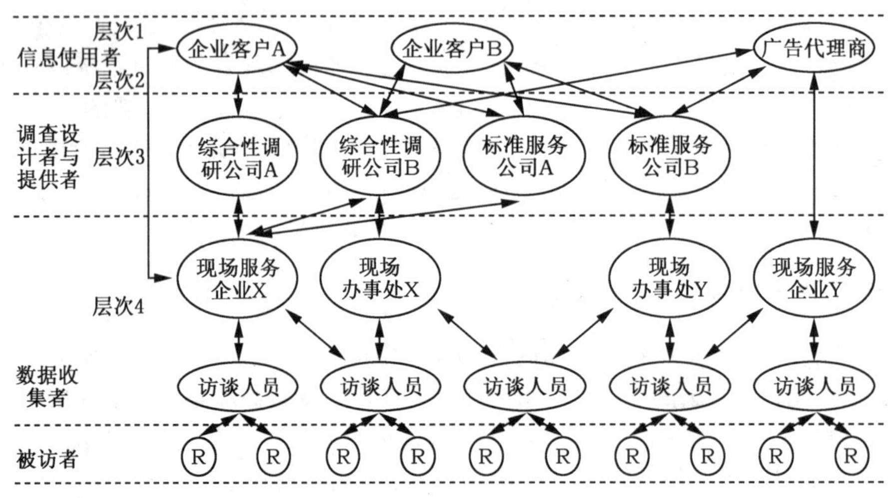

图 2—1 市场调查与预测行业结构

(一)层次 1:主要的信息使用者(企业营销部门)

处于层次 1 的组织是市场调查预测数据的最终使用者,主要表现为企业或企业的营销部门。它们需要利用调查数据来支持企业的营销决策,例如明确各目标顾客群体将对不同的营销组合作出何种反应、识别新的目标市场、为新的目标市场创造新的营销组合等。这些企业及其营销调查部门可能同时使用定制调查机构和辛迪加调查公司,也可能直接去找广告代理商,

① 袁岳:"中国市场调研 20 年",《市场研究》,2008 年第 8 期。

还可以使用所有类型的调查机构或部分机构来满足收集市场信息的需要。

(二)层次 2:信息使用者(广告代理商)

广告代理商处在为企业客户服务的位置,但是他们也可能是市场调查数据的最终消费者。广告代理商的主要业务是广告活动的设计与实施。为准确完成该任务,他们通常需要市场调查数据。他们可以从定制调查机构以及辛迪加调查公司那里获得数据,也可以从现场服务公司那里获得,或者使用其他一些组织。

(三)层次 3:调查设计者和提供者

层次 3 主要由综合性市场调研与预测公司和标准化服务公司构成。它们代表了市场调查与预测行业的最前沿。它们提供调查服务,设计调查研究报告,分析结果并向客户提供建议。它们设计并组织实施调查方案,购买、收集数据,或接受其他公司提供的服务。

(四)层次 4:数据收集者

层次 4 的主要构成为现场服务公司。它们是为专业的市场调查与预测公司、广告代理商和企业收集数据的。

层次 4 中的采访者是实际数据的收集者。他们都是兼职的,以随叫随到的方式工作并同时为不同的现场服务公司提供服务。

对应答者或潜在购买者的意见、意图、行为等进行了解是调查与预测的基本目的。比如,购买者感觉如何、想些什么以及打算做什么等,都是市场调查与预测行业所关注的问题。

第二节 市场调查与预测的机构

一、市场调查与预测专业机构的类型

市场调查与预测专业机构是一种服务型的组织机构,是专业从事市场调查与预测业务的独立的组织或机构。市场调查与预测专业机构可以认为是企业以外受托的市场调查与预测的主体。

市场调查与预测的服务提供市场营销决策所需的绝大多数信息。按其性质不同,国内的调查与预测的专业机构可分为以下几类:专业市场调查与预测公司、咨询顾问公司、广告公司、政府统计机构和大专院校研究机构。

(一)专业市场调查与预测公司

这一类公司规模大小不等,服务的专业化程度不同,服务质量也高低不一。在我国,此类调查与预测公司主要有综合性市场调查公司、标准化服务公司、专门的调查公司。随着行业的不断发展,专业市场调查与预测公司的分工越来越细,定位越来越准确,专业优势也越来越强。

综合性市场调查与预测公司实力较强,定期收集各种市场信息,提供市场调查与预测相关的各方面服务,拥有较大的实力和较全面的数据积累。企业或个人需要时,只需缴纳一定费用就可获得所需资料。综合性市场调查与预测公司同时还为企业提供定期的调研服务,具有涉及面广、综合性强等特点。

标准化服务公司使用标准的方法调查不同的对象,按照成型的模式标准提供调查数据和相关的分析报告,但其灵活性较小。一些综合性服务机构也提供标准化服务,如央视的节目收视调查。

专门的调查与预测公司主要是一些小型公司,在某个行业进行市场调查与预测,如房地产调查公司、医疗器械调查公司。也有一些公司只在调查与预测的某一环节或方面提供服务，如专门提供问卷调查的公司、专门进行定性调查与预测的公司、只进行数据处理和问卷分析的公司等。

(二)顾问咨询公司

顾问咨询公司一般由资深的专家、学者和有丰富实践经验的人员组成，为企业和一些部门的生产、经营进行诊断，提供指导性的建议，即充当顾问。这类公司在进行咨询服务时，为了保证咨询服务的质量，也要进行市场调查与预测。进行市场调查并不仅仅是为了将调查结果提交给客户，而是以调查的结果为依据，结合专家的实际经验和专门知识，提出对咨询目标的看法和建议，提供相关的咨询服务，包括管理咨询、战略咨询和营销咨询等。咨询顾问公司的市场调查任务可以自己承担，也可能委托市场调查公司来承担。

(三)广告公司

广告公司以广告为主要经营业务，有的也兼营一部分市场调查与预测业务。不少稍具规模的广告公司都设有市场调查机构。由于这类部门经常承担制作广告与广告效果的调查，所以经验较丰富，一些企业就委托它们进行市场调查与预测，或进行广告制作，或用于指导经营，解决经营中出现的问题，如中国国际广告公司就设有市场调查咨询部。

(四)政府统计机构

在我国，最大的调查预测机构是国家统计部门(如国家统计局)及地方各级统计机构和各级职能部门(如财政、计划、银行、工商、税务部门的统计机构等)，它们定期调查研究全国性和全省(市)性的市场动态，预测市场趋势，为各行各业提供市场信息。例如，商务部有商情信息中心，民政部有社会调查中心。随着政府机构功能的标准化，信息服务的功能越来越重要，政府部门下设的调查机构的地位将越加显著。

(五)大专院校研究机构

在大专院校、经济研究单位设立市场研究机构，运用科研人员的理论，有针对性地进行专题调查和预测。如中国人民大学、复旦大学、上海财经大学、上海交通大学等均有市场研究机构。每个学校根据自己的特点，选择不同的方法和重点开展市场调查预测工作，补充和充实社会市场调查和预测组织的不足。大学及其科研机构的教师及学生凭借丰富的专业知识和低成本的调查费用，赢得了众多的中小型调查项目。

二、市场调查与预测专业机构的职能

市场调查与预测专业机构的最主要职能是服务职能，即根据委托方的要求，进行各种市场调查、研究和预测，提供企业所需的各类数据、资料、情报、信息，为企业的经营服务。

具体来说，市场调查与预测专业机构的职能主要有以下几项：

(一)承接市场调查项目

市场调查与预测专业机构拥有专门人才，有从事市场调查的丰富经验和能力，可以公开承接社会各方的委托，按客户的要求，开展市场调查活动。一般而言，市场调查与预测专业机构所能承接的市场调查项目包括：为开发新产品的市场营销活动进行市场调查，包括调查市场占有率、竞争者实力、销售渠道、季节影响和产品生命周期等；对市场的规模、结构进行调查分析；对市场的供求关系的现状和发展趋势进行调查；对消费者的消费需要、购买动机和购买行为进行调查研究；对产品的性能、包装等进行试验；对市场价格及其走势进行调查；对其他客户需要的问题和领域进行调查。

(二)提供信息

市场调查与预测专业机构往往有自己的信息网络。为了工作需要,它们订有大量的专业期刊,并有大量的信息来源,在长期的实践中也积累了大量的信息资料,从而其本身就是一个很大的信息库,可以为社会和用户提供有关的信息资料。市场调查与预测机构可以主动、无偿地向社会提供,也可以按有关客户的要求有偿提供。

(三)咨询顾问

市场调查与预测专业机构依赖于其专业优势、人才优势、知识优势,可以为企业和社会各方提供各种咨询和顾问服务,为客户的经营决策和营销活动设计方案,为企业的科学决策和经营管理提供服务。

此外,某些市场调查与预测专业机构还承担一些中介服务、策划服务等。

三、企业内部的市场调查与预测机构

企业内部的市场调查与预测机构在市场调查预测活动中占有十分重要的地位。它们在企业中专门承担市场调查的任务,从事市场调查的活动,它们也有可能根据需要兼任其他一些经营管理业务。在市场经济活动不发达的情况下,企业内部的市场调查机构承担着主要的市场调查预测任务。即使在市场调查的行业和专业机构相当发达的情况下,企业内部的市场调查机构仍具有不可替代的作用。

(一)企业内部市场调查预测机构的分类

按发展逻辑、发达程度和表现形态,企业内部的市场调查预测机构大体可以归纳为以下三类:

1. 兼职市场调查预测人员

企业中未设置专门的组织机构或人员专职担任市场调查与预测任务,而是由某些人员兼任和从事一些市场调查预测工作。常见的兼职市场调查预测人员包括经营决策人员、计划人员、供销人员、统计分析人员、财会人员等。这种状态可以看作企业内部市场调查预测机构的初级形态。

2. 兼职市场调查与预测机构

在企业中明确有某个或某几个职能机构或业务机构肩负和承担市场调查与预测的全部或部分职能。常见的兼职机构可能是计划科、统计科、经营部、市场部等,这种状态可以看作企业内部市场调查与预测机构的中级形态。

3. 专职市场调查与预测机构

企业内部既配备专职的市场调查人员,又设有专业的市场调查预测机构。它可以被认为是企业内部市场调查与预测机构的高级形态。应该说明的是,在企业内部设置专业的市场调查预测机构,并不排斥其他有关部门承担一定的市场调查预测工作。事实上,专业机构主要负责企业中市场调查预测工作的组织、总体规划和协调,以及承担某些主要的职能工作和调查任务,其他一些部门应该结合本部门的职能工作或业务活动,兼顾一部分市场调查预测工作,比如市场信息的收集、记录以及初步的整理和分析等。

国内外绝大多数大型企业都设有内部调查预测机构,开展经常性的调查活动。如美国的宝洁公司、可口可乐公司、摩托罗拉公司以及我国台湾地区的统一和顶新集团都有一支市场调查预测队伍,并有一套规范的工作程序;我国的今日集团、金轮集团和海尔集团等也相继设立了市场调查预测机构。

(二)企业内部配置市场调查预测机构的影响因素

配置企业内部市场调查预测机构属于企业组织设计的范围。为保证配置的可行性,必须综合考虑各种影响和制约因素。

1. 企业规模

企业规模影响和决定着企业经营活动的数量和范围,也影响制约着市场调查预测的需求。一般而言,大型企业的产品种类多、市场范围大、力量雄厚,有可能建立专业的市场调查预测机构。

2. 经营业务性质和范围

经营业务性质是影响和决定市场调查与预测需求的重要因素。如果企业经营的业务受国家控制比较严,或者市场范围小,市场调查需求相应较小,就没有必要设置专门的机构,所需人员也少些。

3. 企业的经营条件

企业的资金、人员、技术等条件是影响和制约企业内部市场调查与预测机构配置的重要因素,应充分给予注意。

4. 市场状况

作为外部条件,企业经营商品的供求、竞争等状况也影响对市场调查的需求,也应给予充分注意。

第三节 市场调查与预测专业机构的选择

一、选择调查与预测专业机构的必要性

尽管许多大型企业都设立了自己的市场调查与预测部门,但这并不意味着该企业的所有市场调查与预测活动全部由企业自己的调查部门来承担。事实上,当自身的力量无法开展调查与预测活动时,就需要委托专业的市场调查机构来承担企业自己无法开展的调查与预测工作。特别是对于那些欲打入国际市场的企业,都必须寻找一些当地的市场调查预测机构对国外市场的供应、需求、竞争和流通渠道等进行深入的调查,以利于确定市场策略。而多数企业特别是中小企业,因没有条件或没有必要配备自己的调查预测机构,它们的社会调查活动一般委托专业的市场调查与预测机构进行。

选择市场调查与预测专业机构来实施调查具有以下优点:

(一)无地理和语言上的障碍

专业市场调查机构专门从事调查与预测工作,具备各方面的人才,不受调查项目地理和语言上的限制,因而便于获得所需的资料。

(二)节约成本

委托专业的市场调查与预测机构需要支付一定的费用。但是,同样的调查项目,如果由企业内部人员自行调查,则需要更多的时间和开支才能达到同样效果。专业调查机构丰富的经验、更高的效率、充实的资料和专业的设备都是节约成本的依据。

(三)客观性和准确性

相对于企业内部的市场调查部门或人员而言,专业调查机构在感情上和事业上与调查项目本身或市场没有什么牵连,更能从客观的角度进行调查。专业调查机构专门的训练、专业的

知识、专业的设备更能减少各项调查的误差，使结论更为准确。

二、选择市场调查与预测专业机构的途径

当企业的市场调查活动需要由专业机构承担时，需要对市场调查公司进行选择。因此，要获取可供选择的各种市场调查与预测公司的足够信息，进行比较后从中进行选择。获得足够的市场调查公司的信息不是一件特别容易的事情，需要企业自己通过各种手段去收集。收集市场调查与预测专业机构信息可以有下列途径：

(1)行业协会、出版物和其他销售研究部门；

(2)全国性的工商管理机构和工商业咨询协会以及它们的出版物、企业名录等；

(3)各驻外使馆的商务处，这是寻找境外调查代理机构的常用渠道；

(4)诸如国际贸易促进会之类的国际性机构和组织；

(5)广告代理公司；

(6)市场所在地的进口商、批发商和经销商等。

当然，一些经常做市场调查的企业很了解哪些市场调查公司比较符合它们的要求，它们(例如宝洁公司)甚至有固定的市场调查代理公司。

三、选择市场调查与预测专业机构的程序

(一)初步选择

不同的市场调查与预测专业机构有不同的特长和优势领域。企业在明确了市场信息需求后，必须对目标代理机构进行多方位的了解和评估。一般情况下，企业会向每个目标代理机构发出征询，略述调查项目，并请求每个代理机构提供便于企业进行选择的内容。企业再对这些内容进行评估。在评估市场调查公司时，一般要考虑的因素有以下几个方面：

1. 市场调查公司的声誉

这是一个比较软性的标准，任何一个公司的声誉都不是一下子就能评估出来的。企业在选择市场调查公司时，能对声誉做出自己的评判，尽管各自的信息来源不同。例如，有些客户认为，在传媒上发布频率高的公司是声誉比较好的公司。

声誉好的调查公司一般应能做到：第一，能按时间要求完成调查项目；第二，高质量完成调查项目；第三，维持职业道德标准。

2. 公司规模

公司规模是一个比较大的标准，它可以细分为人员多少、办公室面积和档次、专业设施、分支机构多少等。一个市场调查公司的规模能部分地反映它能做什么、能做到什么样。

一般来说，中国的市场调查公司的人员一般分为专职和兼职人员两种。公司的研究人员、技术人员等一般是专职人员，而访问员、复核员、编码员、行业专家等一般是兼职人员；实地督导有些是专职的，有些则是兼职的。这些可以量化的指标是判断公司实力的一种比较硬性的标准。

办公室的面积和档次也能反映一个公司的规模。另外，办公室的整洁程度、门牌也能反映一个市场调查公司的管理水平和部门设置情况。

不同的市场调查公司要求的专业设施有所不同。比如，一个擅长做电话调查的市场调查公司应该有专门的电话调查设备，如隔开的电话间等；一个经常做定性研究的公司应该有为举行焦点小组而准备的单面镜房间。

一个调查公司的分支机构(或在各地的合作伙伴)能够保证它在其他城市的实地执行能够顺利进行。这里的顺利不仅包括时间,也包括质量。

3. 人员素质

这里指的人员素质是一些基本的素质,比如受教育程度、责任心等。

4. 经验

"经验"一方面是指一个市场调查公司的成立时间的长短,另一方面也应包括该公司主要人员的从业经验。

市场调查成立的时间越长,对该行业的发展状况就越了解,对业内各种管理与运作模式的优缺点就看得越清楚。成立时间越长的公司,其管理制度越趋于成熟,各种规范越完善。

市场调查的主要人员的从业经验也很重要,在市场调查行业的经验越多,就越能准确地定义客户的问题,对各种调查方法的优缺点也越了解,对实地执行中易出现的问题能够及时把握。

除从业经验外,主要人员在某行业的市场调查的经验也能直接影响一个市场调查项目的质量。行业经验使得研究人员对某行业的背景资料、存在问题等非常了解,对于该行业的产品特性、客户构成、分销渠道、促销手段等也有深刻认识。这种了解和认识不仅有助于研究人员设计调查方案,而且在数据分析时也能够从自身知识出发解释数据,给出切实可行的建议。

5. 报价

市场调查公司的报价自然是客户在做选择时的一项重要考虑因素。每个公司都有自己的报价体系和方法。各个调查公司的报价只有在调查方法、质量、地域等都相同时才具有可比性。

以上几个方面是企业在选择市场调查公司时主要考虑的因素。除这几个主要方面外,其他还有一些因素会影响企业的选择,比如文本的制作水平、项目完成所需时间等。

(二)比较选择

通过对市场调查与预测机构进行评估,可以把所要选择的目标代理机构缩减到最有希望的两三个。接着安排分别会晤,在会晤中可以比较深入地讨论委托人的调查需求和代理机构探索这些需求的方法。初步会晤后,要求各家代理机构提出书面的调查策划书,进一步了解各家代理机构的项目适应性。调查策划书的内容需包括:

(1)工作人员的配备、专业水平、时间、工作经验和能力;

(2)拟定问卷的构思和问卷的样本;

(3)实地采访中专职访问员和管理人员的配备情况;

(4)调查员和临时调查员的配备情况;

(5)选择访问员的标准与培训的机会;

(6)对问卷有效性的监督、管理措施;

(7)制作图表的设备与技巧;

(8)项目完成所需时间的估计;

(9)项目的费用预算情况。

当收到几家市场调查公司所提交的"调查计划书"后,就可以集中对比,从中选出一家最适合的市场调查公司,并与之再行会晤商议,签订市场调查委托合同。

(三)签订代理合约

为了确保市场调查与预测活动的顺利进行，必须签订代理合约来明确双方应承担的义务、责任和享有的权利。代理合约一般应包括以下内容：

1. 调查范围与调查方式

调查范围用于规范调查的界限，以此要求调查公司围绕调查目标进行策划和设计。调查方式由调查与预测专业机构根据调查的主题和对象进行确定，并写在合约中。如果还有其他类似规定(例如安排人员走访的次数和方式，委托人应向代理公司提供有关调查工作需要的材料，委托人如对代理公司的工作表示满意应在规定时间内以书面形式向对方表示认可等)，若有必要并经双方协商同意，也可在合约上注明。

2. 预算

合约中要写明调查项目的总经费数额。要注明每个调查项目的开支情况，如劳务费、礼品费、管理费及利润等。如果预计有意外情况发生而需要增加预算开支，但增加的幅度不能超过原定预算金额的 10%。还须注明超过预算时追加款项的处理办法，以示明确。

3. 付款条件

合约中要明确付款条件和付款方式。市场调查公司要求的付款条件通常是：签约时先按双方确认的付款金额预付 50%，其余部分在调查项目全部工作结束后付清。如有其他费用开支，需要另做结算偿付安排的话，具体各项费用的结算与偿付的办法、用什么货币进行结算与偿付、全部费用累计总值的最高限额是多少等均应在合约中细加规定。

4. 人员配备

合约中应写明调查公司指派的全体调查人员的名单及各自应负的职责。作为有关调查项目的委托人，应坚持有权与全体项目人员经常保持直接的个人关系和接触。若代理公司将其中的部分项目分包给其他调查公司，如聘请当地新闻通讯社的记者代办全部有关人员走访的工作等，则须将人员的配备情况列明，而且由此产生的一切费用须由代理公司承担。实际上，这些费用均已包括在合同规定的预算限额之内，因此无须另作偿付。

5. 期限

完成全部调查工作的期限以及各个阶段工作进程的期限，应在合同中分别加以明文规定。务求整个调查项目的工作能按计划如期圆满结束，同时要写明未能按时完成调查任务的处理办法。

6. 调查结果

合约中要明确对市场调查结果的要求，如是否要有中期报告和最终报告等。有些市场调查公司在所提交的终结性报告中，只是单纯报告调查的结果；另一些市场调查公司不但报告调查结果，而且还要从中引出结论，提出有关如何组织产品销售行动的建议或其他可行性的建议。如果委托人对此有特定要求，经过双方协商同意后，可在合同中相应加列条款，以示明确。

四、与市场调查专业机构的合作

选定了某家市场调查公司或当地商业咨询服务机构之后，委托人就必须切实地与之协同工作。委托人和市场调查代理公司的关系是“对等交换”的关系，应该相互信赖和配合。

委托人要自始至终为调查公司提供所需的帮助，以便于调查公司充分了解和掌握企业的实际情况和要解决的问题，确定调查主体、范围、方式和技巧。特别是有些专业性的问题，调查对象的选择还要借助于企业的关系网。作为市场调查公司，要及时将调查中发现的问题(如企业目标与市场实际情况矛盾之处等)通报给企业。双方要定期或不定期地交换意见,以便企业掌握市场调查的进展情况,并在彼此沟通后,及时修改、调整和充实调查工作。

第四节　市场调查人员的选择、培训与管理

市场调查与预测是一项高度智力性的工作,又是一项繁杂、辛苦的工作,都由具体的人来承担。因此,市场调查人员本身的素质和条件将直接决定市场调查活动的成败优劣。市场调查人员应具备一定的素质和条件,并能时常得到专业化的培训。

一、市场调查人员应具备的素质条件

市场调查人员作为现代经济管理人员,应具备一般经济管理人员的基本素养,包括政治思想、文化知识、经营管理、道德品格、性格、风度和体质等方面的素质。由于工作的特殊性,市场调查人员的下列素质和条件尤为重要:

(一)要有强烈的事业心和责任感

市场调查与预测是一项重要而又艰巨的工作,带有明显的服务性。调查人员要接触社会经济的各个方面,工作量大,繁杂琐碎,独立工作的可能性较大,这就要求调查人员具有强烈的事业心和责任感。

(二)要有高度的敏感性

由于市场调查人员接触到各类人物和错综复杂的事物,所以要求他们能够根据不同的情况,灵活处置。由于市场信息大都具有很强的时效性,转瞬即逝,因此必须及时处理。我国正处在经济高速发展和改革时期,市场变化迅速,为此,更要求市场调查人员思维活跃、敏锐,能及时、准确地感应客观环境的变化,善于认识和接受新事物。

(三)要有广博的知识、广泛的兴趣

市场调查工作的特性,要求调查人员的知识面要宽、兴趣要广。他们应是专家中的杂家、专才中的通才。作为专业性的市场调查人员,不但需要具有相关的专业知识,比如市场知识、消费行为知识、市场调查知识等,而且要具有较宽的知识面。只有如此,才有利于市场调查人员拓宽其事业和增强综合分析问题的能力,有利于同社会发生广泛的接触。如房地产市场调查人员至少要精通有关的法规政策、开发经营、行政管理、城市规划、市场竞争、建筑施工、综合开发战略等方面的知识。

(四)要有较高的综合分析的能力

市场调查与预测的根本目的在于认识市场,了解各种经济现象及其本质。由于市场的复杂性,要求市场调查人员必须实行全面的综合分析。市场调查人员的工作绝不是简单地提供调查资料,因为把大量的市场信息推给决策者,并不会减少决策的难度。市场调查人员所做的适当评议,透过现象探讨本质的综合分析,就有关现象所分析的利弊和长远趋势,将帮助决策者对市场需求和市场动态做出正确判断。这些工作的水平高低是与调查者的分析能力分不开的。

(五)要有良好的工作态度和严谨的工作作风

市场调查人员必须踏实、认真、肯干;必须实事求是、从严要求;不弄虚作假、马马虎虎;要严谨细致、一丝不苟。这是保证市场信息真实、可靠、精确、全面的必要条件。

（六）要为人诚恳

与人交往是市场调查人员的基本活动。市场调查人员要给人一种亲切、自然和信任的感觉；要善于与人交往，有良好的交际能力和语言表达能力。

（七）要掌握现代信息科学知识

市场调查人员要懂得现代信息科学的有关知识，掌握一定的信息处理的技术和方法。

要使市场调查人员成为合格人才，一是在选用人员时要严格把关；二是对现有人员进行有针对性的严格培训，并把培训后仍不合格者调离；三是调查人员应加强学习，自觉提高自身素养。

二、市场调查人员的职责

不同的市场调查机构，其组织机构的形式或结构可能不同，但其人员的构成却大同小异。

（一）管理人员及其职责

他们的职位是公司的总经理、副总经理、市场调研副总裁等，是企业最高管理层的成员。他们的职责是组织、控制整个市场调查与预测工作，协调下属各部门之间的工作；制定公司的管理规则、人员的职责等。管理人员通常对市场调查与预测业务的各个方面都十分熟悉，有从事市场调查、社会调查的经验，此外还要具有较强的组织管理能力。

（二）研究人员及其职责

包括高级研究人员和一般的研究人员。高级研究人员的职位通常是项目经理、客户经理或调研总监。研究人员的职责是拟定调查方案和数据处理方案，进行抽样设计、问卷设计、数据分析以及撰写调查报告，此外还负责向客户汇报调查结果、提供咨询服务。他们通常是经济学、营销学、社会学、心理学、统计学、管理科学等领域训练有素的专家、学者等博学之士。

（三）督导人员及其职责

督导是访问员的管理者，负责访问员的招聘、培训以及对访问员的工作进行指导、监督和检查。

（四）访问员或调查员及其职责

访问员通常包括专职访问员和兼职访问员。访问员的工作就是采集资料，对指定的受调查者进行调查访问，以获得原始数据资料。专职的访问员是指公司聘用的全日制工作人员，他们的职责除进行调查访问之外，还要协助督导员对新招聘的访问员进行培训工作，执行一般访问员难以胜任的调查访问，对某些抽到的受访者进行复访或回访。兼职访问员是公司临时聘用的访问员，他们在公司需要实施调查时执行调查访问。目前，国内的兼职访问员大多是在校的大学生。招聘大学生做兼职访问员比较方便，素质较高，容易培训，但是不便于管理，而且访问的质量深受大学生责任心的影响。调查公司一般招聘一两个专职的访问员即可，但兼职访问员有时需要几十个甚至几百个，因为兼职访问员工作不稳定。

（五）电脑录入员及其职责

其主要职责是对收集到的问卷资料进行编码，并将数据资料输入电脑，以便研究人员做统计分析处理。此外，他们通常也要负责一般资料性文件的电脑编辑、打印工作。电脑录入员一般要比较熟悉各种计算机软件的使用，键盘操作速度比较快。一个调查公司通常需要一个以上的电脑录入员。

（六）资料员及其职责

负责各种一般性的商业资料的收集、分类、整理和归档，以便研究人员查询。资料一般来自各种媒体，包括报纸、杂志、商业通报、邮函或出版物等。一个公司一般要有一个或一个以上的资料员。资料员通常要具备档案管理方面的经验。

三、市场调查人员的培训

对市场调查人员应该进行全员培训。在整个调查活动中承担各种职能的人员很多，他们承担着不同的职能和任务，从事的工作区别很大。但是，不管承担何种职能，都必须进行相应的培训。当然，对于研究人员的培训可能是一种系统的、长期的过程，培训的难度也相当大。

市场调查人员的培训中涉及最多的是对访问员的训练。访问员承担收集原始资料的职能，执行能力的强弱对整个调查的成败有很大影响。对调查访问员的培训目的是：增强必要的调查知识；培养访问应变的能力。对访问员的培训也应区分不同类型和不同项目。电话访问员工作简单，培训就会较短；面谈访问特别像小组座谈访问这类方式，对访问员的要求较高，培训过程和内容较复杂。

访问员的培训主要有书面训练和口头训练两种。

(一)书面训练

书面训练要求调查人员牢记调查项目的重要性、目的、任务，并通过训练手册，熟悉各项业务要求。书面训练的内容主要包括：

(1)熟悉调查项目的内容与目的；

(2)熟悉并掌握按样本计划选择的被调查对象，选择恰当时机、地点和访问对象的方法；

(3)获得访问对象合作的有关访问技巧；

(4)关于调查询问的技术；

(5)关于如何鉴定调查形式、检查调查问卷的提示说明，以及如何处理访问中发生的特殊情况的说明。

(二)口头训练

口头训练的目的是消除访问员的恐惧和顾虑，使访问员熟练地运用口头访问的技巧。为此，要对访问员经常进行训练，而且必须安排多次访问的预练，以鉴定训练是否达到效果。通过训练，访问员应该做到：

(1)访问态度和蔼、友好、彬彬有礼；

(2)提出的问题能抓住重点，简单明了，并给予被访者充分的回答余地；

(3)善于选择访问时机；

(4)有较强的判断力，善于明辨是非，善于诱导；

(5)善于完整、清楚地记录，忠实地反映被访者的本意。

如果公司没有对访问员进行过关于职业道德方面的教育，那么在常规的技术培训中，还应增加这方面的内容。主要包括：访问员在实施过程中的重要作用；应具备的诚实、客观、认真、负责的品德；访问员所应遵循的为受访者保密、为客户保密的职责等。

此外，试访与陪访是确保访问员培训效果必不可少的一环。具体做法是：在课堂培训结束后，先拿出少量问卷，将调查任务分派给每个访问员，让他们按正式要求试访几份。与此同时，培训专家则以旁观者的身份，对每一个访问员的入户进行一次陪访，实地观察访问员在实际工作中是否存在问题。在试访和陪访结束后，培训专家应对访问员进行一次集中总结，及时纠正试访中存在的问题，并及时淘汰部分难以胜任工作的访问员。这样，整个培训工作的效果就能得到基本保障。

四、市场调查人员的监督管理

市场调查与预测活动的全过程都是参与性的，调查项目完成质量的高低与市场调查人员存在着密切联系，因此，必须对市场调查人员实施有效的管理。在调查企业所有的人员构成中，访问员是信息的直接收集者，是整个任务质量保证的首要环节。为了保证调查能够得以优质高效完成，对访问员的监督管理显得尤为重要。

(一)建立一套行之有效的以优秀访问员晋级制度为核心的激励机制

设立不同的访问员级别，并根据级别的不同对同一工作给予差额报酬。对于晋级的标准，则是以服务业每次工作的表现作为评分的依据，当积分达到某一标准时便自动晋升一级。这样，即使每个访问员完成的工作数量一样，其报酬也会因为其级别的不同而不同。这样一来，就能大大增强访问员的长期行为意识与自律意识，并起到留住优秀访问员的效果。

(二)强化市场调查质量监督和外在约束机制

首先，同每个访问员签订聘用合同，以合同条款约束访问员。

其次，强化质量监督手段与技术，加强对访问员的外在约束，这是督导员的主要职责。督导的监督可以是公开的，也可以是隐蔽的，既对调查实施的过程进行监督，又对调查的结果进行检查验收。

(三)注意增进管理者和访问员之间的情感交流

定期举办一些诸如由管理者与访问员共同参加的调查见闻交流会、调查技巧研讨会等活动，一方面增强访问员之间的友谊与交流，另一方面可以融洽管理者与被管理者之间的相互关系。

本章小结

市场调查与预测行业的结构分为 4 个层次。处于层次 1 和层次 2 的企业是营销调查数据的最终消费者，即信息使用者；处于层次 3 的企业是调查设计者和提供者；处于层次 4 的企业是数据收集者。

市场调查的机构和人员是市场调查活动的主体，一般表现为企业外部的专业市场调查机构和企业内部的市场调查机构。专业调查机构主要有专业市场调查与预测公司、咨询顾问公司、广告公司、政府统计机构和大专院校研究机构。它们都属于服务机构，承担市场调查项目、提供信息、咨询顾问等职能。企业内部市场调查预测机构主要有兼职市场调查预测人员、兼职市场调查与预测机构、专职市场调查与预测机构等类型。企业内部配置市场调查机构要考虑到企业的规模、经营业务性质和范围、经济条件和市场状况等因素。

企业选择专业机构为其提供服务很有必要性，选择的渠道也很多，选择时一般要遵循初步选择、比较选择、签订代理合约等程序。一旦确定代理机构，就必须与其展开全面有效的合作。

对于调查机构来说，市场调查人员本身的素质和条件是关系该企业和调查项目成败的重要因素。市场调查人员应具备一定的素质和条件，并且专业化的培训十分必要。另外，调查机构必须对市场调查人员实施有效的监督和管理。

复习思考题

1. 市场调查与预测专业机构的类型有几种？
2. 在评估市场调查公司时要考虑什么因素？

3. 选择市场调查与预测专业机构的步骤有哪些?
4. 市场调查人员应具备的素质有哪些?
5. 描述市场调查行业的层次。
6. 企业选择专业调查机构的必要性在哪里?
7. 市场调查专业机构的职能有哪些?
8. 企业应该如何与专业调查机构合作?
9. 如何对市场调查人员进行培训?
10. 市场调查人员的职责有哪些?
11. 如何对市场调查人员进行监督管理?

案例分析

【2—1】 AC尼尔森中国

尼尔森控股(纽约证券交易所股票代码:NLSN)是全球首屈一指的咨询和监测公司,提供全球领先的市场营销和消费者资讯、电视和其他媒体监测、在线研究、移动媒体监测、商业展览服务以及其他相关服务。尼尔森业务覆盖约100个国家和地区,总部位于美国纽约和荷兰。

AC尼尔森1984年开始进入中国。1994年,AC尼尔森通过收购调查研究集团(Survey Research Group)步入亚太市场。2001年,AC尼尔森成为VNU集团的一部分。2010年员工数量为2 000人。2015年,尼尔森和阿里巴巴集团旗下阿里云公司合作,正式推出一项全新的咨询服务——"赚金石"。这项服务创造性地将阿里巴巴的电商平台大数据和尼尔森领先业界的数据洞察能力相结合,用创新的理念和科学的方法,为客户制胜线上市场提供全套的解决方案。

AC尼尔森零售研究覆盖中国主要城市和城镇的70多类非耐用消费品,定期为客户提供有关产品在各地的零售情况报告。AC尼尔森另外一个著名的产品是调查电视、广播和报纸在媒体市场上的顾客数目的尼尔森收视率。

专长领域:

(1)零售研究。尼尔森的零售研究服务(RMS)运用从零售点收集的信息,可以对产品销售实施连续性追踪,为客户提供详细的销售信息、市场份额信息、分销信息、定价信息以及促销活动信息。

(2)建模与分析。尼尔森先进的建模与分析服务帮助客户解决诸如定价、促销、营销组合、分类与产品合理化、品类的货架布置、店内品类结构、店内审计和测试等此类问题。

(3)全球服务。尼尔森全球服务与尼尔森全球区域总部合作,提供清晰、连续的市场信息。运用可靠的、可比的跨国家市场数据与区域信息,"尼尔森全球服务"为全球市场人员提供基于信息的以全球为视角的解决方案。

(资料来源:http://www.cn.nielsen.com/site/index.shtml; http://roll.sohu.com/20140219/n395315171.shtml。)

思考题:

1. 该咨询集团属于何种类型的市场调研机构?它可以为企业提供哪些服务?
2. 你认为企业在选择市场调研机构时还应了解哪些信息?

【2—2】 透过联邦快递公司看营销调研职业

营销调研的职业机会因行业、具体公司和公司规模的不同而有所不同。消费品公司、工业产品公司、内部营销调研部门和专业营销调研公司各自有着不同的职位。营销调研任务从简单的问卷制表到复杂的数据分析。表2—1列举了一些常见的营销调研职位的名称、职能以及对应的工资范围。

表 2—1　　**营销调研职业摘要**

职　位	职　责	工资范围（年薪，单位：千美元）
账户主管 调研主管	负责公司的整个调研计划，是公司与客户进行联系的桥梁；雇用员工并监督研究部门，向公司和客户报告研究结果	60～90
信息技术员 统计员	是应用统计技术来解决具体研究问题的专家顾问，很多时候需要负责研究设计和数据分析	40～70
调研分析师	计划研究项目并分配调研任务，与分析师一起设计问卷，分析数据、准备报告、制作计划时间表并安排预算	35～65
助理分析师	在分析师的指导下工作，负责协助问卷设计、预测试、并进行初步分析	30～45
项目协调人 项目经理 区域经理 实地调研主管	雇用、培训并指导户外访员，提供项目进程表，并确保数据的准确性	25～35
图书管理员	建立并维护一个有着原始数据和二手数据的资料库，以满足研究部门的需要	35～45
助理文员	处理并加工统计数据，监督日常办公	22～35

大多数成功的营销调研人士都是聪明且富有创造力的。同时他们还拥有解决问题的能力、批判性思维、沟通和谈判技能。营销调研人员必须能在很短的时间内完成工作并善于处理大量数据。例如，联邦快递公司(Federal Express)需要有很强的分析能力并精通计算机的人。求职者应具备商务、市场营销或信息系统专业的大学学历。具有 MBA 学位的求职者常常更有竞争性优势。

与许多公司一样，联邦快递公司营销调研的入门职位是助理分析师。在了解该公司行业详细资料的同时，这些新员工还要接受调研分析师的在职培训。通常来说，其今后的职业道路包括先晋升为信息技术员，然后再成为调研主管或账户主管等。

联邦快递公司的营销调研之所以有些特殊，是因为其隶属于信息技术部门。这也是其调研职能虽被整合于整个公司之中，却仍呈现出高科技导向的充分证据。联邦快递公司的营销调研主要在如下三个领域展开：

一是数据库的建立和更新。其职能是与联邦快递公司的当前客户建立关系，并将这些信息用于新产品计划。

二是时间周期研究。为有效运输货物、追踪航运、自动补足客户存货、加强电子数据交换提供更多的相关信息。

三是市场情报系统。主要是一个逻辑数据库和为目录零售商、直销公司和电子商务组织提供更多客户服务的研究工作。

调研和信息技术副总裁负责领导总的调研过程，四个职能部门应直接向其报告。这四个部门应负责营销决策支持系统的运作、追踪销售量、开发新业务和特殊项目管理等。

（案例来源：小约瑟夫·F. 海尔等著，白雪梅主译，《市场营销调研精要》，东北财经大学出版社 2016 年版，第 23～24 页。）

思考题：

1. 访问联邦快递公司的主页，确认成为该公司营销调研人员的必要条件。简要描述这些文件，并在课堂上展示你的发现。

2. 如果你想在联邦快递公司找一个营销调研的职位，你将如何通过培训和教育来为这个职位做准备？为获得联邦快递公司营销调研的职位，做一份一年计划，具体包括你应选修的大学课程、应参加的具体活动、兴趣爱好及所需的相关工作经验等。

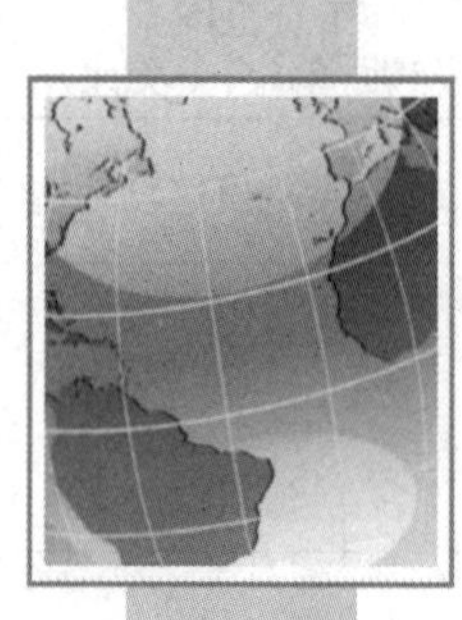

第三章 市场调查策划

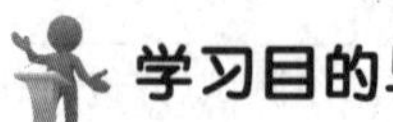

通过本章的学习，使学生认识市场调查策划的作用；理解市场调查策划课题的界定；掌握市场调查策划的主要内容及其制定步骤；理解并掌握市场调查策划方案可行性评价的方法和意义。

第一节　市场调查策划的概念和作用

市场调查作为营销领域的重要元素，其特点表现为内容广泛和过程系统。也就是说，市场调查可能涉及的范围比较广，并且在调查过程中的各个环节、步骤都是紧密联系的。因此，市场调查工作绝大多数时候都是由团队协作完成的，团队中的成员（即调查者）需要按照一定的程序进行工作，从而保证调查中各个环节紧密相扣，顺利开展，最大限度地节约资源并取得最理想的效果。周密且有效的市场调查策划是市场调查工作高质量完成的保证。

一、市场调查策划的概念

古语云："凡事预则立，不预则废。"意思是说，不论做什么事，事先有准备的话，成功的可能性就大；反之，则可能失败。由此可见，在市场调查工作开始之前做必要的准备工作，是调查成功与否的重要因素之一。市场调查策划就是在市场调查运行之前，根据调查研究的目的，有的放矢地对调查工作的各个方面和全部过程进行全面考虑和计划，制定相应的实施方案和合理的工作程序。它包括确定调查课题、调查内容、调查时间，选择恰当的调查方式、方法，进行经费预算等。

市场调查的规模和范围大小不一，但都需要调查策划人员将相互关联的各个方面和各个阶段考虑进市场调查策划方案。调查工作的各个方面主要是指涵盖调查所要涉及的各个组成项目。例如，调查消费者对市场上销售的染发产品的市场认知情况，就应该将市面上经抽样的染发产品的品牌、质量、价格、服务、信誉、目标消费者等各方面进行全面的考虑。市场调查策划案就是把已经确定的市场调研问题转化为具体的调查内容，并通过调查指标的方式表现出来，进而对调查指标做出明确定义的方案。这里说的调研问题的定义与调研指标的定义是不同的。调研问题的定义是概念性的，上面提到的消费者对市场上销售的染发产品的认知就是一个调研问题。调查指标则是操作性的定义，在调查中反映调查问题，如用品牌、质量、价格、服务、信誉、目标消费者等反映消费者对该类产品的认知。市场调查策划所指的全过程，是调查工作所要经历的所有步骤，包括资料收集、记录、整理和分析。每一个步骤都必须进行周密的考虑和安排，减少误差，提高市场调查的质量。例如，在分析阶段，研究相同的问题可以采用不同的研究方法，但针对特定的调查要有针对性地选取相应的研究方法。因为不同的研究方法有差异性，将导致调查结果的改变。因此，要求市场调查的策划人员具有一定的经验和相关知识，能够准确地制定策划案，从而做出保质保量的市场调查。

二、市场调查策划的作用

市场调查策划是市场调查工作能否顺利开展的先决条件，是调查人员工作的指路明灯。一份科学、周密且行之有效的策划方案能够确保市场调查工作的正确性、计划的可行性以及管理的科学性。同时，严谨、周密、有效的工作计划和组织方案也是调查工作人员能有效配合、协调一致、步调统一的保证。因此，市场调查策划方案是顺利、高效率、高质量完成调查工作，并得到有价值的调查结果的保障。其重要作用主要表现在以下几个方面：

首先，从定性认识到定量认识的转换是市场调查策划的基本作用。调查工作需要从定性认识迈出第一步，没有定性认识就像我们不知道旅行的目的地，也就没有办法有效地选择合适的交通工具一样，可见定性认识的重要性。从调查本身来说，如果没有定性认识就不知道应该调查什么和怎样调查。例如，我们要了解某产品的市场情况，就应该先了解该产品的性质、特点等，设计相应的调查目标以及收集、整理调查资料的方法，然后才是具体的市场调查实施阶段的开始。因此，调查策划是定性认识与定量认识的交接工具。

其次，市场调查策划还起着全面的统一协调的作用。在当今社会，任何一项市场调查都可以被看作一项涉及面广的系统工程，大规模的市场调查更是如此。在具体的调查过程中，会遇到两种问题：一种是调查本身所产生的问题；另一种是非调查本身但相关的问题。一项调查的开展可能受到多方面因素的影响，如资金、时间、天气等。比如实际工作中，想要取得全面、准确的资料，选择普查的方式比较理想，但因其工作时间长、工作量大，动用的人力、物力十分庞大，所以普查必然需要各方面的合作才能完成。因此，需要调查方案策划设置严谨的工作程序和步骤，并根据需要采用相应的调查方法，分清主次，才能够使调查工作按照既定目标有序地进行。例如，人口普查、产业调查等全国性的调查一般由国家相关部门负责组织，协调相当数量的相关地区的机构、人员，并花费大量的时间才能完成。

三、市场调查策划的原则

（一）科学性原则

进行市场调查策划必须遵循科学性的原则，这是市场调查策划必须遵循的原则之一。市场调查是一个复杂的工作过程，其涉及的领域十分广泛，比如一项调查涉及的领域可能包括市场营销理论、消费者行为理论、消费心理理论以及数理统计理论等。在进行市场调查策划的工作中，对市场调查全过程进行通盘考虑的时候，相应的步骤必定会用到相关的科学理论。比如，在进行某项调查的过程中，根据调查的要求确定调查对象后，涉及确定样本数量，样本数量的确定要根据总体参数的置信区间，即根据具体的抽样方式以及对评估的精度要求采用相应的样本量的计算方式。在进行因果关系调查的时候，为了验证事先的假设，有些调查需要用实验法。但是实验法和真实的社会经济现象必定有一定的差异，因为在实验室中可以对其他影响调查目标的因素完全控制住，而实际生活中则不可能。显然，在采用实验法的过程中，必须要有如何控制相关因素、控制哪些因素等的具体实施控制的设计，要合理选择控制因素才能使该市场调查具有价值。总而言之，在制定市场调查策划方案的过程中，每个程序和步骤都要有科学的原理作为依托，因此科学性被作为市场调查策划工作的原则。

（二）可行性原则

市场调查策划的方案绝不是纸上谈兵，不仅要有科学的理论依据，还必须具有可行性。只有具备完全的操作性，调查方案才能作为具体市场调查工作的实施指南。比如，某公司将要对一种新开发的针对老年消费者的保健产品的需求情况进行市场调查，需要通过问卷调查来获取信息，在其策划方案中选定了10个有代表性的城市实施问卷调查；考虑到样本数比较大的原因，计划采用网络问卷调查的方法。该策划听起来似乎合情合理，但是，只要稍加思考就会产生一个疑问：老年消费者能否支持该调查方法呢？根据相关统计，老年网民的数量占总数的百分比是比较低的。我们可以给出结论，该策划转化到实际工作中难以实施，也就是说存在可行性的问题。所以，在市场调查的策划方法中，各项调查内容的设计都必须考虑可行性，即从实际出发在实际工作中实现策划中的要求。尤其是对复杂群体、复杂内容的调查，可行性的评估工作就更加重要，有时需要用模拟或试点调查来确定方案的可行性。

（三）有效性原则

市场调查策划方案仅仅具有科学性和可行性仍然是不够的，还有很重要的一点就是有效性。有效性是指在特定的经费条件下调查的精度可以满足调查目的的要求。一般来说，任何人都希望在经费相同的情况下调查的精度越高越好，或者在调查精度相同的情况下经费消耗得越少越好。在现实生活中，作为市场调查的策划方案应该在两者之间寻求平衡。这个平衡的原则就是有效性。因此，在市场调查策划方案中，有效性与科学性、可行性具有同等重要的意义。

市场调查策划的科学性、可行性和有效性侧重的方面不同，但它们之间紧密联系、相互作用。所以，在市场调查策划方案中应该注意它们之间的联系和作用，只有能兼顾这三个原则的调查方案才是合格的调查方案。

第二节　市场调查立题

一、市场调查立题的含义和类型

调查课题是指一项调查研究所要解决的具体问题和主要问题下的分支问题。在此提出调查课题的概念有一个特定的原因，因为一般来说企业提出的课题可能针对性不强，比较抽象或过于宽泛。这可能是由于其认识水平或者在没有经过专业性思考的情况下提出的。在这种情况下，就要将调查问题进行逐层次的分解，即将其分为若干的分支问题来支撑核心问题，从而确定调查课题。调查课题必须被清晰地确定，否则就无法制定市场调查策划的方案。

按照不同的划分标准，可以将市场调查课题分为不同的类型。

（一）按照课题的性质划分

按照市场调查课题的性质，可以将市场调查的课题划分为理论型调查课题和应用型调查课题。理论型调查课题一般来说应用范围比较广，但理论研究型的课题和实际工作的联系不是十分密切。比如，对数据分析模型的研究、对消费者心理倾向的研究等尽管对营销工作没有直接的作用，但是其研究成果可以被广泛地应用到很多相关领域。相对而言，应用型市场调查课题和社会经济联系十分紧密，可以直接为企业提供现实问题的解决方案，比如产品市场占有率调查、市场需求调查和广告效果调查等。

(二)按课题的作用划分

按照市场调查课题的作用,可将其分为探索预测性调查课题、描述性调查课题和解释性调查课题。企业需要对新的市场领域或者新时期的市场某领域的情况进行了解时,提出的课题一般为探索预测性课题。由于倾向于探索的特点,这种课题一般无须采用较大的样本数量,而且研究方法的选择比较灵活,比如消费者网络购物趋势调查。而描述性课题则不同,倾向于对事物的总体特征进行客观真实的反映,所以采用的样本数量一般比较大,比如对产品市场占有率调查。解释性市场调查课题是在结论已经形成,通过对事物总体特征的不同方面进行研究、分析,对结论进行有依据的解释,比如对产品销售额连续下降的原因调查。

二、确定市场调查课题

市场调查课题的确定仅仅是整个调查工作的开始。课题的确定和后面工作的每个步骤都紧密地联系在一起,所以市场调查课题的确定也要分析很多相关因素;否则,一个不适当的市场调查课题将导致整个调查计划失败。市场调查课题的确定可以按照如下程序进行:

(一)市场调查课题的背景分析

对调查课题的确定涉及多方面的因素。在确定市场调查课题的过程中要对所有相关因素有所了解,如调查所属行业背景、决策目标、消费者行为、法律环境等。对相关背景进行分析是十分必要的。从宏观的角度来看,要了解和课题相关的背景,另外要考虑营销能力、科学技术水平和其他一些资源的情况,如资金和时间。

(二)确定课题的相关工作

为了准确地确定市场调查课题,在了解了相关的背景信息后调查人员还需要做进一步的筹备工作。

首先,与市场调查的需求者也就是决策者进行交流。通过与决策者进行交流,可以更好地了解他们想通过调查获得什么。市场调查人员可以把对课题的理解和决策者进行沟通,避免误差。

其次,由于市场调查人员不可能是各行各业的专家,对很多行业或领域的了解也很有限,所以向相关行业的专家请教是十分必要的。但应注意一点,向专家请教的过程是针对课题确定相关的问题而不是寻找调查课题相关的结论。一般情况下,对技术含量比较高或专业性较强的行业,向专家请教的必要性更高。

最后,还有一个重要的问题是,任何课题的确定都要经过二手资料的分析。通过对二手资料的分析(如政府、企业、专业机构的数据和报告等),帮助我们更好地确定市场调查课题。如果通过二手资料的研究分析可以满足我们的调查需要,我们就没有必要重新做调查。但是在进行二手资料分析的时候要注意时效性,因为二手资料提供的信息和数据可能由于时间关系已经失去了意义。

(三)市场调查课题的确定

在确定调查课题的时候,需要注意区分管理决策课题与市场调查课题。如上文提到的,由于认识水平等原因,课题在初级阶段可能针对性不强,比较抽象或过于宽泛,这时候需要我们把管理决策问题转化为市场调查课题。例如,管理决策问题——需要改变促销方式吗?市场调查课题——现有促销方式的效果如何?确定调查课题时,还要注意调查课题不能过于空泛,也不能过于狭窄。至于如何把握,需要市场调查方案的制定者根据具体情况具体分析。

以上是确定市场调查课题的程序。在确定了市场调查课题以后,就可以进行具体的市场调查方案的制定了。

第三节　市场调查的策划方案

一、市场调查策划的内容

市场调查策划方案是对整个市场调查过程的设计。也就是说，市场调查策划方案包括将要进行的市场调查的各个方面和过程。调查方案是否科学、可行和有效，关系到调查工作的成败。市场调查策划就是具体市场调查工作实施的指导，所以方案中要尽可能地包括所有具体操作的细节。市场调查方案的主要内容包括确定调查目的、调查对象和单位、调查内容和调查表、调查方式和方法、定价和预算、抽样方式等。

(一)确定调查目的

确定市场调查目的是市场调查策划首先需要确定的内容。如果不能明确目的，调查者就不知道在调查中要通过收集什么资料来解决什么问题。调查方案的最主要依据是调查的目的，调查方案的每项内容都要符合调查的目的。也就是说，调查的目标决定市场调查的内容和方式。如果没有目标，调查工作也就失去其存在的意义和工作的方向。比如，在评估一个市场调查策划方案的时候，最主要的就是要看其是否符合调查的目的和要求。可见市场调查目的的确定对于市场调查方案的制定是关键性的。例如，罗西汉姆银行为了更好地扩大其 VISA 卡的业务，对特定的群体进行考察，以确定该银行通过特殊的方式对信用卡市场渗透的能力。其总调查目的是评估伊利诺伊州的教师对信用卡促销的反应。明确了这个目的，就可以合理地设计具体的调查目标。其具体的目标为：(1)特征描述；(2)反应的可能性；(3)反应可能性的相关因素；(4)反应程度；(5)最有吸引力的特征。

(二)确定调查的对象和调查单位

在明确了市场调查的目的后，调查人员同时深入地理解了调查的需求，接下来的工作就是确定调查对象和调查单位。调查对象是指依据市场调查的任务和目的，确定本次调查的范围及涉及的调查对象的总体。它是由一定数量的具有相同性质的若干个调查单位组成的。调查单位指的是所要调查的社会经济现象总体中的个体，是我们在调查中要进行调查研究的各个调查项目的具体的承载个体。也就是说，调查对象和调查单位的确定，使调查者明确相关调查要调查谁，即所需的必要信息数据的有效提供者应该是谁。例如，上述案例中所有在伊利诺伊州工作的具有教师资格证的教师都是调查对象。

由此可见，确定调查的对象和调查单位，就是根据调查目的以及人口、社会特征、心理特征、生活方式、个性、动机、知识、行为、态度、观念等，来确定哪些人是合适的被调查人选。

(三)确定调查内容和设计调查表

1. 将调查课题转化为调查内容

调查课题转化为调查内容是指将调查课题具体到可操作的状态。如之前提到的信用卡调查的案例，其调查目的为“评估伊利诺伊州的教师对信用卡促销的反应”。根据这一调查目的，通过对相关领域的研究将其转化为合理的调查内容。比如，特征描述具体包括人口、心理和信用卡使用等；被访问者的反应包括调查对象对于不同的信用卡创意的反应等。

2. 将调查内容转化为调查表

在具体的市场调查过程中，上面提到的调查内容需要具体化为一系列的具体问题(即调查表),来完成对调查内容的收集。如何根据调查内容设计调查问卷,将在第六章专门介绍。本节仅简单介绍在策划阶段要根据调查内容来设计调查表,且调查表的每一个问题都是围绕调查内容产生的,即带有明确的目的性,而不是简单的罗列。

(四)确定调查方式与调查方法

调查方式和方法的选择至关重要,如果选择得不成功就会直接影响调查结果的质量。另外,调查方式和方法的选择必然受到经费预算的限制,在具体的工作中甚至起到决定性作用。

1. 根据调查问卷内容和要求确定调查方式

在调查方案中,应事先确定使用何种组织方式和方法取得调查资料。如上述案例中,本项调查拟在伊利诺伊州开展,调查的范围将深入到该州的各主要地区。调查对象将锁定为在该州工作的具有教师资格证的教师。考虑到此次调查工作涉及面广,因此拟采用随机抽样的方法,并拟定样本数为400人(完整的访谈样本)。从市场调查的实际效果考虑,拟在学校较为集中的地区作为抽样的重点。关于年龄层次和性别等的配比则没有具体要求,完全随机进行。

2. 确定具体的实施方式

具体的市场调查的实施方式有很多,包括面访调查、电话调查、观察调查、网络调查等。常用方法有探索性调查、描述性调查、因果关系调查以及上述方法的有机组合。事实上,调查的研究方法并不是独立进行的,更多的时候是共同存在于一项调查中。由于调查的目的不同,相应的调查方法自然也会有所区别,大多数的市场调查往往会采用多种不同的调查方法来收集资料。根据调查的课题性质不同,在选择市场调查方法时我们需要考虑:

(1)在对要进行调查研究的课题了解有限甚至有点不知头绪时,采用探索性调查法可能比较适合。

(2)在通常情况下,探索性调查存在于多数调查项目的初始阶段。为了得出客观有效的调查结果,通过探索性调查对相关领域有了一定程度的了解后,再采用描述性调查或因果性调查进行深一步的研究。另外,并不是任何调查方案的设计都要从探索性研究开始的,应对其灵活运用。

根据调查目的和课题性质并结合实际情况(如课题背景、客观环境等),进行方式、方法的选择。在上述案例中,根据其调查目的——“评估伊利诺伊州的教师对于信用卡促销的反应”,确定其调查应该是倾向于描述性的市场调查。调查的实施要求各地的访问员对所有抽中的400个样本通过电话访问进行信息的采集。执行访问的访问员要具有丰富的访谈经验,以提高访问的速度和效率。在访谈的过程中,调查人员统一使用指定的软件进行信息的收集。访问工作的质量监督控制以及资料的统计处理工作由美国数据中心的专业工作人员负责。

(五)调查项目的费用与预算

调查的费用会因调查课题的不同而不同。制定预算时,应包括带有明细的调查工作项目费用计划,比如劳务费、礼品费、交通费和印刷费等。在调查的前期、中期和后期,预算分配的权重应有所区别。一般情况下,开始和结束阶段的费用相对较少,预算的大部分应该花在信息的收集阶段。要注意考虑各个不同阶段的费用支出情况,避免出现由于预算不充分或者分配上出现问题而导致调查半途而废。

(六)设计抽样方案

抽样方案的设计涉及主样本数、取样的比例分配、取样的范围等相关问题。有关这些方面的问题将在第五章详细阐述。

(七)制定数据分析方案

实地调查得到的信息数据大多是零散的、不系统的，只涉及事物的表象，只有经过审核、整理和分析才能提供调查所需要的信息。因此，对大量实地收集资料的加工处理是市场调查的重要一环。在策划阶段就应考虑采用何种分析方法、工具等，目前这种工作大多采用计算机进行。

(八)其他内容

在调查策划中任何一项内容都是不容忽视的，即使是一个细节问题的忽略也可能导致市场调查工作的质量降低甚至失败。确定调查时间、安排调查进度、培训调查人员等，在进行实地调查的过程中会影响调查工作的进度，导致工作效率低下。调查工作的所有步骤都是环环相扣的，要尽量使调查步骤都在控制范围之内。只有这样，才能使调查工作有序地进行。尤其是规模比较大的调查项目，一旦某个环节出现了问题，将可能导致工作进入停滞或瘫痪状态。这样就会出现人力、物力、时间以及资金上的浪费。

市场调查策划必须结合调查目的、要求以及实际情况，通过反复的论证、推敲才能确定。市场调查的策划方案绝非纸上谈兵，是具有可行性的行动指导。

二、市场调查策划方案的撰写

市场调查方案作为市场调查进入实战阶段的计划书有两方面的作用：一是用来提供给雇主或调查委托方审议检查之用，也可以作为双方执行协议的一部分；二是用作市场调查人员的工作指导。对于市场调查员来说，市场调查的策划案就像旅行者的地图，所有的行动都要靠它来指导。我们来看一看市场调查方案撰写的内容和布局。

市场调查策划方案一般包括以下几个部分，且顺序普遍如下：

(1)前言部分。简明扼要地介绍整个调查课题出台的原因和背景。

(2)市场调查课题的目的和意义所在。要比较详细地介绍调查项目的目的和目标，并具体提出主要的理论假说，阐明其实用性的价值或者理论上的意义。

(3)市场调查课题的内容和范围界定。指明调查课题的主要内容，阐明所要收集的信息数据，明确界定此次调查的对象和范围。关于调查课题的主要内容，要具体提出需论证的问题，并且明确要收集信息的来源，即调查的对象和单位。

(4)市场调查将采用的方法。指明所采用的研究方法的主要特征、抽样方案的步骤和主要内容、所取样本的大小和要达到的精度指标、最终数据采集的方法和调查方式、调查问卷设计方面的考虑和问卷的形式、数据处理和分析的方法等，并且说明理论依据和客观原因。

(5)课题的研究进度和有关经费开支预算。这里需要注意的是，计划应该有一定的弹性和余地，以避免可能发生的意外事件给调查工作造成影响。

(6)附件部分。明确列出项目或课题负责人、主要负责人员的名单以及主要成员擅长的领域，并简单明了地介绍团队成员组成和分工情况。指明抽样方案的技术说明，包括所涉及的细节、调查问卷设计中有关的技术参数、数据处理方法、所采用的数据分析软件等。

一份完整的市场调查方案应涉及上述六个方面的内容，不能有遗漏；否则，就是不完整的。另外，具体格式方面(比如编辑排版)并不是唯一的，中间内容的适当合并或进一步的细分也是可以的。总之，应根据具体的案例背景加以灵活处理。

应该特别指出的是，市场调查策划报告方案设计的书面表达是非常重要的一项工作。一般来说，策划书的起草与撰写应由主要的项目或课题负责人来完成。

三、市场调查方案的可行性分析与评价

(一)调查方案可行性分析的方法

市场调查策划的方案需要经过可行性分析和评价,通过以后才能成为市场调查的计划书。尤其是在调查复杂的社会经济现象时,通常要设计几套调查策划的方案,需要从多个调查方案中选取最优方案。同时,市场调查方案不可能是迅速形成的,而是需要经过必要的甚至是反复的可行性研究,并对调查方案进行修改。决策失误是最大的失误,将导致全盘的失败。可行性研究是科学决策的必要阶段,是保证市场调查科学性的必要环节。因此,对市场调查策划工作来说,事先对方案进行科学的可行性研究是必不可少的。针对市场调查方案进行的可行性研究的方法有很多,本节仅介绍常用的三种方法,即经验判断法、逻辑分析法和试点调查法。

1. 经验判断法

经验判断法是指通过组织一些有丰富市场调查经验或者相关领域的专家,对初步设计的市场调查策划方案凭借经验进行评估,以确定该方案是否具备科学性和可行性。例如,要"评估伊利诺伊州的教师对信用卡促销的反应",通过对相关领域的研究,凭借经验判断,其不宜采用普查的形式。这样做既没必要也不可能。在对伊利诺伊州的教师这一概念进行量化处理之后,我们完全可以采用抽样调查的方式。这仅是通过经验判断策划方案可行性的一个假设。这种通过经验判断的方法来进行调查策划方案的可行性分析在调查策划成员内部也经常发生。

2. 逻辑分析法

逻辑分析法是指从逻辑的层面对调查策划方案进行把关,考察其是否符合逻辑和常理。例如,对老年人进行网络问卷调查,有悖于常理和逻辑,也不可能产生理想的效果。假如某高校搞一次学生对教学质量的评价调查,在选取样本时我们应该如何操作?假设该学校有18 000人,其中一年级5 500人,二年级5 000人,三年级4 500人,四年级3 000人,只准备选取样本1 000人进行问卷调查。那么,按各年级学生在总人数中所占比例进行样本的分配,是符合逻辑的。照此思路,我们将有如下样本分配方法:

一年级:5 500÷18 000×1 000=306(人)

二年级:5 000÷18 000×1 000=277(人)

三年级:4 500÷18 000×1 000=250(人)

四年级:3 000÷18 000×1 000=167(人)

3. 试点调查法

试点调查法就是通过小范围地选择部分调查单位进行试验性调查,对调查方案进行实地检验,以确定市场调查策划方案的可行性。试点调查具备比较突出的作用:

(1)试点调查的目的在于对调查方案进行实地检验。调查方案是否切实可行,可通过试点进行实地检验,检查调查目标的制定是否恰当、调查指标的设置是否正确、有哪些项目应该增加、哪些项目应该减少、哪些地方应该修改和补充。但是,在试点工作完成后,要及时地提出具体建议,对原方案进行修订和补充,以便使制定的调查方案科学合理,能更好地适应实际情况。

(2)试点调查还可以理解成实战前的演习,可以让我们在大规模推广应用之前及时了解我们的调查工作哪些是合理的、哪些是薄弱环节。

运用试点调查方法进行调查方案的可行性研究,还应注意以下几个常见问题:

(1)应选择适当的调查对象,尽量选择规模小、具有代表性的试点单位。必要时我们还可

以采用少数单位先行试点，然后再扩大试点的范围和区域，最后全面铺开。

(2)事先建立一支精干的调查队伍。这是做好调查研究工作的先决条件。团队成员包括有关调查的负责人、调查方案设计者和调查骨干，这将为搞好试点调查工作提供组织保证。

(3)调查方法和调查方式应保持适当的灵活性，不应太死板。事先确定的调查方式可以多准备几种，以便经过对比后从中选择合适的方式。

(4)试点调查工作结束后，应及时做好总结工作，认真分析试点调查的结果，找出影响调查的客观因素并进行分析。试点工作也可理解为，在时间要求并不紧迫的前提下，或者说在我们对方案的实施把握性不大、心中没底时所做的一种小范围测试。这样，万一失算也不会损失过大。并且，这是一种很好的调试方案的方法。

 **案例 3－1**

红色咖啡杯

美国某公司准备改进咖啡杯的设计，为此进行了市场实验。首先，他们进行咖啡杯选型调查，公司设计了多种咖啡杯，让 500 个家庭主妇进行观摩评选，研究主妇们用手拿杯子时，哪种形状好；用湿手拿杯子时，哪一种不易滑落。研究结果表明，选用四方长腰果杯型的杯子较为理想。然后，公司对产品名称、图案等也同样进行造型调查。接着他们利用各种颜色会使人产生不同感觉的特点进行实验，选择了颜色合适的咖啡杯。公司调研的方法是，首先请来了 30 个被调查者，要求他们每人各喝 4 杯相同浓度的咖啡，但是咖啡杯的颜色分别为咖啡色、青色、黄色和红色四种。试饮的结果是：使用咖啡色的杯子的人认为“太苦了”的占 2/3，使用青色杯子的人大多认为“太淡了”，使用黄色杯子的人主要倾向于“不浓，正好”，而使用红色杯子的 10 人中有 9 个说“太浓了”。根据这一调查，公司咖啡店里的杯子一律改成红色。该店借助于颜色，既节约了咖啡原料，又能使绝大多数顾客感到满意。这种咖啡杯投入市场后，与市场上的通用公司的产品开展了激烈的竞争，以销售量比对方多两倍的优势取得了胜利。

我们不能凭借对消费者需求的臆想进行营销，为制定真正有效的营销策略，或检验某项营销策略的有效性，企业经营人员需要进行有针对性的调研，通过小型实验可以提高收集信息的效率，节约营销成本。

(二)调查方案模拟实施

并非所有的调查方案都需要进行模拟调查，只有那些调查内容很重要、调查规模又很大的调查项目才考虑进行模拟调查。模拟调查结果的分析非常重要，是下一步正式大规模调查工作成败的关键。我国第五次人口普查广州区方案制定后，在普查前结合对普查工作人员的培训工作，在正式调查开始前就搞过一次模拟调查，以便就发现的问题对方案进行最后的检验和调整。

在一些大型的调查中，举行客户论证会也可被视作模拟实施中的一个环节。

(三)调查方案设计的总体评价

市场调查方案设计的总体评价将涉及以下三个方面：方案设计是否体现调查目的、调查方案是否具有可操作性、方案是否科学和完整。

如“评估伊利诺伊州的教师对信用卡促销的反应”的策划中，对本次调查的目的、调查内容、调查方法、工作进度、问卷设计、调查费用的预算等要素都做了交代，是一份基本可行的市场调查策划方案。我们只要按照该方案将工作细化就可以了。在调查方法中，考虑市场调查的效果，并考虑使用有经验的访谈人员，可使访问更易成功。

本章小结

市场调查策划就是在市场调查运行之前，根据调查研究的目的，有的放矢地对调查工作的各个方面和全部过程进行全面考虑和计划，制定相应实施方案和合理的工作程序。它包括确定调查课题、调查内容、调查时间，选择恰当的调查方法、方式，进行经费预算等。

在市场调查策划时，要实现很多的转化，即将调查目的转化为调查目标、调查目标转化为调查内容、调查内容转化为调查表等。

整体的市场调查策划方案有两方面的作用：一是用来提供给雇主或调查委托方审议检查之用，以作为双方的执行协议；二是用作市场调查者实施的纲领和依据。市场调查方案的主要内容包括调查目的，调查对象和单位，调查内容和调查表，调查的方式、方法，抽样方案以及经费预算等。对市场调查策划方案的评价十分重要，包括可行性分析和市场调查方案的总体评价等。

复习思考题

1. 什么是市场调查策划?
2. 市场调查策划的作用主要表现在哪几个方面?
3. 简述市场调查策划的原则。
4. 管理决策课题与市场调查课题的区别是什么?
5. 简述市场调查方案策划的内容。
6. 运用试点调查方法进行调查方案的可行性研究应注意什么问题?

案例分析

【3－1】 汉瑞吉饭馆:筛选性问卷调查策划案

背景:汉瑞吉饭馆(Heritage Restaurants),“概念饭店”的创始者，正在探索包括新的零售饭馆创意在内的各种长期发展战略。它已经开发了用以检测的两个完整的饭店创意，即罗欣咖啡馆(Roxann’s Cafe)和大艾尔饭店(Big AL’s)。

目的:调查的目的是向汉瑞吉饭馆提供顾客对创意的理解和对每个创意可行性的评估。这些信息将用于挑选一个合适的创意进行市场检测。

调研的具体目标包括:

· 饭店设计创意。评估顾客对于每一组备选店铺的创意的反应及偏好。

· 对创意的兴趣。调查那些有一定兴趣并可能经常光顾饭店的人，收集他们对饭店创意、名称、标识的反应及喜爱程度。

· 生活方式。运用 PRIZM 或 VALSⅡ中的分类法，将调查对象划分为不同的生活方式群体，目的是为了确定适当的市场细分战略。

· 人口统计。收集有关每个调查对象的详细的人口统计数据。

· 方法。在确定目标群体后，通过电话调查得到定量调研报告。

· 综述。这个阶段的调研包括三个调查步骤:

——初步电话访谈。第一步是对 PRIZM 中的 10 个生活方式群体进行随机调查。

——邮寄。店铺的设计方案、陈设方案、产品样品和菜单有组织地邮寄给那些同意参加第二阶段调查的人。调查对象在访谈后的三天内接到邮包。包裹中另附 2 美元以表感谢。

——创意评估电话访谈。在调查对象收到包裹后，调查人员将再次联系那些适于参加创意评估访谈的人。这次访谈的重点在于发现零售创意的最佳选择。

• PRIZM 生活方式群体。筛选调查对象名单，使之包括 10 个 PRIZM 生活方式群体中的成员。这些群体被汉瑞吉饭馆选为零售创意检测目标对象的代表。后面将讨论这 10 个群体。名单中所包括的均为年收入在 25 000 美元以上的家庭。

• 初步电话访谈。初步电话访谈的设计将实现目标 3 和 4。

——抽样规模。同意接收邮件并参加第二阶段访谈的调查对象为 600 人。

——层次。3 个城市分别抽取大致一样多的样本。这些样本是从每个城市 PRIZM 群体中抽取的。

——抽样误差。对于 600 个样本容量，抽样误差为±4.1%，置信度为 95%。这是以最悲观方差估计为基础的(即 $P=0.5$)。

——经费与预算(略)。

——日程表(略)。

汉瑞吉饭馆抽取的 PRIZM 样本

1. 金钱和智慧　　头等的城内住房和公寓。

数据：
• 占美国家庭的比例——0.9%
• 基本年龄跨度——45～64 岁
• 中等家庭收入——45 793 美元
• 中等家庭资产——150 755 美元

统计特征：
• 头等城内邻近地区
• 独立单元房
• 主要是白人家庭或单身
• 大学毕业
• 白领工人

样本居住地：
• 华盛顿特区乔治城
• 密歇根州格罗斯波因特
• 加利福尼亚州泊阿尔托
• 新泽西州普林斯顿
• 得克萨斯州达拉斯帕克城
• 佛罗里达州科勒尔盖布尔斯

2. 皮毛和敞篷车　　大城市郊区的新贵

数据：
• 占美国家庭比例——3.2%
• 基本年龄跨度——35～54 岁
• 中等家庭收入——50 086 美元
• 中等家庭资产——132 725 美元

统计特征：
• 主要的卧室社区
• 独立单元房间
• 主要是白人家庭
• 大学毕业
• 白领工人

样本居住地：
• 得克萨斯州普莱诺
• 弗吉尼亚州雷斯顿
• 康涅狄格州格林斯顿伯里
• 马萨诸塞州尼德姆

	• 佐治亚州亚特兰大、邓伍迪
3. 都市金海岸	规模大的城内多层地区
数据：	• 占美国家庭的比例——0.5%
	• 基本年龄跨度——18～24 岁和 65 岁以上
	• 中等家庭收入——36 838 美元
	• 中等家庭资产——200 000 美元
统计特征：	• 大规模城内地区
	• 多层房间
	• 主要是白人单身族
	• 大学毕业
	• 白领工人
样本居住地：	• 纽约曼哈顿、上东区
	• 纽约曼哈顿、上西区
	• 华盛顿特区、西角
	• 加利福尼亚州旧金山、东林孔
4. 池塘和庭院	古老的、上中等郊区社区
数据：	• 占美国家庭的比例——3.4%
	• 基本年龄跨度——45～64 岁
	• 中等家庭收入——35 895 美元
	• 中等家庭资产——99 702 美元
统计特征：	• 有年代的、上中等郊区
	• 独立单元房
	• 主要是白人夫妇，孩子已长大
	• 大学毕业
	• 白领工人
样本居住地：	• 康涅狄格州费尔菲尔德
	• 伊利诺伊州芝加哥、莫顿格罗夫
	• 马里兰州卡顿斯维尔
	• 堪萨斯州堪萨斯城、米申
	• 加利福尼亚州洛杉矶、拉克理斯塔
	• 俄亥俄州凯特林
5. 新兴的影响	雅皮士，卫星城市，公寓
数据：	• 占美国家庭的比例——2.9%
	• 基本年龄跨度——18～34 岁
	• 中等家庭收入——30 398 美元
	• 中等家庭资产——106 332 美元
统计特征：	• 雅皮士内环郊区
	• 公寓
	• 主要是白人意向族和无子女夫妇
	• 大学毕业
	• 白领工人

样本居住地：
- 科罗拉多州丹佛、格伦代尔
- 佐治亚州亚特兰大北部
- 马里兰州格林贝尔特
- 加利福尼亚州洛杉矶、兰东都海岸
- 得克萨斯州休斯敦、韦西莫
- 弗吉尼亚州帕克费克司

6. 新兴的郊区　　适于养育儿童的远郊

数据：
- 占美国家庭的比例——5.3%
- 基本年龄跨度——25～44 岁
- 中等家庭收入——38 582 美元
- 中等家庭资产——93 281 美元

统计特征：
- 上中等远郊
- 独立单元房
- 主要是白人家庭
- 大学毕业
- 白领工人

样本居住地：
- 明尼苏达州伊根
- 弗吉尼亚州戴尔城
- 加利福尼亚州普莱森顿
- 密歇根州伊普西兰蒂
- 佐治亚州利尔本

7. 引人注意的郊区　　沿边新兴城市

数据：
- 占美国家庭的比例——2.7%
- 基本年龄跨度——25～44 岁
- 中等家庭收入——36 728 美元
- 中等家庭资产——99 418 美元

统计特征：
- 大的新兴城市
- 独立单元房
- 主要是白人家庭
- 大学毕业
- 白领工人

样本居住地：
- 纽约州伍德斯托克
- 新泽西州普莱恩斯伯勒
- 新墨西哥州阿尔伯克基、科拉尔斯
- 加利福尼亚州阿罗黑德湖村
- 科罗拉多州阿斯彭
- 蒙大拿州德兰西

8. 最好的蓝领工人　　最富裕的蓝领郊区

数据：
- 占美国家庭的比例——6.0%
- 基本年龄跨度——25～44 岁
- 中等家庭收入——32 218 美元

	· 中等家庭资产——72 563 美元
统计特征：	· 中等工人街区
	· 独立单元住宅
	· 主要是白人家庭
	· 高中毕业
	· 蓝领工人
样本居住地：	· 明尼苏达州库恩拉皮兹
	· 加利福尼亚州南韦特
	· 得克萨斯州梅斯基特
	· 纽约州朗康科马
	· 密苏里州圣路易斯、圣查斯
	· 密歇根州底特律
9. 黑人企业	主要是上层和中层的黑人居住地区
数据：	· 占美国家庭的比例——0.8%
	· 基本年龄跨度——35～54 岁
	· 中等家庭收入——33 149 美元
	· 中等家庭资产——68 713 美元
统计特征：	· 中等的内环郊区
	· 主要是黑人家庭
	· 独立单元和双层房
	· 有一些人大学毕业
	· 白领工人
样本居住地：	· 马里兰州肯彼特尔
	· 伊利诺伊州芝加哥、奥本帕克
	· 密歇根州底特律、七橡树
	· 佐治亚州亚特兰大、南德卡布
	· 俄亥俄州克利夫兰山、克兰伍德
10. 新创业者	头等的城内住房和公寓
数据：	· 占美国家庭的比例——4.3%
	· 基本年龄跨度——18～24 岁
	· 中等家庭收入——24 847 美元
	· 中等家庭资产——75 364 美元
统计特征：	· 中等的城内邻近地区
	· 独立单元房
	· 单身或离异的居住者
	· 一些人是大学毕业
	· 白领工人
样本居住地：	· 明尼苏达州布卢明达
	· 亚利桑那州菲尼克斯东北
	· 加利福尼亚州洛杉矶、里西达
	· 科罗拉多州圣弗朗西斯、帕克茂

· 得克萨斯州休斯敦、帕克

饭店客户——筛选性调查问卷

您好，我是美国数据市场调研公司(Ameridata Research)的________。我们正在您所在的社区内进行饭店用户的调研，希望了解一下您的观点。我们不想向您推销任何东西，我的问题只占用您几分钟。

1. 首先，您是男性/女性家庭户主吗？

(1)是　　继续

(2)不是　　请求和适当的人谈话，如果必要，安排回访

2. 您或您家中的成员有没有为广告公司和市场调研公司工作过，或者拥有或管理一家饭店？

(1)有　　谢谢，结束

(2)没有　　继续

3. 一般您每周会在饭店里买一次食品或在饭店里就餐一次吗？

(1)是　　继续

(2)不是　　到问题 8

(3)不知道　　到问题 8

4. 在下列情况下，一般您每周在饭店中进餐或买走食品几次？在 4h 下面记录 4a 到 4h 的答案。

4a.　早餐

4b.　午餐

4c.　晚餐

4d.　其他情况，如快餐

4e.　一般您每周去快餐店几次？问题 4 中所有的次数

4f.　一般您每周在饭店就餐或从饭店买走食品共有多少次？问题 4 中所有的次数

4g.　一般您每周一共去几次主要供应三明治、汤、沙拉的熟食店或其他非汉堡包店用午餐？问题 4b 的次数

4h.　回想一下您的午餐情况，一个人一般每周在午餐上的花费是多少？

	消费		消费
4a	______	4e	______
4b	______	4f	______
4c	______	4g	______
4d	______	4h	______

5. 假设要选择一家饭店用午餐或便餐，请从 1 到 10 排列下列影响选择的因素的重要性，1 表示非常不重要，10 表示非常重要。不知道填写 11。

______种类繁多

______气氛

______回家方便

______上班方便

______内部陈设有吸引力

______有餐桌服务

______创新的独特食品

______物有所值

______原料新鲜

______服务人员态度好

______服务速度

______有无健康食谱

6. 假设选择在一家饭店订购午餐、便餐或外卖食品，请从 1 到 10 排列下列影响选择的因素的重要性，1 表示非常不重要，10 表示非常重要。不知道填 11。

______种类繁多

______气氛

______回家方便

______上班方便

______创新的独特食品

______物有所值

______原料新鲜

______服务人员态度好

______服务速度

______有无汽车服务窗口

______有无健康食谱

______结实的包装材料

______包装材料吸引人

7. 每个月可能会尝试新的饭馆吗？

(1)非常可能

(2)可能

(3)不一定

(4)不太可能

(5)非常不可能

(6)不知道/拒绝回答

最后，是几个能帮助我们将您进行分类的问题。

8. 观察调查对象的性别。

(1)男

(2)女

9. 请问您属于哪个年龄组？您是……

(1)18～22 岁

(2)23～30 岁

(3)31～40 岁

(4)41～50 岁

(5)51～60 岁

(6)60 岁以上

(7)拒绝回答

10. 您目前……

(1)已婚

(2)离异/分居

(3)丧偶

(4)独身/未婚

(5)拒绝回答

11. 您目前有 18 岁以下的孩子同住吗?

(1)有　　继续

(2)没有　　到问题 14

12. 孩子有多大?

(1)6 岁以下

(2)7～12 岁

(3)13～17 岁

13. 您所受的最高教育程度是什么?

(1)高中肄业

(2)高中毕业

(3)大学肄业/技校

(4)大学毕业

(5)研究生

(6)拒绝回答

14. 您的种族背景如何?

(1)白人/高加索人

(2)非洲人/美洲人/黑人

(3)西班牙人

(4)亚洲人/东方人

(5)其他

(6)拒绝回答

15. 请问 1995 年您的家庭成员的税前年收入总和是多少?

(1)15 000 美元以下

(2)15 000～25 000 美元

(3)25 000～35 000 美元

(4)35 000～50 000 美元

(5)50 000～75 000 美元

(6)多于 75 000 美元

(7)不知道

(8)拒绝回答

您的回答对我们很有帮助,我们想请您继续参加第二阶段探索各种饭店创意的调研。我们将邮寄给您一本小册子,里面有关于一个新的饭店创意的详细资料。您收到小册子之后,我们将打电话给您,询问您对于这一创意的看法。邮件中另附 2 美元以感谢您花费的时间及提供的观点。

您愿意帮助我们完成这项计划吗?

(1)愿意　　继续

(2)不愿意　　感谢,结束访谈

为了将小册子寄给您,请告诉我您的名字和邮政地址。我们不会将您的信息用于其他用途。请填写名字及邮政地址,必须填写正确。

调查对象姓名:______

地址:______州______市______街

邮政编码：________________

电话号码：________________

您在 10 天内将收到小册子。非常感谢您的合作。我们期待着您的观点。

16. 填入 PRIZM 号码(两位数)______

(案例来源:《当代市场调研》。)

思考题：

1. 该市场调查策划方案是否有不完整的地方？如果有，是什么？
2. 你认为该策划是否存在着不合理的地方？是否能通过可行性分析？

【3—2】　建立一个大型农贸超市的可行性策划案

(一)前言

A 地农贸市场太过分散，而且脏、乱、差。为了改善农贸市场的现状，更为了方便广大市民，拟在市民方便区域建立一个各方面都较优越的农贸超市。此农贸超市是指把原农贸市场，按照超市的经营业态、经营理念，对城市农贸市场进行生鲜超市化改造，使其成为经营生鲜农副产品为主的超市。此次调查目的在于考察建立大型农贸超市的可行性。

(二)市场调查课题的目的和意义

通过对 A 地典型农贸市场及超市蔬菜区情况的调查、统计与分析，建立一个大型农贸超市。通过对农贸市场情况的具体调查与分析，确定建立一个大型农贸超市的可行性。如可行，既可以改善农贸市场的现状，进一步方便广大市民，也可通过投资农贸市场得到经济效益。

(三)市场调查课题的内容和范围

1. 主要内容

(1)农贸市场的人流量

(2)市民的购买习惯

(3)商品价格

(4)商品种类

(5)货源

(6)可能的新建农贸超市的地址

2. 具体调查计划与内容

调查人：2018 市场营销班级的学生 15 人(三人一小组)。

调查地点：A 地三个大型农贸市场、龙马超市与步步高超市、Domy 连锁超市。

调查时间：1 月 10 日～14 日。

调查问卷：300 份(每小组 60 份)。

调查费用：150 元。

调查对象：

(1)消费者

1 月 10 日～12 日

①早上到早市调查，观察农贸市场的人流量、市民的购买量、购买习惯、商品价格、商品种类、货源，考察新建农贸超市的地址。

②对早市上的市民进行问卷调查(调查问卷见附表)。

③每个中午到晚上调查龙马超市、步步高超市、Domy 超市中的水果蔬菜区内市民的购买量、购买习惯、商品价格、商品种类。(其中的三个小组)

④每个下午在东大直街道与中山路交叉处对市民进行问卷调查。(两个小组)

(2)竞争者

1月13日~14日

①对早市上的卖主进行走访调查。(此时两人一小组)

主要问以下几个问题:

早市的环境。

对顾客讨价还价的看法。

店里的顾客量。

对竞争者的看法。

如果在0.5公里之外有一个水果蔬菜肉类大型农贸超市,是否会对其他的商家产生影响?为什么?

②范围:从29个农贸市场中选其中6个进行调查。

③对象:随机调查市民(消费者)、商贩、超市(竞争者)。

(四)市场调查将采用的方法

调查方法:以问卷法、观察法为主,以走访法为辅。

(五)课题的研究进度和经费预算

1. 课题的研究进度

1月6日~9日　营销策划计划书的撰写与调查方案的准备。

1月10日~14日　对市场情况进行具体调查。

1月15日~20日　对调查结果的汇总、统计、分析,用Word、Excel、PPT把调查结果用统计图形的形式表述出来,撰写市场调查报告。

1月10日~14日　市场调查要求:

(1)早上到早市调查,观察农贸市场的人流量、市民的购买量、购买习惯、商品价格、商品种类、货源,考察新建农贸超市的可行性地址。

(2)对早市上的市民进行问卷调查(调查问卷见附表)。

(3)每个中午到晚上调查龙马超市、步步高超市、Domy超市中的水果蔬菜区内市民的购买量、购买习惯、商品价格、商品种类。(其中的三个小组)

(4)每个下午在东大直街与中山路交叉处对市民进行问卷调查。(两个小组)

2. 经费预算

150~200元(包括交通费:30元;问卷费:30元;调查费:90元;其余50元作为机动经费)

3. 结果汇总

1月15日~17日　汇总调查问卷。

小组讨论,综合各个方面的调查结果并汇总。用Word、Excel或PPT等统计工具把调查结果用统计图形的形式表述出来,并撰写市场调查报告。

附表

农贸市场调查问卷

亲爱的市民:

新年好!

为了改善农贸市场的购物环境,方便广大市民购物,我们市场营销调查小组将对农贸市场消费情况进行问卷调查。对于您的支持与帮助,我们表示衷心的感谢!

1. 您经常在哪里购买农副产品?

A. 农贸市场　　B. 超市　　C. 其他地方

为什么？

A. 便宜　　B. 新鲜　　C. 方便　　D. 品种全

E. 卫生状况好　　F. 其他

2. 您对当前农贸市场的购物环境是否满意？

A. 很满意　　B. 一般　　C. 不满意

3. 您的购买习惯是大约多少天购买一次？

A. 每天　　B. 2～3 天　　C. 4～5 天　　D. 一周左右

4. 您一般什么时候去购买？

A. 6:00～9:00　　B. 9:00～12:00　　C. 12:00～17:00　　D. 17:00～21:00

5. 您对购买商品的价格是否满意？

A. 满意　　B. 一般　　C. 不满意

您对购买商品的质量是否满意？

A. 满意　　B. 一般　　C. 不满意

6. 您平均每次大约购买多少钱的菜？

A. 10 元以下　　B. 10～20 元　　C. 20～40 元　　D. 40 元以上

7. 您认为是否有必要在居民聚集区建立一个大型的全天候的农贸超市？

A. 有必要　　B. 没必要　　C. 不知道

8. 如果在您家 1 里地之外建立一个环境好、价格公道、产品新鲜的农贸超市，您会去购买吗？

A. 会　　B. 不会　　C. 不知道

再次感谢您的配合，谢谢！

男________　　女________

青年________　　中年________　　老年________

（案例来源：http://www.35fanwen.cn。）

思考题：

1. 该市场调查策划方案是否有不完整的地方？如果有，是什么？

2. 你认为该策划是否存在不合理的地方？是否能通过可行性分析？

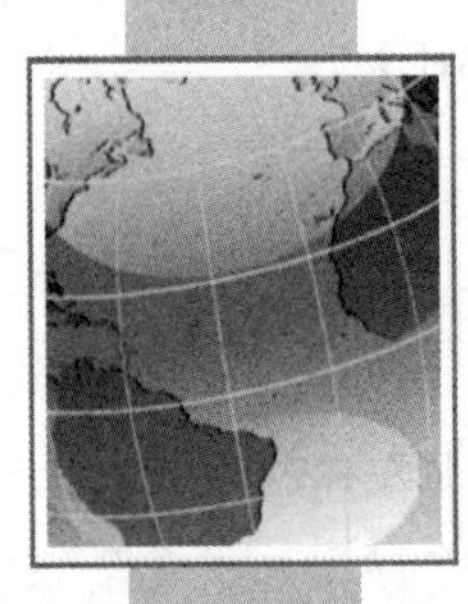

第四章 市场调查资料收集方法

本章习题

学习目的与要求

资料收集是市场调查与预测过程中的基本步骤之一，它直接影响着市场调查活动的优劣和成败。市场调查与预测所需的资料具有多样性和复杂性的特点。本章重点分析市场信息收集所涉及的各主要方面，旨在使读者了解市场信息的来源，认识第一手资料和第二手资料的特征，掌握这两种资料的收集方法。

第一节　原始资料和第二手资料

营销大师科特勒曾说过："营销胜利的基础越来越取决于信息，而非销售力量。"

市场营销环境在加速变化。在这些变化中，对营销信息的需要比过去任何时候都更为重要。市场调查就是收集营销信息的行为和过程。根据数据资料来源的不同，市场调查方法可以分为两大类：一类是收集二手资料的调查方法，另一类是收集原始资料的收集方法。

原始资料又称初级信息、第一手资料，是为了某种特定目的，由调查人员通过实地调查，直接从有关调查对象处收集的资料，包括调查资料、观察资料和实验数据。原始资料是市场信息的基础。

第二手资料又称现成资料、次级信息，是指经过他人收集、记录、整理的各种数据和资料，包括普查资料、注册资料、报刊资料和商业资料。市场调查人员通过对第二手资料的收集，可以使企业迅速了解有关的市场信息，从而为进一步的直接市场调查奠定基础。

一、原始资料与第二手资料的优缺点

（一）原始资料的优缺点

1. 原始资料的优点

（1）针对性强。原始资料是市场调查者根据当前企业特定的市场调查需要而直接收集的，其所得资料的针对性和适用性都比较强。

（2）真实性强。原始资料收集所涉及的抽样框、抽样方法、调查对象、调查方法都根据本次调查的目的和特点确定，而且调查过程也受调查人员的控制，因此资料来源明确，所收集的资料比较真实可靠。

2. 原始资料的缺点

（1）原始资料的收集需要花费较多的人力、物力、财力和时间，而且有些原始资料的收集仅靠企业自身力量难以完成。

（2）由于原始资料收集过程中必然会受到调查人员和被调查者主观因素的影响，其所得的信息资料具有一定的主观性。

(二)二手资料的优缺点

1. 二手资料的优点

(1)二手资料收集花费的时间短、费用少,可节省大量的调查时间和调查经费。

(2)二手资料来源多,涉及面广。二手资料的收集不受时间和空间限制,可以收集到比实地调查更广泛的资料。而且,有些数据是调查公司收集不到的,例如由国家统计普查所提供的数据。

(3)二手资料的收集是书面形式的,不受调查人员和被调查者主观因素的影响,不受现实生活中其他因素的影响,反映的信息比较客观。

2. 二手资料的缺点

(1)部分二手资料缺乏可得性。虽然二手资料有丰富的来源,但对于某些特定问题可能不存在相关的资料,特别是那些新的独特的调查课题,很可能找不到合适的二手资料。

(2)缺乏准确性。调查者在收集、整理、分析和提交二手资料的过程中,可能存在一些潜在的错误,许多误差不易发现,并且很难剔除。因此,调查者使用二手资料时,会受到这些错误的影响,使调查结果产生偏差。

(3)缺乏针对性。从内容上看,调查者所收集的二手资料多是针对其他调查目的而形成的,对于特定的调查缺乏针对性;从时间上看,二手资料大多是过去的研究报告,时效性不强,可能不适合目前调查的需要;从收集信息的方法看,因为二手资料和当前调查的数据收集方法不同,在数据统计口径、数据处理上存在差异,调查者通常不能直接使用二手数据。

原始资料和二手资料具有各自的特征,在优缺点上存在互补性,因此,高质量的市场调查需要两者的结合。在实际市场调查过程中,一般总是先收集二手资料,在二手资料不足或者需要验证时,才着手第一手资料的收集。

二、原始资料的来源

(一)企业内部

企业内部是原始资料的主要来源。市场调查人员可以直接到企业的有关部门,向有关人员直接询问有关问题,获得所需信息资料;也可以直接到生产现场、仓库、销售场所收集生产状况、产品质量、包装、装潢、款式、规格、价格、库存等资料。

(二)消费者或购买者

消费者或购买者是市场调查的主要对象,也是原始资料的主要来源之一。消费者与购买者既可以是统一的,也可以是分离的。市场调查时要根据调查的目的和要求,正确地选择调查对象。消费者包括现实消费者和潜在消费者、个人消费者和集体消费者。

(三)商品流通领域的各类中间商及市场经营组织

商品流通领域的各类中间商及市场经营组织是连接生产和消费的桥梁,是商品流通的直接组织者和承担者。许多市场调查项目都需要了解商品的流通情况、销售渠道、各类中间商的状况等。它们是原始资料的重要来源。

(四)各类企业

企业是市场的主体。企业在生产经营活动中会与其他各类企业发生各种联系。企业需要了解和掌握其他企业的有关信息。为此,各类企业是原始资料的重要来源。

此外,还有许多原始资料的来源,比如有关的政府机构、广告公司、储运部门、社会组织等,在实践中也应充分重视。

三、第二手资料的来源

(一)企业内部二手资料

企业内部二手资料是由企业内部有关部门提供的，主要包括业务资料、统计资料、财会资料、客户资料、竞争对手资料以及企业积累的其他资料等。

1. 业务资料

业务资料主要包括与企业业务经营有关的各种资料信息，如订货单、进货单、购销合同、销售记录、客户名录、促销资料、合同文本、发票、广告等。通过对这些资料的收集和分析，可以掌握本企业的生产经营情况、营销状况、客户需求状况、广告投放情况等。

2. 统计资料

统计资料主要包括企业经营过程中形成和保存的有关生产、库存、销售方面的各类统计报表。它们是研究企业经营特征和规律的重要定量依据，也是企业进行生产经营预测和决策的重要基础。

3. 财会资料

财会资料是指企业财务部门提供的财务报表、会计核算和相关分析资料，一般包括生产成本、销售成本、商品价格及利润等内容。通过对这些资料的分析，有利于掌握企业的经济效益和各类商品的销售状况，可以从经济上考核企业的营销活动。

4. 客户资料

客户资料是指企业客户部门收集的有关企业的客户性别、年龄、职业、收入、联系方式、爱好等客户基本信息的资料。除此之外，有些企业还会收集与企业经营范围相关的比较详细的客户信息，如客户对该公司产品的使用量、使用偏好、购买频率等。一般公司会建立专门的数据库存放这些信息，并定期对客户信息进行更新和维护。通过对客户信息的分析，可以深入了解公司客户、辨别公司的核心客户、分析客户的未来需求。

5. 竞争对手资料

竞争对手资料是指企业情报部门收集的有关企业现有竞争对手和潜在竞争对手的竞争战略、企业文化、市场份额、产品特性、营销策略、员工素质等和企业运营有关的一切信息。

6. 企业积累的其他资料

企业积累的其他资料是指企业平时积累的各种调研报告、工作总结、同业卷宗、顾客信息、供应商信息等方面的资料。它们是企业进行市场研究的有用素材。

企业内部资料具有收集方便、成本低廉、资料可靠等特点。因此，在二手资料的收集活动中一般优先考虑内部资料，在内部资料的基础上再通过收集外部资料加以扩展。鉴于企业资料的重要性，许多公司建立了包含多类信息的企业内部数据库系统，为企业内部资料的收集、使用提供方便。

(二)企业外部二手资料

企业外部二手资料是研究人员从外部获得的二手资料。此类资料的来源很多，主要包括政府机构、出版物、行业团体、专业调研机构和电子网络。

1. 政府机构

政府机构包括中央和地方的各级政府机构，中央政府机构如国家统计局、国家科委、国家教委、公安部等，地方各级政府机构如地方各级统计机构、地方各级经济管理部门、各地区公安局等。政府机构提供的数据主要有两类：第一类是人口统计数据，包括人口的总数、人口的年龄构成、人口的地区分布等;第二类是经济活动数据,包括工业、农业、商业、金融、运输等行业数据。

2. 出版物

国内外新闻、出版部门定期或不定期公开出版的报纸、杂志、统计年鉴、企业名录等是重要的二手资料的来源。在中国,《经济日报》《中国商业报》《市场报》《经济参考报》以及各地的经济生活报刊都经常公布一些宏观经济数据或行业数据,研究者可以从中获得有用的数据和资料。虽然公开出版物的信息量大、涉及面宽、成本低,但时效性差,收集和整理的工作量大。

3. 行业组织

我国的行业组织呈逐渐发展的趋势。它们在社会经济活动中扮演日益重要的角色,是二手资料的重要来源。各行业组织经常公布一些行业销售状况、发展趋势和存在问题的分析报告,其提供的数据或分析结果有助于研究者弄清企业所属行业特点、结构和竞争状况。

4. 专业调研机构

各类专业调查与预测机构不仅根据需要承担企业的市场调查与预测项目,也经常发布或有偿提供一些一般性的市场信息。这些信息往往对企业有一定的参考价值。

5. 电子网络

随着电子网络在全球的普及和广泛应用,电子网络成为越来越重要的信息来源。许多企业建立了自己的网站,企业信息都在网上公布。同时,各种网上信息咨询机构也不断涌现,二手资料的收集变得越来越简单,只需用鼠标轻轻一点,便可找到所需资料。网上信息具有省时、省钱和便捷的特点,所以是收集二手信息优先考虑的来源。

第二节　案头调查法及其应用

一、案头调查法的含义及其特点

案头调查法又称桌面调查法,是指调查人员在写字台上对现成信息资料进行收集、分析、研究和利用的调查活动。案头调查法通常属于二手资料的调查,其特点是获取资料迅速、节省费用,并能举一反三,但针对性较差,准确性和客观性不高,需要采用适当的方法来验证这类资料。

二、案头调查应遵循的原则

(一)先易后难、由近及远原则

在案头调查时,先收集那些比较容易得到的和公开发表的现成信息资料;对那些保密和付费的资料,只是在上述资料不足时才做进一步的收集。根据资料的时间价值,一般距离现在时间近的现成资料(即二手资料)具有较高的价值。因此,调查者收集现成资料应注意从近期到远期的顺序。

(二)先内部后外部的原则

在案头调查时,先从本区域、本行业内部着手,收集企业内部各种有关的记录、报表、账册、总结、用户来函、订货单、合同、协议、生产经营计划、客户名录、商品介绍、宣传资料等,然后再到有关单位与行业收集有关的二手资料。

(三)重视资料鉴别和筛选

在案头调查时,因为二手资料的广泛性和间接性,调查者需要通过鉴别和筛选,尽可能收集和调研与主题密切相关的资料。

三、案头调查法的作用

在市场调查中，案头调查具有特殊的地位和作用。它作为收集市场信息的重要手段，一直受到世界各国的重视。例如，日本有关调查人员在 20 世纪 60 年代就是通过案头调查取得了我国大庆油田的位置、产量等重要情报。他们从《××画报》上看到铁人王进喜的照片，判断出大庆就在东北地区，并根据某报关于工人从火车站将设备人拉肩扛运到钻井现场和王进喜在马家窑的报道，弄清了大庆油田的确切位置。从王进喜出席人大会议判定大庆出油了，之后又根据《××日报》上一幅钻塔的照片，推算出了油田的产油能力。在此基础上，日本有关调查人员又估算出我国将在随后几年中急需进口大量设备，从而在谈判中一举击败了欧美各国的竞争对手，使其设备顺利进入中国市场。

案头调查的作用具体体现在以下几个方面：

（一）案头调查可以发现问题，并为市场研究提供重要参考依据

一般来说，在进行市场调查时，案头调查往往被作为首选方式。几乎所有的市场调查都开始于收集现成资料，只有当现成资料不能为解决问题提供足够的依据时才进行实地调查。

（二）案头调查能为实地调查提供背景资料，是实地调查法的基础

案头调查可以为实地调查提供经验和大量背景资料。具体表现在：通过案头调查，可以初步了解调查对象的性质、范围、内容和重点等，并能提供实地调查无法或难以取得的资料（如竞争对手的信息、市场宏观环境等）；案头调查所收集的资料还可用来考证各种调查假设，鉴别和估算实地调查结果的准确性和可靠性；利用案头调查资料并经实地调查，可以用来推算所需掌握的数据资料；利用案头调查资料，可以用来帮助探讨现象发生的各种原因，并进行说明。

（三）案头调查可用于有关部门和企业进行经常性的市场调查

与案头调查相比，实地调查更费时、费力，组织起来也比较困难，因此不能经常进行。而案头调查如果经过精心策划，具有较强的灵活性和机动性，随时能根据企业经营管理的需要，收集、整理和分析各种市场信息，定期为决策者提供有关的市场调查报告。

四、案头调查法的实施步骤

（一）准备阶段

1. 确定所需资料

首先在明确本次市场调查目的的基础上，确定已有的资料和需要查找的资料。确定需要查找的与主题有关的研究者、研究机构的名称、熟悉的出版物和可能获得信息资料的其他渠道。

2. 列出关键字清单

这张清单可以帮助调查者准确定位资料，减少搜寻时间。在查找时使用这张原始清单，并在查找过程中按照不同查询途径的查询分类不断完善这张清单。

3. 确定资料收集工作的日程安排和最后的完成期限

这可以帮助调查者按时完成收集工作，避免案头调查工作的延期而影响整个调研活动的开展。

（二）收集和获取资料阶段

在完成了资料收集的准备工作后，调查者开始正式的收集工作，主要有以下一些比较实用的资料收集方法：

1. 查找法

这是获取二手资料的基本方法。根据查找的原则，首先在企业内部的信息资料库查找，这是最为快速、方便的。如果企业信息系统完备，在企业内部不仅可以获得大量反映企业本身经营状况的资料，还可以获得关于供应商、竞争对手、客户、市场等方面的资料。其次，还需要到企业外部查找，主要是到一些公共机构(如图书馆、档案馆或信息中心、网络等)查找。在查找过程中，调查者应熟悉各类检索系统的使用方法，减少调查活动的困难。另外，调查者应与各个机构的工作人员处好关系，争取他们的帮助，以提高查找效率。

2. 索取法

这是向占有信息资料的单位或个人无代价地索要。由于索讨无代价，其效果在很大程度上取决于对方的态度。因此，在索取资料时应注意：

(1)尽量向平时有联系的单位或个人索要；

(2)索要资料时要和该单位人员友好沟通；

(3)索取的资料数量应适可而止。

3. 购买法

购买法是指通过付出一定量的资金向有关单位和部门购买所需资料的方式。随着信息的商品化，许多专业信息公司的信息实行有价转让，如专业咨询机构、行业协会、信息中心等单位定期或不定期出版的市场分析报告等。购买法将成为企业收集资料的重要方法。在购买资料时，调查者应注意进行鉴别，确保购买到的信息的质量，同时控制有价二手资料的比例。

4. 交换法

这是指与信息机构或其他单位进行对等的信息交流。这是一种信息共享的合作关系，交换的双方都向对方无代价提供资料并获得对方无代价提供的资料。

5. 接受法

这是指接受外界主动、免费提供的信息资料。随着现代营销观念的确立，越来越多的企业或单位为宣传自身及其产品和服务，扩大知名度，树立企业形象，主动向社会广为传递各种信息，包括广告、产品说明书、宣传材料等。作为信息资料的接受者，要注意积累这些信息。

(三)评估整理阶段

1. 资料的评估和再收集

把所有收集到的资料综合整理，然后对其进行评估，过滤掉不可靠和不必要的资料；如尚有遗漏，则需要调整关键字清单，再次开始资料收集工作。如果确实找不到所需资料，则需要向专业人士请教，他们可能提供一些更科学的方法和路径；或自己通过某种方式调节，获得原始数据。

鉴于二手资料的特点，调查人员对二手资料的质量评估就显得十分重要。调查者评估二手资料的质量，一般有以下几个原则：

(1)准确性。收集到的二手资料必须准确、真实、完整，避免资料内容的虚构、歪曲或以偏概全。一般要求收集的二手资料有关于来源、形成过程等内容的相关说明，对不交代来源、隐瞒资料收集过程和处理方法、匿名发表的资料都要谨慎对待。

(2)时效性。二手资料可能不是当前的资料，其发表时间可能远远迟于收集时间。另外，随着信息时代的到来，知识更新速度加快，市场活动的节奏也越来越快，资料使用的时间在缩短。因此，只有反映最新市场情况的二手资料才是价值最高的材料，过时的二手数据的价值会降低。例如，用2000年哈尔滨居民的人均可支配收入来预测目前哈尔滨居民的购买力就缺乏说服力，甚至影响整篇调查报告的价值。

(3)切题性。要辨别二手资料最初的研究目的,即需要问的最根本的问题是:“最初为什么收集这些资料”。要把为了特殊利益关系或为了进行宣传而发表的资料,以及与目前调研目的不符、相冲突的调研资料过滤掉。

(4)权威性。案头调查所收集的二手资料必须有一定的深度和实际内容。对于泛泛而谈、缺乏权威的资料,应该慎用或少用。因此,调查者一般应使用权威机构发布的资料。

(5)科学性。案头调查中对二手资料的收集和整理的方法必须科学合理。对收集资料时的技术要求和所用方法应该经过严格的审查,以便发现可能存在的偏差。方法方面的考虑包括样本的大小和性质、回答率和质量、问卷设计和填写、现场工作程序、数据分析和报告程序。这些审查为数据的可靠性和有效性提供了保证。

2. 资料的整理

当资料的收集评估工作基本结束后,即开始对资料进行整理。由于不同途径收集到的二手资料必然存在各种各样的差异,因此,调查者需要根据资料的特点和本次调查的目的对资料加以调整和整理。为此应注意以下几个方面的问题:

(1)在资料的整理过程中,将用不同计算单位得到的资料统一口径,转换为标准单位。

(2)从理论上对调查资料做逻辑性分析,将所收集的数据有机地重新编排和组合,成为新的可用的资料。

(3)经整理后的资料不可孤立地分析和运用,必须经过比较分析和相互衔接,才能发现事物发展、变化的规律。

(4)将整理后的数字转化为统计图表,并做必要的分析和解释,使阅读者能容易地阅读和掌握真实情况。

(5)在进行资料的衔接与融会贯通方面,通常运用的方法有归纳法和演绎法。

案例 4-1

日本某公司的信息获取与利用

美国法律规定,本国商品的定义是“一件商品,美国制造的零件所含价值必须达到这件商品价值的50%以上”。日本一家公司通过查阅美国有关法律和规定获知了此条信息。这家公司根据这些信息,思谋出一条对策:进入美国公司的产品共有20种零件,在日本生产19种零件,从美国进口1种零件,这一种零件价值最高,其价值超过50%,在日本组装后再送到美国销售,就成了美国商品,就可直接与美国厂商竞争。

(案例来源:黄静,《市场调查与预测》,清华大学出版社2014年版,第44页。)

第三节 访问调查法

如果案头调查所收集的二手数据不能为决策提供足够的信息,那么就需要收集原始资料。

一、访问调查法的含义

访问调查法又称访问法、采访法,是原始资料收集中最常用、最基本的一种方法。它是调查人员通过口头、书面或电信等方式向被调查者了解市场情况、收集资料的一种实地调查方法。

访问调查法的特点是通过直接或间接的回答方式来了解被调查者的看法和意见。访问的目的是了解消费者的消费需求、消费心理、消费态度、消费习惯等现实信息,以及被调查者购买、销售或使用本企业产品的实际情况，对产品质量、性能、价格、服务等方面的意见和改进建议。

采用访问法进行调查，一般需要事先把要了解的问题制定成调查表，因而又称为调查表法。而调查表设计的好坏，将直接影响调查结果及其准确性。

二、访问调查法的类型

访问调查法在实际应用中，按调查者与被调查者（应答者）接触方式的不同，分为面谈调查、电话调查、邮寄调查、留置问卷调查等方法。这些方法各有特点，适用于不同场合。

（一）面谈调查法

面谈调查法是调查人员直接面对被调查者，向被调查者提出问题，然后根据被调查者的回答，当场记录以获取资料的方法。这是一种最古老也是最常用的方法。

1. 面谈调查法的分类

面谈调查法依据谈话地点的不同可分为以下两种：

（1）入户访问。调查者到被调查者家中或工作单位进行访问，直接与被调查者接触，然后利用访问式问卷就逐个问题进行询问，并记录下对方的回答；或者采用自由交谈的方式，让被调查者有充分发表见解的机会，既可以深入讨论问题，弄清所需了解问题的来龙去脉，还可以了解未列入调查提纲的重要资料。这是目前国内最常用的一种调查方法。

（2）街头拦截。拦截访问，是指在某个场所（一般是较繁华的商业区）拦截在场的一些人进行面谈调查，20 世纪 70 年代曾被广泛使用。这种方法的操作较为简单（见图 4—1），常用于商业性的消费者意向调研。拦截访问的控制要点如表 4—1 所示。

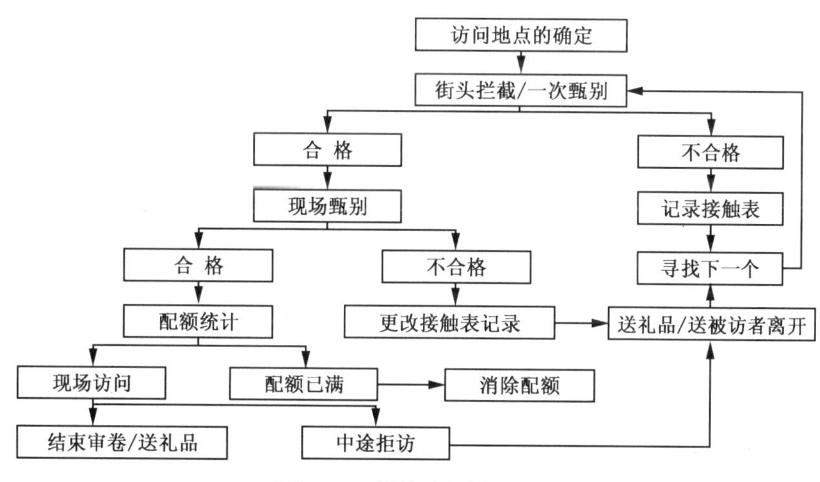

图 4—1　拦截访问操作流程

2. 面谈调查法的优缺点

（1）优点：

①灵活性强。在面对面调查中，调查者可以根据实际情况，确定对被调查者是进行一般性调查还是重点调查。如发现应答者不符合样本条件，可以立刻终止询问。

②回收率高。面对面的接触可以避免被调查者因忙碌等原因而拒绝回答的情况。一个有经验的调查者或多或少总能得到被调查者的回答。这是回收率最高的调查方法。

③真实性较强。在面谈询问时，调查者可以观察周围的环境，了解被调查者的心理状况，判断其回答信息的可靠程度。

表 4—1 拦截访问的控制要点

访问前期	1. 访问场地的选取 2. 访问流程及各岗位职责的培训 3. 市中心设点的人员安排分为： ·拦截员：负责在拦截区域做拦截 ·访员：对符合条件并愿意接受访问的被访者进行访问 ·现场督导：巡视拦截区域及访问区域的情况，对不正确的操作或出现的问题及时纠正 ·甄别督导：对被访者进行二次甄别，并对配额进行统计 ·审卷督导：对问卷进行两次审核 ·QC 督导：陪访、检查质量 4. 访员的项目及拦截技巧的培训：所有参与项目的访员必须通过公司的基础培训、项目培训及模拟小结
拦截现场	1. 确定拦截范围：一般确定的范围应在巡场督导的视线范围，不宜太分散也不宜过密 2. 控制拦截的进度和质量 3. 严格按照甄别问卷拦截：注意拦截员手中持有的甄别问卷应有别于正式问卷。甄别问卷中不应出现任何"终止访问""检查配额"等字样，以防止被访者看后做出不客观的回答 4. 认真填写接触表
现场甄别	1. 将初次甄别合格的被访者请到控制台，由督导对甄别问卷中的每道题进行二次核实 2. 甄别督导要注意观察被访者的言谈举止，必要时增加一些相关的询问，以保证进入访问室的都是合格的被访者 3. 注意督导在进行二次甄别时，不应有其他的被访者及拦截员在场，避免拦截员作假 4. 对甄别合格的配额及时进行统计，以便于及时控制和追加配额
现场访问控制	1. 正式开始访问前要求所有的访员先做现场试访，并在做完试访小结、熟悉整个操作过程后进行正式的访问 2. 被访者在进入访问区域后，如不能马上安排提问，应让其在等候区域安静等候，不得随意走动，避免其看到访问过程并影响正在进行的访问 3. 访问室应安排督导现场观察访问员的访问过程及技巧，并处理突发事件
问卷审核	1. 问卷的一审和二审工作应在被访者离开前完成，以便及时进行补问 2. 统计已合格的问卷配额，与配额处每半天核对一次配额，以便控制配额并及时进行补卷

④偏差小。调查者可以对调查表中不清楚的问题加以解释，可以有效避免由于被调查者由于理解错误而产生的偏差。

(2)缺点：

①费用高。面谈法是访问调查各种方法中费用最高的。比如，需要动用较多的人力、需要训练调查员等，这些费用都很高。

②易产生主观偏见。由于是面对面的调查，被调查者的回答不可避免地会受到调查人员的见解、语气、态度的影响，从而使调查结果的真实性受到影响。

③对调查者要求高。要求调查者有较高的素质，包括调查经验、询问技巧等，这对调查结果的质量有很大影响。

3. 面谈调查法的注意问题

(1)在调查的全过程中，调查者要始终保持精神饱满、自信乐观。调查者的精神状态在很大程度上影响着被调查者的情绪，要礼貌热情、尊重对方，使对方乐意合作。

(2)若双方是初次接触，需先向被访者说明访问目的以及调查资料的用处，以消除对方的戒备心理，提供真实情况。

(3)询问的语气、措辞、方式要适合被调查者身份、知识水平。

(4)询问的问题应按一定顺序进行。一般先问简单或非关键性问题，后问难题或关键性问题，对于某些机密性问题或者是有关个人隐私的问题尽量放在询问的最后进行，如年龄、教育程度、经济收入等。

(5)对被调查者的回答，要及时地进行观察、判断。若发现有矛盾之处，要反复核对，以确定他对问题的理解是正确的。

(6)访问的时间不宜过长。一般控制在20分钟以内，时间过长或问题过长都会令人厌倦，而不愿意继续回答。

(7)调查人员要准时到位，穿戴整洁，口齿清楚，语言流利，善于随机应变。

案例4—2

如何有效降低拒访率

如何有效降低现场执行的拒访比率，是确保调查数据质量的关键所在。海南城乡市场调查公司从多年的实际操作中，总结出一些经验。要有效降低拒访率，应该做好以下10个方面工作：

1. 衣着得体

男访员衣着要整齐、干净，衣服色彩切忌鲜艳夺目，头发要梳理整齐，出访时切忌穿拖鞋。女访员出访时不要为了追求时髦、新潮而穿超短裙和浓妆艳抹。

2. 精神饱满

访员的精神面貌如何关系到公司的形象。面对被访者时要昂首挺胸，精神抖擞，给人一种平和友好的感觉，使人易于接受你的访问。切忌无精打采，弯腰弓背，给人以不信任感。

3. 言语诚恳

言语诚恳，既是美化自己也是对别人的尊重。无论被访者是什么年龄、什么身份、什么学历，无论他们的经济条件、谈吐如何，都需一视同仁，不能心存鄙视，言语要诚恳。让被访者相信你所说的，以至愉快地接受访问。言语尽量用一些礼貌用语，如"请问""麻烦""对不起""打搅""谢谢"等。

4. 胆大心细

"胆大"，即访员出访时要落落大方，要有信心，要时刻记住自己所做的事是正当的事。但胆大也不是要访员横冲直撞、无所顾忌。面对受访者，访员首先要自我介绍，告诉被访者你是谁、你的目的以及要耽搁他(她)多少时间，把自己的来意讲清楚、讲明白。

"心细"，即访员要眼观六路、耳听八方，对特殊情况特殊处理。比如被访者家里正在吃饭或有客人时，访问员应扼要地阐明来意，如当时不方便访问，要主动离开，过一会儿再来预约下次访问的时间。

5. 材证齐全

一是在调查中需要的证件要携带齐全，如身份证、工作证、介绍信等。因为现在人们的防范意识比较强，如果没有有效证件，很容易被拒访。二是如果有礼品赠送时，要恰当、及时地出示，这样被访者更容易接受你的访问。

6. 访前的准备工作

(1)培训工作。即使对于具有多年访问经验的访员来说，访前的培训工作也是非常重要的。因为每一次调查的对象都不同，通过培训，访员可以根据调查对象(如性别、年龄、职业、性格、地址等)的不同，了解对方，制定不同的访问策略。

(2)试访工作。通过试访演练，让访员实际体验访问中可能发生的拒访，有一定的心理准备，并针对拒访理由迅速做出恰当解释，使被访者愉快地接受访问。

7. 佩戴"政府访员证件"

佩戴证件比不佩戴更有利于降低拒访比率,提高访问质量;佩戴政府访员证件比佩戴市调机构访员证件更有利于降低拒访比率,获得支持和配合。该公司所有"国家统计局海南省城乡调查队访问员"证件,前后加盖公章,写上访问员姓名、编号、身份证号码等,访问时98%以上的被访者会予以配合。

8. 访员本地化、专业化、专职化

本地化是指访员要以现场执行所在地的人员为主,只有访员队伍的本地化,才能使访问语言本地化,才能使被访者便于理解访问内容。专业化是指访员要具备一定的专业知识。专职化是指访员岗位的固定,要专职。

9. 储备一支一定数量的兼职访员队伍

在当地储备一支一定数量的兼职访员队伍,并建立起相应的访员计算机管理档案。根据访员的能力、性格、爱好等,针对现场执行的对象,派出相称的访员,可有效降低拒访率,使调查任务圆满完成。

10. 定期对访员进行技能培训、考核

定期对访员及督导进行访问技巧、心理及专业知识等培训,并公开考核,建立起考核成绩档案,使专职与兼职访员、督导竞争上岗。此举有利于访员队伍规范运转,有利于现场执行,有效降低拒访比率。

(资料来源:陈震,"现场执行,如何有效降低拒访比率",《市场调查》,1999年第5期。)

(二)邮寄调查法

邮寄调查法就是把调查问卷邮寄给事先联系好的被调查者,由他们完成以后再把问卷寄回给调查人员,以获取信息的方法。邮寄访问的具体形式有很多,现在采用比较多的有邮局寄送、随广告发放、随产品发放等。有些征订单、征询意见表和评比选票等,也可以认为是调研表的性质,因而也被看作邮寄访问调查。

1. 邮寄调查法的优缺点

(1)优点:

①调查对象广泛,调查范围广。采用邮寄调查方式,调查的区域可以较广,调查数量可以多些,这不仅在费用上可行,而且在时间上允许,因为调查可对多个对象同时进行。

②费用低。与面谈法相比,费用要节省很多,只需花费邮资,而不需要进行访问者的招聘、培训、监控以及支付薪酬。

③调查结果较为客观。可以避免由于调查人员的干扰而产生的调查误差。

(2)缺点:

①回收率低。被调查者往往因为工作繁忙或不感兴趣而不回答或不寄回问卷。国外统计资料表明,一般情况下,邮寄调查表的回收率只有5%~24%。

②调查结果很难控制。由于调查人员不在现场,无法当面解答被调查者对某些问题的疑问,经常会有答非所问的情况,从而影响调查质量。

③调查表的回收期较长。

2. 邮寄调查对象的确定

邮寄调查中对调查对象的确定是相当重要的环节。在较难确定被调查者时,可以采取一些变通的对策,如根据企业名录、通信录、客户往来记录等确定调查对象。邮寄调查还可以与促销活动结合起来,使广告宣传更有效果。例如,企业在报纸广告中附上调查表,并说明填表的要求和方法，说明按要求答卷的读者均有中奖机会。这样既能保证调查的顺利进行，又起到广告宣传作用。有奖征询对提高问卷回收率、缩短回收时间都有良好的效果。

3. 邮寄调查的调查表设计

邮寄调查的调查表设计也是一项非常重要的任务，它关系到被调查者回答问卷的难易，还直接关系到结果的准确性。对于邮寄调查的调查表，必须注意以下几个方面：

(1)调查表的内容不宜太多，要简单明了。

(2)文字表达清楚，不能模棱两可。

(3)必须向被调查者介绍问卷的要求、回收时间。

(4)必须向被调查者说明调查的目的、结果的重要性，并写上请求帮助等感谢语。

案例 4—3

提高邮寄调研回答率的方法

1. 提前用明信片或电话提醒受访者。
2. 用明信片或电话进行跟踪提醒。
3. 金钱刺激(50 美分、1 美元)。
4. 物质奖励(铅笔、钢笔、钥匙链等)。
5. 使用加贴邮票而不是付费打戳的信封。
6. 附上回程信封(已经写好地址并贴好邮票)。
7. 写受访者的私人地址以及制作精美的附信。
8. 承诺进行慈善事业。
9. 受访者可以参与抽奖。
10. 真诚恳求。
11. 表明与大学或研究机构联办。
12. 亲笔签名的附信。
13. 问卷的多样化投递。
14. 提醒受访者其参加过以前的相关调研(针对邮寄小组调研参与者)。

(案例来源：小卡尔·麦克丹尼尔等著，李桂华等译，《当代市场调研》，机械工业出版社 2015 年版，第 130 页。)

案例 4—4

强生公司的市场调查

强生公司是一家国际知名的婴儿用品公司。该公司想利用其在婴儿用品市场的高知名度来开发婴儿用的阿司匹林，但不知市场的接受程度如何。由于强生公司有一些关系较好的市场调查样本群体，且问题比较简单，但需由被调查者做出解释，故决定采用费用较低的邮寄方法进行市场调查。通过邮寄方法的调查分析，强生公司得出了这样一个结论：该公司的产品被消费者一致认为是温和的(这种反应与强生公司所做广告的宣传效果是一致的)，但温和并不是人们对婴儿阿司匹林的期望。相反，许多人认为温和的阿司匹林可能不具有很好的疗效。为此，强生公司认为如果开发这种新产品，并做出适合于该产品的宣传就会损坏公司的整体形象，公司多年的努力也将付之东流。如果按以往的形象做出宣传，又无法打开市场。因此，强生公司最终决定放弃这种产品的开发。

(三)电话调查法

电话调查法是调查人员利用电话这种通信工具,同被调查者进行语言交流,从而获取信息、采集数据的一种调查方法。在一些电话普及率较高的国家,电话访问已经独立应用于社会经济市场调查的许多方面,例如对健康状况的调查、对就业状况的调查、对消费者需求情况的调查等。目前我国许多大中城市的电话普及率已经达到一定的水平,适应电话调查的前提条件也基本具备,在有条件的情况下可尽量采用。例如,某著名日化企业,为了听取用户的意见,别出心裁地推出免费电话,向消费者征询意见。他们在产品包装上标明该企业各分厂的800电话号码,顾客可以随时就产品质量问题打电话反映情况,费用全部记在企业账上。企业则对所来电话给予答复,并视情况进行奖励。该年该公司就接到近25万个顾客电话,从中得到启发而开发出新产品的销售额近1亿元,而公司的电话费支出不过600万元,一进一出让管理层喜不自禁。

1. 电话调查的类型

(1)传统的电话调查法,是指选定一个被访问者,然后拨通电话询问所有调查项目,调查人员将答案进行记录。调查人员一般会集中在某个场所或专门的电话访问间,在固定的时间内开始访问工作。调查人员都经过专门训练,现场有督导人员进行管理。传统的电话访问操作流程如图4—2所示。

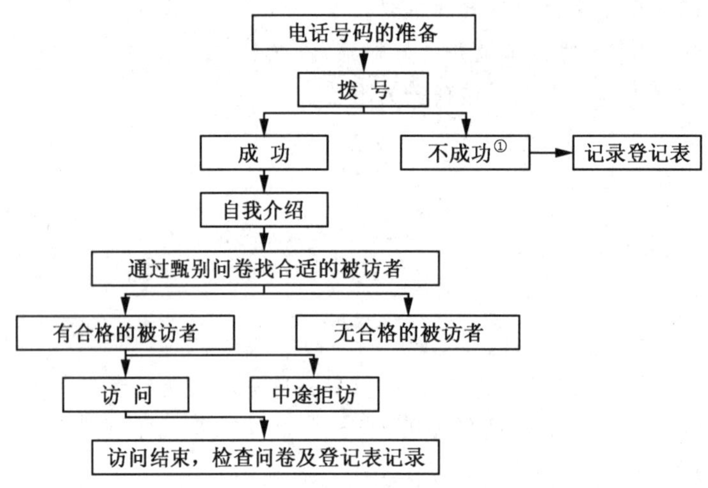

图4—2 传统的电话调查法操作流程

(2)计算机辅助电话访谈,是指借助计算机应用程序,运用电话语言提示,向被访者逐项提出问题,然后被访问者按电话键以反馈答案。这是一种较为先进的电话调查法。在发达国家(特别是在美国),集中在某一中心地点进行的计算机辅助电话访问比传统电话访问更为普遍。

电话调查法一般用于被调查者比较熟悉或者是调查问题比较简单的调查活动中,如春节联欢晚会收视率调查。电话调查法的控制要点如表4—2所示。

---

① 拨号不成功包括铃响6次无人接听、电话占线、电话空号、传真机或拒访等。

表 4—2　　电话调查法的控制要点

访问前期	1. 电话号码的抽取(用现成的电话号码簿或用软件自动生成电话号码或其他方式获得的电话号码数据库) 2. 重点培训访员的访问技巧，提高电话访问的成功率或受访者的接受度
访问中期	1. 需要现场监督访员的访问 2. 重点检查访问情况登记表的记录
访问后期	1. 有一定比例的电话复核 2. 重点复核访问对象的甄别统计

资料来源：屈援，《市场调研》，科学出版社 2007 年版，第 102～105 页。

2. 电话调查法的优缺点

(1)优点：

①速度快。可在较短时间内调查多个样本。

②费用低。电话费用与面谈所需费用相比少得多。

③回答率高。由于隔着电话而非面对面交谈，所以被调查者回答问题比较坦然。

(2)缺点：

①不适宜复杂的调查。因电话交谈时间不宜太长，所询问的问题无法深入进行。

②不宜得到对方合作。容易遭到被调查者的拒绝。

③调查对象的局限性。受通信条件和电话普及率的影响，调查对象的结构可能不一定恰当。

案例 4—5

设想你正坐着工作，电话响了，在电话的另一端，传来一段试探性的话："您好，我是 Masterful Research 调研公司的鲍勃。今天，我正在进行一项有关机械小物件的调研，您是否有时间回答一些问题？"

你会怎么做？

对许多商业购买决策者(如 IT 经理)而言，这样的电话是家常便饭。除非有一个使受访者从一开始就参与的有趣的理由，受访者很可能拒绝这一请求。下面是一些增加你调研介绍说服力的准则。

介绍应简短自然。访谈员需要一字不差地读出介绍和问题，因此，事先准备好的介绍应是简短的。

务必说出你打电话的原因。弄清调研的主题不仅能引起受访者的兴趣而且能避免困惑，从而获得更直接更全面的答案。

告诉受访者你需要多少时间。如果调研在 20 分钟内可以完成，预先告知受访者这一调研所需的时间。市场调研协会的一份调研显示，调研时长超过 20 分钟，合作率会急剧下降。因此，如果你的调研长于 20 分钟，你可能要考虑缩短调研时间。

提供奖励。如果调研时长超过 15 分钟而且(或者)总体中的受访者发生率相当低，你很可能需要提供奖励来赢得受访者的参与。

通过非销售方式将你与电话促销员区分开来。一个例子是："我们对您对公司的意见很感兴趣，通过考虑您的意见，'产品'生产商能够不断地提高产品与服务质量。请问您愿意参与我们的调研吗？"

如果可能的话，识别客户。告诉受访者是谁在进行这一调研，如果你或你的客户是一个信誉卓著且受人尊重的品牌组织，尤其应该如此，说明主办方不会偏袒某些回答。

提供保密并尊重受访者。最后一点，需要提醒受访者，他们的回答将被保密，而且他们不会由于参与而被放在邮寄名单上或收到一些商品推介。也提醒他们，他们的意见是宝贵的。

（案例来源：小卡尔·麦克丹尼尔等著，李桂华等译，《当代市场调研》，机械工业出版社2015年版，第127页。）

问题：

1. 你能想出让人们参与访谈的其他方法吗？

2. 你通常会同意接受电话访谈吗？为什么？

（四）留置问卷调查法

留置问卷调查法是调查人员将调查问卷当面交给被调查者，并对有关问题进行说明，留给被调查者事后自行回答，调查人员约定日期回收或由被调查者寄回。这一方法主要是获得预约被调查者的合作，是介于面谈调查法和邮寄调查法之间的一种方法，它较好地结合了两方面的优势。留置问卷调查法的控制要点如表4—3所示。

表4—3　　留置问卷调查法的控制要点

实施前期	·主要是进行甄别 ·在甄别的同时要有复核的跟进，而且要加大力度 ·为保证回访成功率，可根据实际情况适当加大甄别样本
实施中期	·重点培训访员讲解问卷的激情及对被访者的说服力 ·若是有多个问卷的派发，要控制问卷顺序在抽样单位之间的轮换和在每个抽样单位中的轮换 ·主动给被访者打电话，询问问卷填写情况 ·必要时可设800电话，以解被访者疑问
实施后期	收回的剩余问卷要在遵守保密原则的基础上处理

1. 留置问卷调查法的优点

（1）理解偏差少。由于能当面向被调查者说明调查的目的和要求，可以有效避免被调查者对问题的误解。

（2）受调查者主观影响小。这种调查方法有利于被调查者独立思考问题，不受调查人员的影响。

（3）回收率较高。

2. 留置问卷调查法的缺点

（1）费用较高。它与面谈调查法的费用不相上下。

（2）调查区域有限。由于需要调查人员亲自送调查表给被调查者，人力、财力、时间上不可能允许访问范围太大。

（3）调查结果较难控制。留置问卷调查法在调查进度上不宜控制，被调查者的态度、答案的真实性较难掌握。

三、调查方法的比较与选择

访问调查法中的面谈调查法、电话调查法、邮寄调查法和留置问卷调查法，各有长处和不足，现将四种方法从回收率、灵活性、准确性、速度、费用、资料范围、复杂程度七个方面进行比较，详见表4—4。

表 4—4 四种访问调查法的比较

项目＼方法	面谈调查法	电话调查法	邮寄调查法	留置问卷调查法
回收率	高	较高	低	较高
灵活性	强	较强	差	强
准确性	好	好	较好	好
速度	较慢(视地域、人数)	快	较快	慢
费用	高	较低	低	高
资料范围	面窄	面较广	面最广	面窄
复杂程度	复杂	简单	较复杂	复杂

在具体运用各种访问调查法时，要根据它们各自的特点、适用条件，结合调查的具体目的和要求，进行综合比较分析，从而选择最佳方案。

在对调查方法进行比较分析时，如果其中一种方法在一些主要方面明显优于其他方法，且又与调查目的要求一致，则可确定该方法为实施方案。例如，某贸易公司需要尽快地了解消费者对某一高档耐用消费品的消费意见和消费需求，以便考虑是否大量进货。很显然，这一调查是要求信息获得的速度快，而调查本身可以简单些，故选择速度快的电话调查比较合适。但一般情况下，调查的目的和要求是多方面的，很难确定哪种方法最佳，这就需要对各种方法进行综合评价。

对调查方法的综合评价，人们用得较多的是定量评价法。

定量评价法是选定若干名熟悉市场的调查人员参加，给各种调查方法打分的评价方法。其步骤是：

(1)确定评价指标和评分标准。评价指标主要包括回收率、资料范围、费用、复杂程度、速度、灵活性、准确性等，也可以选择其中的几项作为主要评价指标。评分采用 5 分制、10 分制和百分制均可。

(2)根据某一调查项目的要求，对各评价指标赋予一定的权数。

(3)根据各种方法的特点，分别给不同方法的各项指标一定的分数。

(4)用加权平均法计算各种方法的总得分，选定总分最高的为本调查项目的最佳调查方法。

案例 4—6

某公司调查方法选择

某公司为提高产品的市场竞争力，欲对其主营商品的需求前景进行一次市场调查。现欲在面谈调查、电话调查、邮寄调查和留置问卷调查四种方法中选择，拟采用定量评价方法选择最佳实施方案。具体步骤如下：

(1)根据本调查项目要求，确定评价项目为问卷回收率、速度、准确性、节省费用四项，并确定这四项指标对本调查项目的重要程度(即加权系数)分别为 0.3、0.2、0.4、0.1。

(2)由四名对该项目调查业务比较熟悉的人员分别对各种调查方法满足要求的程度做出评分，评分标准采用 10 分制。将这四名评委的各项评分分别计算出简单算术平均数。

(3)将评分值与相应指标的加权系数相乘，得出每一指标的有效评分值。

(4)分别将四种方法的各项指标的有效评分值相加,得出每种方法的总分值。从总分值栏中选择得分最高的调查法,见表4—5。面谈调查法得分最高,故选择此方法作为调查方法。

表4—5　　四种访问调查方法的评分结果

评价指标/评分值/调查方法	回收率		速度		准确性		节省费用		总分值
	评分值	有效分值(权重0.3)	评分值	有效分值(权重0.2)	评分值	有效分值(权重0.4)	评分值	有效分值(权重0.1)	
面谈调查	9	2.7	7	1.4	8	3.2	6	0.6	7.9
电话调查	8.5	2.55	9	1.8	7	2.8	7	0.7	7.45
邮寄问卷调查	6	1.8	6	1.2	6	2.4	9	0.9	6.7
留置问卷调查	8.5	2.55	6	1.2	8.5	3.4	5	0.5	7.65

资料来源:胡祖光,《市场调研与预测》,中国发展出版社2006年版,第60～61页。

第四节　观察调查法

一、观察调查法的含义及特点

观察调查法,是指调查人员有计划、有目的地运用自己的感觉器官或一定的观察工具,直接认知并记录与研究目标有关的市场信息的一种方法。采用观察法调查,不是直接向被调查者发问请求回答,而是在他们未注意的情况下由调查人员使用自己的眼睛或照相机、录音机、录像机等辅助仪器进行观察,并记录观察结果。

观察调查法的具体做法有:调查人员到现场利用人体的感官器官直接观察被调查对象的直接观察法;利用各种仪器对被调查对象的行为进行测录的行为记录法;通过一定途径,观察事物发生后的痕迹,收集有关信息的痕迹观察法等。

例如,某袜厂生产的袜子每10双一包,采用3∶3∶2∶2的比例配装四种颜色,但这种比例在许多地区并不适销。为了了解各地消费者对袜子颜色的偏好,该厂运用观察法进行调查,派员在主要街道上观察行人着袜颜色,并做好记录,按照记录所得比例,调整了每包袜子的颜色配比,扩大了销量。这就是一个典型的直接观察法。又如,有一家玩具厂,为了选择畅销的玩具娃娃品种,先设计出10种玩具娃娃,放在一间屋子里,请儿童来做选择。每次放入一个儿童,让他在无拘无束的气氛下选择娃娃。这一切都是在不受他人干涉的情况下进行的,通过录像进行观察记录,如此经过对上百个儿童做调查,选择出了生产何种式样的娃娃玩具。这是典型的行为记录法。

在日常生活中,我们经常在观察。不过,观察调查法不同于我们日常所说的观察,它是一种科学观察。与日常观察相比,科学观察有下面几个特点:第一,有明确的目的;第二,有事前计划;第三,对观察结果进行详细记录;第四,有意识地控制误差。

使用观察法进行观察时,一般想要观察的事物要满足下列条件:

(1)调查的事物必须具有易于观察的特性。像人的动机、态度和其他心理特征无法观察,只能通过观察到的行为进行推断,而推断有时是不可靠的。

(2)要观察的特性必须既是重复的,又是经常出现的或可以预见的。虽然观察那些不经常出现或不能预见的特性并非绝不可能,但是在市场调查中如果等待观察的时间太长,将会产生高额的观察费用。

(3)要观察的特性不能持续时间太长。如果持续时间太长,时间成本和人工成本等将过高,使观察失去意义。

二、观察法的类别

观察法按不同的分类标准,可以有不同的分类。

(一)按照观察形式的不同,可分为直接观察法和间接观察法

1. 直接观察法

直接观察法是调查人员直接深入调查现场,对正在发生的市场行为和状况进行观察和记录。这类观察法要求事先规定观察的对象、范围和地点,并采用合适的观察方式、观察技术和记录技术来进行观察。直接观察的效果因为是与人类感官的功能直接相关的,所以具有简单、直接、受客观条件限制较少、可以随时随地进行等优点。

2. 间接观察法

间接观察法是指调查人员对自然物品、社会环境、行为痕迹等进行观察,以便间接反映调查对象的状况和特征,以获取有关的信息。比如,一个啤酒厂想知道它生产的啤酒在某一地区的消费状况,可采用间接观察法,研究者可以通过回收酒瓶的办法得到相关数据。

(二)按照调查对象是否参与调查活动,可分为参与性观察和非参与性观察

1. 参与性观察

参与性观察又称局内观察法,是指调查者参与到被观察对象群体中并成为其中的一员,直接与被观察者接触以收集资料的一种调查方法。观察者隐瞒自己的真实身份,较长时间置身于被观察者的群体之中,能更快、更直接地取得信息。在市场调查中,参与性观察往往通过"伪装购物法"或"神秘购物法"来组织实施。例如,管理者要观察营业员的服务态度和业务水平,可以委派几个有经验的观察员装作顾客购买物品,在购买过程中故意制造麻烦,以观察营业员的反应。这样既可以节省时间和费用,观察结果也更有价值。

2. 非参与性观察

非参与性观察又称局外观察法,是指观察者以局外人身份,置身于调查群体之外进行的观察、记录所发生的市场行为,以获取所需的信息。观察者坐在靠近一个饭店的入口处,观察有多少对夫妻、多少个大小不同的家庭在特定期间进入饭店用餐。非参与性观察往往要配备一定的观测设备和记录设备,如望远镜、照相机、摄影机等,以尽量保障观察的隐蔽性,降低观察人员的记录负担。

(三)按照观察调查内容的范围、数量和界定,可分为结构性观察和非结构性观察

1. 结构性观察

结构性观察是一种计划严密、操作标准化、可控制的观察,观察者事先清楚地知道应该观察和记录什么,与要求观察和记录的特性无关的行为一概不管。在市场调查中,观察大多是结构性观察。

2. 非结构性观察

非结构性观察,是指在观察前并没有严格的观察计划,没有限定观察者应该注意什么,可以忽视什么。非结构性观察经常用于非正式的探索性调研,很少用于正式的市场调查与预测。

（四）按照观察的手段，可分为人员观察和仪器观察

1. 人员观察

观察员通过自己感觉器官或借助简易设备（如望远镜等）进行的观察是人员观察。通过对象的各种活动（如表情、言语、声调、动作等）的察言观色，就能了解被观察者的行为表现，实现认识被调查者的目的。

2. 仪器观察

仪表和仪器是人的感官的延长，机器和工具是人的四肢的延长，计算机和人工智能是人脑的功能的扩张。现代科学技术已使电子仪器和机械设备成为市场调查的有力工具。在特定的环境中，仪器观察比人员观察更便宜、更精确、更容易完成工作。常用的观察仪器有交通流量计数器、脑电图、测瞳仪、扫描仪等。

三、观察法的应用

在实践中，观察法运用得比较广泛，下面列举出有代表性的几种。

（一）对市场商品需求情况的观察分析

可以通过出席商品的现场销售、展销会等，直接观察消费者喜爱的品种、牌号、花色、款式、包装、价格等，并进行记录分析，以掌握大量、真实的第一手资料；也可借助行为观察仪，用以记录消费者进入现场后的目光、行走、表情以及购买等行为。通过分析资料，可以掌握市场商品需求的趋向。

（二）对零售企业经营状况的观察分析

通过对各种类型的零售企业的观察、对比，了解零售市场的经营状况。通过对零售企业的商品陈列、橱窗布置、对待顾客的频率和忙闲、服务态度、顾客流量以及外部装潢等的观察、比较，获取真实、全面的资料。

（三）对商品库存状况的观察分析

商品库存也是影响企业经济效益的重要一环。商品库存数量及结构是否合理，光从账面上难以看出，需要实地观察。通过对商品库存的直接盘点计数，并观察商品库存的残次及变化等情况，以便直接掌握商品库存的精确数字和结构的真实资料。

（四）对商品生产数量和质量的观察分析

对生产现场和使用现场进行观察，了解商品生产过程和商品质量以及商品性能、操作技巧和维修等状况，这样才能根据真实的第一手资料做出正确的判断和决策。

 **案例 4—7**

商业密探：帕科·昂得希尔

帕科·昂得希尔是著名的商业密探，他所在的公司叫恩维罗塞尔市场调查公司。他通常的做法是坐在商店的对面，悄悄观察来往的行人。此时，在商店里他的属下正在努力工作，跟踪在商品架前徘徊的顾客。他们的目的是要找出商店生意好坏的原因，了解顾客走进商店以后如何行动，以及为什么许多顾客在对商品进行长时间挑选后还是失望地离开。通过他们的工作给很多商店提出了许多实际的改进措施。例如一家主要是青少年光顾的音像商店，通过调查发现这家商店把磁带放置过高，孩子们往往拿不到，昂得希尔指出应把商品降低放置，结果销售量大大增加。又如，伍尔沃思公司发现商店后半部分的销售额远远低于其他部分。昂得希尔通过观察的拍摄现场解开了这个谜：在销售高峰期，现金出纳机前顾客排着长长的队伍，一直延伸到商店的另一端，妨碍了顾客从商店的前面走到后面，针对这一情况，商店专门安排了结账区，结果使商店后半部分的销售额迅速增长。

（案例来源：黄静，《市场调查与预测》，清华大学出版社 2014 年版，第 44 页。）

四、观察调查法的优缺点

（一）优点

（1）真实性高。由于调查人员不直接向调查对象提问，调查对象不会意识到自己正接受调查，故其言行不受外界因素的影响，调查人员所收集到的信息会比面谈访问法更为可靠。

（2）受调查人员偏见影响小。在面谈访问中，调查人员自身对问题的看法常常会在提问中不自觉地流露出来。而在观察调查法中，因调查双方并不正面接触，故不会出现上述问题。尤其是依赖记录器械的记录观察，调查资料更为详细、真实。

（二）缺点

（1）观察不到调查对象的心理动机等内在因素。观察法一般只能了解事实本身，而较难了解事件发生的原因。如某一顾客在一新产品试销柜台前驻足片刻，最后还是没有购买，那么顾客不购买该产品的原因是什么？是不喜欢花色？还是经济条件限制？还是钱没带够？调查人员很难从直接观察中了解其真正的原因。要了解其真正原因往往需要借助其他方法，如访问法，才能得出结论。

（2）受时间和空间限制，所获得的信息资料往往带有局限性。观察调查法所获得的信息资料是在观察的现场以及观察的时间段内发生的，而客观事件的发生是人们不能预料的，在观察现场和观察时间段以外发生的事件并不能被观察记录，由此导致了调查资料的片面性。

（3）调查费用大。观察调查法是由调查人员亲临现场做调查，往往需要大量的费用，如差旅费、仪器支出等。

（4）对调查人员素质要求高。对于同一现场调查，不同的调查人员获得的调查资料可能会出现较大的差别。这主要是由于调查人员的素质水平不同引起的。观察调查法是靠调查人员的耳闻目睹来感知现场所发生的一切，这就要求调查人员具有敏锐的观察力、良好的记忆力和判断力，还要懂得一些心理学。

（三）应用观察调查法的注意事项

（1）为了使观察结果具有代表性，能够反映某类事物的一般情况，应注意选择有代表性的典型对象，在最适当的时间进行观察。

（2）在进行现场观察时，最好不要让被调查者有所察觉，尤其是使用仪器观察时更要注意隐蔽性，以保证被调查者处于自然状态下。

（3）在实际观察和解释观察结果时，必须实事求是，客观公正，不得带有主观偏见，更不能歪曲事实真相。

（4）观察者的观察项目和记录最好有一定的格式，以便尽可能详细地记录观察内容和有关事项。

（5）应注意挑选有经验的人员充当观察员，并进行必要的培训。

（6）为观察客观事物的发展变化过程，若进行动态对比研究，就需要做长期反复的观察。

案例 4－8

东芝洗衣机调研

观察调查法在日本深受重视。例如，东芝在推广家电产品给日本国内的消费者时，就曾经使用观察调查法来观察市场变化。东芝新产品的设计者在观察中发现，越来越多的日本家庭主妇进入就业大军，洗衣机不得不在早上或晚上使用，这样噪音就成为一个问题。为此，东芝设计出一种低噪音的洗衣机进入市场。在开发这种低噪音产品时，他们还在观察中发现，现在的衣服已经不像以前那么脏了，许多日本人洗衣的观念也改变了。以前是衣服脏了才洗，而现在是衣服穿过了就要洗，以获得新鲜的感觉。由于洗得勤，衣服有时难以晾干，东芝公司在观察中意识到妇女生活风格的这种转变，很快便推出烘干机。后来又发现大多数消费者的生活空间有限，继而发明了洗衣、烘干二合一的洗衣机，结果产品销量大增。

第五节　实验调查法

一、实验调查法的含义及特点

实验调查法起源于自然科学的实验求证法，后来逐渐应用到市场调查与预测中。它是从影响调查对象的若干因素中选出一个或几个因素作为实验因素，在其余诸因素均不发生变化的条件下，了解实验因素的变化对调查对象的影响程度的一种方法。

实验调查法运用类似自然科学中的实验室求证的原理来研究市场问题。单纯从逻辑上说，实验调查法最具科学色彩。因为只有实验调查法才能证明实验变量与自变量之间是否存在因果关系，因此实验调查法又称因果性调查。

从某种意义上说，实验调查法是把事物放在某一特定的条件下进行观察，因而也可以认作是一种特殊的观察法。但从本质上看，在访问法和观察法中，调查人员是一个被动的信息收集者。而在实验法中，调查人员成为研究过程中的主动、积极参与者。单纯的观察只能在自然条件下进行，无论直接用感官观察还是借助仪器观察，观察者都没有改变或干预自然状态。在这种情况下，由于现象错综复杂，不利于人们认清现象背后的最本质的起决定性作用的东西，所以单纯的观察已经不能满足人们的需要，这就要求人为地去干预并尽可能去控制所研究的自然现象，或者在实验条件下再现它的最本质的方面，排除偶然。这就是实验法产生的背景。

实验法在市场调查中应用的范围比较广泛。一种产品进入市场，或改变包装、设计、价格、广告、陈列方法、推销方法等因素时，均可先做一个小规模的试验，然后再决定是否需要大规模的推广。例如，包装对产品销量的影响，广告对品牌态度、品牌偏好的影响等。

案例 4－9

星巴克升级了概念渗透

星巴克公司最近开始为它的商店实验一个咖啡概念，这个概念将会帮助它在 37 年的历史中打赢一场开端战，它为美国消费者增添了一种新的优端产品。在它的故乡西雅图以及波士顿的市场，星巴克正在以 2.50 美元的价格对 12 盎司杯的“新鲜磨出”的咖啡进行测试营销，在波士顿这个价格是 2.25 美元。现在正常冲泡量的价格是 1.55 美元。对这些现场实验造成损害的是麦当劳公司一直在用 1.39 美元的咖啡和他们额外的蒸馏咖啡柜台争夺星巴克的顾客。

这种新型星巴克饮料是在一种价值为 11 000 美元的“三叶草”的机器中制造出来的，用类似法国挤压设备的真空活塞系统单独煮每一杯，这种设备可以给每杯设置磨碎、水温和其他规范。这种新型饮料可能成为首席执行官霍华德·舒尔茨准备在全世界最大的 15 000 家咖啡连锁店中增加顾客流量计划中的一部分。舒尔茨希望两个测试市场的结果不会因两种价格水平的消费模式而显得不同。这样星巴克就可以把它的价位定得比星巴克最贵的饮料拿铁咖啡和卡布奇诺咖啡更低，大约是每 12 盎司杯 2.55 美元。

（案例来源：小约瑟夫·海尔等著，刘新智等译，《营销调研——信息条件下的选择》，清华大学出版社 2012 年版，第 252 页。）

实验调查法的特点表现在以下几个方面：

(1)调查人员可以主动地引起市场因素的变化，并通过控制其变化来研究该因素对市场产生的影响，而不是被动、消极地等待某种现象的发生。这是其他调查方法无法做到的。

(2)通过实验调查取得的资料，客观实用，排除了人们主观估计的偏差。一般进行实验时都与正常市场活动相结合，所以取得的资料和数据比较客观、可靠。调查人员可以针对调查事项的需要进行合理的实验设计，有效地控制实验环境，有意识地使调查对象在相同条件下重复出现，反复进行实验，使调查结果更精确。

(3)对于实验对象的代表性及测量上的随机性所产生的影响，一部分可以在实验设计时加以控制和消除，例如通过实验组与对比组比较的方法来消除一部分外来因素的影响，通过科学方法选择实验者来消除代表性偏差。另外，还有一部分剩余下来的不可控因素和随机误差，是实验设计者没有能力加以消除的，它们形成了最终实验误差。

二、实验调查法的基本要素和实施步骤

(一)基本要素

(1)自变量，又称为实验变量或处理变量，即实际上引入的变量，是指那些可以操纵处理的、效果可以测量和比较的变量，如产品的形状、包装、价格水平、促销方法等。

(2)因变量，即由自变量的变化而引起变化的变量，是测量自变量结果或效应的变量。如在包装设计与销售量的关系中，销售量是因变量。在市场调查中，常见的因变量有销售量、市场占有率、品牌态度、品牌知名度等。

(3)实验处理，指改变实验对象所处的市场环境的实验活动，如改变价格或改变包装形式。

(4)实验组，指一组研究对象或研究实体，可以是消费者、商场、销售商、销售地区、观众或听众等。

(5)控制组，又称为对比组，就是在实验中自变量维持不变的那些个体所组成的组，即不引入实验处理的实验组。

(6)干扰变量，又称为外部变量或无关变量，指自变量和因变量以外的影响因素。干扰变量有两类：一类是调查者可以加以控制的各实验对象之间的差别，如商场规模、地理位置等；另一类是调查者难以控制的，如气候、季节、竞争对手的行动等。这些干扰变量可以把因变量的测量值搅乱，因此在市场实验中必须努力加以控制和排除。

(二)实验调查法的步骤

在市场调研中，实验调查法主要应用于产品测试、包装测试、价格测试、广告测试、销售测试等方面。但在应用时，应注意明确实验的目的，所选择的实验变量或指标必须能提供重要的

信息。

(1)根据调查项目和课题要求,提出研究假设,确定实验自变量。例如,某种新产品在不同的地区销售是否有显著的差异、哪个地区的销售效果最好等。

(2)进行实验设计,确定实验方法。实验设计的方案很多,有单因素的试验设计和双因素的实验设计,其中每一类又分为许多具体的实验形式。一般来说,应根据因素个数、因素的不同水平或状态、可允许的重复观察次数、实验经费和使用时间等综合选择实验方案。

(3)选择实验对象,进行实验。即按设计方案组织实施实验,对实验结果进行认真观测和记录,并对实验观察数据进行整理,编制统计表,运用对比分析、方差分析等实验数据进行分析和推断,得出实验结果,并解释实验结果。

(4)编写实验调查报告。实验结果验证确认无误后,可写出实验调查报告。实验调查报告包括实验目的的说明、实验方案和试验过程的介绍、实验结果解释,并提出有价值的信息,为决策提供依据。

三、实验调查法的设计和应用

(一)无控制组的事前事后实验

这是一种最简单的实验调查法,一般只选择一组调查的客体,即实验单位或实验组,如商店、消费者、商品等。实验前对实验组在正常情况下的数据进行测量,经过一定的试验期后,收集实验过程中产生的数据资料,通过比较实验组在实验前和实验后所要观察的现象的变化,了解实验因素影响作用的大小。这种实验模式可表示为表 4-6。

表 4-6　无控制组的事前事后实验模式

组别 项目	实验组	控制组
事前测定值	x_1	—
事后测定值	x_2	—

实验效果 E 可表示为:

$$E=x_2-x_1$$

上述实验效果 E 是一个绝对量,其值的大小与实验组原有规模等有关。为了能更真实地度量实验效果,可用实验效果的相关指标来反映。相对实验效果 RE 可表示为:

$$RE=(x_2-x_1)/x_1\times100\%$$

例如,某电冰箱厂为了扩大销售,准备改建电冰箱的外形设计。但对新设计的外形效果没有太大的把握,于是决定用无控制组的事前事后实验来进行调查。该厂选定某商场作为实验对象,测量了实验前(改变外观设计前)一个月的销售量为 250 台,然后改售新外观电冰箱一个月,测量其销售量为 290 台,则实验效果为:

$E=x_2-x_1=290-250=40$(台)

相对实验效果为:

$RE=(x_2-x_1)/x_1\times100\%=40/250\times100\%=16\%$

上述结果表明,采用新设计外观销量将增加 16%。如果分析无其他因素的影响,便可做出采用新型外观设计的决定。

这种实验方法也常被用来测量商品价格变动的效果。

无控制组的事前事后实验的最大优点是简便易行。但也存在一定的不足，主要是实验结果受非实验因素影响。这是由于事前事后测量相隔一段时间，各种干扰因素（如自然季节、商业季节、心理因素等）可能发生变化，从而影响实验结果的准确性。

（二）有控制组的事后实验

这是一种横向比较实验，同时设立实验组和控制组。实验组按设定的实验条件（即进行实验处理，引入实验因素）进行实验；作为对照的控制组，实验前后均不受实验因素的影响，按照常规活动。通过比较实验组与控制组来考察试验效果。这种实验模式可用表 4—7 来表示。

表 4—7　　有控制组的事后实验模式

项　目 \ 组　别	实验组	控制组
事前测定值	—	—
事后测定值	x_2	y_2

实验效果 E 可表示为：

$$E=x_2-y_2$$

相对实验效果 RE 可表示为：

$$RE=(x_2-y_2)/y_2\times100\%$$

例如，某电视机厂生产了一种新型数字式电视，拟采用广告促销。广告公司为该厂设计了两种不同风格的广告文稿，征求厂家意见。为了选择较为理想的广告，厂家欲在小范围内做市场实验。选择人口和购买力及其他经济环境较为相似的 A、B、C 三地，分别在 A、B 两地的报刊上刊登不同的广告文稿，C 地为控制组，不登广告，试验时间为以一周。测量结果见表 4—8。

表 4—8　　某电视机店面 POP 广告试验统计表

组　别	地　区	电视机销量	试验效果
控制组	C	140	—
实验组 1	A	200	60
实验组 2	B	280	140

A 地区相对实验效果为：

$RE_A=60/140\times100\%=42.86\%$

B 地区相对实验效果为：

$RE_B=140/140\times100\%=100\%$

上述结果表明：采用 A 地区试验的广告文稿可使销售量比没有做广告增加 42.86%，而采用 B 地区试验的广告文稿可使销售量比没有做广告增加 100%，故该厂决定采用 B 地区试验的广告文稿。

这种实验法的最明显优点是，它克服了前述的无控制组的事前事后实验所存在的干扰因素。由于这是一种横向对比实验，在同一时间里，干扰因素基本相同，在实验对比中可以抵消。

这种实验方法的不足是，选择控制组的难度较大。实验效果的准确性直接取决于控制组与实验组的可比性，即两组之间的各方面条件应基本相同，包括市场环境、规模、经营管理水平等因素。若这些基本条件不能满足，实验效果将会产生很大误差。

(三)有控制组的事前事后对比实验

以上两种实验方法都具有简便易行的特点，但都无法消除干扰因素对因变量的影响。要消除干扰因素的影响，须先确定它对实验效果的影响程度，再将它从实验结果中剔除，因而采用事前事后有控制组的实验效果比较好。有控制组的事前事后对比实验是指在同一周期内，选择两组条件相似的研究对象，一组为实验组，一组为控制组，然后对实验前后的观察数据进行处理，得出实验结果。它是对上述两种实验方法的结合。实验模式见表 4—9。

表 4—9　　有控制组的事前事后对比实验

组别 项目	实验组	控制组
事前测定值	x_1	y_1
事后测定值	x_2	y_2

实验效果可表示为：

$$E=(x_2-x_1)-(y_2-y_1)$$

实验相对效果可表示为：

$$RE=(x_2-x_1)/x_1\times100\%-(y_2-y_1)/y_1\times100\%$$

式中：x_2-x_1——实验单位的实验变量在实验前后不同时期的增(减)量；

y_2-y_1——控制组的同一变量在实验前后不同时期的增(减)量，它完全由其他干扰因素引起。

所以上式中的 E 值表示的是实验的实际效果，即如实地反映了给定实验条件而引起的增(减)量。

例如，某食品公司欲测定改进虾条包装的市场效果，选定 3 家超市为实验组，经销新包装虾条，另选 3 家超市为控制组，经销旧包装虾条，实验前后对比期为 1 个月。实验前后 1 个月的销售量统计如表 4—10 所示。

表 4—10　　虾条新包装销售实验统计

组别	实验前销量(件)	实验后销量(件)
控制组	1 800	2 170
实验组	2 200	3 360

实验效果为：

$$E=(x_2-x_1)-(y_2-y_1)=(3\,360-2\,200)-(2\,170-1\,800)=790(\text{件})$$

相对实验效果为：

$$\begin{aligned}RE&=(x_2-x_1)/x_1\times100\%-(y_2-y_1)/y_1\times100\%\\&=(3\,360-2\,200)/2\,200\times100\%-(2\,170-1\,800)/1\,800\times100\%\\&=32.17\%\end{aligned}$$

由上述结果可以判断，产品采用新包装有利于扩大销售。

有控制组的事前事后实验由于其实验过程既包含了纵向对比，又包含了横向对比，故这种实验法既能自动消除干扰因素对实验效果的影响，又能够避免在有控制组事后实验中存在的选择比较市场（控制组）的难题，是一种比较好的实验方法。但这种实验法在实际应用过程中操作较为复杂，工作量大。

四、实验调查法的优缺点

（一）优点

（1）比较灵活。它可以有控制地观察、分析某些市场变量之间存在的因果关系，以及这种因果关系之间的相互影响程度，这是其他调查方法不可能获得的。

（2）比较科学。它通过实地考察实验所获取的调查资料、数据，可以排除调查人员主观估计的偏差，因此比较可靠和客观。

（二）缺点

（1）市场上的可变因素难以掌握，这些因素不可能像自然科学实验那样进行严格控制，因而在一定程度上影响了对实验效果的评价。

（2）实验调查法所需时间长、费用高，对所选择的市场的代表性要求较高。

（3）实验调查法有一定的时效性局限，只限于对目前变量之间的关系的观察分析，无法研究过去的情况以及对未来意见的了解。

第六节　网上调查

随着网络时代的到来，一种新的调查方法——网上调查正在兴起。网上调查就是借助计算机互联网络来与被调查者接触，收集数据或资料的一种市场调查方法。与传统调查方法相比，网上调查有其鲜明的特色（自愿性、定向性、及时性、互动性、经济性和匿名性等），因此无论是在二手资料收集还是在一手资料的收集中都会发挥重要作用。

一、网上调查的优缺点

（一）优点

与传统调查方式相比，网上调查在组织实施、信息采集、信息处理、调查效果等方面具有明显的优势。与传统市场调查相比，网上调查具有如下优点：

（1）简单性。网上调查主旨简单、成本低廉。网上调查不需要派出调查人员，不受天气和距离的限制，不需要印刷调查问卷，调查过程中最繁重、最关键的信息和录入分布到众多网络用户的终端上进行，信息检验和处理由计算机自动完成。

（2）快速性。若采取电子邮件等形式，一份问卷在几秒钟之内就可到达调查对象手中，而调查对象可在离线情况下阅读并回答，最后上线提交答案。如果答复及时，答卷将在非常短的时间内回收；如采取网页形式，一份调查问卷通常在两三天内即可收到大量的反馈。此外，在数据汇总整理上也有快速的优势。

（3）广泛性。一方面，网上调查可借助网络优点，联系多家网站联合调查，扩大覆盖面和影响力；另一方面，随着网络技术的迅猛发展，网络用户正以前所未有的速度在增长，而且调查对象不受时间和地域的限制，有很大的便利性。

（4）客观性。在网上调查方式下，提供信息的被访者有选择的权利，都是自愿地主动答复，克服了传统调查方式下的被动回答，所以调查资料会更客观、更真实。

(二)缺点

(1)样本选取缺乏代表性。显而易见,网上调查只能在那些已联网的用户中进行,问卷通常发布在网站上,受网站的访问人数及网民结构的影响,调查对象往往不具有代表性。

(2)调查结果缺乏准确性。与传统的调查方法相比,网上调查对象与调查人员无法直接沟通,很容易出现拒答现象,而且问卷的回答可能差别很大。

另外,由于垃圾邮件的大量存在,E-mail 邀请函常常会被当作垃圾邮件删除。

二、网上调查的形式

(一)发送电子问卷法

发送电子问卷法是指调研单位掌握了大量被访者的 E-mail 地址后,先制作好电子问卷,后以 E-mail 的方式发送给被访者,被访者在填完表单后,以 E-mail 的形式反馈给调查单位。发送电子问卷法其实是将传统调查中的邮寄法、留置问卷法放到网上去运作,一般用于那些问题较多且需要被访者对问题做深入思考的调查。

(二)网上实时调查法

网上实时调查法是指被访者在上网时回答完问题,以提交表单的方式完成调查过程。一些网站不断地结合时事热点来进行网上实时调查,从而提高网站的互动性。如搜狐、新浪等在美国总统选举期间推出对奥巴马、麦凯恩进行投票的网上实时调查。对于这种类型的调查,被访者当场就能做出回答。

(三)网上焦点座谈法

网上焦点座谈法是指调查者在同一时间随机选择多位被访者,弹出邀请信,告知他们被邀请进入一个特定的网络聊天室,共同讨论对某个事件、产品或服务的看法和评价,然后调查者对被邀者的言论进行记录。

(四)BBS 调查法

BBS 调查法是指调查者通过 TELNET 或 WEB 方式在电子公告栏以发布消息的方式给出调查问题,然后等待跟帖,获取相关的数据和资料。

(五) 移动端网络调查法

截至 2013 年,在这个世界上智能手机、手机加上平板电脑的数量已经超过了全世界的人口总量。据统计,有 1/4 的受访者倾向于用自己的移动设备参与调查,这个数字还将继续增长。在随时随地使用这一方面,移动设备有着不可比拟的优势。智能手机不仅能让研究者通过地理定位、地理围栏技术或移动分析观察受访者所在的地点,还能够在移动调研中询问他们的实时反馈,地理围栏即在一个地点周围建立一个虚拟世界。例如,一个顾客可能要离开梅西百货,就会被要求回答关于购物体验的一些问题。一些其他的问题可能关注每个产品的位置、店内促销效率以及顾客购买意图。

三、网上调查的应用

网上调查以网民这一特殊群体为基点,因此所要调研的产品或服务都与网民或网络有很强的相关度。在这一点上,网上调查与传统调查相比有它独特的优势。目前,网上调查的应用主要体现在以下几个方面:

(一)探测性应用

这是指调研单位通过网络调查收集一些相关资料,以试探性的角度来确定经营管理所要研究的问题,或者来对市场行情有一个大致的把握。如金山公司在金山网络软件包调查(http://www.kingsoft.net/netsurvey.htm)中做过一个调查,在调查中共设计了 8 道题目,来了解目前用户最需要哪种类型的软件。并且询问了用户对各种卡通人物的喜好程度,可在软件的吸引力上提供参考。

(二)描述性应用

这是指通过网上调查描述某一个市场状况,某一项问题"是什么""如何"等。这是目前网上调查最广泛的应用。如作为半官方机构的中国互联网信息中心(CNNIC)每年一次通过网络调查发布的中国互联网发展状况报告。又如 2000 年 11 月四大知名汽车专业网站——易车网(http://www.bitcar.com)、中国汽车新网(http://www.qiche.com.cn)、中国汽车网(http://www.chinacars.com)、网上车市(http://www.cheshi.com.cn)——以联手发布的形式做了为期一个月的富康车市现状网上调查。接受此次网上调查的 955 名消费者心目中,认为富康轿车为中档车的有 757 人,占到接受调查人数的 79.29%;认为富康为高档车的只有 1.57%;有 19.06%的认为富康为低档车。这就为神龙公司在市场定位时有了市场数据的支持。

(三)互动性应用

这是一些专业网络公司借助网上调查来提高自身网站的互动性。这种网上调查与当前时事性、焦点性、热点性的问题结合紧密,如前面提到过的搜狐、新浪等网站结合时事推出的网上调查。有些网点为了吸引用户,推出以高考、网恋等令网民感兴趣的主题调查。

目前,网上调查的功用还没有充分发挥出来,网上调查在很大程度上只是作为传统调查的补充而存在。但是,随着网络技术的发展及网上调研组织的兴起,网上调查方式会不断发展和完善,从而为市场调查者提供更为有用的工具。

案例 4—10

澳大利亚某出版公司的网络问路

澳大利亚某出版公司曾计划向亚洲推出一本畅销书,但是不能确定用哪一种语言、在哪一个国家推出,后来决定在一家著名的网站进行市场调研。方法是请人将这本书的精彩章节和片断翻译成多种亚洲语言,刊载在网上,看一看究竟用哪一种语言翻译的摘要内容最受欢迎。过了一段时间,他们发现,网络用户访问最多的网页是用简体中文和韩语翻译的摘要内容。他们跟踪一些留有电子邮件地址的网上读者请他们谈谈对这本书的摘要的反馈意见,结果大受称赞。于是该出版公司决定在中国和韩国推出这本书。这本书出版以后,受到了读者的普遍欢迎,获得了可观的经济效益。

(案例来源:黄静,《市场调查与预测》,清华大学出版社 2014 年版,第 45 页。)

本章小结

资料收集是市场调查与预测的基本步骤之一,它直接影响着市场调查活动的优劣和成败。根据数据资料来源的不同,市场调查方法可以分为两大类:一类是收集二手资料的调查方法,另一类是收集原始资料的收集方法。

常用的二手资料的收集方法是案头调查法。它是调查人员在写字台上对现成信息资料进行收集、分析、研究和利用的调查活动。案头调查应遵循的原则是先易后难、由近及远、先内后外。重视资料鉴别和筛选等原则，按资料收集前的准备、资料的收集和获取、资料的评估和整理三个步骤进行。其中，对资料的质量评估是保证二手资料质量的重要环节。

原始资料的收集方法主要有访问调查法、观察调查法、实验调查法。

网上调查就是借助计算机互联网络来与被调查者接触收集数据或资料的一种市场调查方法。作为一种新兴的调查方法，它在二手资料收集和原始资料的收集中都发挥越来越重要的作用。网上调查的形式有多种，主要有发送电子问卷法、网上实时调查法、网上焦点座谈法、BBS调查法和移动端网络调查法。

复习思考题

1. 什么是第一手资料？第一手资料的来源有哪些？通过哪些方法可以获取这些资料？
2. 什么是第二手资料？第二手资料的来源有哪些？通过哪些方法可以获取这些资料？
3. 案头调查法如何获取资料？
4. 如何评价第二手资料的价值？
5. 简述面谈、电话、留置问卷、邮寄四种访问方法在调研访问、对象、回收率等方面的特点。
6. 什么是观察调查法？观察调查法有哪些具体方法？
7. 举几个观察法在市场调研中运用的例子。
8. 什么是实验调查法？有哪些优缺点？
9. 实验调查法有哪些类型？
10. 网上调查法有哪些主要特点？

案例分析

宝洁利用在线论坛为新产品线确定香型

当宝洁在为其新产品线开发香型时，它询问了其在线论坛成员的意见，让他们简单地记下最近几天遇见的让他们感到愉快的香味。在一周的最后，他们收集到视频或简单的文字，描述了刚修剪过的青草的味道、刚刚完成的画作的味道、橡皮泥的味道，或者是能够引发消费者冒险、竞争、舒适和其他情感的味道。

这次关于香型的调查说明了移动网络调研如何发现人们对特定感觉的看法的过程。但是，宝洁同样采取了一个大胆的举措来进一步了解其顾客——他是谁，他去哪里，他看到了什么。通过使用一个移动APP，论坛成员被要求分享他们的美好瞬间——他们这周在家里或在外面遇见的美好的产品或品牌，自己的感觉体验。结果可以让调研人员深刻地理解到消费者如何在一天的不同时间、不同的情境下有着不同的感受，又是什么促使消费者使用现有的产品或尝试一个新的产品。

美好是一个非常主观性的属性，感觉到美好更是一种非常戏剧化的状态。所以，宝洁招募论坛成员来帮助它挖掘得更深入，不仅仅是通过更私人的分享，还一对一地通过这些移动APP分享来达到集体合作。毕竟，当新的工具和应用产生时，人们可以做出更加精确的回答，但还需要人们有意愿去回答。这也是为什么通过一种方式与顾客建立亲密、信任和良好的关系如此重要，就像是在线论坛或是一系列的小组会议，你都可以应用到移动调研项目中；反之亦然。

在这个例子中，宝洁试图找到人们看待它的异同，所以，论坛成员仅仅是使用他们的手机拍下那一刻的自己（在家或者在工作），然后加上自己的评论上传。其他的论坛成员可以匿名评论该图片。

"这是下班之后的我。我仍然穿着工作服，很累，但是感觉很好，"一位勇敢的自愿参与者在她上传的照片下这样写道，"我再一次看到了我的微笑，我也看出了我的脸需要补妆，我的双眼很疲惫"。

但是其他的女性看到这张照片会怎么说呢？有些人仅仅是一瞥，眼光就十分锐利。"她看起来有很多粉刺。"一位不留情面的成员这样评论。"她的鼻环和她很不搭。"另一位成员评论。"明亮而快乐的双眼！"一位赞美者观察到。"十分美好的微笑，牙齿很白。"另一位评论。总体来说，"批评"比自己的评价要更温和。

了解到年轻女性对自己要比别人更严厉很惊讶吗？也许不是。在这个事件中学到的更深层次的一课在于合作中的潜在积极性——科技之间(移动设备和网络)、消费者之间以及消费者和品牌之间。

(案例来源:小卡尔·麦克丹尼尔等著,李桂华等译,《当代市场调研》,机械工业出版社 2018 年版,第 152～153 页。)

思考题:

1. 你认为宝洁对该调研问题使用了正确的调研方法吗？可以使用深度访谈吗？
2. 一个公司要怎样为它的在线论坛或是社交媒体论坛招募合适的受访者？
3. 调研人员说可以从在线论坛中得到更丰富的理解,这句话真实的意图是什么？
4. 像雅诗兰黛这样的公司如何使用这一信息？它们也应该建立一个在线论坛吗？它们已经这样做了吗？

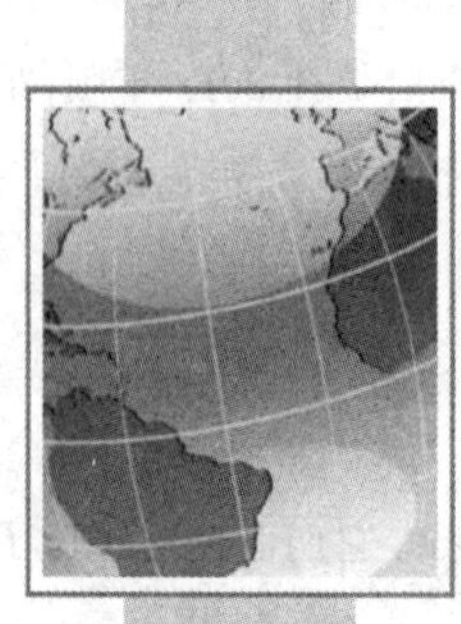

第五章 市场调查的抽样技术

学习目的与要求

通过本章的学习，应使学生了解抽样技术是一种非全面调查技术；掌握抽样技术的基本原理、特点；理解抽样技术中单纯概率抽样、等距概率抽样、分层概率抽样的基本原理及其操作程序；了解整群概率抽样及非概率抽样的基本概述、原理和操作程序。

第一节　抽样技术概述

一、抽样调查的概念

抽样调查是一种非全面调查，它是从全部调查研究对象中，抽选一部分单位进行调查，并据以对全部调查研究对象做出估计和推断的一种调查方法。显然，抽样调查虽然是非全面调查，但它的目的却在于取得反映总体情况的信息资料，因而也可起到全面调查的作用。

由于市场是一个庞大而复杂的总体，如工业企业不仅用户众多，而且分布范围广，采用普查不仅耗费资金多、时间长，而且调查的有效性往往跟不上市场形势的变化。所以，市场调查经常采用抽样调查的方法，即抽取部分个体或单位进行调查。但抽样调查的主要目的不是为了了解这些部分单位本身的情况，它的任务是从某一事物的总体中抽取部分样本进行调查，以取得所需要的指标，据此从数量上判断对象全体。

(一)全及总体(母体)和抽样总体(子体)

全及总体(Population)简称总体或母体，是指所要调查对象的全体。全及总体包括有限总体和无限总体。有限总体是指总体的数量是可以确定的。无限总体是指总体的具体数值无法准确确定。

抽样总体(Sample)简称样本量或样本，是总体的一部分，是指从全及总体中抽选出来所要直接观察的全部单位。每一个被抽到的个体或单位就是一个样本。

(二)指标和标志

指标和标志是非常基本的两个概念。指标是用来说明总体数量特征的基本概念和具体数值。指标都可以用数值表示出来。例如，2018 年 10 月我国××城市职工工资总额是×××万元。这句话包括了以下几个要素：基本概念——职工工资；具体数值——×××；计量单位——万元；空间限制——我国××城市；时间限制——2018 年 10 月。

标志用来说明个体特征名称，如个人年龄、性别、职业等。可以是数量标志，也可以是品质标志。数量标志是指用数量来反映标志，它有标志值，如年龄、收入等；另一种是不可以用数值来加以反映的，叫品质标志，例如职业、性别等。它们虽然可以用 0、1 来表示，但它只是一种代号，不代表数值。还有一种是既可以用数值也可以不用数值来表示的，如每个同学的成绩等。

(三)总体指标和样本指标

1. 总体指标

总体指标是根据全及总体各单位标志值计算的综合指标。最常用的总体指标有：总体平均值、总体成数、总体方差和均方差。

(1)总体平均值 x。总体平均值是指总体各单位标志值的平均值。只有数值标志才能进行平均值的计算。一般有两种计算方法：

简单平均值：

$$\overline{X}=\sum X_i/N$$

加权平均值：

$$\overline{X}=\sum X_iN_i/N$$

式中：X_i—— 各组变量值；

N_i—— 各组总体的单位数；

$\sum$—— 总和符号；

N—— 全及总体单位数。

(2)总体成数 P。总体成数是指一个现象有两种表现(比如性别只有男、女两种类型)时，其中具有某种标志的单位数在全及总体中所占的比重。其计算公式为：

$$P=N_1/N$$

$$Q=N_0/N$$

式中：P——成数；

N——全及总体的单位数；

N_1——一种表现的总体单位数；

N_0——另一种表现的总体单位数。

并且有如下关系：

$$N_1+N_0=N$$

$$P+Q=1$$

(3)总体方差 σ^2 和均方差 σ。总体方差和均方差(也称标准差)是用来说明总体标志变异程度的指标。方差和均方差的关系是平方和开平方的关系。方差包括总体平均数方差和总体成数方差。总体方差和均方差的计算公式如下：

①总体平均数的方差：

$$\sigma^2=\frac{\sum(X_i-\overline{X})^2}{N}$$

②总体成数的方差：

$$\sigma^2=P\times Q=P\times(1-P)$$

2. 样本指标

样本指标是指抽样总体各单位标志值的综合统计指标。常用的抽样指标有两种：一种是抽样平均数指标 $\overline{X}$，另一种是抽样成数指标 P。同样，我们用抽样方差和均方差来说明抽样样本标志的变异程度。抽样方差和均方差的计算公式与全及总体的方差和均方差的计算公式相同。样本单位数用 n 表示，样本各组变量用 X_i 表示：

$$\overline{X}=\sum X_i/n$$

$$p=n_1/n$$

$$q=n_0/n$$

式中：p——成数；

n_1——一种表现的样本单位数；

n_0——另一种表现的样本单位数。

并且有如下关系：

$$n_1+n_0=n$$

$$p+q=1$$

(四)重复抽样和不重复抽样

重复抽样又称回置抽样，是指任何一个样本单位被抽出进行登记以后，再放回去参加下一次抽取，总数始终不变。

不重复抽样又称不回置抽样，是指各样本单位被抽出进行登记，不再放回去参加第二次抽取。被抽中的样本不会再有第二次被抽取的可能性。

(五)抽样单元

为了便于实现抽样，常常将总体按某些特征划分成互不重叠的部分，每一个部分叫作一个抽样单元(Sampling Cell)。例如，对“北京市高校毕业生就业需求调查”，就可以先按区域将北京市划分成东城区、西城区、丰台区、海淀区、朝阳区、石景山区等，这是一级抽样单位。再按街道划分成二级抽样单位。如果需要，还可以进一步划分下去。

(六)抽样框

在抽样设计时，必须有一份全部抽样单元的资料。这份资料就叫抽样框(Sampling Frame)，即全及总体的数据目录或名单，从中可以抽取到样本单位。比如，人员名单、人员所在地理位置、电话号码、户口档案、企业名录等都可以作为抽样框。例如，从 2 000 名大学三年级的学生中抽取 200 名学生，则这 2 000 名学生的名册就是抽样框。在抽样框中，每个抽样单元都应该有自己对应的位置或序号，这常常通过编号来实现。

准确的抽样框包括两个含义：完整性和不重复性。但实际中很难设计出准确的抽样框。

(七)大样本和小样本

大样本和小样本是根据市场调查中所抽选的样本数量不同而划分的。一般当样本数大于 30 时，称为大样本；当样本数小于 30 时，称为小样本。在市场调查中，只有抽样方法选择适当，样本数足够大，抽样结果才具有一定的代表性。这是由大数法则决定的。大数法则是统计研究的重要定律，也是对复杂总体进行市场调查时应遵循的法则。

(八)总体分布和样本分布

总体分布是指全及总体的各标志值经过分组所形成的变量数列。

样本分布是指所有可能的样本指标经过分组而形成的变量数列。

总体分布和样本分布的概念不同，但它们存在一定的联系。一般来说，当总体分布是正态分布时，样本分布也一定是正态分布；反之，当总体分布不是正态分布时，样本分布可能是正态分布，也可能不是，这主要取决于样本数量的大小。抽样调查的基本要求是使抽样分布尽可能接近总体分布。

二、抽样调查的特点

抽样调查是指根据部分实际调查结果来推断总体标志总量的一种统计调查方法，属于非全面调查的范畴。它是按照科学的原理和计算，从若干单位组成的事物总体中，抽取部分样本单位来进行调查、观察，用所得到的调查标志的数据以代表总体，推断总体。抽样调查数据之所以能用来代表和推算总体，主要是因为调查样本是按随机原则抽取的，在总体中每一个单位被抽取的机会都是均等的，因此，能够保证被抽中的单位在总体中的均匀分布，不致出现倾向性误差，代表性强。调查样本是以抽取的全部样本单位作为一个“代表团”，用整个“代表团”来代表总体，而不是用随意挑选的个别单位代表总体；所抽选的调查样本数量，是根据调查误差的要求，经过科学的计算确定的，在调查样本的数量上有可靠的保证。抽样调查的误差，在调查前就可以根据调查样本数量和总体中各单位之间的差异程度进行计算，并控制在允许范围以内，调查结果的准确程度较高。

因此，抽样调查被公认为是非全面调查方法中用来推算和代表总体的最完善、最有科学根据的调查方法。在市场调查中，调查对象的选择通常采用抽样调查的方式。与全面调查相比，抽样调查具有以下三个显著的特点：

（一）经济

全面调查的目的在于了解总体的情况，而进行全面调查需要耗费大量的人力、物力和财力。而经过科学抽样方法抽出的样本，其调查结果与全面调查的结果差距不大，能够较好地反映总体的情况，但实地调查的对象在数量上却大大少于全面调查，因而是十分经济的。

（二）高效

由于实地调查对象数目的减少，抽样调查可以在较短的时间内完成。这对于变化很快的市场行情来讲，是十分有效的。

（三）准确

抽样调查有能力了解较为深入和复杂的信息，根据调查样本数量和总体中各单位之间的差异程度进行计算，并控制在允许范围以内，调查结果的准确程度较高。

与典型调查相比，抽样调查最突出的特点就在于其结果能够用来说明总体的情况，见表5—1。

表5—1　　全面调查、典型调查和抽样调查比较表

项目 \ 类型	全面调查	典型调查	抽样调查
实地调查对象	研究总体本身	总体中的某个或某几个个体	总体中随机抽出的样本
实地调查对象数目	多	少	较少
调查成本	高	低	较低
调查结论对总体的代表性	好	差	较好

三、抽样方案的设计

(一)抽样方案设计的主要步骤

抽样方案设计的主要步骤如图 5—1 所示。

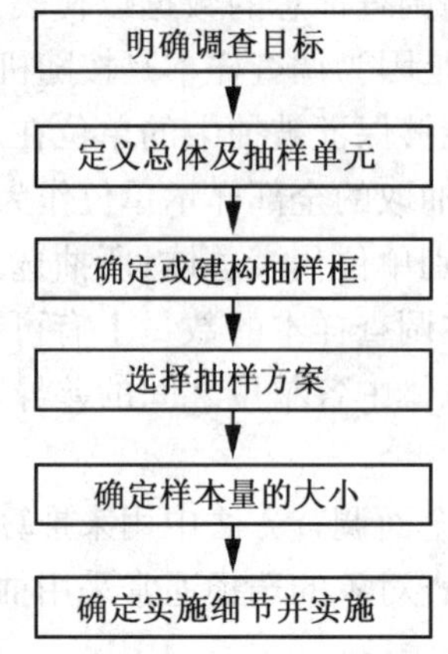

图 5—1　抽样方案设计的主要步骤

(二)抽样方案设计的内容

(1)明确调查目的,确定所要估计的目标量。例如,电视节目的收视率调查、日用品的消费调查等往往是以户为单位的,而一般的态度、观念调查则是以个人为单位进行的。目标量的变动将引起抽样方案的改动;一旦规定好了,就不要轻易变更。

(2)定义总体及抽样单元。例如,电视节目的收视率调查,总体一般是指在电视覆盖地区的拥有电视的家庭中 4 岁以上的居民,最小抽样单位一般为"户"。而广播电视的广告、传播效果调查一般以 12 岁以上的公民为受众总体,最小抽样单位为"个人"。消费者调查、社会问题调查的总体一般是指 18 岁或 18 岁以上的公民。

(3)确定或构建抽样框。抽样框的建设(主要包括编制与更新)是抽样调查的一项基础而重要的工作,不仅为抽样调查的应用和推广奠定基础,而且是普查、全面报表制度和抽样调查相互衔接配套的基点。在确定或构建抽样框的工作当中应遵循一致性原则,即抽样框能够最大限度地恰当包含所有目标总体单位,而不丢失目标总体单位或包含非目标总体单位。同时遵循辅助信息最大化原则,因为抽样框内所包含的辅助信息以及这些信息的质量将决定调查中抽样设计的类型和估计的程序。缺乏辅助信息的简单抽样框只能用于简单抽样设计或者简单估计方法,包含辅助信息的复杂抽样框可以用于比较复杂的抽样设计。此外,确定或构建抽样框的工作中还应遵循经济成本最小化原则、简便快捷性原则以及稳定性原则。

(4)选择抽样方案的类型。关于各种抽样方法我们将在下文详细介绍,各种方法的优缺点各不相同,在实践中应慎重选择。例如在收视率调查中采用多级抽样,而在各级中又采用分层抽样等组织形式,最后一级采用等距抽样方式等。对目标精度事先提出一定要求,可以在相当程度上约束调查结果的准确性,控制抽样调查的误差。例如在收视率的调查中,平均收视率的误差不超过 3%等。

(5)根据抽样方案的类型、对主要目标量的精确度要求及置信度等,确定样本量,并给出总体目标量的估计式(点估计或区间估计)和抽样误差的估算式。

(6)制定实施方案的具体办法和步骤。

(三)抽样方案设计的原则

在抽样方案的设计中必须掌握以下三个基本原则：

1. 实现抽样的随机性原则

即按照概率规律，从总体中抽选样本。在抽样设计中，首先要保证随机原则的实现。随机取样是抽样推断的前提，失去这个前提，推断的理论和方法也就失去存在的意义。从理论上说，随机原则就是要保证总体每一单位都有同等的中选机会，或样本抽选的概率是已知的。但在实践上，如何保证这个原则的实现，需要考虑许多问题：一是要有合适的抽样框。抽样框固然要具备可实施的条件，可以从中抽取样本单位。仅仅这样是很不够的，一个合适的抽样框必须考虑它是不是能覆盖总体的所有单位。抽样框还要考虑抽样单位与总体单位的对应问题。在实践中发生不一致的问题也不是少见的。有的是多个抽样单位对应一个总体单位，例如调查学生家庭情况，以学生名单为抽样框，在学生名单中可能有两个或更多的学生属于同一家庭。也有的是一个抽样单位对应几个总体单位，例如人口调查中以住户列表为抽样框，每一住户就包括许多人口。像这类抽样很可能造成总体单位中选中机会不均等，应该注意加以调整。二是取样的实施问题。当总体中单位数很大甚至无限的情况下，保证总体中每单位中选的机会均等绝不是简单的工作。在设计中要考虑将总体各单位加以分类、排队或分阶段等，尽量保证随机原则的实现。总之，不允许调查者根据主观意图来挑选或确定调查单位。

2. 慎重考虑样本容量和结构的原则

样本的容量究竟要多大才算是合适的？例如在粮食产量调查中，要调查多少亩才能反映全省几千万亩播种面积的亩产水平？在民意测验中，要调查多少人才能反映全国几亿人口的意见等。调查单位多了会增加组织抽样的负担，甚至造成不必要的浪费；但调查单位太少又不能有效地反映情况，直接影响推断的效果。样本的容量取决于对抽样推断准确性、可靠性的要求，而后者又因所研究问题的性质和抽样资料的用途不同，很难给出一个绝对的标准。但在抽样设计时应该重视研究现象的差异、误差的要求和样本容量之间的关系，做出适当的选择。对相同的样本容量，还有容量的结构问题。例如，一个县要求抽查500亩，它可以抽5个村，每村抽100亩；也可以抽10个村，每村抽50亩。样本容量的结构不同，所产生的效果也不同。抽样设计应该善于评价而且有效利用由于调整样本结构而产生的效果。

3. 节省成本，实现抽样效果最佳原则

即在固定的费用下，选取抽样误差最小的方案；或在要求的精度条件下，做到调查费用最小。在抽样设计中还必须重视调查费用这个基本因素。实际上任何一项抽样调查都是在一定费用的限制条件下进行的，抽样设计应该力求调查费用节省的方案。调查费用可分为可变费用和不变费用。可变费用随着调查单位的多少、远近、难易而变化，如收集数据费、数据处理和制表费等。不变费用是指不随工作量大小而变化的固定费用，如工作机关管理费、出版费等。节约调查费用往往集中于可变费用的开支上。在设计方案中我们还要注意，提高精确度的要求和节省费用的要求并非一致，有时是相互矛盾的。抽样误差要求越小，则调查费用往往需要越大，因此并非抽样误差越小的方案便是越好的方案，许多情况是允许一定范围的误差的。我们的任务就是在一定误差的要求下选择费用最少的方案，或在一定的费用开支条件下选择误差最小的方案。

第二节 总体及样本容量的确定

在调查实践中，样本容量的确定是一个非常关键的环节。随机抽样的主要目的在于通过样本的情况去估计调查总体的情况。如果样本量过小，抽样误差太大，调查结果就不能体现总体情况的代表性，失去了定量研究的意义；而样本量过大，又会导致成本支出较高，体现不了抽样调查的优越性。因此，对企业而言，样本容量的确定总是涉及调查成本与样本代表性之间的权衡。

那么，怎样才能确定一个合理的样本量，使调查样本的代表性和成本支出都在一个合理的范围之内，以求得样本效益的最大化呢？这是本节重点讨论的内容。

一、总体抽样框

一个抽样框是构成总体的全部单元的“家庭聚会”，样本可由此抽取出来。在市场调查中，不同的调查对象，其抽样框资料是不一样的。有些调查的抽样框资料是现成的，有些则根本不存在。现成的资料通常有正规的出版物资料加工商名录、电话号码簿、邮政编码簿，或档案资料（如工商局的企业登记注册档案）等。对于这些资料，只需要适当的整理即可。对于那些没有现成的抽样框或资料不全的情况，应该加以补充或重新建立。目前最常用的建立抽样框的方法是住宅的区域抽样框。其方法是：以居委会的行政区为界限，画出该居委会的住宅分布路线图，同时依一定的顺序（如右拐弯原则），抄写出区域内各住户的详细地址。这些地址和线路图就是一份完整的抽样框。在画住宅分布图和线路图时，通常要注意标出该区域内的标志性建筑物以及公共汽车站，以便于访问人员查找。

二、影响样本容量的因素

样本量是指样本中所包含的抽样单位的数目。影响样本量大小的因素比较多。从进行调查的实际情况看，确定一个科学而合理的样本量至少要考虑三大方面的因素：一是数理统计方面的因素；二是营销管理实际需求方面的因素；三是实施调查方面的因素。一项调查活动样本量的最终确定，是对数理统计、管理需求、调查实施三个方面进行综合权衡的结果。

（一）数理统计方面各因素对样本量大小的影响

样本量选择的作用是通过对从总体抽出的这部分代表的了解，去估计或推断总体的相应情况。一般而言，样本量越大，对总体的代表性越强，样本的统计值偏离总体的参数值就越小。

例如，想要了解一个选定的住宅小区所有常住居民的年龄状况。从理论上讲，如果想得到准确的数据，可以采取全面调查的方式，逐个登记该小区所有常住居民的年龄。假设小区共有居民 1 000 人，通过对这 1 000 人的逐个登记，可以得到这 1 000 个居民中不同年龄或年龄段在总体中的比例，也可以计算出这个小区 1 000 个居民的平均年龄。而采用抽样的方式，只需从小区的 1 000 个居民中选取一部分进行调查。如果采用随机抽样的方式，抽选的样本量越大，就越能接近小区总体的真实情况。

从统计上讲，影响样本量大小的主要因素有四种：

1. 总体的构成情况

总体的构成情况分为两个方面：一是总体规模的大小，即一个总体中所包含的抽样单位的多少。总体规模大，样本量相应要大；总体规模小，样本量相应要小。二是总体内部的构成情况，即总体的异质情况。总体内各构成单位之间在某些特征方面的差异特性被称为“异质性”，差异的程度被称为“异质程度”。而特征的相似性及相似程度就被称为“同质性”和“同质程度”。样本量的大小除了受总体规模的影响之外，也要受总体的异质性影响。总体的异质程度越高，需要的样本量就越多。在完全同质的总体中，由于总体内部个体之间不存在任何差异，因而不管其规模多大，任选一个个体就足以说明总体的情况，不存在样本量大小的问题。从总体的内部构成情况方面去考虑样本量，主要就是考虑组成总体的各个个体之间的异质性程度。例如，在某高校内调查学生对网恋的态度，如果从男生和女生两个方面来进行抽样调查就比从四个年级进行抽样调查所选择的样本量要少一些。

2. 抽样误差的大小

抽样误差是由抽样的随机波动性特征所导致的样本代表性偏差。假如我们从一个特定的总体中随机抽取相同数量的样本，每抽取完规定的样本数就完成一轮抽样。如果进行第二轮、第三轮甚至更多轮抽样，每次得到的样本都不会完全一样。第一轮的样本统计值与第二轮、第三轮的样本统计值之间会有差异。这种差异就是由于抽样的随机波动性引起的。为什么会出现这种情况呢？这是由于用随机抽样的方法抽取总体中的单位。每个单位都有相同的被抽中的机会，但抽中哪个单位则纯属偶然。尽管每一轮抽样的样本量相同，但由于被抽中的单位是不完全一样的，因此导致样本的统计值也不会完全相同。

抽样误差直接反映的是样本之间的差异，而不是样本统计值与总体参数值之间的差值。在用样本统计值去估计总体参数值时，就会有样本统计值偏离总体参数值的问题。假如有一个有 1 万个企业的总体，通过随机抽样选取 100 个企业的样本，这 100 个企业的平均年利润为 101.2 万元。但是我们通过全面调查的方式，对总体 1 万个企业的年利润进行逐个登记，得到的实际年利润平均值是 106.8 万元，则在样本统计值与总体参数值之间存在着 5.6 万元的差异。造成这种差异的原因有两个方面：一是由抽样导致的；二是抽样以外的人为因素造成的。人为因素可以通过诸如加强管理等方式进行克服，但不能完全消除。而抽样误差却是由于抽样本身而导致的，不可能通过人为努力进行克服。

在讨论抽样误差之前，还需要明白一个事实，就是总体参数值往往只是一个理论值，一般难以在调查实践中得到。即使总体规模确定(如全国人口普查)，也因为人为因素的原因不可能完全避免误差，得到的总体结果与真实的情况之间始终存在误差。更何况在市场调查中，许多总体的界限是非常模糊的，难以涵盖组成总体的所有个体。在抽样调查中，总体的参数值通常是一个未知的常数。

在理论上，总体参数值可以通过下列方法得到：从总体中用同样一种抽样方法反复抽取规模相同的样本，并计算出每轮样本的统计值，直到穷尽所有可能的样本组合，得到所有可能的样本统计值。在理想状态下，所有可能的样本统计值的平均值应当等于总体的参数值。

抽样误差的大小实际上反映出一个样本统计值偏离总体参数值的程度即抽样的精度。抽样误差越大，说明该次抽样得到的样本统计值偏离总体的程度越大，样本对总体的代表性越差，精度越低；抽样误差越小，说明样本统计值偏离总体参数值越小，样本对总体的代表性越好，精度越高，抽样误差反映出样本对总体的代表能力。

3. 分组统计频数与最低样本量

一份调查问卷通常包含了数十个问题，每个问题有几个到十几个不等的选项。在进行统计分析时，我们常常根据问题的选项将调查对象分为若干组别，以比较其在某些方面的异同。

例如，在一项关于某高校学生对大学生兼职的态度调查中，我们除了想知道所有被调查者对问题所持有的态度外，还想比较男女对该问题持有的态度的差异。如果总的样本容量为400人，要求男女各占一半，则每组的样本量为200人。如果再按所在年级分为大一、大三及大四，则每个小组的样本量为50人。具体的分组情况及各组的样本量如表5－2所示。

表5－2　　分组情况与样本量

<table>
<tr><th colspan="2">分组标识</th><th>样本量</th><th>合　计</th></tr>
<tr><td rowspan="4">男</td><td>大一</td><td>50</td><td rowspan="4">200</td></tr>
<tr><td>大二</td><td>50</td></tr>
<tr><td>大三</td><td>50</td></tr>
<tr><td>大四</td><td>50</td></tr>
<tr><td rowspan="4">女</td><td>大一</td><td>50</td><td rowspan="4">200</td></tr>
<tr><td>大二</td><td>50</td></tr>
<tr><td>大三</td><td>50</td></tr>
<tr><td>大四</td><td>50</td></tr>
<tr><td colspan="2">合　计</td><td>400</td><td>400</td></tr>
</table>

需要指出的是，在表5－2中，各组的样本量分配是在一种理想状态下得到的。在许多情况下，各组的样本数量是不相等的，这样就可能出现单个组别的样本数远低于50个的情况。

同时，每组还需要对每个问题的选项进行选择。假设对大学生兼职的状况有3个选项：曾经兼职过、正在兼职、从未兼职。如果对大学各年级的男性进行态度选项的统计，则最理想的情况是平分样本量，每个选项可能得到的样本量在17个左右。实际上，许多情况下会出现个别选项的样本量很小，甚至为零。

不难看出，样本量一定时，细分的组别越多，则每组所分配的样本量就越少。一个在整体上符合要求的样本量，如果分组过多，就可能出现某些组别的样本量不足，从而失去统计的意义。因此，在确定样本量之前，要认真考虑分组的数量。

每组应当有多少个样本才能满足基本的统计要求呢？经验认可的数量是不低于50个。尽可能保证每个细分后的组别都拥有50个以上的样本量，以使调查结果具有定量研究的意义。

4．抽样的方法

不同的抽样方法需要的样本量也不相同。对总体没有进行任何处理的简单随机抽样，在重复抽样的情况下，构成总体中的每个个体都有被重复抽到的可能性。因此，相对于分层抽样、等距抽样而言，简单随机抽样对总体的代表性要差些，需要的样本量也相对要多些。整群抽样由于以“群”作为抽样单位，对总体代表性的损失较大，因此需要的样本比简单随机抽样要大。

总之，在抽样误差相同的前提下，分层抽样需要的样本量最小，等距抽样所需的样本量稍大于分层抽样的样本量，简单随机抽样所需的样本量又比等距抽样的样本量大，整群抽样所需的样本量最大。

(二)组织内各种因素对样本量的影响

无论什么样的调查，其动机与目的总是围绕市场营销的核心进行的。调查的结果是企业制定市场战略、诊断营销问题、进行有效的市场推广等营销活动的决策依据。同时，企业进行调查的费用也是营销中的一项成本投入，企业需要根据某项具体调查对一项决策的重要性来决定调查费用投入的多少。从管理方面讲，影响样本量大小的重要因素有经费预算和调查的精度要求两方面。

1. 经费预算

企业对一项调查应当投入多少经费都有一个大致预算。由于调查也是一项营销成本投入，因此经费预算的大小要看调查在整个营销中的重要性程度。比如，市场调查的目的是为了获得较为精确的某类产品市场消费总量及潜在发展空间方面的信息，以作为论证是否购买一条先进生产线、开发新产品的决策依据。诸如这种用于论证大型项目投入的调查，其结果的重要性自不待言，如果失误，造成的经济损失也将很大，因而调查的费用投入也比较大。如果调查仅仅是为了跟踪一次促销活动的效果，费用也就相应较小。

2. 调查的精度要求

一般而言，样本量越大，抽样误差越小，调查精度相应越高。但精度高意味着样本量大，成本也高。从管理上看，这种代价是不值得的。

(三)从调查实施各方面考虑对样本量的影响

在调查的实施方面，主要有两个因素会对样本量产生影响：一是问题的回答率；二是问卷的回收率。

(1)问题的回答率，即表明调查对象对所有提出问题的回答情况。如在一份问卷中共提出了 50 个问题，有的被调查者可能全部回答，而有的被调查者只能回答其中的一部分。其主要原因是：

首先，某些问题只有具备一定条件的被调查者才能回答。在问卷中，有时可能会设计一个过滤性问题，根据被调查者对该问题的问答来决定下一个问题是否需要回答。

例如，在一项有关某高校对大学生课外兼职所持态度的市场调查中，问卷中有这样的问题："Q1 你曾经兼职过吗？"可供选择的答案为："1.有；2.没有。"后面有一个后续问题："Q1－1(选'有'的回答，选'没有'的跳过)你对大学生兼职所持的态度如何？"

从该例可见，对于带有过滤性问题的后续问题而言，由于只要求对过滤性问题做出某种特定回答的被调查者完成后续问题，它的样本量是少于问答过滤性问题的被调查者的样本量的。

其次，问卷设计中的某些缺陷也可能导致被调查者不能做出回答。例如问卷中有这样的问题："你对××产品的广告印象如何？"而没有看过这种产品广告的消费者就无法做出回答。

由于这些因素的存在，使得每个问题的回答率高低不一，每个问题可分配到的实际样本量相差较大，可能导致某些问题的样本量过少，从而在统计中失去意义。要根据实际需要，通过增加样本量来弥补这类问题。

(2)问卷的回收率，即回收的合格问卷占发出的问卷总数的百分比。在实际调查中，要根据问卷的回收率考虑样本量。例如，邮寄问卷调查和采用电子方式回复的问卷调查的回收率一般很低，如果保证有 800 份有效的样本量，实际发出的问卷总数可能要达到 4 000 份。而由访问员填写的现场访谈问卷的回收率就很高，要保证 800 份有效样本量，可能只需要完成 1 000 份问卷的调查。

三、样本容量的确定

在上述讨论抽样方案设计的过程中，已经涉及样本容量的确定问题，而且也有了一定的技术方法，但相对于统计方法来说，那只是方便操作的经验方法。对于概率抽样设计，严格地说必须使用统计方法确定样本容量，即将上面的影响样本容量的因素量化，依据抽样统计原理进行推算。下面就以简单随机抽样设计为例，具体说明样本容量的确定。

虽然简单随机抽样在实际中很少被单独使用，在大规模抽样调查中更是如此，但简单随机抽样样本量的计算却有着重要的实用价值。实际调查中确定复杂抽样方法的样本量时，常常是先计算出在一定精度条件下的简单随机样本量，然后在此基础上进行修正，从而确定复杂抽样方法的样本量。由于所有复杂抽样方式的样本量的计算都是以简单随机抽样的样本量计算为基础的，为此我们首先讨论简单随机抽样的样本量的计算方法。

传统的数理统计理论给出了简单随机抽样的样本量的确定方法，从抽样实际误差范围估计的精确度和可信度的要求出发来确定必要的样本量。

抽样误差范围可以用公式(5—1)大致计算得出：

$$\Delta=\tau\times\mu \tag{5—1}$$

式中：τ——可信度系数，可查标准正态分布表获得。

常用的可信度有 90%、95%和 99%等，其对应的系数相应是 1.65、1.96 和 2.58。

μ 是抽样误差，在重复抽样中，$\mu=\frac{\sigma}{\sqrt{n}}$，$n$ 是样本量，σ 是总体标准差。由于总体标准差是未知的，用样本标准差 s 来代替，即 $\mu=\frac{s}{\sqrt{n}}$。实际应用中是用以前做过的类似调查或通过小规模试验性调查所获得的资料来代替。不重复抽样中，$\mu=\frac{s}{\sqrt{n}}\sqrt{1-\frac{n}{N}}$，$N$ 是总体单位数。

计算简单随机抽样的样本量有两种情况：一是测定的指标是平均数时；二是测定的指标是百分数时。

(一)当测定的指标是平均数时

根据公式(5—1)和 $\mu=\frac{s}{\sqrt{n}}$ 可以推导出：

重复抽样的样本量：

$$n=\frac{\tau^2 s^2}{\Delta^2} \tag{5—2}$$

同理，不重复抽样的样本量：

$$n=\frac{N\tau^2 s^2}{N\Delta^2+\tau^2 s^2} \tag{5—3}$$

例如，一个生产某种袋装食品的公司，想要了解其目标消费群近 3 个月购买其产品的平均数量(以袋为单位)。先做小范围的调查，得知平均购买数量是 4.2 袋，标准差为 2.5 袋。如果要求可能的误差不超过 0.2 袋，可信度为 95%(对应的系数是 1.96)，那么需要的样本量是多大?

分析：根据已知条件，$s=2.5$，$\tau=1.96$，$\Delta=\pm0.2$，代入公式(5—2)，可求得样本量

$$n=\frac{\tau^2 s^2}{\Delta^2}=\frac{(1.96)^2\times(2.5)^2}{(0.2)^2}=600(\text{人})$$

计算结果表明，在简单随机抽样的前提下，本次抽样调查需要选择 600 人的样本量。

需要说明的是，在实际抽样时，我们基本上采用不重复抽样，但在计算样本量时，我们可以采用重复抽样条件下的公式，因为这样可以简化计算过程。

(二)当测定的指标是百分数时

有时候,我们测定的指标不能用平均数来表示,如“性别”“受教育程度”这类变量,这些变量取值的百分数就是频率,有的也称为成数。如某总体中男性占64%,这个百分数就是频率,用 p 来表示。样本频率的抽样误差公式为:重复抽样误差 $\mu=\sqrt{\frac{p(1-p)}{n}}$,不重复抽样的抽样误差 $\mu=\sqrt{\frac{p(1-p)}{n}}\cdot\sqrt{1-\frac{n}{N}}$。则样本量的计算公式是:

重复抽样的样本量:

$$n=\frac{\tau^2(1-p)}{\Delta^2} \tag{5—4}$$

不重复抽样的样本量:

$$n=\frac{N\tau^2p(1-p)}{N\Delta^2+\tau^2p(1-p)} \tag{5—5}$$

例如,某市电脑经销商为了估计该市居民家庭电脑的普及程度而进行了一次市场调查。如果要求估计的误差范围不超过5%,可靠程度为95%,根据一次小范围的调查了解到该市的居民家庭电脑普及率为25%。问此次调查需要抽取多少户家庭?

分析:根据已知条件,$p=0.25$,$\tau=1.96$,$\Delta=\pm0.05$,代入公式(5—4),可求得样本量

$$n=\frac{\tau^2(1-p)}{\Delta^2}=\frac{(1.96)^2\times0.25\times(1-0.25)}{0.05^2}=288(户)$$

即需要取一个288户的样本。

上面介绍了使用简单随机抽样时样本量的计算方法。在等距抽样中,也可以应用上述公式。在分层抽样中,所需要的样本量一般要小于简单随机抽样的样本量。整群抽样和多级抽样的样本量要大于简单随机抽样的样本量。也可以直接用简单随机抽样计算的样本量大致估计其他几种抽样方法的样本量,在此就不专门对其他抽样方法的样本量计算方法进行介绍了。

第三节　概率抽样技术

随着抽样理论研究的不断深化和抽样实践的发展,多种抽样方式被创造出来并运用于市场调查中。如果按抽样的随机性,抽样调查可分为随机抽样和非随机抽样两类,其详细分类如图5—2所示。两者的内容既有联系又有区别,并且各有利弊,分别适合于不同的调查对象。

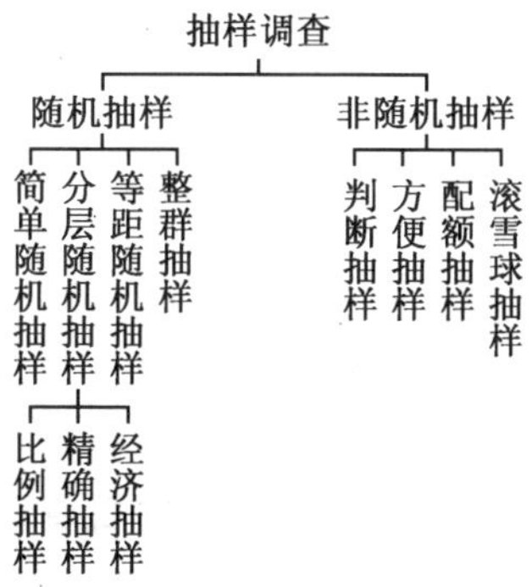

图5—2　抽样调查分类

随机抽样又称概率抽样，是指按随机原则从总体中抽取样本的抽样方式。在随机抽样中，总体的每一个子体都有均等被选中成为样本的可能性。这种抽样方法排除了主观上的随意性，使样本更具客观代表性。而且，这种已知的概率有助于用统计分析来判断抽样误差。主要原因有三个方面：一是抽样的部分来自全体，必带有反映全体的信息；二是构成总体的一些个体之间在性质上必定相似或相近，所以彼此有相当代表性；三是不管原始分布如何，样本的分布总可视为正态分布，而且由此得到准确总体参数的概率值极大。

随机抽样中根据调查对象的性质和研究的目的不同，又可分为简单随机抽样、等距抽样、分层抽样、整群抽样四种类型。

一、简单随机抽样

简单随机抽样又称单纯随机抽样，是指从总体单位中不加任何分组、排队，完全按随机原则抽取调查单位。简单随机抽样中全及总体中的每个个体被抽中的概率是相等的。

如果总体数值是确定的和有限的，我们称此总体为有限总体，可以采取对总体编号的方式进行随机抽样。但在实际运用中，我们经常遇到全及总体太大或总体没法确定的情况，这叫作无限总体。例如，要从《青年文摘》的读者中进行简单随机抽样来了解有关杂志的质量问题，我们无法确定读者的具体人数和每个读者的特征，因此没法将他们进行编号。针对有限总体和无限总体，我们有不同的抽样方式。

（一）有限总体的简单随机抽样方法

对有限总体，按随机原则来抽样有以下几种基本方法：

(1)抽签法。对总体各个单位编号，充分混合后以抽签的方式来抽取调查单位作为样本。用抽签方式抽取样本，要先给总体的各单位编上序号，将号码写在纸片上掺和均匀后，从中抽选，抽到哪一个就调查哪一个单位，直到抽够所需要的数目。这种方法看起来简单易行，在总体单位数不大时可以采用。但在社会经济现象的抽样调查中，总体单位数往往很大，编号做签的工作量很大，也很难掺和均匀。因此这种方法在实际中用得并不多。更经济的是利用随机数表来抽选必要的样本。

(2)摇号法。用机器来摇号。总体较大时一般采用此方法。例如，体育彩票、福利彩票、足球彩票都是通过在公证人员的公证下摇号进行的。

(3)随机数表法。所谓随机数表，是由一些任意的数字毫无规律地排列而成的数字表。随机数表的使用很简单，可以从任意一个数字开始从上往下或从左往右查。

（二）无限总体的简单随机抽样方法

如果一个无限总体的样本满足以下两个条件，则称该样本为无限总体的简单随机样本：

(1)每个个体来自同一总体；

(2)每个个体的选择都是独立的。

例如，某快餐店的老板想了解午餐时间来此店的顾客对本快餐店的服务态度方面的意见，那么午餐时间来此店的顾客的总数是不确定的，如何来进行简单随机抽样呢？

来这儿吃快餐的都是这儿的顾客，是总体中的一员。当确保某一顾客的入选并不影响其他顾客的入选时，第二个条件也满足，即独立性。

一个国外的快餐店恰好在这种情况下进行了一次简单随机抽样。该抽样过程基于这样一个事实，一些顾客有诸如三明治、饮品、法式炸薯条等食品的打折赠品券。当一名顾客出示打折赠品券时，他之后的下一名顾客将被选入样本。因为顾客出示打折赠品券是随机而且独立的，所以厂商的抽样计划满足来自无限总体的简单随机样本的两个条件。

简单随机抽样从理论上来说，最能保证询查总体中每个单位都有同等被抽中的机会，是最符合随机抽样原则的，它是其他抽样方法的基础。如果总体单位数少，易编号，可采用此方式。但是，如果总体单位数多，编号工作量大，需要时间长，而总体单位之间标志变动度大又要求调查的精确度很高时，就要抽取很多的样本单位，这样所需时间和经费比较多。所以，遇到实际问题时，必须调整方案，利用其他的随机抽样方法。

二、等距抽样

等距抽样又称机械抽样，是指先将总体各个单位按某一标志值的大小排列，再分成若干个组，每个组的样本数基本相等，依照时间或空间上相等的间隔来抽取调查单位。其抽样间隔(样本距离)是由母体总数除以规定抽取样本容量数的商而定。

样本距离＝总体单位数/样本单位数

此标志值可以是有关标志，也可以是无关标志。如在丰台区调查居民年收入，按收入由小到大顺序排列，则是按有关标志排列；如按年龄或按姓氏笔画来排列，则是按无关标志排列。

下面举例说明等距抽样的步骤：为了调查某大学学生的每月消费情况，已知学生总数是3 000名，要从中按等距抽样的方法抽取120名，应如何抽取？

第一步，将总体中每一个个体按顺序排列并加以编号：1，2，3，4，…，2 999，3 000。

第二步，计算抽样距离。3 000/120＝25，即把3 000名学生分成25组，第一组：1，2，3，4，5，…，25；第二组：26，27，28，…，50，以此类推，抽样距离等于总体的数量除以样本的数量。

第三步，抽取第一个样本。根据确定的抽样距离，从第一个抽样距离单位内的单元中采用简单随机抽样方法抽取一个单元作为第一个样本。

第四步，抽取所有的样本。确定了第一个样本后，每隔一个抽样距离抽取一个，这样所有样本就可一一抽取出来。例如，在第一组中按抽签法抽到了3，那么可得到的样本就是3，28，53，78，103，…

一般而言，等距抽样比简单随机抽样简便、易行、经济，使选择的调查单位在总体中能均匀分布，缩小各单位之间的标志变动度，提高了样本的代表性。使用等距抽样的最大缺陷在于总体的排列方面。

三、分层抽样

分层抽样又称分类抽样或类型抽样，是指先对总体每个单位按被研究标志的有关标志加以分组(分组不一定是等距)，然后再从各组中按随机原则抽取一定的单位构成样本。它与系统抽样不同，只能按有关标志来分组。分组的标志与我们关心的总体特征相关。比如在丰台区调查居民年收入，可按收入由小到大顺序排列来分层，不能按无关标志姓氏来分层。又如，在进行一次预测选举结果的民意调查时，如果男性和女性所关心的方面有明显差异，那么，性别是划分层次的适当标志。如果不以这种方式分层，分层抽样就没有什么效果，花再多的时间、精力都是白费。

分层抽样充分利用了总体的已有信息，因而是一种实用的抽样方法。但是，将总体分成几层、如何分层，则要视具体情况而定。一个总的原则是：各层内的变异要小，而层与层之间的变异要大。

(一)分层抽样的抽样步骤

第一步,确定分层的特征,通常是按照与所研究的行为有关的人口统计特征(如年龄、性别、行政区等)分类;

第二步,将总体(N)分成若干个互不重叠的部分(分别用 N_1,N_2,N_3,…表示),每一部分叫一个层,每一个层也是一个子总体;

第三步,根据一定的方式(如各层单元占总体的比例)确定各层应抽取的样本量 n_1,n_2,n_3,…;

第四步,分别采用简单随机抽样或系统抽样方法,从各层中抽取相应的样本,这些样本也叫子样本,子样本之和为总样本 n。

(二)分层抽样的类型

分层抽样中抽取的单位数是事先确定的,各层是按一定标准分配样本数目。为了使分层抽样更合理、科学,在具体实施中,可采用以下三种方式抽样:分层比例抽样、分层精确抽样和经济抽样。

(1)分层比例抽样,是按照各个层中单位数量占总体单位数量的多少,等比例地分配各个层的样本单位数量的方法。其计算公式为:

$$n_k = \frac{N_k}{N} \times n \tag{5-6}$$

式中:n_k——每层的(单位)数量;

N——母体的(单位)数量;

n——样本总数;

N_k/N——每层占总体的比重。

例如,对某县农产量进行调查,农场 N 为 193 个,其中山区 N_1 为 21 个,丘陵 N_2 有 39 个,平原 N_3 有 133 个。抽取 5%的全及总体数作为样本数,则样本总数为:193×5%=10(个)。

根据公式(5-6),各类型应抽取的样本数为:

$n_1=10\times21/193=1$

$n_2=10\times39/93=2$

$n_3=10\times133/193=7$

分层比例抽样适合于各层的标准差大致相近的情况;若各层之间差异较大时,宜采用分层精确抽样。

(2)分层精确抽样,又称最佳分层方法或纽曼(Newman)分层法,是指在各层内根据变异数大小(标准差)调整各层的样本数量,以提高样本的可信度。其计算公式为:

$$n_k = \frac{nN_k\sigma_k}{\sum N_k\sigma_k} \times n \tag{5-7}$$

式中:σ_k——任一层内的标准差;

N_k——任意一层的总人数;

n_k——任意一层抽取的样本量。

应注意在分层精确抽样时,$N_k/N \neq n_k/n$,在计算时不能互相代替。

以上两种方法均未考虑调查费用支出问题。当各层样本调查费用有显著差异时,宜在不太影响可靠程度的情况下,调整各层之间的样本数。

(3)经济抽样,又称得明(Deming)分层抽样,是指各层的调查费用有明显差异时,在不影响可信度的前提下调整各层的样本量,使调查费用尽量减少。它兼顾了各层的差异程度与调查费用。其计算公式为:

$$n_k = \frac{N_k\sigma_k / \sqrt{C_k}}{\sum(N_k\sigma_k / \sqrt{C_k})} \times n \tag{5-8}$$

式中:C_k——各层中单位调查费用。

其余符号与前式相同。

分层经济抽样也应注意 $N_k/N \neq n_k/n$,在计算时不能互相代替。

(4)多次分层抽样。在分层抽样中,有时可在分层子总体的基础上进一步加以分层,即多次分层抽样或相互控制分层抽样。例如对某市等离子彩电市场需求的调查,确定抽样样本数为 400 个,按消费者性别、年龄两个标准分类。按性别来分,男性 200 名,女性 200 名;按年龄可分为:20～29 岁(占 25%)、30～39 岁(占 40%)、40～49 岁(占 20%)、50 岁以上(占 15%),那么这 400 个样本在各层的分配如表 5－3 所示。

表 5－3　　某市等离子彩电市场需求情况调查抽样分配表

性别 \ 年龄	20～29 岁	30～39 岁	40～49 岁	50 岁以上
男	50	80	40	30
女	50	80	40	30
总和	100	160	80	60

分层抽样由于充分利用了总体已有的信息,分配比较合理,样本的代表性及推论的精确性一般优于简单随机抽样,所以在实际中应用较广泛,适合总体单位情况复杂、各单位之间差异程度较大、单位数较多时采用。

四、整群抽样

整群抽样是指将总体各个单位按一定标准划分成若干群,然后以群为单位,从中随机抽取一些群,对选中的群进行调查。整群抽样分为两个步骤:一是同质总体被分为相互独立的完全的较小群;二是随机抽取一些群构成样本。

整群抽样也可跟分层抽样一样,把群进一步分成若干个子群。分群的次数依据实际情形而定。分群的标准通常是地域或自然构成的团体。

整群抽样与分层抽样在形式上有相似之处,但实际上差别却很大。分层抽样的样本是从每个层中抽取,而整群抽样则是抽取部分群。分层抽样要求各层之间的差异大,层内个体或单元差异小,而整群抽样则要求群与群之间的差异比较小,群内的个体或单元差异大;分层抽样的样本是从每个层内抽取若干单元或个体构成,而整群抽样则是要么整群被抽取,要么整群不被抽取。

在整群抽样中,研究人员不需列举所有单位而只需列举子集的抽样框。

整群抽样可以进行一段分群,也可以再进行二段、三段等多段分群。如要调查某市职工家庭平均收入情况,采用地区分群抽样法,就可以从全体各区中随机抽取两个区,再在这两个区的所有住宅区内随机抽取 10 个住宅区,然后在抽取的 10 个住宅区内每区随机抽取 5 个家庭作为样本单位。这样对总共 100 个单位进行调查和统计。

五、几种概率抽样方案的选择和比较

(一)简单随机抽样的优缺点

1. 简单随机抽样的优点

简单随机抽样的优点是:方法简单直观。当总体名单完整时,可直接从中随机抽取样本,由于抽取概率相同,计算的抽样误差及对总体指标加以推断比较方便。大多数统计推断的方法,例如一般常用的统计软件中提供的方法,都假定数据是按简单随机抽样法收集的。

2. 简单随机抽样的局限性

尽管简单随机抽样在理论上是最符合随机原则的,但在实际应用中则有一定的局限性,主要表现在以下几个方面:

(1)采用简单随机抽样,一般必须对总体各单位加以编号,而实际所需调查总体往往是十分庞大的,单位非常多,逐一编号几乎是不可能的。

(2)由于抽出样本单位较为分散,所以对人力、物力、费用消耗较大,实施起来将十分困难。因此,这种方式适用于总体单位数不太庞大以及总体分布比较均匀的情况。

(3)由于简单随机抽样并没有利用关于总体的一些已知信息,因此,它不可能是最有效的。简单随机抽样常常比其他抽样技术有更大的抽样误差,因而结果的精度较低。例如,当总体的标志变异程度(方差)较大时,简单随机抽样的代表性就不如经过分层后再抽样的代表性高。

(4)某些事物无法适用简单随机抽样。例如,对连续不断生产的大量产品进行质量检验,就不能对全部产品进行编号抽样。

(5)虽然从平均的意义上来说简单随机样本对目标总体有代表性,但是给定的一个简单随机样本有可能与目标总体相差甚远。如果样本量小,这种可能性就更大了。

(二)等距抽样的优缺点

1. 等距抽样的优点

等距抽样最大的好处在于解决了抽样中确定受访者的困难。在简单随机抽样中,设计人员或者访问员要产生数百个随机数以确定受访者,这个过程非常复杂。如果采用等距抽样,只需产生一个初值和一个间隔,然后就可以每隔若干个单位抽出一个单位进行调查,在操作上十分简便,且成本较低。如果有关设定特征的信息较易得到,则等距抽样样本比简单随机抽样样本的代表性更强,且更可靠。等距抽样的另一个优点是不需要抽样框的支持。例如,从正准备离开商业中心的人群中,每隔 K 人抽取一人。因此,等距抽样被广泛地用于对消费者的邮寄访问、电话访问、中心区域拦截访问中,是市场调查中应用最广的一种抽样方式。

2. 等距抽样的局限性

等距抽样也有一定的局限性,主要表现在以下几个方面:

(1)运用等距抽样的前提是要有总体每个单位的有关材料,特别是按有关标志排队时,往往需要较为详细、具体的相关资料,这是一项复杂和细致的工作。

(2)等距抽样的效率取决于对总体进行排列时所使用的标志值。

在等距抽样中,调研人员假设总体是有序的。在一些情况下,排序(例如,按字母顺序排列的电话号码簿)与关注的特征无关;在另一些情况下,其排序与关注特征直接有关。例如,将信用卡客户按照其欠款额大小排序;某行业内的企业根据其销售额排序等。当个体的排序与设定特征无关时,等距抽样与简单随机抽样所得到的结果差别不大;当个体的排序与设定的特征有关时,等距抽样将使样本的代表性增强。如果某行业内的企业是根据其销售额的增长排序,则等距抽样将既包括一部分大企业，又包括一部分小企业。而一个简单随机抽样样本可能代表性较差，原因是它可能仅包括小企业或小企业数所占比例过大。如果个体的排列呈现某种周期性趋势，等距抽样样本的代表性将会大打折扣。例如，当等距抽样是在某百货商店最近五年销售额的抽样框中选出一个抽样间隔为 12 月的样本时，最终的样本将难以反映月销售额的变动情况。

(3)等距抽样的抽样误差计算较为复杂。

(三)分层抽样的优缺点

分层抽样比简单随机抽样和等距抽样等方法更为精确，能够通过对较少的抽样单位的调查，得到比较准确的推断结果。特别是当总体较大、内部结构复杂时，分层抽样常能取得令人满意的效果。同时，分层抽样在对总体推断的同时，还能获得对每层的推断。

需要指出的是，分层抽样也会带来某些技术问题。首先是层的划分，有时在实际工作中分层并不容易，需要收集必要的资料，从而耗费额外的费用。另外，分层抽样要求各层的大小都是已知的，当它们不能精确得知时，就需要通过别的手段进行估计。这不仅增加了抽样设计的复杂性，而且也会带进新的误差。

(四)整群抽样的优缺点

整群抽样的优点是实施方便、节省经费；整群抽样的缺点是由于不同群之间的差异较大，由此引起的抽样误差往往大于简单随机抽样。

整群抽样与分层抽样在形式上有相似之处，但实际上差别却很大。分层抽样要求各层之间的差异很大，层内个体或单元差异小，而整群抽样要求群与群之间的差异比较小，群内个体或单元差异大；分层抽样的样本是从每个层内抽取若干单元或个体构成，而整群抽样则要么整群抽取，要么整群不被抽取。

简单随机抽样、等距抽样、分层抽样和整群抽样的优缺点如表 5—4 所示。

表 5—4　　基本抽样技术的优缺点比较

抽样技术	优　点	缺　点
简单随机抽样	易理解，结果可投影，可推广到总体	抽样框难以构制，费用高，精度低，不一定能保证代表性
等距抽样	能增加代表性，比简单随机抽样易操作；不需要抽样框	能减低代表性
分层抽样	可包括所有重要的子总体，精度高	选择有关的分层变量困难，对许多变量来说不易分层，费用高
整群抽样	易操作，费用较低	不准确，难以计算和解释结果

(五)多种抽样方式灵活运用

在实际工作中，选择适当的抽样组织方式，主要应考虑调查对象的性质、特点，对调查对象的了解程度(抽样框的特点)，抽样误差的大小以及人力、财力和物力的条件等方面。一般来说，比较复杂的抽样组织方式如分层抽样、按有关标志排队等距抽样有较小的抽样误差，但需要花费较多的人力、物力和财力，而且必须事先掌握总体各单位的有关信息以便适当地分组或排队；相反，较为简单的抽样组织方式，抽样误差较大，但耗费也较少，事先不需要了解总体的很多信息。

实际中通常还灵活地将两种或多种抽样组织方式结合使用，使抽样工作更简便、更经济或使抽样误差更小。如分层抽样与等距抽样结合而产生分层等距抽样，即先按与调查目的有关的主要标志将总体分为若干层(类)，在各层内采用等距抽样抽取样本单位，这种方式集中了分层抽样和等距抽样之所长，当然也要求事先掌握较多的信息。此外，对大规模的抽样调查，总体单位很多而且分布面广，从总体中直接抽取样本单位很困难，也不便收集样本资料，这就需要采用多阶段抽样。多阶段抽样指分两个或两个以上的阶段来完成抽取样本单位的过程。如我国的城市职工家计调查采用三阶段抽样：先抽选调查城市，再从抽中的城市中分部门抽选基层单位，最后从抽中的基层单位中抽取调查户。多阶段抽样可根据需要和可能，将几种抽样组织力式结合运用。一般在前面阶段选择分层抽样或有关标志排队等距抽样，而在后面阶段采用简单随机抽样或无关标志排队等距抽样。

简单随机抽样、分层抽样、等距抽样和整群抽样是四种基本的抽样组织方式。简单随机抽样是最基本的抽样组织方式，其常用方法有抽签法、利用随机数表取数法和电子计算机取数法。简单随机抽样对总体单位不进行任何划分或排队，完全随机地直接从总体中抽取样本单位，使每个总体单位都有完全均等的机会被抽中，故简单随机抽样又称纯随机抽样。它只需对总体单位进行编号，而不要求事先掌握更多的总体信息。正因为如此，简单随机抽样的估计效率也比较低，进行较大规模的抽样调查时，其他抽样组织工作也不易开展。所以，在大规模抽样调查中常常采用分层抽样、等距抽样和整群抽样。

第四节 非概率抽样技术

一、非概率抽样概述

非概率抽样，是指抽样时不遵循随机原则，而是按照研究人员主观判断或仅按方便的原则抽选样本。由于个体进入样本的概率是未知的，而且排除不了调查者的主观影响，因而无法说明样本是否体现了总体的结构，用这样的样本推论总体是极不可靠的。但非概率抽样操作方便，省钱省力，统计上也远较概率抽样简单，而且能对调查总体和调查对象有较好的了解，抽样也可获得较大的成功。

在市场调查中，采用非随机抽样通常是出于下述几种原因：受客观条件限制，无法进行严格的随机抽样；为了快速获得调查结果；在调查对象不确定或无法确定的情况下采用，例如对某一突发(偶然)事件进行现场调查等；总体各单位间离散程度不大，且调查员具有丰富的调查经验。

应当指出的是，由非概率抽样的结论推论到总体时要极其慎重，否则，就容易出现以偏概全的错误。非概率抽样主要有以下几种类型：方便抽样、判断抽样、配额抽样和滚雪球抽样。

二、非概率抽样方法

(一)方便抽样

方便抽样(Convenient Sampling)又称偶遇抽样，是根据调查者的方便与否来抽取样本的一种抽样方法。通常，回答者之所以被选中，只是因为他们当时碰巧在调研现场。例如，在市场调查中，大多数的街头访问都属于方便抽样。在这种场合中，设计人员无法了解到某一类人员在调查点出现的概率，每名受访者进入样本的概率可能是不相等的，而且无法进行估计。影响一位居民是否被选中进入样本的因素非常多，设计人员只能从总体上进行把握，以保证样本不出现大的偏差。方便抽样简便易行，能及时取得所需的信息资料，省时、省力、节约经费，但是缺点也很明显。因为这种方法本身不是概率抽样，所以不能推断总体，而且代表性差、偶然性强。一般用于非正式的探索性调查，只有在调查总体各单位之间差异不大时，抽取的样本才有较高的代表性。如果作为一次调查的全部，这种方法不可取。

以下几种都是方便抽样的例子：利用学生、社会组织的成员或工厂机关的职工作为调查对象；没有认定被调查者身份的商场拦截式访问；利用客户的名单（名片、来往信件等）进行调查；在杂志或报纸上撕下问卷再填好寄回的调查；访问大街上的路人。

便利抽样由于对调查条件要求较低，在操作时的难度更小。因为并不严格限制受访者，所以访问的成功率能够更高一些，访问成本也就相应较低，同时访问的进度更容易控制。由于调查对象的选择是随意的，对访问员也无须过多地进行监督，可以简化调查控制环节。在许多商业调查中，虽然一部分阶段可能使用较严格的抽样程序，但另一些阶段可以遵循便利抽样的原则。

便利抽样并不意味着对受访对象丝毫不加控制，相反，便利抽样更需要使用身份甄别，即确定某一受访者是否符合调查要求。例如，关于计算机产品的调查可能需要受访者具有一定的计算机使用知识，此时便利抽样是针对确定的计算机用户进行的，访问员可以根据现场情况选择最便于调查的人员，但被选中的人员如果不满足调查要求，就只能放弃。

便利抽样最大的问题在于受访者的选择是随意的，很容易发生偏差。例如，在使用女性访问员的情况下，访问员可能认为青年男性更容易接受调查，因此均选择这一类型人员进行访问，会导致样本中青年男性比例过高，调查结果出现系统性的偏差。在设计便利抽样时，一定要对操作细节进行反复推敲，避免出现明显的偏差。

（二）判断抽样

判断抽样（Judgment Sampling）又称目的抽样，是凭研究人员的主观意愿、经验和知识，从总体中选择具有典型代表性的样本作为调查对象的一种抽样方法。应用这种抽样方法的前提是研究者必须对总体的有关特征有相当高的了解。通常在下面的情况下采用判断抽样：为确定新产品的市场潜力选定市场；从某行业市场中选定采购工程师，因为他们被认为能较好地代表各自的公司；法庭上聘请的专家；为测试一种新的促销展示方法而选定的百货商店；等等。

例如，在某市进行某项消费者光顾商场情况的调查研究中，根据调研人员的判断选择了20个街道。外地流入人员居住地区、收入特低的居民区以及犯罪率较高的地区都排除掉了。然后在每个街道中又分别选取了一些有代表性的居委会。最后，根据调查员的判断，选择了一些相互之间距离较远的家庭进行调查。在这个例子中，选择街道、居委会和家庭靠的都是主观判断。

判断抽样选取样本单位一般有两种方法：一种是选择最能代表普遍情况的调查对象，常以“平均型”或“多数型”为标准。“平均型”是在调查总体中具有代表性的平均水平的单位；“多数型”是在调查总体中占多数的单位。应尽量避免选择“极端型”，但也不能一概而论，有时也会选择“极端型”，其目的是研究造成异常的原因。另一种是利用调查总体的全面统计资料，按照一定的标准，主观选取样本。

判断抽样广泛应用于商业领域的市场调研中，特别是在样本量小及样本不易分门别类挑选时有较大的优越性。它具有成本较低、方便快捷的优点。但是，由于判断抽样的主观性较强，其抽样的质量完全取决于调研人员的判断力、专业知识水平及创造力，如果并不需要进行广泛的总体推断，该方法是可以使用的。

(三)配额抽样

配额抽样(Quota Sampling)类似随机抽样中的分层抽样，它也是首先将总体中的所有单位按一定的标志分为若干类(组)，然后在每个类(组)中用方便抽样或判断抽样的方法选取样本单位。

采用配额抽样，事先要对总体中所有单位按其属性、特征分为若干类型，这些属性、特征称为"控制特征"，如被调查者的姓名、年龄、收入、职业、文化程度等。然后，按照各个控制特征分配样本数额。例如，在一次调查中，要求受访者中有 20%为学生、40%为机关干部、40%为其他职业，则访问员在进行访问时，就需要严格按照这一配额进行。当接受访问的受访者中某一身份已经达到配额要求时，就不能再访问此类身份的人员了。

配额抽样是对判断抽样的程序化限制，将对受访者的限制由访问员的主观确定转化为设计人员的规定，从而有效地保证了样本的代表性。在非概率抽样中，配额抽样是最常见的一种方法。

按照配额的要求不同，配额抽样可分为"独立控制"和"交叉控制"两种。

1. 独立控制配额抽样

独立控制配额抽样是根据调查总体的不同特性，对具有某个特性的调查样本分别规定单独分配数额，而不规定必须同时具有两种或两种以上特性的样本数额。因此，调查员就有比较大的自由去选择总体中的样本。

现举例说明如下。某市进行空调器消费需求调查，确定样本量 200 名，选择消费者收入、年龄、性别三个标准分类。独立控制配额抽样，其各个标准样本配额比例及配额数如表 5—5 所示。

表 5—5　　独立控制配额抽样分布表

月收入	人数	年龄	人数	性别	人数
1 500 元以下	20	30 岁以下	40	男	100
1 500～3 000 元	50	30～40 岁	60	女	100
3 000～4 500 元	70	40～50 岁	70		
4 500 元以上	60	50 岁以上	30		
合　计	200	合　计	200	合　计	200

从表 5—5 中可以看出，对收入、年龄、性别三个分类标准分别规定了样本数额，而没有规定两者之间的关系。因此，在调查员具体抽样时，抽选不同收入段消费者，并不需要顾及年龄和性别标准。同样，在抽选不同年龄或性别的消费者时，也不必顾及其他两个分类标准。这种方法的优点是简单易行，调查员选择余地较大；缺点是调查员可能图一时方便，选择样本过于偏向某一组别，如过多地抽选低收入的女性消费者，从而影响了样本的代表性。

2. 交叉控制配额抽样

交叉控制配额抽样是对调查对象的各个特性的样本数额交叉分配。上例中如果采用交叉控制配额抽样，就必须对收入、年龄、性别这三项特性同时规定样本分配数，如表 5—6 所示。

表 5—6　交叉控制配额抽样分配表

	1 500 元以下		1 501～3 000 元		3 001～4 500 元		4 501 元以上		合　计
	男	女	男	女	男	女	男	女	
30 岁以下	2	2	5	5	7	7	6	6	40
30～40 岁	3	3	20	6	10	16	1	1	60
40～50 岁	10	1	3	4	12	7	3	30	70
50 岁以上	5	2	2	5	8	3	3	2	30
合　计	20	8	30	20	37	33	13	39	200

从表 5—6 可以看出，交叉控制配额抽样对每一个控制特性所需分配的样本数都做了具体规定，调查员必须按规定在总体中抽取调查单位，由于各个特性都同时得到了控制，从而克服了独立控制配额抽样的缺点，提高了样本的代表性。

配额抽样的目的是以相对较低的成本获取有代表性的样本。其优点是成本低，调研人员可对每一配额较方便地选择个体。其缺点是选择偏见问题严重，也不能对抽样误差进行估计。

（四）滚雪球抽样

滚雪球抽样（Snowball Sampling）是一种在稀疏总体中寻找受访者的抽样方法。所谓稀疏总体，是指单位数极小并且分布很不集中的总体，例如参加过某次会议的人员、从事某一专业的人员、某个少数民族的人员等。这类人员可能在一个城市中仅占万分之一，而且没有一个明确的抽样框可以帮助寻找到他们，如果采用通常的抽样方法进行筛选，则每找到一名受访者所需要筛选掉的人将达到上万人，这在现实中是很不经济的。

滚雪球抽样的做法是先设法找到一名符合条件的受访者，在对其进行访问后，再请其推荐或介绍其他符合条件的人。由于具有某一特征的人相互之间或多或少都有一些往来，所以每名受访者都可能推荐出另一些受访者，访问员根据这种介绍寻找到其他满足条件的受访者，访问后再进一步请其推荐更多的受访者，一直到满足样本量的要求为止。例如，某研究部门在调查某市劳务市场中的保姆问题时，先访问了 7 名保姆，然后请她们提供其他保姆名单，逐步扩大到近百人。通过对这些保姆的调查，对保姆的来源地、从事工作的性质、经济收入等状况有了较全面的掌握。

滚雪球抽样的主要目的是估计在总体中十分稀有的人物特征。例如，名字不能公开的，可利用特定的政府或社会服务的人员；特别的群体，比如说 40 岁以下的鳏夫或寡妇等。滚雪球抽样的主要优点是可以大大地增加接触总体中所需群体的可能性，费用也是相对较低的。

滚雪球抽样法的优点是便于有针对性地找到被调查者，而不至于“大海捞针”。其局限性是要求样本单位之间必须有一定的联系，并且愿意保持和提供这种关系；否则，将会影响这种调查方法的进行和效果。

第五节　抽样误差及其测定

无论采用哪一种统计调查方法，收集到的数据资料出于各种各样的原因都可能存在一定程度的误差。由于造成误差的原因不同，可以分为调查性误差和代表性误差。

调查性误差也称登记性误差，是指在调查过程中，由于主、客观原因引起的技术性、登记性和责任性误差等，如记录错误、计量计算错误、信息采集设备故障等。

代表性误差，是出于样本结构与总体结构不同（即就被研究标志而言，样本单位的构成与总体单位的构成不一致），样本不能完全代表总体而产生的样本指标与总体指标之间的误差。代表性误差又有系统误差和随机误差两种。系统误差是指没有严格按照随机原则抽样而使样本指标数值系统地高于或低于相应总体指标数值。如抽样框不科学、有意多选较好或较差的单位等，都会造成样本指标的系统误差。随机误差又称偶然性误差，是指按随机原则抽样而产生的误差。由于样本单位是随机抽取的，样本结构与总体结构之间的差异也是随机的，样本指标与总体指标之间的误差是随样本不同而不同的随机变量。抽样估计中所研究的抽样误差，就是指这种随机误差，即由于抽样的随机性而产生的样本指标与总体指标之间的代表性误差。

登记性误差在任何一种统计调查中都可能产生。系统误差则在用非全面调查资料推断总体指标时可能产生，如用重点调查或典型调查的结果推断总体指标通常都存在系统误差。在抽样调查中，登记性误差和系统偏差都可以避免，而抽样误差则是不可避免的，但可以计算并加以控制。在计算抽样误差时常常假设不存在登记性误差和系统偏差。

例如，现有 A、B、C、D 四个工人构成的总体，他们的日产量分别为 22、24、26、28 件。由此可计算，这四个工人日产量的平均数（总体平均数）为 25 件，总体方差 σ^2 为 5，标准差 σ 为 2.236 件。若从中随机抽取 2 人来调查，采用重复抽样，共有 16 个可能样本。各样本平均数及其抽样误差即样本平均数与总体平均数之离差（$\bar{x}-\bar{X}$）如表 5－7 所示。

表 5－7　重复抽样的样本平均数及其离差（抽样误差）

样本序号	样本单位	样本平均数	离差（$\bar{x}-\bar{X}$）	离差平方（$\bar{x}-\bar{X}$）^{2}
1	AA	22	−3	9
2	AB	23	−2	4
3	AC	24	−1	1
4	AD	25	0	0
5	BA	23	−2	4
6	BB	24	−1	1
7	BC	25	0	0
8	BD	26	1	1
9	CA	24	−1	1
10	CB	25	0	0
11	CC	26	1	1
12	CD	27	2	4
13	DA	25	0	0
14	DB	26	1	1
15	DC	27	2	4
16	DD	28	3	9
合计	—	400	0	40

若采用不重复抽样，则只有 12 个可能样本，去掉表 5－7 中有重复样本单位的 AA、BB、

CC、DD 四个样本即可。

由表 5—7 可见，样本平均数是随样本不同而不同的随机变量，所以抽样误差也是随样本不同而不同的随机变量，它可正可负、时大时小。但从所有可能样本来看，抽样误差总和为 0，即所有可能样本平均数 $\bar{x}$ 的平均数（即均值）等于总体平均数 $\overline{X}$。实际中，总体指标是未知的，事先也不知道抽中哪一个样本，因此每次抽样的实际抽样误差是无法计算的。但就整个抽样调查而言，所有可能的样本指标与总体指标的平均离差则可以根据抽样分布规律来确定。抽样调查中所提到的抽样误差，一般是指从所有可能样本来考察的抽样平均误差。

一、有关的基本概论

（一）抽样平均误差

在抽样调查中，往往可以根据调查的需要，从同一全及总体中抽出很多组样本，每个样本都有相同或不同的样本容量，同时，每个样本都可以计算相应的抽样平均数或抽样成数。这样，从理论上讲，可以计算出多个抽样误差。为了反映这些误差的一般水平，就要计算抽样平均误差。

抽样平均误差是抽样平均数（或抽样成数）的标准差，它反映抽样平均数（或抽样成数）与总体平均数（或总体成数）的平均差异程度。由于从一个总体可能抽取多个样本，因此抽样指标（如平均数、抽样成数等）就有多个不同的数值，因而对全及指标（如总体平均数、总体成数等）的离差也就有大有小，这就必须用一个指标来衡量抽样误差的一般水平。

抽样平均误差不是一个简单的算术平均数，而是抽样平均数或抽样成数的标准差，即可能出现的样本指标的平均离差。因此，抽样平均误差被用作衡量样本指标对总体指标代表性高低的尺度。

由于抽样指标有平均指标和成数指标之分，抽样方法又有重复抽样和不重复抽样两种，因此计算抽样平均误差方法也有所差别。

1. 抽样平均数的平均误差公式

（1）重复抽样时：

$$\mu_{\bar{x}}=\frac{\sigma}{\sqrt{n}} \tag{5—9}$$

（2）不重复抽样时：

$$\mu_{\bar{x}}=\sqrt{\frac{\sigma^2}{n}\left(\frac{N-n}{N-1}\right)} \tag{5—10}$$

当 N 很大时：

$$\mu_{\bar{x}}=\sqrt{\frac{\sigma^2}{n}\left(1-\frac{n}{N}\right)} \tag{5—11}$$

2. 抽样成数的平均误差公式

（1）重复抽样时：

$$\mu_p=\sqrt{\frac{P(1-p)}{n}} \tag{5—12}$$

（2）不重复抽样时：

$$\mu_p=\sqrt{\frac{P(1-p)}{n}\cdot\frac{N-n}{N-1}} \tag{5—13}$$

当 N 很大时：

$$\mu_p=\sqrt{\frac{P(1-p)}{n}\left(1-\frac{n}{N}\right)} \tag{5—14}$$

式中：μ——抽样平均误差；

$\mu_{\bar{x}}$——平均数抽样平均误差；

μ_P——成数抽样平均误差；

σ^2——总体方差；

σ——总体均方差；

P——总体成数；

N——单体单位数；

n——样本单位数。

(二)抽样极限误差

抽样极限误差是在抽样估计时，根据研究对象的差异程度和分析任务的需要来确定可允许的误差范围，这种允许的误差范围称为抽样极限误差。它小于或等于样本指标与总体指标之差的绝对值。

设 Δx、Δp 分别表示抽样平均数极限误差和抽样成数极限误差，则有：

$$\Delta x\leqslant|\bar{x}-\bar{X}|，\Delta p\leqslant|p-P| \tag{5—15}$$

上面不等式可变为下列不等式：

$$\bar{X}-\Delta x\leqslant\bar{x}\leqslant\bar{X}+\Delta x，P-\Delta p\leqslant p\leqslant P+\Delta p$$

抽样平均数 $\bar{x}$ 是以总体平均数 $\bar{X}$ 为中心在 $\bar{X}\pm\Delta x$ 之间变动，区间$(\bar{X}-\Delta x,\bar{X}+\Delta x)$称为平均数的估计区间，区间总长度为 $2\Delta x$，在这个区间内的抽样平均数与总体平均数的绝对离差不超过 Δx。

抽样成数 p 是以总体成数 P 为中心，在 $P\pm\Delta p$ 之间变动，抽样成数在$(P-\Delta p,P+\Delta p)$区间内与总体成数的绝对离差不超过 Δp。

总体平均数 $\bar{X}$ 落在抽样平均数 $\bar{x}-\Delta x$ 的范围内，总体成数 P 落在抽样成数 $P\pm\Delta p$ 的范围内，即：

$$\bar{x}-\Delta x\leqslant\bar{X}\leqslant\bar{x}+\Delta x,P-\Delta p\leqslant P\leqslant P+\Delta p$$

二、代表性误差及其确定

代表性误差是指在非全面调查中，由于选取的部分调查单位对全及总体的代表性不足而产生的调查误差。它只在非全面调查中存在，全面调查不存在这种误差。在抽样调查中，这种代表性误差又分为两种：一种是由于调查者违背抽样的随机原则，人为地选择偏高或偏低单位进行调查而产生的误差，称为系统性偏差。这种误差应力求避免。另一种则是在不违背随机原则的情况下必然出现的误差，它是抽样调查固有的代表性误差。这种误差就叫抽样误差。

因此，抽样误差就是按照随机原则抽样时所得样本指标与全及总体指标的实际差数，主要是指样本平均数与全及总体平均数之差$(\bar{x}-\bar{X})$、样本成数与全及总体成数之差$(p-P)$。这种误差不包括抽样调查时的登记性误差，也不包括假如破坏随机原则而可能发生的系统偏差。抽样误差大小与样本的代表性成反比，即抽样误差越大，表示所抽样本的代表性越低；反之，样本的代表性越高。

抽样误差的大小主要受以下三个因素的影响：

第一，研究总体各单位标志值的变异程度。总体的方差和均方差越大，抽样误差就越大；

反之,抽样误差越小。如果总体各单位标志值之间没有差异,那么,抽样指标和全及指标相等,抽样误差也就不存在了。

第二,抽取的调查单位数目。在其他条件不变的情况下,抽样单位数越多,抽样误差就越小;反之,抽样误差就越大。当抽样单位数扩大到与全及总体单位数相同时,也就相当于全面调查,抽样误差也就不存在了。

第三,抽样调查的组织形式。抽样误差也受抽样调查的组织方式影响。一般来说,按照等距抽样和类型抽样方式组织抽样调查,由于经过划类或排队,可以缩小差异程度,因而抽取相同数目的样本,其抽样误差要比用简单随机抽样方式小些。

下面以简单随机抽样方法为例介绍抽样误差的确定。

(一)抽样平均数的平均误差

若以 μ_x 表示抽样平均数的平均误差,即表示总体的标准差,根据定义:

$$\begin{aligned}\mu_x^2 &= E[\overline{x}-E(\overline{x})]^2 = E[\overline{x}-\overline{X}]^2 \\ &= E\left[\frac{x_1+x_2+\cdots+x}{n}-\frac{X+\overline{X}+\cdots+\overline{X}}{n}\right]^2 \\ &= \frac{1}{n^2}E[(x_1-\overline{X})+(x_2-\overline{X})+\cdots+(x_k-\overline{X})]^2\end{aligned}$$

(1)在重置抽样的情况下,这时的样本变量 $x_1,x_2,\cdots,x_n$ 是相互独立的,样本变量 x 与总体变量 X 同分布。展开上式,得:

$$\begin{aligned}\mu_x^2 &= \frac{1}{n^2}E[(x_1-\overline{X})^2+(x_2-\overline{X})\cdots+(x_k-\overline{X})^2+\sum_{i\neq j}E(x_i-\overline{X})(x_j-\overline{X})] \\ &= \frac{1}{n^2}E[(x_1-\overline{X})^2+(x_2-\overline{X})^2+\cdots+(x_k-\overline{X})^2]\end{aligned}$$

$$\mu_x = \frac{\sigma}{\sqrt{n}} \tag{5—16}$$

抽样平均数的平均误差为总体标准差的$\frac{1}{\sqrt{n}}$,抽样平均误差和总体标志变动度的大小成正比,而与样本单位数的平方根成反比。

例如,设有 3 个职工,其月工资分别为 500 元、760 元、840 元。现用重置抽样的方法从 3 个工人中随机抽取 2 人构成样本,并计算样本平均工资,以代表 3 人总体的平均工资。所有可能的样本以及平均工资见表 5—8。

$$\text{样本平均数的平均数 } E(\overline{x}) = \frac{\sum\overline{x}}{\text{样本可能数目}} = \frac{6\ 300}{9} = 700(\text{元})$$

$$\text{抽样平均误差} = \sqrt{\frac{\sum[\overline{x}-E(\overline{x})]^2}{\text{样本的可能数目}}} = \sqrt{\frac{94\ 800}{9}} = 102.63(\text{元})$$

表 5—8　**工资抽样平均误差计算表**

序　号	样本变量 x	样本平均数 $\bar{x}$	平均数离差 $[\bar{x}-E(\bar{x})]$	离差平方 $[\bar{x}-E(\bar{x})]^2$
1	500　500	500	−200	4 000
2	500　760	630	−70	4 900
3	500　840	670	−30	900
4	760　500	630	−70	4 900
5	760　760	760	60	3 600
6	760　840	800	100	1 000
7	840　500	670	−30	900
8	840　760	800	100	10 000
9	840　840	840	140	19 600

若直接用 3 人工资计算总平均工资和工资的标准差，其结果为：

$$\overline{X}=\frac{\sum x}{N}=\frac{500+760+840}{3}=700(\text{元})$$

$$\sigma=\sqrt{\frac{\sum(x-\bar{x})^2}{N}}$$

$$=\sqrt{\frac{(500-700)^2+(760-700)^2+(840-700)^2}{3}}$$

$$=145.4(\text{元})$$

抽样平均误差为：

$$\mu_x=\frac{\sigma}{\sqrt{n}}=\frac{145.14}{\sqrt{2}}=102.63(\text{元})$$

结论：第一，样本平均数的平均数 $E(\bar{x})$ 等于总体平均数，即 $E(\bar{x})=\overline{X}$；第二，抽样平均误差要比总体标准差小得多，仅为总体标准差的 $\frac{1}{\sqrt{n}}$。

(2)在不重置抽样的条件下，样本变量 $x_1,x_2,\cdots,x_n$ 不是相互独立的，经过推导，得：

$$\mu_x=\sqrt{\frac{\sigma^2}{n}\left(\frac{N-n}{N-1}\right)}$$

在总体单位数 N 很大的情况下，μ_x 可以近似地用下式计算：

$$\mu_x=\sqrt{\frac{\sigma^2}{n}\left(1-\frac{n}{N}\right)} \tag{5—17}$$

例如，仍研究上述 3 个职工工资水平及其差异问题。假设用不重置抽样，从总体中抽取 2 个人的工资计算平均数(见表 5—9)。

表 5—9　　　　**工资抽样误差计算表**

序　号	样本变量 x	样本平均数 $\bar{x}$	平均数离差 $[\bar{x}-E(\bar{x})]$	离差平方 $[\bar{x}-E(\bar{x})]^2$
1	500　　500	630	−70	4 900
2	500　　760	670	−30	900
3	500　　840	630	−70	4 900
4	760　　840	800	100	10 000
5	840　　500	670	−30	900
6	840　　760	800	100	10 000

抽样平均误差为：$\sqrt{\dfrac{\sum[\bar{x}-\bar{X}]^2}{样本可能数目}}=\dfrac{31\ 600}{6}=72.57$（元）

根据已经计算的总体 $\bar{X}=700$（元），

$\sigma=145.14$（元）

也可以按不重置抽样误差公式计算：

$$\mu_x=\sqrt{\frac{\sigma^2}{n}\left(\frac{N-n}{N-1}\right)}=\sqrt{\frac{145.14^2}{2}\left(\frac{3-2}{3-1}\right)}=72.57（元）$$

两者的计算结果完全相同。由此可见，在不重置抽样的条件下，抽样平均数仍然等于总体平均数，而它的抽样平均误差 72.57 元比重置抽样平均误差 102.63 元小。

（二）抽样成数的平均误差

抽样成数的平均误差表明样本成数和总体成数的绝对离差的平均水平。根据抽样平均数和总体平均数的关系，可见 $E(p)=P$，即抽样成数的平均数等于总体成数。根据抽样平均误差和总体标准差的关系，可容易地推出抽样成数的平均误差。

在重置抽样的情况下，抽样成数的平均误差为：

$$\mu_p=\frac{\sigma}{\sqrt{n}}=\sqrt{\frac{P(1-P)}{n}} \tag{5—18}$$

式中：P——总体成数；

n——样本单位数。

在不重置抽样的情况下，抽样成数的平均误差为：

$$\mu_p=\sqrt{\frac{\sigma^2}{n}\left(\frac{N-n}{N-1}\right)}=\sqrt{\frac{P(1-P)}{n}\left(\frac{N-n}{N-1}\right)}$$

在总体单位数 N 很大的情况下，μ_p 可以近似地用下式计算：

$$\mu_p=\sqrt{\frac{\sigma^2}{n}\left(1-\frac{n}{N}\right)}=\sqrt{\frac{P(1-P)}{n}\left(1-\frac{n}{N}\right)}$$

例如，要估计某县 10 万户家庭的电视机拥有率，随机抽取 100 户家庭，调查结果显示有 85 户拥有电视机。求拥有电视机的平均抽样误差。

根据已知条件可得：

$P=85/100=0.85$

$\sigma^2=P(1-p)=0.85\times0.15=0.127\ 5$

在重置抽样下：

$$\mu_p=\sqrt{\frac{P(1-P)}{n}}=\sqrt{\frac{0.127\,5}{100}}=0.035\,7$$

在不重置抽样下：

$$\mu_p=\sqrt{\frac{P(1-P)}{n}\left(1-\frac{n}{N}\right)}\sqrt{\frac{0.127\,5}{100}\left(1-\frac{100}{100\,000}\right)}=0.035\,7$$

计算结果表明，用样本的拥有率来估计总体的拥有率，其抽样误差平均为 3.6%左右。

本章小结

本章介绍了抽样的基础知识和样本设计的相关问题。首先，样本设计涉及一系列概念和程序。总体是由市场研究目标规定的整个集合，样本是总体的一个具有代表性的子体，样本具有不同的基本单位。普查是对整个总体的报告。在调查中因使用样本会发生抽样误差，而抽样框是总体所有样本单位的完整列表，一个抽样框可能会有来自抽样框内成员与目标总体不符造成的误差。样本设计的重要部分是抽样技术的确定。抽样技术有多种，但都可归为概率抽样和非概率抽样两大类。前者使总体的每个成员都有一定的概率入选，包括简单随机抽样、等距抽样、整群抽样和分层抽样等；后者则无法估计总体元素选入样本的概率，方法有方便抽样、判断抽样、滚雪球抽样和配额抽样。最后，样本设计还要确定样本容量。样本容量与总体容量的关系并不大，主要取决于预算、研究目标和数据使用方法等，我们可以运用统计相关方法加以确定。

复习思考题

1. 说明市场调查中经常采用抽样调查的原因。

2. 说明抽样总体、抽样框和抽样单位的含义以及它们之间的关系。

3. 随机抽样的效果是否一定比非随机抽样要好？说明市场调研中经常采用非随机抽样调查的原因。

4. 讨论简单抽样方法、等距抽样方法、分层抽样方法和整群抽样法之间的差异，并举例说明各自的适用条件。

5. 某公司调查空调器拥有状况。某市 120 万户家庭按收入分层，有高收入家庭 12 万户，中收入家庭 83 万户，低收入家庭 25 万户，计划抽取样本 10 000 户。若采用分层比例抽样法，应从各层中抽取多少样本？

6. 对下面两种情形下调研人员所采取的抽样方法，提出你的改进意见：

(1)为了估计昨天晚上究竟有多少个家庭看了某一个电视节目，按随机方式选定了 1 000 个电话号码，然后逐一拨打这些号码。结果，其中的 800 个家庭做了回答，有 200 个家庭回答看过这个节目，其余 600 家说没有看过。调研人员估计，200 个无人在家的家庭中，也有 50 家观看过这个节目。

(2)为了收集顾客对某种小家电产品(如电风扇)的意见，制造厂推出了一种有条件的产品保修办法。办法规定，只有把保修卡连同一张简单的问卷表一起寄回厂里才能获得保修服务。制造厂通过这一办法回收了很多问卷表。

7. 用 1 000 元的经费调查某居民小区拥有某种耐用产品的总量，每调查一户拥有这种产品的住户花费 10 元，排除一户没有这种产品的住户不花费用。现有两种调查方式：(1)先花 200 元调查登记所有符合条件的住户，然后从这些住户中抽一简单样本进行调查；(2)从总体中直接抽取样本进行调查。试问方法(2)优于方法(1)的条件是什么？

案例分析

【5—1】 Millennium 电信公司

Millennium 电信公司是一家为住户提供捆绑式通信的新兴供应商。它提供本地和长途的电话服务、数字电缆、网络服务，以及家庭安全监控服务。在其所选的得克萨斯州、新墨西哥州以及科罗拉多州，Millennium 电信公司正处于品牌意识的建立阶段。现在处于这个阶段的第二年，这家公司计划花费 420 万美元来在这些目标地区提高其捆绑式通信的品牌意识和品牌形象。品牌意识和品牌形象对于 Millennium 电信公司来说非常重要，因为它需要与许多优势企业进行竞争，其中包括美国电话电报集团、西南贝尔公司以及东芝电缆。

在品牌形象塑造活动的第一年，Millennium 电信公司花费了 300 万美元来追求在品牌形象和品牌意识方面同样的增长目标。为了检验这个活动是否成功，这家公司进行了电话的跟踪调研。它在活动开始前进行了一个前期测试，然后又在活动结束后进行了相应的测试。调研是为了测量 Millennium 电信公司的品牌意识和品牌形象而设计的。任何测量上的变化都被归因于广告运动。在这个运动期间，其他任何的营销战略因素都没有发生改变。

未经提示或是首先联想，品牌意识（当你想到住宅通信提供商的时候，你最先想到的是哪家公司？）在前后两次测试中从 21%增加到了 25%。在前期测试中，有 42%的调研对象对 Millennium 电信公司有着积极的印象，这一数字在后续调研中增加到了 44%。虽然两个关键的测量项都有所增长，但是这两次测试的样本容量都太小了。两次测试都采用了 100 位随机消费者的样本。在 95.44%的置信水平下，品牌意识的抽样误差是±8.7%，而品牌形象的抽样误差是±9.9%，这都是最后一次测试的结果。面对在品牌意识和品牌形象上较小的改变和较大的抽样误差，Millennium 电信公司只能说，在 95.44%的置信水平下，后一次测量中的品牌意识是(25±8.7)%，或者说是 16.3%～33.7%。而对于品牌形象，仅仅可以说在 95.44%的置信水平下，对 Millennium 电信公司的品牌抱有积极的印象的，后一次测量中的比例是(44±9.9)%，或者说是 34.1%～53.9%。鉴于在品牌意识和品牌形象上较小的改变和较大的抽样误差，Millennium 电信公司没有信心说这两个方面有实际的改变。

Millennium 电信公司的 CEO 关心的是花在做广告上的钱，而且想要知道广告是否实现了它本应实现的目标。她想要一个更灵敏的检测，以便可以根据广告的效果得出最终的结论。

（案例来源：小卡尔·麦克丹尼尔等著，李桂华等译，《当代市场调研》，机械工业出版社 2015 年版，第 346～347 页。）

思考题：

1. 说明后一次测试中抽样误差是怎么计算的？

2. 如果 CEO 想要在 95.44%的置信水平下使得估计品牌意识和积极的品牌形象的实际值落于±2%的区间内，样本容量应该是多大？

3. 如果 CEO 想要达到 99.74%的置信度，要求的样本容量是多大？

4. 如果现在能够进行电话访谈的预算是 20 000 美元，而每个访谈的成本是 19 美元，Millennium 电信公司能够达到它在问题 3 中设定的目标吗？在这样的预算前提下，两个测量所能达到的误差水平应该是什么样的？要想达到问题 3 中的目标，所要求的预算是多少？

【5—2】 为新菜单的初步调查制订抽样计划

为了保持在餐饮业的竞争力，圣塔菲烤肉餐厅的店主意识到，必须定期推出新的菜品为当前的消费者提供多样的选择并吸引新的消费者。意识到这一点后，圣塔菲烤肉餐厅的店主发现，要用营销调研来解决三个问题：第一个问题是，菜单中是否应包括一些除传统西南烹调风味以外的菜品？例如，是否应该添加一些标准美式烹调、意大利风味或者欧洲烹调风格的菜品？第二个问题是，不管开发哪种风格的菜品，调查中应包括多少种新菜品（如开胃菜、主菜和餐后甜点）？第三个问题是，选取受访者时应制订什么样的抽样计划？这些受访者是谁？他们是当前的消费者、新消费者还是过去的消费者？

（案例来源：小约瑟夫·F. 海尔等著，白雪梅主译，《市场营销调研精要》，东北财经大学出版社2016年版，第150～151页。）

思考题：在理解了抽样的重要性及其将对调查结果的有效性和准确性产生的影响之后，店主到当地的一所大学询问了一个学习营销调研的班级能否协助他们开展这项调查。店主提出了以下几个必要的问题：

1. 调查中应包含多少问题才能充分全面地讨论新菜单？具体包括评价新烹调风格是否可取等。具体来说，就是如何才能确定调查已包含了所有必要的菜品，从而避免了潜在消费者喜欢的菜品没有被考虑进去的风险？

2. 应该如何选择调查中的目标受访者？应该在消费者用餐时对其进行访问，还是应该在消费者离开餐厅时要求他们参与调查？或者是否应该以邮寄或电话访谈的方式从消费者或非消费者那里收集信息？

根据上述问题，你的任务是制订一个方案来讨论下列问题：

1. 调查中可以包括多少种新菜品？记住，要评估所有可能的潜在菜品，但一定要控制问题的数量以使得调查能按时并以合理的方式进行。当调查中可列入菜单的菜品不计其数时，最佳的菜品数量应为多少？在决定调查中能够使用的最大菜品数量时，是否可以应用抽样调查？

2. 确定恰当的抽样设计。为圣塔菲烤肉餐厅制订抽样设计方案，并讨论下列问题：应该使用概率抽样还是非概率抽样方法？根据你的答案，应该采用哪一种具体的抽样方法（简单随机抽样、分层抽样、方便抽样等）？鉴于所选择的抽样方法，怎样为调研选择目标受访对象？最后，确定必要的样本容量并给出抽取抽样单位的具体计划。

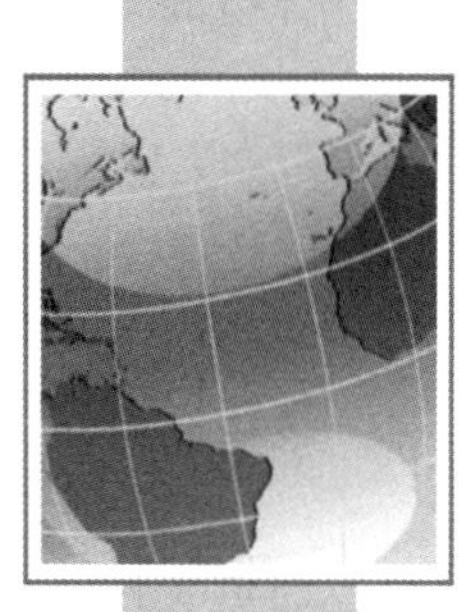

第六章 市场调查问卷设计

本章习题

学习目的与要求

通过本章的学习，要使学生了解市场调查问卷的含义与作用，熟悉市场调查问卷的类型与结构，掌握市场调查问卷设计的步骤、技巧及注意事项，最后能够独立设计完成一份高质量的市场调查问卷。

第一节　问卷的含义与作用

问卷是国际通用的市场调查工具和作业方式，它被广泛地应用于市场调查、社会调查和经济调查等各个领域。在问卷调查中，问卷的质量水准直接影响着数据的质量水准。因此，如何设计出一份好的问卷就成为市场调查的重中之重。实际上，设计出一份好的问卷的难度是比较大的。首先，它所涉及的范围十分广泛，需要使用很多技巧。其次，不同类型的调查项目对问卷的要求差别很大，不可能存在一种适用于各种调查类型和调查方式的特定问卷模式。但这并不意味着问卷设计是没有基本原则可以遵循的。

一、问卷的含义

问卷是调查人员依据调查目的和要求，以一定的理论假设为基础，以书面的形式向被调查者征询一系列问题而收集必要数据的载体。问卷通常会以表格的形式进行设计，所以又叫调查表或征询表。问卷以标准化和统一的程序收集数据。在这一过程中，固定的提问程序和语言使用的标准化使每一个调查人员问的问题完全相同，从而使每一个被调查者听到或看到完全相同的问题。这样，避免了由于调查人员的不同而使被调查人员接收的提问程序不同，以及避免了由于调查人员使用的语言或对问题的解释等不同，而造成不同回答者的回答出现差异。从这个角度理解，问卷是一种对标准控制的工具。

问卷是从被访问者那里收集数据的表格，通过问卷进行评估，比如，可以用问卷来评估被调查者过去的行为、态度及特征等。问卷的质量水准决定着数据的质量水准，因此问卷设计的技术能否实现相应的调查目的和数据收集目标将对数据收集的有效性产生决定性的影响。

二、问卷的作用

问卷是市场调查中不可缺少的工具。在问卷调查的过程中，虽然调查者作为其中的执行人员起着主导作用，但是要完成问卷调查的过程需要调查者和被调查者之间的有效配合，问卷就是两者之间的媒介。一方面调查者要将所有需要收集的数据通过问卷中的问题准确地表达出来，另一方面被调查者要通过问卷将他们的态度、想法等有效地反馈出来。简单来说，问卷就是在收集第一手资料的过程中，成为提问、记录和编码的工具。调查问卷有五种主要功能。只有清楚地了解了问卷在市场调查过程中的这些基本功能，才能有效地设计出合格的乃至优秀的问卷，以满足调查的需要。

(1)把研究目标转化为特定的问题。

(2)把问题和回答标准化，让调查者和被调查者处于同样的问题环境。

(3)通过措辞、问卷程序和卷面的视听形象获得被调查者的配合。

(4)可以作为市场调查的数据记录。

(5)有效地促进市场调查的数据分析过程。

通过问卷调查的基本功能，我们可以发现调查问卷在整个市场调查过程中的重要性。有关调查研究显示，市场调查中数据收集的质量直接受到问卷设计的影响。然而，设计问卷是一个系统过程，根据市场调查的目的，需要收集必要数据并结合特定的政治、经济、人文和自然等环境，还要对各个问题的措辞和顺序进行仔细的推敲，才能设计出一份优秀的问卷。只有具备了上述条件的问卷，才能达到既描述被调查者的性别、年龄和职业等特征，又能评估出被调查者对某一社会经济事务的想法、态度等，也能在一定条件下把信息误差最小化。

第二节 问卷的类型与结构

一、问卷的类型

问卷的设计需要和调查的目的紧密联系，并与调查的对象、调查的方式等相适应。根据由此产生的差异，可以把问卷划分为不同的类型。

(一)按照市场调查问卷的传递方式不同

1. 报刊问卷

报刊问卷就是随着报纸、杂志等传递分发的调查问卷，一般通过特定的方式鼓励其读者回答问卷，并在一定期限内将问卷反馈给调查人员。

2. 邮政问卷

邮政问卷是调查者向事先选定的被调查者邮寄问卷，由被调查者填写后寄还给调查者。

3. 送发问卷

送发问卷是调查者直接将设计好的问卷送到被调查者手里，等被调查者填写好问卷后再将其收回。

4. 访问问卷

访问问卷是由调查者依照事先设计好的问卷，向被调查者当面询问，再根据被调查者的回答将问卷填写好的调查方式。

5. 网络问卷

由于网络已经在大众的生活中有了相当的普及率，市场调查人员也经常利用网络这种媒介传递问卷给被调查者，被调查者在网络上直接回答问题。这种问卷有着突出优点，即方便调查者统计，而且节省时间。

(二)按照市场调查问卷是否由被调查者自行填写

1. 自行填写的问卷

自行填写的问卷是由被调查者独立地在没有调查人员参与的情况下完成问卷中涉及问题

的回答,如上面提到的报刊、邮政问卷都属于自行填写的问卷。

2. 代行填写的问卷

这种问卷是由调查者按照事先设计好的问卷,对被调查者当面进行提问,根据调查者的回答来完成问卷中信息的收集。一般来说,这种问卷适用于所收集信息的准确性和有效性需要经过调查人员的把握的情况。

(三)按照问卷的设计是否固定结构

1. 固定结构式问卷

固定结构式问卷,是指进行问卷调查时问卷的问题是按照事先安排好的固定顺序、固定问题来进行的,问卷当中的问题和顺序在实地调查中是不允许改动的。由于固定结构式问卷的特性,在进行规模较大的市场调查时被更多地采用,这样有利于对收集的数据进行编码、统计和分析。

在固定结构式问卷中,由于答案形式的不同又可将其分为封闭式、开放式、半封闭式和量表式问卷。

(1)封闭式问卷。封闭式问卷是指问卷中所设计的问题都给出了明确的被选答案,被调查者的所有选择都必须在此范围内进行选择。封闭式问卷的优点:首先,答案标准化,在进行编码、整理时非常方便,可以减少调查人员的误差;其次,在回答问题的过程中相对简单,省时,问卷的回复率高;再次,被访问者读出选项的时候可以提醒其记忆,从而给出一个更真实的回答。

当然,封闭式问卷的缺点也很明显:第一,被调查者回答问题的范围被禁锢在了特定的范围里,不利于信息收集的准确性和客观性;第二,被调查者可能利用封闭试卷的特点,在回答问题时草草应付,随便做答,降低了信息收集的真实性;第三,无法测量应答者的回答强度;第四,由于问卷中列出的选项太多,而使被调查者失去兴趣或耐心。

案例 6－1

某化妆品问卷调查

第 1 题　您的性别是:

□男　　□女

第 2 题　您的月收入是多少?(必答)

□ 1 500 元以下

□ 1 501～2 500 元

□ 2 501～3 500 元

□ 3 501～5 000 元

□ 5 001 元以上

第 3 题　您的年龄是:(必答)

□ 17 岁及以下

□ 18～25 岁

□ 26～35 岁

□ 36 岁及以上

第 4 题　您一般从以下何种渠道了解化妆品(可多选):(必答)

□ 电视广告

□ 报刊广告

□ 网络广告
□ 朋友推荐
□ 专卖店/专柜/卖场
□ 广告促销活动
□ 亲自消费体验
□ 户外广告

第 5 题　您通常通过以下哪种方式购买化妆品(可多选):(必答)

□ 化妆品专卖店(Sasa、Sephora 等)
□ 大型商场
□ 化妆品专柜
□ 网络购买
□ 大型超市
□ 小商品批发市场
□ 品牌直销
□ 药店柜台

第 6 题　您如何判断一个化妆品的质量好坏?(必答)

□ 别人的口碑
□ 只选择信赖品牌
□ 阅读成分说明
□ 关注质检报告

第 7 题　你喜欢的化妆品品牌是:(必答)

第 8 题　您选择该品牌的理由是(可多选):(必答)

□ 产品品质
□ 购买环境
□ 价格适中
□ 包装精美
□ 知名度高
□ 品牌理念
□ 优惠促销

案例 6—2

……

4a. 您常用洗发乳液和洗发剂给小孩洗头吗?

(1)不(跳至 5a)　　(2)是(至问题 4b)

4b. 您用的洗发乳液是倾注式还是喷雾式?

(1)(　)倾注式洗发乳液

(2)(　)喷雾式洗发乳液

4c. 大约多久用洗发乳或洗发剂给孩子洗一次头发?是一周少于 1 次、1 次还是多于 1 次?

(1)(　)少于1次

(2)(　)1次

(3)(　)多于1次

5a. 您孩子的发质是……(读备选答案)

1.(　)好　2.(　)不好　3.(　)正常

5b. 您孩子的头发有多长?(读备选答案)

1.(　)长　2.(　)中　3.(　)短

……

(案例来源:小卡尔·麦克丹尼尔等著,李桂华等译,《当代市场调研》,机械工业出版社2015年版,第272页。)

通常,市场调研人员把封闭式问题分为二项选择题和多项选择题。二项选择题又称"两分式",而多项选择题常称为"多项选择式"或"多分式"。

比如案例6—1的化妆品问卷调查中,"第1题 您的性别是: □ 男 □ 女"就是二项选择题。二项选择型答案设计的优点是便于被调查者回答问题;简单易懂,并且易于统计;强制性很强,可使中立意见的填表人必须选择偏向一方。其缺点是调查统计的结果只能反映被调查者的一种态度或一种状态,其在程度上的差别容易被忽视,因此二项选择题的设计只适用于简单、真实的具体问题调查。

多项选择题是指预先给出3个或3个以上的备选答案,被调查者可以选择其中的合适答案,它分为多项单选型和多选型。多项单选型是被调查者在备选答案中选择一个合适的答案。比如,贵公司属于下列哪一类商业企业?□生产商　□批发商　□零售商　□批发兼零售商。多项多选型是被调查者可以选择其中一个、多个或全部答案。它与"多项单选型"的主要区别是:答案不一定包含所有的可能性,答案之间也不互相排斥,也就是说,可以选择多个选项。例如,选出你一周内购买的日用品?　□香皂　□洗发水　□毛巾　□洗衣粉　□护发素　□洗洁精。

对这个问题,被调查者可以选择一个以上的答案,它的优点是有利于获得多角度、多类别的信息,使收集到的数据更丰富。

(2)开放式问卷。开放式问卷是指只提出问题而没有给出任何的被选答案,让被访问者自由的回答问卷中事先设计好的问题。也就是说,只有问题是固定不变的,被访问者可以根据自己的意愿来自由地表达观点。

案例6—3

你现在使用的洗衣粉是什么牌子? ____________________

1. 你为什么选用××洗衣粉?

____

____

2. 你以前用过其他牌子的洗衣粉吗?是什么牌子?

____

____

3. 为什么不再用了?

____

案例 6－4

有用的开放式问题

下面是一些开放式问题，通常没有被注意到，却能产生很深刻的理解。

(1)什么因素可以使你使用或购买一项产品或服务？这样的问题在焦点小组座谈或深度访谈中是很有用的。至少，它可以为问卷前面的发现做一个即时的总结。它也可以被当成一场讨论会，对前面问卷没有涉及的问题进行讨论。例如，在一个关于欧洲发行的儿童杂志研究中，应答者反映文章应该被简化，所举的例子应该能够被美国的儿童所接受。

(2)关于产品、服务、促销，什么才是最好的？这个问题比传统的"你喜欢它什么？"能产生更好的效果，并且能够作为传统"喜欢"问题的补充。一个食品公司推出了一种冷冻早餐，无论从口味还是质量上，都还不能为公司赢得任何奖项。如果再问应答者关于这种食物你喜欢什么，将会一无所获，因为应答者对这种产品本身就很不满意。然而，通过问这种食物的最大的优点是什么，公司发现这样会是一种"解决之道"。在研究中，很多应答者是有工作的母亲，她们希望能够有一种方便的、迅速加热即食的早餐提供给自己的家人。基于简单"喜欢"问题的回答，所有想法可能都已经讲出来了，但是基于"最好"问题的回答，顾客就会知道公司将会做什么事，即对产品口味和质量的改进。

(3)关于产品、服务、促销，什么才是最差的？这是"最好"问题的对立面，对这个问题往往能带来意想不到的答案。讨论起看牙医的经历，应答者能很理性地说出他们的厌恶，包括疼痛、花费、不安全感。当你被问起"看牙医时，发生在你身上最差的事情是什么？"的时候，很多人会回答："你会死的！"死在牙医诊所的椅子上是很少发生的，但是这些回答使研究发起者明白了人们是可以处理自己的恐惧水平的。

(4)主要思想登记。至少，调研人员可以知道应答者是否真正理解问题。要求主要思想登记往往是确认沟通是否顺畅的捷径，否则，关于主题的沟通问题会妨碍主题的接受度。有时，实施过程是主题是否发生偏离的关键。在焦点小组座谈中，快速修正可能会消除误解，也可能改变主题。如果应答者不能理解潜在的意图，他们就会觉得这个问题有歧义或者难以回答。

(5)朋友和亲密伙伴怎样涉及这种主题？有时，一个令人侧目的想法或主题会引起消费者的不满。当一个公司努力为自己营造一个高端的形象时，这种情况就会发生。在这个例子中，消费者会暗示他们不会如此势利来涉及此类问题。当这种情况发生时，把问题变为第三人称，这样优势就会很明显，例如："你知道交流过这种想法的朋友或伙伴吗？"如果应答者回答"是"，调研人员就能确定，对于这个问题其朋友和伙伴是什么样子的。在谈论朋友和伙伴是怎样涉及这种问题的过程中时，顾客就会以一种社会更认可的方式谈论到自己。很多客户没有这样的意识，不顾善意的警告，只想知道应答者自己怎么想的。

(6)在使用这种产品和服务之前，你会做什么？年龄较大的女士有被问到最喜欢的杂志的情况，特别是当她们脱下鞋子，穿上拖鞋，换上舒适的衣服独自去阅读杂志。阅读杂志是她们完全为自己做的事情，出版商就会知道对于这些女人而言，杂志是很珍惜的伙伴。

(案例来源：小卡尔·麦克丹尼尔等著，李桂华等译，《当代市场调研》，机械工业出版社2015年版，第277～278页。)

开放式问卷的优点是：被调查者可以充分表达自己的观点，向调查者提供充分的数据信息。另外，被调查者很难对所要回答的问题敷衍了事。再则，开放性问题可能提供封闭式问题的额外选项。

开放式问卷的缺点是：由于答案的非标准化，在进行编码、汇总和分析的时候会相对复杂。再则，由于回答这类问卷费时费力，问卷的回收率相对较低。

由于开放式问题的特殊性，调查者如想记录下被调查者回答，就必须记录下或录制下访问过程，而运用技术手段无疑会提高调查者的效率。

案例 6－5

Adults & Surveys 开发了一种称为 A&S/VOICE/CATI 的系统。当屏幕上出现了一个开放式问题时，访问员能将全部回答以应答者的原声录入磁盘，而不必用录音机录入。假设访谈通过个人计算机进行记录而不是通过信息传储终端，这一系统为分析开放式问题提供了新的益处：

- 通过记录全部开放式回答，访问员就不会因为要澄清问题、记录或打印而打断谈话。
- 通过获得的谈话内容来了解对一件事的看法。
- 能够记录访问员如何提问以及访问员与应答者如何交换意见。

这个系统将回答储存在电脑上，就像将数字文件存在硬盘或软盘上。因此，逐字记录下来的回答可以像其他电脑文件那样被分类处理。这些数据也可以像其他数据或软件那样，邮寄给委托公司的研究人员或通过电话线路传播。

例如，在分析顾客满意度的研究中，分析员可以分类处理满意和不满意的回答，然后听取每一组关于其原因的真实意见。在分析、介绍和准备阶段，真实的声音、开放式回答可以通过问卷中其他问题的答案和传统的分类方式（性别、年龄、收入等）进行分类处理。

（案例来源：小卡尔·麦克丹尼尔等著，范秀成译，《当代市场调研》，机械工业出版社 2006 年版，第 215 页。）

（3）半封闭式问卷。为了弥补封闭式问卷及开放式问卷的不足，在调查实践中也有将封闭式与开放式相结合的问卷，称为半封闭式问卷。它兼有封闭式和开放式问卷的优点。主要有两种形式：一种是在一个问题中，既有一定的备选答案，也有相应的一个或几个开放式的备选答案（如案例分析 6－6）；另一种是问卷中包括开放式和封闭式两种类型的问题。

案例 6－6

您选择购买"西门子"电冰箱的原因是什么？

○国际品牌　○质量好　○价格便宜　○维修方便　○制冷快

○容积大　○外观漂亮　○噪音小　○结构合理　○省电

○其他（请注明）＿＿＿＿＿＿＿＿＿＿

问卷中的问题，部分采用封闭式的，部分采用开放式的。

（4）量表式问卷。量表式问卷是在设计的问卷当中提出关于倾向性强度的问题。量表式问题的主要优点是可以评估被访问者的答案的强度。而且，量表式问题的答案可以转换成数字来直接进行编码，进而对统计分析工具的选择更加自由。量表式问题最突出的缺点是，可能造成被访问者的误解。

案例 6-7

选购化妆品时，您认为下列因素重要程度如何？（请将您认为合适的位置上的圆圈涂黑）

	很不重要 1	2	3	4	非常重要 5
产品质量	○	○	○	○	○
购物环境	○	○	○	○	○
价　　格	○	○	○	○	○
包装精美	○	○	○	○	○
知名度高	○	○	○	○	○
品牌理念	○	○	○	○	○
优惠促销	○	○	○	○	○
产品功效	○	○	○	○	○
广告宣传	○	○	○	○	○
售后服务	○	○	○	○	○

案例 6-8

您在做出购买决策时，下表左侧几个因素所起的作用如何？（请在您认为合适的格子内打“√”）

因　素	极重要	很重要	重要	不甚重要	最不重要
价格性能比					
型号多样化					
售后服务					
易保养					
易操作					
耐用					

为了准确地反映强度，调查人员通常提供一个应答类别的详细描述供被调查者选择，从而使被调查者能够准确、完整地理解量表。

案例 6-9

这是一个电话访谈指导量表问题回答的例子。量表的符号和要点的数目要仔细考虑。量表符号的选择和要点的数目经常由公司目标和市场条件决定。考虑以下 3 个案例：

例 1：少量强大的竞争者

公司1的顾客满意目标是超越其两个最大、最好的竞争者，以巩固在顾客中的地位并加速顾客的认知。该公司与其用比较量表说明，如“表现比竞争者2或3好或差”，不如选择使用一个简单的7点评分制表示行为标志（从“差”到“非常好”），应答者单独评价每个公司的每种品质特性。

这就形成了一个行对比表，该表突出了竞争的优势与劣势，经理们可迅速发现公司1在变量A和变量B占优势，在变量C上竞争呈白热化，而在变量D上处于劣势。

这一量表经测试具有较高的可靠性，并使公司1可以检验它在多大程度上实现了董事会的战略目标。

例2：很高的顾客满意度

在对其7点评制（从“差”到“非常好”）量表的事前测试时，公司2发现96%的应答者评价为6或7，而且评价低于4的几乎没有。当公司乐于了解它的顾客有多满意时，研究者感到很沮丧，因为这使公司没余地进一步改善，并使差距难于区别，缺少示范能力。

研究者与其增加评分点的数目（这是个电话调查），不如决定将极点标志从“差”到“非常好”变成“好”至“非常好”，设置“0”用来表示应答者认为公司达不到“好”的情况，这种对标志的改变增加了可辨别性。

例3：缺乏经验或头脑呆板的经理

公司3正要开始它的改善质量、让顾客满意活动。其经理以前从未使用过询问调研，并对不能完全固定的量表持怀疑态度。“如果一个顾客回答4，我怎么知道她在想什么？”一个经理问。

尽管一个用“差”和“非常好”为极端标志的7点评分制量表有相当令人满意的优点，公司还是选择用5点评分制（1＝差，2＝一般，3＝好，4＝很好，5＝非常好），因为经理可以更好地看出其联系。他们更加赞成按只有“差”“一般”或“好”的分数行动，而不愿按7点中的4点行事。

从那时起，公司3已做出了周密计划，并决定采用7点评分制量表以获得更高的可区别性和示范能力。

（案例来源：小卡尔·麦克丹尼尔等著，范秀成译，《当代市场调研》，机械工业出版社2006年版，第218页。）

案例6—10

抽样电话访谈中对量表应答式问题的访问指导

例1

我将读出一些陈述，对每个陈述，请指明你是“十分同意”“同意”“不同意”“十分不同意”或没有意见。请你尽可能准确地给出你的意见。说明清楚吗？（如果应答者不明白，重复应答类型。继续读出陈述并记录回答。在每一项上圈出应答者的回答。）

例2

现在我要读一份陈述，这份陈述对于您决定在哪里购买立体声设备可能重要也可能不重要。我们将利用您的电话拨号盘作为量表。#1表示“肯定不同意”，#6表示“肯定同意”。或者，您可选按两数间任一号码以表示您的感觉。

让我们开始吧。当决定到哪购买立体声设备时，您在多大程度上同意或反对（插入陈述）是一个重要方面。

例 3

现在我将读几条汽车服务的陈述，这对于您决定到哪获得汽车服务可能重要，也可能不重要。

让我们用电话拨号盘作为量表来表示您的答案……

数字 1 表示您完全不同意以上陈述

数字 2 表示不同意以上陈述

数字 3 表示您有些不同意以上陈述

数字 4 表示您有些同意以上陈述

数字 5 表示您同意以上陈述

数字 6 表示您完全同意以上陈述

您对于此量表有何疑问吗？

（案例来源：小卡尔·麦克丹尼尔等著，李桂华等译，《当代市场调研》，机械工业出版社 2015 年版，第 282 页。）

2. 无固定结构式问卷

无固定结构式问卷是指问卷中的问题没有事先设计好的固定顺序和具体措辞等，只是由市场调查人员围绕调查的目的进行提问。这样，调查人员在调查时可以根据具体情况对问题和顺序进行适应性的调整。如某高校为了更好地提高大学生就业率，拟对在校应届毕业生进行一次抽样调查。希望通过调查了解应届毕业生不能找到合适工作的原因，主要是学生的心理原因，包括就业期待、学习成绩、行业选择、薪金要求、人际交往能力等方面。调查采用无结构式问卷，具体调查工作由各专业辅导员完成。为此，需要对调查者（即专业辅导员）进行培训，然后向调查者发放一份调查提纲，要求调查者围绕提纲的内容与被调查者（应届毕业生）进行交谈。

根据上面的例子，我们发现，所谓的无固定结构问卷实际上只是没有固定问卷中所有的问题和问题的顺序，而是市场调查人员根据实际的情况或者环境将问题的提问方式和顺序灵活化，力求最大化问卷收集数据的效果。然而，无固定结构问卷对于市场调查人员的素质要求比较高，而且必然耗费更多的人力、物力和时间。所以，这种问卷形式适用于样本数量较小的调查，便于发现新情况以用于探索性质的研究。

二、问卷的结构和内容

典型的问卷应该有一个明晰的结构，一般由前言、正文和结尾三个部分组成。基本内容应包括标题和问候语、问卷说明、问题编码和附件。

（一）前言

问卷的前言主要包括标题、问候语以及问卷说明。

1. 标题

标题是为了让调查者清楚地了解调查的主题内容和用意，引起被调查者的重视，消除他们的疑虑，激发他们的参与意识，以争取得到他们的合作。因此，市场调查问卷的标题应该简明扼要，内容要能交代清楚调查目的，同时不能拖沓冗长，引起被调查者的反感。如果标题的内容和措辞适当，可能降低拒访率，提高调查结果的可靠性和有效性。相反，如果内容或措辞不当，可能导致无回答率增高，从而增加调查成本。例如，“教师信用卡调研”，是对教师信用卡使用情况的调查；“家庭主妇消费调查问卷”，是对专职家庭主妇消费情况的调查问卷。

2. 问候语

一般来说，标题之后要有一段寻求合作的问候语。在问候语部分，尽可能做到亲切、谦虚、诚恳有礼，内容要能交代清楚调查目的、调查者身份、保密原则以及奖励措施等。问候语的主要目的是阐明调查的目的，消除被调查者的疑虑并引起其兴趣，创造合作的可能。例如：

(1)××商场购物动向的调查

尊敬的顾客：

您好！我是××商场的市场调查员，我们正在为本店家电产品做市场调查，请协助我们回答几个问题，只用您5分钟的时间，谢谢您的协助与支持！

(2)一款酒精饮品市场调查

早晨好/下午好/晚上好，我是××调查公司的×××，我们是一家从事市场调查的公司。我们现在就一款酒精饮品进行市场调查，每次每人的访谈时间约20分钟，我们的访谈活动完全依照市场调查学会制定的行业规范进行操作。感谢您的支持！

3. 问卷说明

目的在于帮助受访者回答问卷，并使其回答适合预先的设计标准。问卷说明可以统一地放在问候语之后，也可以放在每部分问题之前。问卷说明一定要详细清楚，而且格式、位置要醒目，这一点对自行填写的问卷尤为重要。否则，即使被调查者理解了题意，也可能由于回答方式、方法的原因造成错误，造成所收集数据的有效性低。例如，可能造成单选题回答成多选题，该跳答处没有跳答，要求填写的数字的单位是“厘米”，却回答成“米”等。

(二)正文

正文一般包括问题和编码两部分。

(1)问卷的正文部分是问卷的主体，也是使用问卷的目的和意义所在，即收集信息和数据。其内容主要包括调查所要了解的问题和备选答案。值得注意的是，对正文内容设计的探讨，是市场调查问卷设计学习的重点。在这部分，除去与调查目的紧密联系的必要数据外，被调查者的有关背景资料也是正文的重要内容之一。这些问题与研究目的密切相关，如个人年龄、性别、教育程度、职业、职务、收入等，具体内容要依据研究者先期的设计而定。

(2)编码是指问卷中包含的前编码设计，以及为后编码设计预留的位置。它是主体正文的重要组成部分之一，是实现计算机数据处理的中介和桥梁。问卷中的所有资料，无论是数字资料还是文字资料，都以编码的形式表示出来，填写到调查问卷给定的编码框里，以便分类整理，易于计算机进行统计分析。例如：

回　答	编　码
鸭梨	1
乳酪	2
黄瓜	3
莴苣	4
西红柿	5
苦瓜	6
洋葱	7
胡椒	8

续表

回　答	编　码
辣椒	9
酸奶	0
其他	X

编号和编码不是完全相同的概念。对于每个问题，编号是进行编码的基础和前期准备；编码除了对每个问题实施之外，每份问卷还必须有编号，它既反映问卷的顺序号，还包括与该样本有关的抽样信息。例如，“中国城乡低保情况调查”的家庭户编码的说明是：“由 4 位数字组成，具体含义为：第一位为样本类型代码，全国样本为 1，省级追加样本为 2；第二位为样本市直辖县(市)内的序号；第三位为样本街道、乡或镇内的样本居委会或村委会序号；第四位为样本居委会或村委会内的样本户(即家庭户)序号。”

(三)结尾

结尾部分主要包括问卷的附件。

问卷的结尾部分可以设置开放题，征询调查者对问卷的意见或感受，或是记录调查情况；也可以是感谢语，以及其他补充说明。再则就是注明调查日期、调查员姓名、调查地点等必要信息。例如：

“如果您有其他关于我商场家电产品的意见请填写____________________，衷心感谢您的参与，祝您购物愉快！”

 **案例 6—11**

银行客户意见调查

感谢您参与此项调查。您的参与将帮助我们了解客户对银行产品和服务的看法，以提高银行的客户服务水平。您的态度和意见对我们的调查来说非常重要。您的回答我们将严格保密。

说明：请仔细阅读下列问题。将符合您的答案填写在对应的选项框内。

第一部分：一般银行的业务习惯

1. 您最常在以下哪家银行办理银行或金融业务？请选出一个答案。

□ 美国银行　　□ 首都银行　　□ 爱尔兰国家银行

□ 巴吞鲁日银行　　□ 花旗银行　　□ 路易斯安那州国家银行

□ 其他银行。请具体说明：____________

2. 下列各个因素对您选择问题 1 中所提到的银行来说有多重要？(请就每个因素选出一个答案)

因　素	非常重要	重要	有点重要	根本不重要
便利的位置	□	□	□	□
营业时间	□	□	□	□
合理的服务收费	□	□	□	□
储蓄利率	□	□	□	□

续表

因　素	非常重要	重要	有点重要	根本不重要
认识银行的工作人员	□	□	□	□
银行的声誉	□	□	□	□
银行的促销广告	□	□	□	□
贷款利率	□	□	□	□
网上银行业务服务	□	□	□	□

如果您认为还有其他因素对您选择问题1中所提到的银行来说非常重要，请在下栏具体说明：

____

3. 您或您的亲属在下面哪个金融机构有个人储蓄账户？请根据实际情况选择答案，答案可多选。

金融机构	您和其他家庭成员	其他家庭成员	您自己
首都银行	□	□	□
美国银行	□	□	□
巴吞鲁日银行	□	□	□
花旗银行	□	□	□
爱尔兰国家银行	□	□	□
路易斯安那州国家银行	□	□	□
其他机构(请具体说明)：________________			

4. 我们想了解您对以下每种银行业务方式的态度。对于下列银行业务方式，选择能最好地描述您的偏好程度的答案。对每种业务方式只能选择一个答案。

银行业务方式	非常喜欢用	有点喜欢用	有点不喜欢用	非常不喜欢用
银行内业务	□	□	□	□
免下车(供开车进来的客户使用的)窗口	□	□	□	□
自动取款机业务	□	□	□	□
电话银行业务	□	□	□	□
邮寄银行业务	□	□	□	□
网上银行业务	□	□	□	□

5. 现在我们想了解您实际使用以下银行业务方式的频率。请在每种银行业务方式下选择一个合适的答案。

银行业务方式	经常	偶尔	很少	从不
银行内业务	□	□	□	□
免下车(供开车进来的客户使用的)窗口	□	□	□	□
自动取款机业务	□	□	□	□
电话银行业务	□	□	□	□
邮寄银行业务	□	□	□	□
网上银行业务	□	□	□	□

第二部分:普遍观点

这部分列出一些普遍观点。对于下列陈述而言,并没有正确或错误的答案,我们感兴趣的只是您的观点。

6. 请在每个观点旁边,选择一个能够最好地表达您同意或不同意该观点的程度的答案。需要提醒您的是,并没有正确或错误的答案——我们只是想了解您的看法。

观　点	非常同意	有点同意	中立	有点不同意	非常不同意
对于新鲜事物,我通常会征求朋友的意见	□	□	□	□	□
我经常用信用卡买东西	□	□	□	□	□
我希望有更多的钱	□	□	□	□	□
安全对我来说最重要	□	□	□	□	□
我很容易受广告的影响	□	□	□	□	□
我喜欢用现金购物	□	□	□	□	□
对于新鲜事物,我的邻居或朋友通常喜欢征求我的意见	□	□	□	□	□
持有记账户头是件好事	□	□	□	□	□
明年我的花销可能比今年更大	□	□	□	□	□
逐店选购特价商品的人能省很多钱	□	□	□	□	□
我喜欢尝试最流行的产品或服务	□	□	□	□	□
我缺钱的时候,往往会发生意想不到的状况	□	□	□	□	□
5 年后,我的收入可能比现在高很多	□	□	□	□	□

第三部分:银行业务关系

请给出您对以下各个问题所持的观点。选出最符合您感受的答案。

	不是很满意				很满意
7. 您对与您有大部分业务合作的银行有多满意?(如您主要的银行业务关系)	□	□	□	□	□
	不是很可能				很可能
8. 您继续与您目前主要合作的银行进行业务往来的可能性有多大?	□	□	□	□	□
9. 您将与您进行主要合作的银行推荐给朋友的可能性有多大?	□	□	□	□	□

第四部外:分类资料

接下来是几个人口统计信息方面的问题。通过这些问题,我们能够合理地利用调查结果来推断总体,您的答案将有助于我们确保受访者样本的多样性。

10. 您的性别是?　　□ 女　　□ 男

11. 您居住在目前的所在地大概有多久?

□ 不到 1 年　□ 1～3 年　□ 4～6 年　□ 7～10 年

□ 11～20 年　□ 超过 20 年

12. 您目前的就业状况怎样?

□ 全职　□ 兼职　□ 目前未就业　□ 退休

13. 您目前的婚姻状况如何?

□ 已婚　□ 单身(未婚)　□ 单身(丧偶、离婚或分居)

14. 如果已婚,请说明您配偶目前的就业状况。

□ 全职　□ 兼职　□ 目前未就业　□ 退休

15. 如果您有孩子,请指出您家庭中未满 18 岁的子女个数。

0　1　2　3　4　5　6　7　8　若超过 8,请具体说明:________

□　□　□　□　□　□　□　□　□

16. 下列哪个选项是您的最高学历?

□ 研究生或高等学位　□ 高中毕业

□ 研究生学习阶段　□ 高中阶段

□ 大学毕业(4 年本科学位)　□ 中学毕业

□ 大学或技术学校学习阶段　□ 中学阶段

17. 您今年多大年龄?

□ 不到 18 岁　□ 26～35 岁　□ 46～55 岁　□ 66～70 岁

□ 18～25 岁　□ 36～45 岁　□ 56～65 岁　□ 超过 70 岁

18. 下面哪个选项能恰当地描述您所从事的行业?

□ 政府(国家、州、城市)　□ 法律　□ 金融　□ 保险

□ 石化　□ 制造业　□ 运输业　□ 咨询业

□ 教育　□ 医疗　□ 零售　□ 批发

□ 其他领域,请具体说明:____________________

19. 您的家庭全年税后总收入是多少?

□ 不到 10 000 美元　□ 30 001～50 000 美元

□ 10 000～15 000 美元　□ 50 001～75 000 美元

□ 15 001～20 000 美元　□ 75 001～100 000 美元

□ 20 001～30 000 美元　□ 超过 100 000 美元

20. 您居住地 5 位数的邮政编码是多少?□□□□□

非常感谢您参与此次调查!

再次为您花费宝贵时间给我们提供的信息而表示感谢!

(案例来源:小约瑟夫·F. 海尔等著,白雪梅主译,《市场营销调研精要》,东北财经大学出

版社 2016 年版，第 188～191 页。）

第三节　问卷设计的步骤和原则

由于调查的目的和要求、调查对象、调查内容以及调查方式等因素的不同，与之相适应的问卷类型、结构和特征自然要有所区别。在市场调研中，调查内容所包含的范围可能很广，而且每个调查项目都有不同的特点，因此，相应的调查问卷设计也要各有侧重。但是，问卷设计有着一定的普遍规律可以遵循，大多数调查问卷设计的基本原则和流程是大同小异的。

一、问卷设计的步骤

在进行问卷设计的具体操作中，任何一个步骤都有需要注意的地方并且其中包含很多细节，如果不仔细设计，就会产生不必要的误差。问卷设计的一般程序见图 6－1。

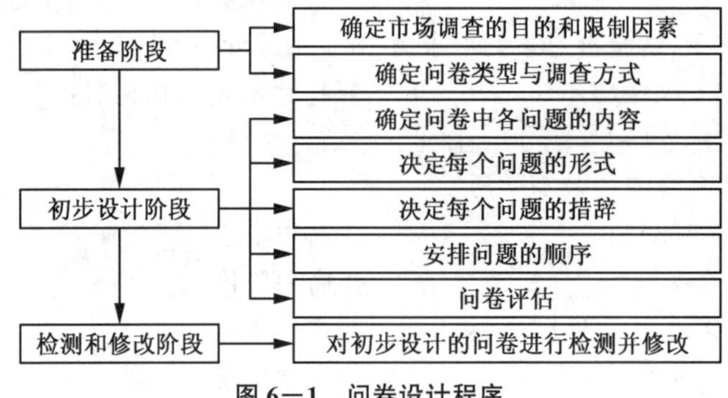

图 6－1　问卷设计程序

(一)准备阶段

1. 确定市场调查的目的和限制因素

首先，市场调查之所以产生是由于经营管理者在进行决策时感到所掌握的信息不足以进行决策。进行调查问卷设计是要对调查的主题和目的进行研究和剖析，并将其转化为假设，并具体到需要获得哪些信息。这一阶段的工作与调研前期工作密切相关。因为做市场调查的基础就是要明晰调查目的和调查主题。如果市场调查人员能够充分地理解其目的和主题，所有的具体工作才会有意义。

大多数市场调查都需要问卷的设计者对所研究的问题有相对深刻的理解，并提出一些理论假设，对相关市场调查的主题以及相关各种因素之间的关系进行推断。在问卷设计初期只有一些粗略的思想，可能难以提出理论假设，所以在这个阶段应该尽量地进行多一些的二手资料的收集。在对二手资料进行充分分析的基础上，罗列出相当数量的假设，再联系主题对其进行筛选，排除不必要的调查内容。另外，与经营管理者的沟通也同样重要，与他们的沟通要尽可能地精确、清楚、详细。这样便可以得到本次调查的基本项目结构。然后，明确验证这些假设和获取这些信息需要进行统计分析的类型，这样调查总体和调查内容就明确了。

不能忽略的还有经费预算等其他的限制因素，调查要采集的信息、信息量、如何具体操作都和预算等其他资源紧密联系。如果在这一阶段没有对相关资源做充分的考虑，可能导致市场调查工作半途而废。

2. 确定问卷类型与调查方式

在市场调查人员明确地知道调查需求的时候，就要决定怎样得到这些信息。也就是说，如何收集信息，包括确定问卷类型和调查方式两个方面。在市场调查中，如果问卷类型或调查方式选择不当，就会导致很大的非抽样误差，对所收集信息的有效性产生严重的影响。在这一阶段主要有以下三个方面要注意：

(1)可行性。无论是问卷类型选择不适合，还是调查方式选择不适合，或者两者选择都不合适，都可能造成高拒访率和数据的高误差率，引起大量的调查误差。例如，冗长的问卷如果通过电话调查，就会引起被调查者的反感，从而使调查失败。或者，对需要被调查者的主观观点、意见和态度的问题采用封闭性问卷，以至被调查者无法全面地回答问题，引起答案不准确，从而使调查产生较大误差。

(2)准确性。盲目地选择调查方式和问卷类型，则调查结果的准确性就会发生偏差，使其达不到调查发起者对信息准确度的要求。例如，某婴儿用品要预估所占市场比例，调查者采用大众传媒(如报纸问卷)，结果回收率很低，原因是没有考虑到产品使用者的特殊性，没有准确定位被调查人群，采用错误的调查方式，从而使最终的数据缺乏准确性。

(3)效率。效率是指用最低的成本来实现调查目的。适合的调查方式和问卷类型可以降低成本，杜绝浪费。因此，调查费用和对时间的要求是选择调查方式和问卷类型时要考虑的重要问题之一。

总的来说，在调查方式和问卷类型的选择上需要依据调查要求和客观条件进行权衡。

调查设计人员应根据实际情况选择适合的问卷类型和调查方式。

(二)初步设计阶段

1. 确定问卷中各问题的内容

这一环节应确定问卷中具体包括哪些问题以及这些问题都应询问些什么内容。在确定具体问题的时候应注意全面且完整。既不要为了节省成本而省略重要信息，也不要为多获取信息而忽略可行性，盲目地增加题量。以下四个方面需要注意：

(1)反复检查各问题的内容能否有效地获取所需信息。

(2)检查问题的内容能否准确反映所需信息。

(3)检查各问题内容的可靠性与可行性。

(4)确定题量时一定要把握好题量大小，注意效率原则。

2. 决定每个问题的形式

一旦确定了问卷类型和调查方式，就要具体设计问题的形式了。问题类型主要有开放题、封闭题、半封闭题和量表式四种，不同题型有不同的优缺点及适合的领域。

3. 决定每个问题的措辞

决定了问题的内容和回答形式以后，市场调查人员必须在特定问题的措辞上花费大量的时间，在每一个问题的用词安排上都要仔细推敲。问题的措辞，就是将已定类型和内容的问题转化为标准提问的依据，以及被调查者能够理解并据其回答的问题。表面看来，这一阶段不过是确定用词语气，然而其作用却至关重要。措辞不当往往会使被调查者误解题意或拒绝回答，引起计量误差，从而直接影响数据质量，事后弥补非常困难，成本太高。以下是在进行问题的措辞时要注意的一些问题：

(1)用词必须要清楚。调查人员设计问题的目的是收集调查所需要的必要信息，那么，至关重要的就是问题应导出与该问题需要采集的信息相匹配的含义，而且该问题对于所有人必须表达出同样的意思，绝不能含糊不清。比如，您距离这里的路程是否在10分钟以内？这个问题就存在着含糊不清的问题。其问题在于，距离这里的地点是家里还是单位？10分钟时间相对的是徒步行走、开车还是搭乘公共交通工具？再则，开车或者走路的速度对于不同的被访问者也存在差异。

另外，是否对被访问者表达了清楚的意思也存在由于被访问者的理解能力造成的区别。所以，在问卷中使用的词语应尽量避免专业术语，要适合目标群体的普遍水平。如这样的问题：请说出您经常驾驶的汽车的性能如何？大多数的被访问者可能没有办法清楚地给予回答或者拒绝回答。如果换一个问题就容易得多：您对您经常驾驶汽车的性能是：a. 非常满意 b. 比较满意 c. 一般 d. 不太满意 e. 非常不满意。

通过这两个问题的比较，可以清晰地预见到哪个问题的效果更好。可见，最好的问题用词应该具有准确的意义、普遍的用法以及意义的唯一性。如果不能遵循这样的原则，拒访率会很高，或者收集的信息有效性被大大降低。

每一位被调查者的个性、经验、心理素质、教育背景等都是独一无二的。市场调查人员和消费者的参考构架一定有所不同。所以，在设计问卷的时候要对被调查者使用尽可能通俗易懂的语言，或者说要将调查的问题转化为日常用语传递给被调查者。但是，根据被调查者的不同也要有所区别。比如，要调查的对象若是政府官员，我们要针对这个特定的群体进行措辞上的考虑；如果要调查的对象是建筑工人，与针对政府官员的问卷相比这份问卷的措辞一定有着明显的区别。另外，在进行问题设计的时候要避免双向式的问题。例如，您认为某电视台的某节目娱乐性和时段设置如何？这个问题应设计为两个问题：一个是娱乐性，另一个是时段设置。每一个问题都要单独询问一个方面的问题。

(2)措辞应避免对被访问者产生误导。问题的用词要避免对被调查者产生误导。比如，您会在一家最近出现了医疗事故的医院就诊吗？如果您订阅的报纸涨价一倍，您还会订阅吗？这样的问题会使被访问者的回答造成误差，原因显而易见。

另外，有些调查的目的要在过程中隐藏，否则就会发生被调查者回答的误差。比如，连续的问题都和某一公司紧密关联。

(3)措辞要适应受访者的回答问题的能力。在有些情况下，被访问者可能对需要回答的问题没有头绪或一无所知。比如，问一名男子关于其女同事最喜欢哪种牌子的唇膏就出现了此类问题。另外，如果调查被访问者从来没有接触的领域或者地点，也会出现此类问题。在这种情况下，如果调查人员执意要得到答案的话，那答案一定是没有任何意义和价值的。这样得到的数据就产生了测量误差。

(4)措辞要考虑被访问者的接受性。在某些情况下被访问者清楚地知道答案，但是他们不愿意回答调查人员的问题或者不愿意如实回答。一般来说，这样的问题可能使被访问者产生尴尬、敏感、威胁或者有损其自尊的感受。比如，关于恶习、犯罪、个人卫生等话题，一部分被调查者可能产生以上感受。对这样的问题，有一种比较常用的处理方法，即用第三人称的方式进行提问，如：许多人都违反交通规则，您认为是什么原因？这样，被访问者认为是回答别人的原因而不是自己的，真实且有效的信息就更可能被获取。还有一种方法就是在问题中声明此现象是很普遍的、平常的和被接受的。比如，北方人大多患有痔疮，问：您和您身边的人有这样的问题吗？这样，被访问者会以一种平常的心态来回答一般情形下避免涉及的尴尬问题。

(5)简明的措辞。简单明了的措辞可以使被访问者快速且容易地理解问题，降低拒访率，并且降低误差。这样的措辞可以让被访问者愿意配合调查人员完成问卷。被访问者越容易理解问题，其答案的误差也会降低。

问题的措辞是需要调查问卷的设计者投入足够的时间和精力研究的重要细节。表6—1

是在问题措辞中的应该和不应该，供大家在设计问卷时参考。

表 6－1　　设计问题时的应该和不应该

设计问题时应该遵循的要点：
1. 问题应该针对单一论题 2. 问题应该简短 3. 问题应该以同样的方式解释给所有应答者 4. 问题应该使用应答者的核心词汇 5. 若可能，问题应该使用简单句
设计问题时不应该的错误： 1. 问题不应该假设不明显存在的标准 2. 问题不应该超越应答者的能力和经历 3. 问题不应该用特例来代表普遍状况 4. 当应答者只可能记得事情的大致情况时，你不应该问过小的细节 5. 问题不应该要求应答者通过推断来猜测 6. 不应该过多询问无关的问题 7. 问题中不应该使用夸张的词语 8. 问题中不应该使用词义有分歧的词语 9. 不应该将两个问题并为一个 10. 不应该引导受访者回答某一特定答案 11. 问题不应该具有“暗示性”短语

4. 安排问题的顺序

各个问题的内容、形式和措辞一旦确定，设计者应考虑怎样把这些问题组合成问卷，即安排问题的排列顺序与结构。有着良好逻辑性的问题排序，可以使被访问者更容易完整、彻底地配合调查人员完成问卷调查，见表 6－2。

表 6－2　　问题的排序

位　置	类　型	例　子	理论基础
	限制性问题	“过去的 12 个月中您滑过雪吗？”您拥有雪橇吗？	为了辨别目标回答者，对去年滑过雪的雪橇拥有者进行调查
最初的几个问题	适应性问题	“您拥有何种品牌的雪橇？”“您已经拥有几年啦？”	易于回答，向回答者表明调查很简单
前 1/3 的问题	过滤性问题	“您最喜欢雪橇的哪些特征？”	与调研目的有关，需稍费些力回答
中间 1/3 的问题	回答起来相对复杂的问题	分别评价您的雪橇的特征。	回答者已保证完成问卷，并发现只剩下几个问题
最后部分	分类和个人情况	“您的最高教育程度是什么？”	有些问题可能被认为是个人问题，应答者可能留下空白，但它们放在调查的末尾

(1)运用过滤性问题。运用过滤性问题可以识别合格的被访问者。许多市场调查需要具备一定条件的被访问者的配合，才能完成信息的采集工作。比如，对素食者相关问题的调查要求被调查者是素食者，对吸烟者的调查要选择吸烟的人作为调查对象等。

有关研究显示，一个所有人都可以作为合格的被访问者的调查要比有 5%不合格率的市场调查的费用低得多。也就是说，过滤性问题越长，调查的费用就越高。但出于调查目的，很

多时候问卷中出现了过滤性问题。

案例 6－12

一份寻找用手动剃须刀、一周至少刮 3 次脸的 15 岁以上男性的过滤性问卷

您好！我是 Data Facts 调研公司的人员。我们正在对男性进行一次调查，想问您几个问题：

1. 您或您的家庭成员在广告公司、市场调研公司或制造销售修面产品的生产厂家工作吗？

(结束并记录在联系记录单上) 是(　　)

(继续问题 2) 否(　　)

2. 您多大年龄？您是……(读选项)

(结束并记录在联系记录单上) 15 岁以下(　　)

[检查配额控制形式——如果配额组的合格应答者不足，　15～34 岁(　　)

继续问题 3;如果配额组的合格应答者已够则结束并记录]　34 岁以上(　　)

3. 您上次修面用的是电动剃须刀还是手动剃须刀？

(结束并记录在联系记录单上) 电动剃须刀(　　)

(继续问题 4) 手动剃须刀(　　)

4. 在过去一周里您刮几次脸？

(如果少于 3 次，结束并记录在联系记录单上；如果多于 3 次，继续)

(案例来源：小卡尔·麦克丹尼尔等著，李桂华等译，《当代市场调研》，机械工业出版社 2015 年版，第 286 页。)

(2)在找到合格的被调查者后，要提出能够引起被调查者兴趣的问题。在经过简短的引导和过滤性问题，确定受访者是合格的调查对象后，接下来的问题应该比较简单，容易回答。更重要的是，要引起被调查者的兴趣，而且要让被调查者消除疑虑，并愿意完成问卷。有些问题在这里提出是不合适的，比如收入和年龄，因为被访问者会产生警戒心理。反之，被调查者会进入一个放松的心态，问卷完成的可能性会有很大的提高。

(3)问题应该循序渐进。在之前的引导性问题之后，问题需要按照循序渐进的逻辑形式来进行。一般性问题让被调查者开始考虑一个普遍性的范畴并向更深入的问题过渡。比如，在过去的 2 个月中您购买过牙膏和牙刷吗？这时被调查者开始思考与牙膏相关的问题，之后可以询问牙膏的购买频率、品牌、对常用品牌的满意度、重复消费的意向、对现有产品有哪些希望改进的地方等。把人口统计方面的问题放在后面，如年龄、性别、收入等。当涉及人口统计方面的问题时，被访问者已经习惯于回答问题，一种默契的信任关系已经悄然建立，进而消除了防卫心理，使可能存在障碍的问题得到被调查者的配合。

(4)需要被访问者思考的问题应放在中间。在经过开始阶段的培养后，兴趣和融洽关系的建立可以鼓励被访问者努力思考并且完成问卷。从起初的模糊兴趣开始，动力和承诺逐渐地被注入被访问者的思维。这样，当访问进入需要被访问者理解和思考的问题时，其受到鼓舞并完成问题。

(5)关键点的提示。在问卷的进行过程中，被访问者的兴趣和动力会产生波动，起因可以是时间过长，或者遇到相对复杂的问题。此时，市场调查人员应该及时发现并且重新培养被访问者的兴趣。比如，只有很少的几个问题了，后面的问题比较容易等。

5. 问卷评估

当市场调查问卷初步设计完成后，设计人员需要对问卷进行评估。尽管问卷的整体和细节都花费了设计人员大量的时间，但是考虑到问卷在市场调查过程中的关键作用，对问卷的评估是必不可少的。

(1)问题是否必要。问题是否必要是问卷评估中最为重要的标准。在设计调查问题的时候，针对调查的目的和主题，所有的问题必须是有意义的。在此强调问题的必要性是因为，在设计问卷的过程中会出现"了解这个问题是有好处的"等与主题无关的问题。经常出现的是统计性质的问题，比如教育情况、年龄、婚姻等。这些资料如果不是正在进行的市场调查所需要的信息，就应该全部删除。因为每一个问题都要带着明确的目的性、过滤性的、过渡性的、培养兴趣的以及调查目的之外的所有问题都是没有任何意义的。

(2)问卷是否太长。一般来说，拦截访问和电话访问的时间长度不应该超过 20 分钟，入户访问不应超过 45 分钟。尽量不要超过这个时间；如果超过，需要给被访问者具有吸引力的奖励作为鼓励。

(3)问卷能否采集调查目标需要的信息。市场调查人员设计的问卷必须保证满足管理者决策所需要的信息要求。在这个阶段，市场调查人员最好回顾一下经管理者或调查发起者认可的调查策划案，确定调查目标。仔细阅读设计好的问卷，看看问卷的问题都满足了什么目标。最后，看看是否所有的目标都被满足：如果没有，就要增加问题；如果有的问题和目标没有联系，就应该删除。该环节的目的是确保调查目标的完成。

(4)问卷的外观设计。问卷的外观是影响被访问者是否愿意填写该问卷的重要条件。问卷应该看上去很正规，纸张不要看上去是非常廉价的。如果页数比较多，应该进行装订，避免看上去杂乱无章。

(5)给开放性问题预留足够的空间。开放性问题的回答会因为被访问者的不同而不同，答案的长短自然就不一样。所以，针对开放性问题，其答题空间要预留充分，但留多少要根据具体的问题而定。

(6)问卷中的说明词应当明显。问卷中的说明词是帮助被调查者高效地回答问题，要尽可能地与其他内容有所区分。

(三)测试和修改

问卷的初稿存在一些潜在问题，在这一环节属于普遍的和可接受的，所以要仔细检查和修改。对以上两个阶段的各环节都要反复推敲和检查，一定要认真、耐心，严格对所设计的问卷进行修改。然而，有些潜在的问题还是有可能不被发现。这种情况下，最好的方法就是进行试点调查，在正式的调查环境中选取小规模的复合标准的样本进行试验性调查。通过试点测试来最后确定调查的方式、方法、问卷中的内容是否存在问题，还要对回收的问卷进行整理、编码和分析，力求找到问卷中可能存在的一切问题，以确保调查工作的顺利进行，并得到理想的调查结果。

二、问卷设计的原则

问卷设计的每个环节和步骤都需要遵循一定的原则，是否能够设计出一份优秀的问卷与这些原则息息相关。问卷设计中的原则主要包括合理性、一般性、逻辑性、明确性、非诱导性，并且要便于分析整理。

(一)合理性

合理性指的是问卷必须与调查主题相关。如果不能符合调查的目的和主题，问卷其他方面的设计就失去了意义。

比如“调查某剃须膏的用户消费感受”，这里并没有一个现成的选择要素的法则。但从问题出发，并结合相关行业经验、知识，要素是能够被找出来的。一是使用者(或购买者)的基本情况，如年龄等；使用剃须膏的情况如是否使用过该剃须膏、周期等。二是购买力和购买欲，包括收入水平、受教育程度、职业等；剃须膏的消费特点，如品牌、包装、价位、产品外观等；使用该剃须膏的效果评价，如使用效果、心理满足等。三是产品本身，包括对包装与商标的评价、广告等促销手段的影响力、与市场上同类产品的横向比较等。应该说，这样几个要素对于调查主题的结果是有直接帮助的，被访问者也相对容易了解调查员的意图，从而予以配合。

(二)一般性

一般性即问题的设置是否具有普遍意义。应该说，这是问卷设计的一个基本要求，但我们仍然能够在问卷中发现这类带有一定常识性的错误。这一错误不仅不利于调查结果的整理和分析，而且会使调查委托方轻视调查者的水平。如一个“大众对广告接受度”的调查：

问题：你经常在哪一种媒体上看到广告？

答案：a. 报纸；b. 电视；c. 杂志；d. 广播；e. 其他

或答案是另一种形式：

a. 报纸；b. 车票；c. 电视；d. 墙幕广告；e. 气球；f. 巴士；g. 广告衫

如果根据我们的调查目的不需要如此细节的统计指标，那我们就犯了一个“特殊性”的错误，从而导致某些问题的回答实际上偏离了调查的方向。

(三)逻辑性

问卷的设计要有整体概念，这种整体既指问题与问题之间要具有逻辑性，也包括问题本身，从而使问卷成为一个相对完善的整体。如：

1. 你每日通常读几份报纸？

a. 不读报；b. 1 份；c. 2 份；d. 3 份以上

2. 你读报通常用多长时间？

a. 10 分钟以内；b. 半小时左右；c. 1 小时；d. 1 小时以上

3. 你经常读的是下面哪类(或几类) 报纸？

a. ××晚报；b. ××日报；c. 人民日报；d. 参考消息；e. 广播电视报；f. 其他请注明：

在以上的几个问题中，由于问题设置紧密相关，因而能够获得相对完整的信息。调查对象也会感到问题集中、提问有章法。反之，假如问题是发散的，问卷就会给人以随意而不严谨的感觉。因此，逻辑性是与问卷的条理性、程序性分不开的。

(四)明确性

所谓明确性，指的是问题的规范性。如：问题是否清晰明确，被访问者是否能够对问题做出明确的回答等。

如上文中“10 分钟以内”“半小时左右”“1 小时”等设计即是十分明确的。如果换作“10 分钟左右”“半小时左右”“1 小时左右”，收集到这两种不同类型的答案，会导致统计后的数据不明确，无法为调查者提供其所需的信息。

(五)非诱导性

使用诱导性的提问方式如果不是刻意要得出某种结论而放弃客观性的原则，就是彻头彻尾的职业素质的缺乏。在问卷调查中，因为有充分的时间做提前准备，这种错误大大地减少了。但这一原则之所以成为必要，在于高度竞争的市场对调查业的发展提出了更高的要求。如：

问题：你认为这种化妆品对你的吸引力在哪里？

答案：a. 色泽；b. 气味；c. 使用效果；d. 包装；e. 价格

若换一种答案：

a. 迷人的色泽；b. 芳香的气味；c. 满意的效果；d. 精美的包装

显而易见，后一种设置带有较强的诱导和提示性，从而在不知不觉中掩盖了事物的真实性。

(六)便于分析整理

优秀的问卷设计除了考虑紧密结合主题与方便信息收集外，还需要考虑问卷在调查后的整理与分析工作。这样，才能促进市场调查整体工作的顺利完成。

本章小结

作为调查者和被调查者的媒介，市场调查问卷是国际通用的市场调查工具和作业方式，在市场调查和预测过程中起着极其重要的作用。本章主要介绍了市场调查问卷的定义、作用，并且着重介绍了问卷的类型与结构。问卷的类型、结构和内容与调查的目的紧密联系，并与调查的对象、调查的方式等相适应。从不同的角度可将问卷划分为报刊问卷、邮政问卷、送发问卷和网络问卷；也可以将其划分为固定式问卷、非固定式问卷和量表式问卷等。问卷的结构和内容是相对应的，大体可以分为标题、问卷说明、正文和附件几个部分，且每个部分都有其特定的作用，任何一个部分处理不恰当都将降低市场调查信息收集和处理的质量。

问卷设计的技巧同样是十分重要的，而且较难掌握。市场调查问卷的步骤主要分为三个阶段：第一个阶段是准备阶段，包括了确定市场调查的目的、信息来源和限制因素，还要确定问卷的类型和调查方式。第二个阶段是初步设计阶段，这个阶段工作量大且复杂。这个阶段包括确定问卷中问题的内容、形式、措辞以及问题的顺序，当然还需要根据相关原则对问卷进行评估。市场调查进入实地调查之前的最后一个阶段是检测和修改阶段，这个阶段要对整个市场调查问卷的调查方式、方法、问卷中的内容进行检测和修改，还要尝试对试卷进行整理、编码和分析，力求找到问卷中可能存在的一切问题，以确保调查工作的顺利进行，并得到理想的调查结果。

复习思考题

1. 什么是调查问卷？
2. 市场调查问卷的作用主要表现在哪几个方面？
3. 简述市场调查问卷的步骤。
4. 简述市场调查问卷的类型。
5. 简述市场调查问卷设计的原则。

案例分析

【6—1】　了解消费者行为

下面是一份真实的调查问卷(进行了小幅度的修改)，它是一份学生设计的调查问卷，用以了解中西部城市的购物行为。它违反了许多问卷设计的基本原则，看你能发现多少。

调查问卷

1. 您多大年龄？____________

2. 您配偶多大年龄？ ____________

3. 你们结婚多久了？ ____________

4. 您或您的配偶所取得的最高学历是？

a. 没受过正式教育

b. 小学

c. 中学

d. 大学

e. 两年制专科

f. 四年制本科

g. 研究生

5. 您父母的最高学历是？

a. 没受过正式教育

b. 小学

c. 中学

d. 大学

e. 两年制专科

f. 四年制本科

g. 研究生

6. 您是否受雇于营利性组织？

a. 是

b. 否

7.（如果回答是“是”，请回答第8题；如果答案是“否”，跳到第9题）您每月的收入为________美元？

8. 您配偶是否受雇于营利性组织？

a. 是

b. 否

9.（如果回答是“是”，请回答第10题；如果答案是“否”，跳到第11题）您配偶每月的收入是________美元？

10. 您与丈夫有小孩吗？

a. 有

b. 没有

11.（如果回答是“有”，请回答第12题；如果答案是“没有”，跳到第14题）您有几个小孩________（填入准确数字）？

12. 您的小孩多大了？

13. 他们上学了吗？在哪里上学？

14. 您和丈夫，谁是家中日常事务的决策者，比如在哪里居住？去哪里度假？买什么家具等？

a. 我是

b. 我丈夫是

c. 都不是或都是

15. 有其他成年家庭成员与你们一起居住吗？

a. 有

b. 没有

c. 有时有。他们是________

16. 您在哪里购物？

17. 为什么在那里而不在其他地方？

18. 您怎样评价它们的商品？

a. 非常好

b. 比较好

c. 不是特别好

d. 很差

19. 您是通过什么途径了解这家商店的？

a. 电视上

b. 互联网上

c. 通过朋友

d. 广告

e. 报纸

f. 我只是碰巧经过

20. 我想我的朋友一定会满意在这里购物的。

a. 非常同意

b. 比较同意

c. 同意

d. 不怎么同意

e. 十分不同意

21. 您最喜欢什么？

22. 有哪些有待提高的地方？

（案例来源：小卡尔·麦克丹尼尔等著，李桂华等译，《当代市场调研》，机械工业出版社 2018 年版，第 285～287 页。）

思考题：

1. 评论每个问题，讨论它们如何改进。

2. 提出几个用以了解中西部城市有关商品和服务消费行为的问题。

3. 修改过的问卷应当如何重新排序？

【6－2】　新新服装店

戴德调研公司的总经理王晋正在设计一个营销调研方案，以解决与新新服装店的总裁刘成会谈时刘成提出来的调研问题。调研问题看上去十分明确：

1. 有哪些女装店在与新新服装店竞争？

2. 新新服装店的形象如何？这一形象与其竞争者的形象相比如何？换句话说，新新服装店的定位相对于其竞争者而言怎么样？

3. 哪些人是新新服装店的顾客？新新服装店的顾客与其竞争者的顾客相比有何不同？

虽然刘成尚未做出最终决定，但他倾向于采用由被调查者在家里回答、自管理式问卷。只是，他不太确定是不是能设计出一份问卷来回答所有这些调研问题。调研总体被定义为那些家庭收入高于中位数水平的妇女。王晋目前的任务是草拟出一份问卷，并制定出一个尝试性取样计划。

新新服装店是一家有 6 个店铺的女装连锁商店，位于东部的大城市 S。这家连锁服装店为 S 市的中上阶层提供高级服装已经有 40 多年的历史了。20 年前，新新服装店开设了第一家郊区店铺，10 年前关闭了位于市中心的一家店铺。新新服装店现在拥有 5 家郊区店，第 6 家店则开在附近一个拥有 6 万人的社区里。许多年来，新新服装店一直避开时髦的流行趋势，偏爱经典、持久的设计。过去的 10 年里，有五六家咄咄逼人的高档时装零售商扩张到 S 市。尽管高档女装的市场在过去 10 年里有了很大增长，竞争却变得更激烈了。

刘成对新新连锁服装店的担忧是很有道理的。这 6 家店铺中有 5 家的利润过去四年来每年都在下降。第 6 家店铺开业时间只有 18 个月，到目前还没有实现其目标增长率。虽然连锁店仍然在盈利，但如果这种趋势持续下去的话,新新服装店很快就要开始亏损了。这种业绩状况刺激着刘成对整个连锁店的运营进行重新评价。特别地,他开始重新审视新新服装店保守的产品线政策、广告政策、商店装潢政策和人事政策。他感到,也许现在该是进一些时尚服装的时候了,这样可以提高对十几岁、二十几岁年轻女性的吸引力。一个还有待检验的假设是,相对于其他商店来说,新新服装店对40岁以上的妇女吸引力强一些,但对年轻女性的吸引力则比较低。他意识到,任何这样的举措都有非常大的风险,因为这会威胁到现有的顾客群,同时并不能保证新吸引来的顾客能弥补失去的老顾客。他认为在采取任何此类行动之前都必须确切地了解新新服装店目前的定位如何。他同时也觉得,他需要对新新服装店目前的顾客有更多的了解,例如他们的年龄、他们光顾哪些商店、他们的偏好和他们的购买情况等。有了这样的信息,他就能更好地找出各种备选行动方案并对这些方案作出评价。

思考题:拟定一个调研设计方案,包括要采用的调查类型和问卷。

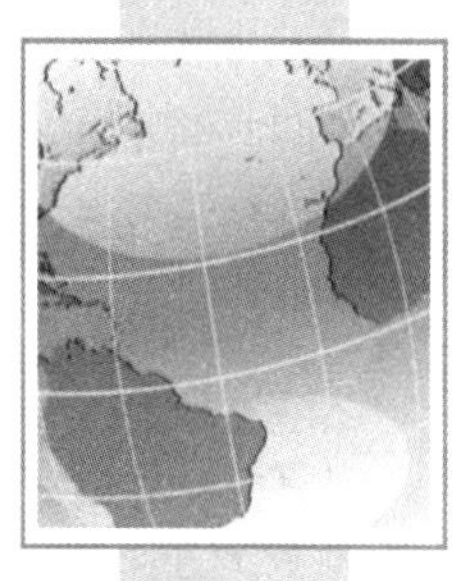

第七章 市场调查资料的统计分析

本章习题

学习目的与要求

通过本章的学习，应使学生了解在大量的调查工作结束后，就要对收集到的资料进行统计归类、整理分析，即统计分析。使学生掌握如何对调查资料进行整理统计，如何对资料进行审核和分析，如何运用统计图进行描述性分析；理解如何对相关的数据进行分布分析和相对分析；了解集中量数分析与离中量数分析。统计分析方法很多，重点在于让学生理解资料的审核整理和初步分析。

第一节　市场调查资料的整理统计

一、市场调查资料的整合

市场调查资料的整合是市场调查的继续。它是将市场调查资料进行科学的加工和综合汇总，使之系统化，从各单位的个别特征综合出总体和各组特征的工作过程。但是，通过市场调查所收集到的原始资料即使是准确、完整的，如果不按照科学的原则进行整理，仍然不能得出正确的结论，不能发挥市场调查认识社会的作用。可见，市场调查资料的选取绝不是一个单纯的技术问题，而是关系到能否认识事物的本质、认识事物的内部规律性并得出正确结论的大问题。只有对市场调查资料进行科学的整合，才能为市场调查分析提供条件，从而有利于不断提高市场调查分析工作的质量。所以，市场调查资料的整理乃是市场调查分析的前提，在整个市场调查工作中占有重要地位，我们必须认真对待。

市场调查资料汇总是资料整合的重要内容，它是在资料分组的基础上，将总体各单位和总体各单位标志值分别归纳到各组中，然后计算出各组和总体的合计数。市场调查资料汇总简称资料汇总。通过汇总，可以得到反映总体特征的各种市场调查指标。

(一)市场调查资料整合的组织形式

1. 逐级整合

逐级整合是将市场调查统计资料按照一定的市场调查管理体制，自下而上地一级一级整合。我国现行的市场调查报表主要采用这种整合形式，有的专门调查也可以用这种形式。逐级整合的优点是能满足各级对市场调查资料的需要，也便于检查和订正错误。缺点是整合需要较长的时间，发生差错的可能性要大一些。

2. 集中整合

集中整合是把全部调查资料集中到组织市场调查统计的最高一级机关直接进行整合，又称为超级整合。一些重点调查及国家布置的快速普查常采用这种整合形式。集中整合的优点是越过中间环节，便于采用先进的整合技术，因此速度快，能及时满足需要。缺点是不能满足各级对市场调查资料的需要，也不便于检查和订正资料的差错。

3. 综合整合

综合整合是把逐级整合和集中整合结合起来，一方面对一些最基本的市场调查资料实行逐级整合，另一方面又将全部调查资料实行集中整合。这种整合形式兼有前两种整合形式的优点，但也要耗费较多的人力、物力和时间。

4. 会审汇编

会审汇编是上级市场调查机关组织所属单位的市场调查人员，携带市场调查报表和有关资料，集中到一起，共同审核和整合市场调查资料。这种方法一般在基层市场调查力量较为薄弱，市场调查人员数量不足，难以保质保量完成整合任务，或是为了交流整合经验，提高基层市场调查人员业务水平时采用，它能保证整合质量。

(二)市场调查资料整合技术

市场信息资料整合，是根据分组标志确定组别、组距和整合表式后，将大量原始资料按表式进行整理、整合，计算出各组的单位数和指标值。整合整理技术是否完善，对信息市场调查表的准确性和及时性关系重大。市场信息资料整合的技术很多，主要有：

1. 手工整合法

它是市场信息资料整合的主要方法之一。手工整合法包括：

(1)手工划线整合法。它是用划线符号记录各组的单位数，常用的符号有“正”字。此种方法简便易行，经常用于编制次数分配数列，不能用于整合指标值。但这种方法易错漏，又不易检查。

(2)手工过录整合法。它是先将资料按分组过录到整合工作表上，然后计算出各组的单位数和指标数。此法计算的数据比较正确，发生差错易查出，但工作量比较大。

(3)手工折叠整合法。它是把所有报表或调查表中需要整合的栏或行折叠在一条线上，然后加总。此法简单方便，但如果发生计算错误，则不易查出。

(4)手工卡片整合法。它在调查单位多、分组标志多、分组细的情况下使用。采用手工卡片整合法较为简便可靠。

2. 机械整合法

它是用一套机器，包括卡片打孔机、检孔机、分类机和制表机等，以穿孔卡片代替手工摘录卡片进行整合。工作过程分为：(1)编号；(2)卡片打孔；(3)分类；(4)制表。这种方法可在大规模调查和复杂分组时提高工作效率，保证数字的准确性和及时性。

3. 电子计算机整合法

基层单位根据主管部门需要的数据通过终端设备传输到电子计算机内，计算站的工作人员用事先编好的程序在电子计算机上进行整合分析，然后输出各种报表和计算结果，这种方法及时而又准确。

二、市场调查资料的整理

(一)市场调查资料整理的定义

所谓市场调查资料的整理，就是运用科学方法，对调查所得的各种原始资料进行审查、校验和初步加工综合，使之系统化和条理化，从而以集中、简明的方式反映调查对象总体情况的工作过程。例如，要了解整个社会商品零售额的增长情况，我们不能只看个别单位商品零售额的变动，必须把所有单位的商品零售额通过分组整理，才能研究社会商品零售额的发展情况。任何资料如果不经过科学的整理，就不可能进行科学分析，就不能得出正确的结论。资料加工整理得好，会使综合资料十分丰富，能说明更多的问题及事物的内在联系。

(二)市场调查资料整理的意义

1. 市场调查资料整理是对原始资料的系统整理

通过市场调查取得的原始资料都是从各个被调查单位收集来的、零散的、不系统的资料，只是表明各被调查单位的情况，不能说明被研究总体的全貌和内在联系。而且，收集的资料难免出现虚假、差错、短错、冗余等现象。因此，只有对这些原始资料去粗取精、去伪存真、由此及彼、由表及里，才能保证资料的真实、准确和完整。在此基础上进行加工整理，才能进一步分析研究，达到深刻认识事物本质的目的。

2. 市场调查资料的整理是市场调查工作分析的前提条件

市场调查资料的科学整理，是在整个市场调查研究中不可缺少的一个重要环节。通过资料的整理，使市场调查分析更加准确、系统、方便和快捷。

(三)市场调查资料整理的内容与程序

调查资料整理的内容主要包括资料数据处理与资料数据管理两方面内容。数据处理是指对资料的分组、汇总和制表；数据管理是指对资料的传输、存储、更新与输出。整理的资料包括初级资料与次级资料。初级资料的整理一般是对调查收集到的原始资料的整理；次级资料的整理是对某些已经加工的、现成的综合资料的再整理。

调查数据的整理主要依据调查资料的整理方案(在市场调查的设计阶段编制)来进行。数据整理的程序一般如下：

(1)对原始资料进行审核、订正。审核所有被调查单位的资料是否齐全、有无差错，并对差错进行审核订正。

(2)编码。将问卷信息(包括调查问题和答案)转化为统一设计的计算机可识别的代码。

(3)数据的录入。

(4)数据的清洁。

(5)数据统计预处理。

(6)制定数据分析的初步方案。

尽管数据实地收集过程可能还没结束，但只要首批问卷从实地返回，就应立即进行数据整理工作。这样做的好处是，如果当时发现问题，就可对数据的实地收集工作及时采取措施进行更正。

第二节　市场调查资料的审核

一、市场调查资料审核的意义

市场调查资料审核是指在着手整理市场调查资料之前，对需要整理的原始资料进行认真审查和核实的过程。市场调查资料审核，是保证市场调查工作质量的关键，是资料整理过程中不可忽视的重要一环。资料审核的主要任务是解决调查资料的真实性和合格性问题，目的在于为进一步整理和分析研究打下基础。为了保证资料分类(组)和汇总的正确，在资料收集工作完成之后，必须对每项资料进行严格的审查和核实。如果原始资料中有错误，就要通过审核加以排除或修正，不然就会导致错误的结论，影响调查研究的科学性。

二、市场调查资料审核的内容

市场调查资料审核的内容主要包括及时性审核、完整性审核、正确性审核、数据资料相关性审核和数据资料变化规律的审核。

(一)及时性审核

及时性审核是看各被调查单位是否都按规定日期填写和送出以及填写的资料是否是最新资料。现代市场活动节奏越来越快，只有代表市场活动最新状态的市场信息才是使用价值最高的信息。切勿将失效、过时的信息引入决策中。此外，要剔除不必要的资料，把重要的资料筛选出来。

(二)完整性审核

完整性审核是看应该包括的被调查单位是否都包括了，调查表内的各项目是否都填写齐全。如果发现没有答案的问题，可能是被调查者不能回答或不愿回答，也可能是调查人员遗忘所致，应立即询问，填补空白问题。如果问卷中出现“不知道”的比重过大，就会影响调查资料的完整性，应适当加以处理说明。此外，应注意确保调查表中的资料清楚易懂。

(三)正确性审核(又称真实性审核)

它主要是看调查资料的口径、计算方法、计量单位等是否符合要求。剔除不可靠的资料，使资料更加准确。例如，调查人员在审核调查问卷时，可能发现某一被调查者的回答前后不一致，或者一个资料来源的数字与后来从其他资料来源收集的数字不一致等，这就需要调查人员深入调查，探询原因，或调整资料，使之真实、准确。由此可见，要做好市场调查资料的审核工作，审核者应当了解市场营销业务和市场调查业务，熟悉市场调查项目、指标含义、计算方法和资料审核方法。

(四)数据资料间相关性审核

从不同渠道取得的相同数据资料之间有联系；从不同渠道取得的不同信息，或从相同渠道取得的不同信息以及相同渠道取得的相同信息之间也有内在联系。信息数据资料的审核分析工作就是要从中找出其内在联系，使数据资料起到举一反三的作用。

(五)数据资料变化规律的审核

在不同时间取得的信息资料，会出现各种差别。长期集中资料，就会发现这种变化是有规律的。对数据资料的审核分析就是要找出其变化的规律性。市场信息的变化规律有三种类型：一是波动性变化规律。例如有些商品的销售在一定时间内出现了高低波动，这种波动与自然季节或社会季节有关，并呈现周期性变化，这就是季节性波动规律。二是趋势性变化规律。例如某商品因外界因素的变化，其销售量呈现上升或下降的趋势。三是不规则变化规律。有些数据资料变化的方向、内容无规律可循，但在一段时间内一定会出现这样的情况却是有规律的。分析市场资料变化的规律，就是要找出引起变化的原因，并通过对规律的掌握来把握趋势变化的转折点。

三、市场调查资料审核的主要方法

(一)逻辑审核

这是根据调查项目指标之间的内在联系和实际情况对资料进行逻辑判断，看是否有不合情理或前后矛盾的情况。例如，产品成本的升降总是和占成本比重很大的主要原材料、燃料、动力等消耗相联系的，若企业报送的资料中反映成本显著下降，而主要原材料、燃料、动力等消耗升高，这就存在矛盾，需要进一步查校。又如，一张调查表中年龄13岁，而婚姻状况却填“已婚”，其中必有一项是错误的。总之，从回答得是否合理可以看出答案的准确与否。

（二）计算审核

这是对数据资料的计算技术和有关指标之间的相互关系进行审查，一般在整理过程中进行。主要看各数字在计算方法和计算结果上有无错误。常用的计算检查方法有加总法、对比法、平衡法等。例如，对400人的收支状况调查汇总见表7—1。

表7—1　　400人的收支状况调查

目前收支情况	人口数	比重(%)
节余较多	30	7.50
略有节余	225	56.25
收支平衡	120	30.00
入不敷出	25	6.25
合　计	400	100.00

人口数的合计为400人，如果合计多于或少于400人，说明汇总时有错误，必须重新查找。又如，一张表的进销存资料不平衡，其中一定有错误。有时各项有关数字之间虽然平衡，但数字不一定都准确，这就需要经验、知识和对有关情况的了解。对于从抽样调查得来的资料，首先要注意样本的抽取是否遵守了随机原则。此外，有些资料是用不同计量单位或价格单位计算的，对此必须折合成标准单位（或相同单位）才能比较。

（三）经验审核

经验审核就是根据已有经验，判断数据是否真实、准确。例如，如果被调查者的年龄填为132岁，根据经验判断，年龄填写肯定有误。又如，某杂货店营业面积300平方米，根据经验，这样的营业面积肯定与事实不符。

四、市场调查资料审核时应注意的问题

（一）开始时间

审核工作应在资料收集工作结束后立即开始，因为这时调查人员刚刚完成调查过程，如果发现错误，可以及时纠正，并采取必要补救措施，越早消除资料中的错误，对后期的资料分析工作越有利。

（二）稽查准确性

直接、及时地与信息源取得联系，核对得到的市场信息资料的准确性，以判断传递过程中是否有失误。

（三）实际调查中再审核

除了在整理资料时进行审核外，更重要的是在实地调查时由调查人员及时进行审核，标明资料的可靠程度，例如可信的、可以参考的、不可信的等。在利用资料时，特别是具体引用文字资料时，可酌情加以处理。

五、市场调查资料审核的基本步骤

访问调查的审核工作一般包括两个阶段：实地审核和中心办公室审核。

实地审核属于初步审核，一般包括调查员审核和督导审核。调查员在调查结束后应及时审核问卷，检查其完整性、正确性、一致性以及是否清楚易懂。如果被调查者对于某项问题无回答，则应注明原因。实地督导审核应在收到问卷后立即开始，其主要目的是检查数据是否有比较明显的遗漏与错误，并且通过审核，有助于控制调查员误差，可以及时发现并纠正他们对调查程序或具体问题的误解。

这里，我们以最常见的问卷调查的中心办公室审核为例，简单介绍接收核查和编辑检查。

(一)接收核查(又称一审)

从不同地区、不同调查员交回的问卷，都应该立即登记和编号。尤其对于大规模的调查，更应做好登记和编号工作。一般负责接收问卷的人员要事先设计好登记表格，上面列有调查员姓名和编号、调查地区和编号、调查实施的时间、交付的日期、实发问卷数、上交问卷数和问卷编号、未答或拒答问卷数、丢失问卷数、其他问卷数以及合格问卷数等。回收的问卷应分别按照不同调查员和不同地区(或单位)放置，问卷表面应写有编号或注明调查员和调查地区等。否则，大量的问卷混在一起，容易丢失，而且不易查找。

接收问卷时对所有的问卷都应检查一遍，将无效的或不能接受的问卷剔除。无效的问卷主要指以下几种情况：

(1)回答不完全，即有相当多的问题没有填写答案。

(2)被调查者没有理解问卷的内容而错答问题，或没有按照指导语的要求回答问题。例如，要求跳答的问题没有按要求去做，单选题却选择多个答案等。

(3)回答没有什么变化的问卷。例如在 7 级的态度量表中，不管是正向的看法还是反向的看法，被调查者的回答全是 4。

(4)缺损的问卷，即有一页或多页丢失或无法辨认的问卷。

(5)在截止日期之后回收的问卷。

(6)由不属于调查对象的人填写的问卷。例如，在一项药品市场调查中，调查对象是患有某种疾病并曾经进行过治疗的人，因此没有患有此项疾病或患有此项疾病但没有治疗过的人填答的问卷都属于无效问卷。

(7)前后矛盾或有明显错误的问卷。例如，年龄为 20 岁，工龄却为 30 年。

对于配额抽样的调查，各层要抽取的样本数已定，所以在接收问卷时应弄清属于哪层，并计算各层回收的问卷。如果某些层的回收问卷数与定额相差太多，则可能要进行补充调查。例如，某项关于高档消费品的抽样调查中，事先要求家庭人均月收入高于 2 000 元，使用过此高档消费品的被调查者至少有 150 人，调查对象是从随机抽取的街道居委会的居民户中等距抽取的，结果回收问卷时发现该类被调查者数明显低于配额，因此，在数据处理前应及时对该类居民专门进行补充调查。

(二)编辑检查

编辑检查是对问卷进行进一步的更为精确的检查。主要检查的仍是回答的完整性、准确性、一致性以及是否清楚易懂等。例如，北京市某消费品市场调查中，某被调查者的家庭人均月收入仅 2 000 元，却经常在燕莎、银泰中心、当代等高档商场购物。又如某题的答案圈在 2

与3之间，让人难以确定是2还是3。对于检查出来的无法令人满意的问卷，常用的处理方法为退回实地重新调查、视为缺失数据或者放弃不用。

退回实地重新调查，即把不满意的问卷退回去，让调查员再次调查原来的被调查者。这种处理方法主要适用于规模较小、被调查者很容易找到的商业或工业市场调查。但是，调查的时间不同，调查的方式不同（例如，原为面访调查，第二次调查可能只通过电话询问），都会影响二次调查的数据。

视为缺失数据，即在无法退回问卷时，把令人不满意的回答作为缺失值来处理。这种方法主要适用于：

（1）有令人不满意的问卷数较少时；

（2）这些问卷中令人不满意回答的比例很小；

（3）有令人不满意回答的变量不是关键变量。

放弃不用，即简单放弃有令人不满意的回答的问卷。这种方法主要适用于：

（1）有令人不满意回答的问卷比例很小（低于10%）；

（2）样本量很大；

（3）有令人不满意回答的被调查者与令人满意的被调查者在人口特征、关键变量等方面的分布没有显著差异；

（4）准备放弃的问卷中令人不满意回答的比例较大；

（5）对关键变量的回答是缺失的。

但是，如果有令人不满意回答的被调查者与令人满意的被调查者在人口特征、关键变量等方面的分布存在显著差异，或者判断一份问卷是否令人满意是主观的，简单放弃有令人不满意回答的问卷也可能产生系统偏差。因此，如果调研者决定放弃一些问卷，则应当在报告中说明放弃的问卷数量以及判别这些问卷的程序。

第三节　描述性统计分析

统计分析方法可以分为描述性统计法和推断性统计法。推断性统计是根据对样本特征的描述统计分析去估计、推论总体特征；或者利用描述性统计取得的信息，对现在发生的现象进行分析，并根据这个分析去预测将来的情况。而描述性统计则是对现象及其特征的一种定量的描述，是市场调查类课题常用的一种对调查对象的描述手段。下面对用描述性统计分析方法进行市场调查的过程及内容进行介绍。

必须明确的是，对调查资料的描述即是对它的特征描述。因此，在进行资料描述性分析以前，首先必须明确需要描述哪些主要特征。汇总表给我们提供了各个调查问题的答案（指标）的频次特征。有了频次就可计算频率，即各个调查问题答案的频次与总次数（全部已被调查的对象总体数）之比，频率也称为比率或比重，又称为成数。各种测量尺度的指标均可进行频次、频率或成数的集中趋势和离中趋势的描述性分析，比如众数和异众比分析，但在市场调研中大多仅计算频次或频率。对于定距尺度和定比尺度，以频次或频率结合调查指标数值，还可对调查指标本身进行集中趋势和离中趋势的分析，即平均值和标准差分析。综上，对定类指标和定序指标的调查资料主要进行频次或频率的描述性分析；对定距指标和定比指标的调查资料主要进行频率和平均值（含标准差）的描述性分析。

一、统计图制作与统计图描述分析

(一)直方图

直方图即用柱形体来反映统计结果,简单而直观。直方图可以是水平的或垂直的,其长度一般是绝对数。图中项目的顺序排列可以按照问答题中的顺序,也可以按照大小的顺序。直方图可以只表达一个变量的频数,也可以表达两个变量关系的交叉表的数据结果;直方图适用于单选问题,也可用于多选问题,它能形象地说明总体各部分的差距,见图7—1。

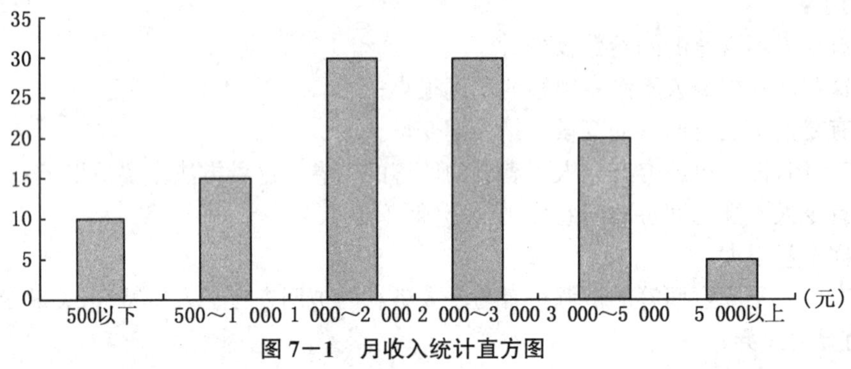

图7—1　月收入统计直方图

附原始问题:您的月收入是以下哪种情形?

□ 500元以下　　□ 500~1 000元

□ 1 000~2 000元　　□ 2 000~3 000元

□ 3 000~5 000元　　□ 5 000元以上

(二)饼形图

饼形图一般用于反映总体内部的构成情况。整张圆饼总计100%,每一部分的面积表示某个变量对应取值百分比。饼形图可以是平面的,也可以是立体的,不过尽量将二维效果减至最小,一般情况下不要将饼切成太多的部分,以免混淆视线。饼形图能形象地说明各部分在总体中的比例,即总体的内部构成情况。图7—2给出了饼形图的一个示例。

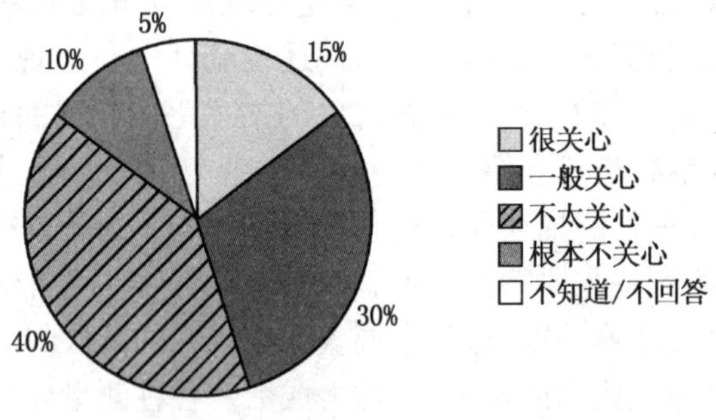

图7—2　对技术含量的关心情况

附原始问题:您对本产品的技术含量关心程度如何?

□ 很关心　　□ 一般关心

□ 不太关心　　□ 根本不关心

□ 不知道/无回答

(三)趋势图

当自变量为时间时,常使用趋势图来表示因变量的发展情况。图7—3给出了趋势图的一个示例。

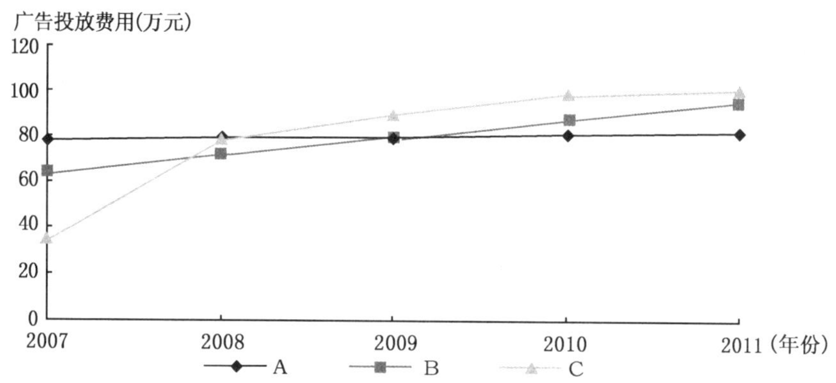

图7—3　3家公司近5年广告投放费用变化趋势

附原始资料,见表7—2。

表7—2　3家公司近5年广告投放费用统计表　单位:万元

公司＼时间	2007年	2008年	2009年	2010年	2011年
A	78	79	80	81	82
B	65	72	80	88	95
C	35	78	89	98	100

(四)统计图制作的注意事项

一般来说,只要有可能,就应尽量采用图形来帮助理解调查的结果。一张精心设计的统计图可能抵得上一大堆的文字说明。在制作统计图时,要注意五点:一是每张图都要有号码和标题,标题要简明扼要;二是图标说明要简洁;三是图形清楚简明,数据和作图的笔墨之间的比例要恰当,避免太少或太多的标注、斜线、竖线、横线等;四是作图时最好既使用颜色,又使用文字说明,颜色的选择要有逻辑性,突出重要的部分;五是一般应说明数据的来源。

二、数据的分布分析和相对分析

(一)数据的分布分析

数据的分布分析又称结构性分析,主要通过数据的频数分布或频率分布来显示总体或样本分布的类型和特征,反映总体或样本的结构与特点。一般来说,数据的分布通过曲线图来描述。绘制方法为:在平面直角坐标系上,以特征标志为横轴,以次数或者频率为纵轴,可以画出次数分配的直方图。将直方图的顶端用折线连接,可以获得分配的折线图。折线图的含义与直方图是一致的,均反映不同特征的次数分配情况。折线越高的地方,反映次数越多;反之则越少。当样本量较大、组距较小时,折线图会越来越平滑,直至成为一条曲线。这种曲线称为次数分布曲线,反映数据的分布规律。数据的分布特征不同,形成的分布曲线也表现出各种不同的类型，常见的分布曲线的类型有钟形分布(又分为正态分布、右偏分布、左偏分布)、多峰分布、J形分布(又分为正J形分布和反J形分布)、U形分布等。应根据研究现象的具体情况来判断分布的类型、特点及其原因。

1. 钟形分布

钟形分布是社会经济现象中最常见的分布形式，具体表现为中间隆起，两侧逐渐降低。钟形分布表明数据具有集中的趋势，大多数数据集中在中间；越往两端，数据越少；在远离中心的位置，只有极少数的数据。钟形分布的中间隆起部分称为峰，两侧称为尾。

以下是一个典型的钟形分布的例子。由于两侧的数据不对称，因此这种钟形分布称为偏态的钟形分布。根据较长的尾所指的方向不同，将偏态又可分为正偏(右偏)和负偏(左偏)两种。图7—4中较长的尾部指向左方(即数据的负方向)，所以称为负偏态，或者左偏态。

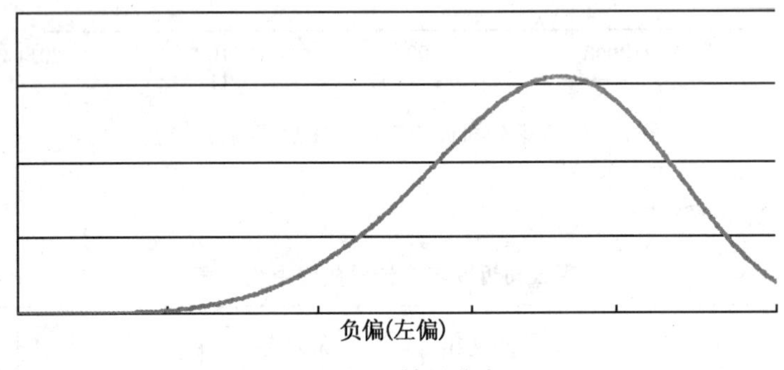

图7—4　钟形分布

左右对称的钟形分布是一种特殊情况，因为自然现象中严格呈现出左右对称的是非常少见的。对称的钟形分布大多数是属于数据经过处理后的分布形式，其中最典型的对称钟形分布是正态分布(Normal Distribution)。例如将1万人分成250组，每组40人，每组计算一个平均身高，根据数理统计理论中的中心极值定理，我们可以知道250个组平均身高数值将表现为一种近似于正态分布的情况。

正态分布的概率密度函数公式为：

$$f(x)=\frac{1}{\sigma\sqrt{2\pi}}e^{-\frac{(x-\mu)^2}{2\sigma^2}} \qquad (-\infty<x<+\infty)$$

尽管正态分布的名称看上去像是一种常规(Normal)的分布形式，但自然现象恰好表现为正态分布的情况是非常少的。例如成年男性的身高，虽然具有钟形分布的特征，但往往表现为一种偏态的钟形，而非对称的钟形，更不可能恰好是正态分布。

2. J形分布

J形分布一般是累积分布的表现形式，在图形上表现为一条从下向上单调变化的曲线(见图7—5)。根据J形分布的方向，可分为正J形和反J形。所谓反J形，是指曲线单调递减的情况，一般用于描述向上累积的现象。

3. U形分布

U形分布是指中间凹陷、两端翘起的分布形式，反映某一个社会经济现象在开始和结束时某项活动比较频繁，而在中间则相对比较稳定(见图7—6)。U形曲线一般用于描述具有生命或者质量特征的现象，例如人和动物的死亡率数据。人和动物一样，在幼年和老年的死亡率都比较高，中年的死亡率较低，从而表现为U形曲线。产品的故障率也具有这样的特征，产品

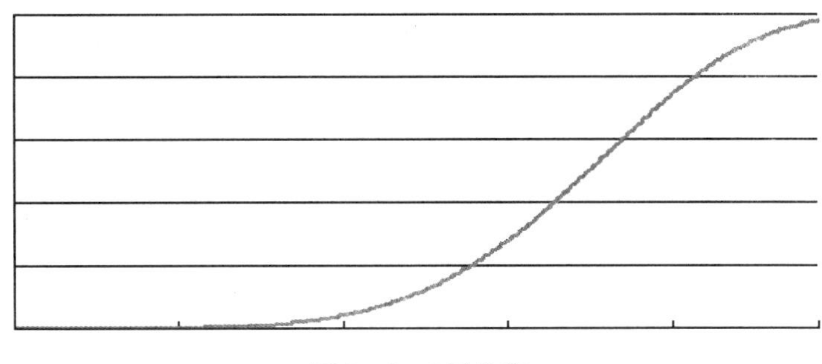

图 7—5　J 形分布

使用初期和老化期的故障率都比较高，中间阶段则故障率比较低。

U 形曲线因形状像浴缸，又称浴缸曲线，是两个不同因素同时对一个社会经济现象起作用的结果。如产品故障率，同时受产品自身缺陷和老化两个因素影响：在使用初期，自身缺陷造成的故障率较高；在使用后期，老化引起的故障率较高；中间阶段则正好处于故障率较低的阶段。

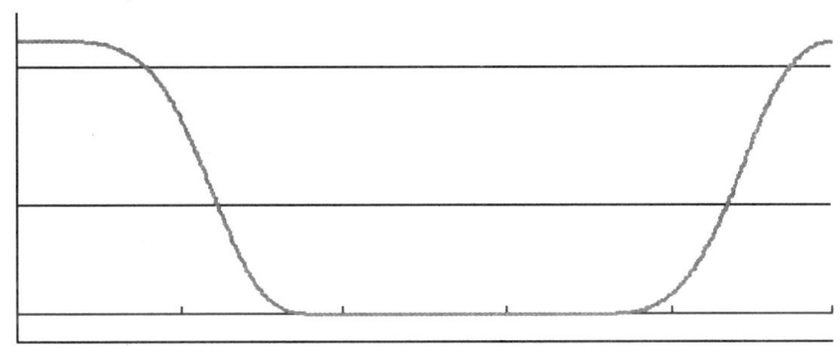

图 7—6　U 形分布

4. 多峰分布

多峰分布是指超过一个隆起部分的分布，数列有若干个隆起部分，反映影响数据的主要因素有若干个不同的水平，受不同水平影响的数据分别以不同的中心点聚集，从而形成若干个峰值。

例如，将某次调查中男女受访者的身高数据放在一起观察，就会发现数据表现出两个峰值，男性的平均身高和女性的平均身高分别为 175cm 和 162cm。

例如，表 7—3 是某地被调查的 1 200 名城乡消费者对彩电售后服务满意状态的评价。从表中可以看出，对彩电售后服务的满意率（包括很满意、较满意、一般），城镇为 74.9%，农村为 21.9%，城乡总计只有 44.4%，因此，农村满意率低下是导致城乡总体满意率偏低的主要原因。其深层次的原因可能是厂商比较注重城市彩电市场营销，农村因消费者居住分散、交通不便，售后服务存在较大的难度。从分布类型来看，城镇消费者的满意状态近似于正态分布（两头小，中间大），如图 7—7 所示；农村呈左偏分布（左边大，右边小），如图 7—8 所示；城乡总体分布亦呈左偏分布的形态，如图 7—9 所示。在实际分析研究中，也可使用直线图来显示属性数列的分布形态和特征。

表 7—3　　消费者对彩电售后服务的评价

满意状态	很满意	较满意	一般	不满意	很不满意	合计
城镇(人)	78	98	206	102	26	510
频率(%)	15.3	19.2	40.4	20.0	5.1	100.0
农村(人)	34	48	69	318	221	690
频率(%)	4.9	7.0	10.0	46.1	32.0	100.0
城乡合计	112	146	275	420	247	120.0
(频率%)	9.3	12.1	22.9	35.0	20.6	100.0

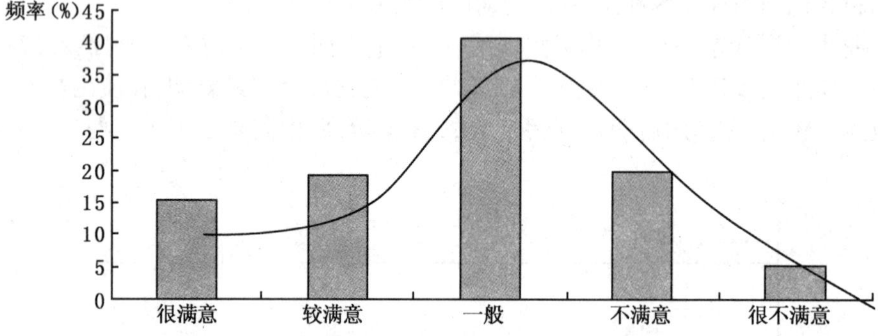

图 7—7　城镇消费者对彩电售后服务评价分布曲线图

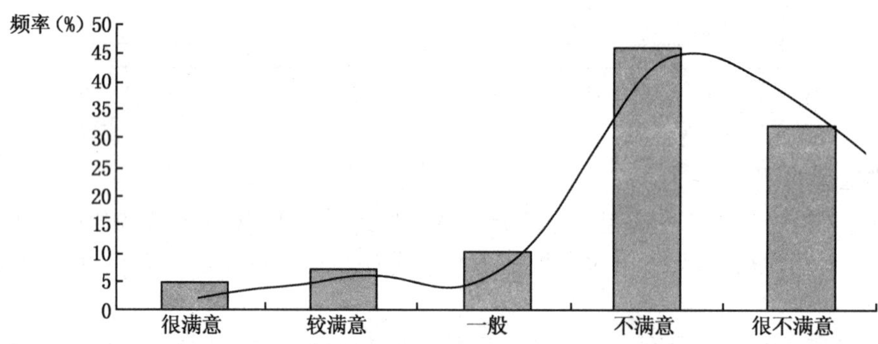

图 7—8　农村消费者对彩电售后服务评价分布曲线图

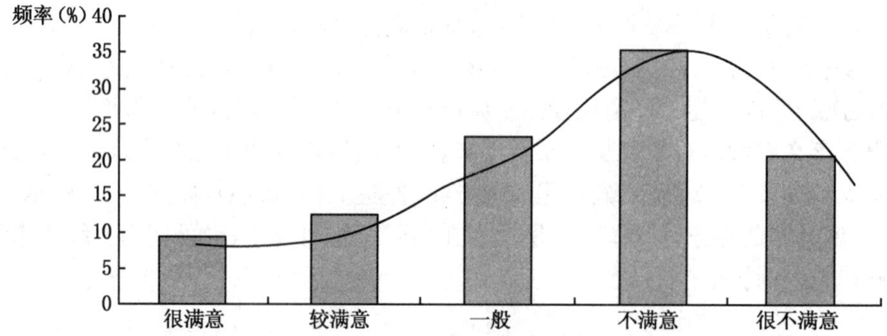

图 7—9　城乡消费者对彩电售后服务评价分布直方图

(二)数据的相对分析

1. 总量指标和相对指标

总量指标是反映社会经济现象总体规模或水平的指标,又称为绝对数,例如一个国家一定时期内的人口数、一个地区的土地面积等。

相对指标是两个有联系的总量指标对比计算的比率,又称为相对数。

根据相比较的总量指标之间的关系不同,相对指标可以划分为若干种类型:

(1)结构相对指标:

$$结构相对指标=\frac{总体的某一部分}{总体的整体}$$

例如,一个企业某月产品总销售额为 100 万元,其中 A 产品销售额为 20 万元,B 产品销售额为 80 万元,则 B 产品的结构相对指标为 80%。

(2)比例相对指标:

$$比例相对指标=\frac{总体的甲部分}{总体的乙部分}$$

例如,某企业某月生产产品总数为 1 000 件,其中 A 产品生产 400 件,B 产品生产 600 件,用 A 产品数与 B 产品数进行比较,A 产品数为 B 产品数的 66.7%,即为比例相对指标,比例相对指标也可以用比例式写成 2/3∶1。

(3)强度相对指标:

$$强度相对指标=\frac{总体的甲方面}{总体的乙方面}$$

例如,某企业月销售额为 100 万元,有员工 200 人,销售额和员工总数分别是企业的两个不同方面,用月销售额除以员工总数为 0.5 万元/人,即为强度相对指标。

(4)比较相对指标:

$$比较相对指标=\frac{甲总体}{乙总体}$$

例如,同行业的甲企业的年销售利润为 200 万元,乙企业的年销售利润为 150 万元,甲企业的年销售利润为乙企业的 4/3,该数值即为比较相对指标。

与比例相对指标不同的是,比较相对指标涉及的两个主体并不属于同一个总体的两个部分,而是两个独立的总体。

(5)动态相对指标:

$$动态相对指标=\frac{总体的甲时期指标}{总体的乙时期指标}$$

例如,甲企业 2011 年的销售利润为 200 万元,2010 年的销售利润为 150 万元,2011 年为 2010 年的 133%,该指标即为动态相对指标。

2. 描述总量指标和相对指标的一些常用术语

(1)静态比较与动态比较。将同一时期的统计指标放在一起进行比较,称为静态比较。如果是用不同单位的同一时期指标进行相互比较,则可称为横向比较。同一单位或者不同单位的同一时期数据,称为横断面数据,表示按某一时间进行拦腰截断后所观察到的数据。

将不同时期的统计指标放在一起进行比较,称为动态比较。将同一单位的不同时期指标进行相互比较,称为纵向比较。

(2)基期与报告期。在进行动态比较时,有时会用当前的数据与过去某一时间的数据进行对比。此时，将当前的数据称为报告期数据，将用于比较的过去的数据称为基期数据。

如果观察的是若干个时期的数据，每个时期的数据均与同一个基期数据进行对比，则这种比较方法称为定基比较。例如，将1980年、1990年、2000年和2010年的GNP数值与1949年进行比较，所获得的4个比例称为定基增长率。

如果在观察若干个时期的数据时，每一数据均与前一时期进行对比，则这种比较方法称为环比比较。例如，观察1996年至2011年的GNP增长情况，其中1996年与1995年进行比较，1997年与1996年进行比较……2011年与2010年进行比较，则获得的一组增长率数据称为环比增长率。

(3)时期和时点。时期是指两个时间点之间的一段时间，时点是指某一特定的时刻。

时期指标往往是具有动态特征的指标。例如在连续的一段时间内所进行的生产活动要进行统计时，就必须采用时期指标。

时点指标是具有静态特征的指标，反映的是过去所有活动的结果。例如某一时点上的国民财富积累情况等。

三、数据的集中量数分析和离中量数分析

对统计数据分布的特征，可从以下两个方面进行测度和描述：一是分布的集中趋势，反映各统计数据向其中心值靠拢或聚集的程度；二是分布的离中趋势，反映各数据远离其中心值的程度。

(一)集中量数

一组数据的集中趋势是用集中量数来描述的。它反映了数据分布中大量数据向某点集中的情况。集中量数是数据的代表数据。就分数而言，它是一组分数的点状水平的代表。用它可以做组间比较。

集中量数有许多种，在此介绍市场调查测量中常用的三种：均值、中位数、众数。

均值包括算术平均数和加权平均数。

(1)算术平均数：一组数值的总和除以数的总频数的商称为算术平均数，简称平均数、均数或均值。设一组分数分别用 $X_1,X_2,\cdots,X_n$ 表示，则这组有 n 个分数的分数组的平均分 x 为：

$$\bar{x}=\frac{1}{n}(x_1+x_2+\cdots+x_n)$$

简记为：

$$\bar{x}=\frac{1}{n}\sum_{i=1}^{n}x_i \tag{7-1}$$

算术平均数有以下两个重要特性：

其一，各数值与平均数之差的代数和为0。

其二，各数值对均值的偏差平方和小于对任何其他数的偏差平方和。这就是有用的均值最小二乘方性质。

例如，调查6家企业2011年的销售额，得到的数据分别为100万元、180万元、220万元、280万元、300万元、360万元。计算这6家企业2011年的平均销售额。

分析：根据公式(7-1)，可得平均销售额 $\bar{x}$ 为：

$$\bar{x}=\frac{100+180+220+280+300+360}{6}=240(\text{万元})$$

即这6家企业2011年的平均销售额为240万元。

(2)加权算术平均数：根据分组整理的数据计算均值。

设原始数据被分成k组，各组的组中值为$X_1,X_2,X_3,\cdots,X_k$，各组变量值为$F_1,F_2,F_3,\cdots,F_k$，则均值$\overline{X}$为：

$$\overline{X}=\frac{X_1F_1+X_2F_2+\cdots+X_kF_k}{F_1+F_2+\cdots+F_k}=\frac{\sum X_iF_i}{\sum F_i} \tag{7—2}$$

从公式中可以看到，F_i为权数，起权衡轻重的作用。如果某一组的权数较大，则说明该组的数据较多，那么该数据的大小对均值的影响就越大；反之则越小。均值受各组变量值大小和各组权数大小的影响；单变量分组时为精确值，组距分组时为近似值。

例如，某企业在职员工200名，年龄情况如表7—4所示。试计算其在职员工的平均年龄。

表7—4　　某企业在职员工年龄及计算表

分组(岁)	次数(F_i)	组中值(X_i)	各组年龄总和(X_iF_i)
20～30	55	25	1 375
30～40	85	35	2 975
40～50	35	45	1 575
50～60	25	55	1 375
合　计	200	—	7 300

由表7—4得：$\sum F_i=200$，$\sum X_iF_i=7\ 300$，代入公式(7—2)：

$$\overline{X}=\frac{\sum X_iF_i}{\sum F_i}=\frac{7\ 300}{200}=36.5(\text{岁})$$

即该企业在职员工的平均年龄为36.5岁。

(3)中位数：一组按大小顺序排列的数据中居中间位置的数据为中位数，简称中数。显然，在中数两端数据个数相等。

中位数将总体各单位的标志值由小到大排列，处在中间位置的那个标志值用M_e表示。它把全部标志值分为两个部分：一半标志值比它小，一半标志值比它大。

中位数是位置平均，不受极端值影响，在具有极大值和极小值的分布数列中，中位数比算术平均数更具有代表性。在缺乏计量手段时，也可用中位数近似地代替算术平均数。如估计班级学生的平均成绩时，在无计算器的条件下，则可按学生考试成绩由高至低排队，排在中间的学生的考试成绩就是全班平均成绩的近似值。

资料未分组时计算中位数的步骤为：

第一步：计算中位数的位次$=(n+1)/2$。

第二步：将数值由小到大排列，再由位次确定中位数。

第三步：若数列的项数为奇数，则中位数即为$(n+1)/2$对应的数；若数列的项数为偶数，则对应于中位数位次左、右相邻两个变量的简单平均数即为中位数。

例如，已知6家企业2005年的销售额按大小顺序为100万元、180万元、220万元、280万元、300万元、350万元。试确定其中位数。

分析：中位数位次=(6+1)/2=3.5，即中位数位于第三位与第四位之间，取其算术平均值，得：

$$M_e=\frac{220+280}{2}=250(\text{万元})$$

即6家企业中，有一半的销售额在250万元以下，有一半的销售额在250万元以上。

资料已分组时计算中位数的步骤为：

第一步：计算中位数的位次 $=\frac{\sum F_i}{2}$，其中 $i=1,2,\cdots,k$ 为分组数，F_i 为各组变量值。

第二步：计算（向上或向下）累计次数，确定中位数所在的组；若为组距式数列，则按上限或下限公式计算中位数。

下限公式为：

$$M_e=L+\frac{\frac{\sum F_i}{2}-S_{m-1}}{F_m}\times h \qquad (7-3)$$

式中：L——中位数所在组的下限；

S_{m-1}——中位数前一组的累计次数（累计次数按向上累计计算）；

F_m——中位数组的组距。

上限公式为：

$$M_e=U-\frac{\frac{\sum F_i}{2}-S_{m+1}}{F_m}\times h \qquad (7-4)$$

式中：U——中数组所在组的上限；

S_{m+1}——中位数前一组的累计次数（累计次数按向下累计计算）。

例如，以表7—5中的数据为基础，计算中位数。

分析：根据表7—5可计算出向上或向下累积次数，如表7—5所示。

表7—5　某企业在职员工年龄累积次数表

分组（岁）	次数（F_i）	向上累积（cF）	向下累积（cF）
20～30	55	55	200
30～40	85	140	145
40～50	35	175	60
50～60	25	200	25
合计	200	—	—

第一步：计算中位数所在组的位置=200/2=100。中位数应在表7—5中的第二组内，即“30～40”这一组内。

第二步：由表7—5可知，$L=30$，$U=40$，$S_{m-1}=55$，$S_{m+1}=60$，$F_m=85$，$h=10$，将这些数据代入公式(7—3)，得：

$$M_e=30+\frac{\frac{200}{2}-55}{85}\times 10=35.3(\text{岁})$$

或由公式(7—4)得：

$$M_e=40-\frac{\frac{200}{2}-60}{85}\times10=35.3(岁)$$

即 200 名在职员工中，大于和小于 35.3 岁的各占一半。

(4)众数：在一组数据中出现次数最多的一个数据称作众数，用 M_0 表示。它主要用于作为定序数据以及定距和定比数据集中趋势的测度值。

数据未分组时出现次数最多的变量值即为众数。可用直接观察法得到众数。

例如，表 7—6 中列出了某企业在职员工的月工资的统计情况，请问其众数是多少？

表 7—6　　某企业在职员工的月工资的统计分类表

工资额(元/月)	人数(次数)
800	50
1 500	115
2 000	35
合　计	200

分析：从表 7—6 中可以看出，工资额为 1 500 元/月出现的次数最多，共 115 次。所以可以确定 1 500 元是该企业 200 名在职员工工资额的众数。

分组资料是组距式数列，此时首先要确定众数所在的那个组为众数组，然后依据下列公式进行计算。计算公式可根据众数所在组的上限或下限公式计算。

下限公式为：

$$M_0=L+\frac{d_1}{d_1+d_2}\times h \tag{7—5}$$

式中：M_0——众数；

L——众数所在组的下限；

d_1——众数次数与上一组次数之差；

d_2——众数次数与下一组次数之差；

h——众数组的组距。

上限公式为：

$$M_0=U-\frac{d_1}{d_1+d_2}\times h \tag{7—6}$$

式中：U——众数所在组的上限。

例如，现以表 7—7 的资料为例说明众数的计算方法。

表 7—7　　某企业在职员工年龄表

分组(岁)	次数(F)
20～30	55
30～40	85
40～50	35

续表

分组(岁)	次数(F)
50～60	25
合 计	200

分析:从表7－7中可以看出,次数最多的年龄组是30～40岁,有85人,即该组为众数组。根据公式(7－5),已知$L=30$,$d_1=85-55=30$,$d_2=85-35=50$,$h=10$,所以:

$$M_0=30+\frac{30}{30+50}\times 10=33.75\approx 34(\text{岁})$$

根据公式(7－6)也可得到相同的计算结果。可见,该企业在职员工年龄以34岁为最多。

如果次数分布是对称的,则中位数、众数和算术平均数相等。如果分布不对称,则三种特征量数就会分离开来。

(二)离中量数

集中趋势所反映的是各变量值向其中心值聚集的程度,而各变量值之间的差异状况需要考察数据的离散程度。数据的离散程度反映的是分布的差异程度,它是数据分布的另一个重要特征,也称为离中趋势。对统计数据的描述和分析正是利用这一对对立统一的代表值展开的。一般来说,标志值的变动度越大,各标志值与其算术平均数的离差总和就越大,平均数的代表性、均衡性、稳定性就低;反之,则越高。对于离中趋势的度量,可以通过几个离散程度的代表值来进行,从数值的表现形式上看,分为绝对离中趋势和相对离中趋势。

1. 绝对离中趋势

绝对离中趋势的测度值主要包括全距、平均差、标准差与方差等,下面分别予以介绍。

(1)全距(极差)。全距也称极差,它是一组数据中的最大值与最小值之差,即:

$$R=\max(x_i)-\min(x_i) \tag{7-7}$$

式中:R——全距(极差);

$\max(x_i)$——一组数据中的最大值;

$\min(x_i)$——一组数据中的最小值。

例如,有6个职工的第12个月的工资分别为:1 500元,2 200元,1 800元,3 300元,5 000元,7 000元,则全距＝7 000－1 500＝5 500(元)。

从上面的数据我们可以看到,全距只是利用了一组数据两端的数值,数据的分散程度越大,全距就越大。但是它不能反映出中间数据的分散状况,因此易受极端值的影响。全距是描述数据离中趋势的最简单的测度值。

(2)平均差。平均差是各个变量值与其算术平均数之差绝对值的算术平均数,也称平均绝对差,其公式为:

对于未分组资料:

$$A.D.=\frac{\sum_{i=1}^{n}|X_i-\overline{X}|}{n} \tag{7-8}$$

对于分组资料:

$$A.D.=\frac{\sum_{i=1}|X_i-\overline{X}|f_i}{\sum_{i}f_i} \tag{7-9}$$

式中：$A.D.$——平均差。

例如，某企业 100 名工人的每周工资资料如表 7－8 所示。

表 7－8　　某企业 100 名工人每周工资资料表

按工资分组	人数	组中值	离差	离差的绝对值	离差绝对值×次数
100～200	10	150	－170	170	1 700
200～300	30	250	－70	70	2 100
300～400	40	350	30	30	1 200
400～500	20	450	130	130	2 600
合　计	100	—	—	—	7 600

则：
$$\bar{x}=\frac{\sum_i x_i f_i}{\sum_i f_i}=\frac{3\ 200}{100}=320(\text{元})$$

$$A.D.=\frac{\sum_i |x_i-\bar{x}| f_i}{\sum_i f_i}=\frac{7\ 600}{100}=76(\text{元})$$

若有另一组数据资料，计算出平均差后，两者可进行对比。在平均数相同的情况下，平均差越大，该组平均数代表性就越小。

从上例中可以看出，平均差充分考虑了每一个数值离中的情况，完整地反映了全部数值的分散程度，在反映离中趋势方面比较灵敏，计算方法也比较简单。它的缺陷在于，它的敏感性使它易受极端值影响，特别是绝对值运算给数学处理带来很多不便。

(3)方差与标准差。方差与标准差是测度离中趋势的最重要、最常用的量。

总体方差是一组资料中各数值与其算术平均数离差平方和的平均数，通常用 σ^2 表示。总体标准差则是总体方差的平方根，用 σ 表示。

$$\sigma^2=\frac{\sum_{i=1}^{n}(x_i-\bar{x})^2}{n},\sigma=\sqrt{\frac{\sum_{i=1}^{n}(x_i-\bar{x})^2}{n}} \tag{7－10}$$

对于分组数据资料，则以次数加权，则有：

$$\sigma^2=\frac{\sum_{i=1}^{k}(x_i-\bar{x})^2 f_i}{\sum_{i=1}^{k} f_i},\sigma=\sqrt{\frac{\sum_{i=1}^{k}(x_i-\bar{x})^2 f_i}{\sum_{i=1}^{k} f_i}} \tag{7－11}$$

在实际计算中，有时可将公式(7－10)、(7－11)进行变形，这样会更简便些。结果为：

对于未分组资料：

$$\sigma^2=\frac{\sum_{i=1}^{n}x_i^2}{n}-(\bar{x})^2 \tag{7－12}$$

对于分组资料：

$$\sigma^2 = \frac{\sum_{i=1}^{k} x_i^2 f_i}{\sum_{i=1}^{k} f_i} - (\bar{x})^2 \tag{7—13}$$

样本方差是一组资料中各数值与其算术平均数离差平方和的平均数，通常用 S^2 表示。样本标准差则是样本方差的平方根，用 S 表示。

$$S^2 = \frac{\sum_{i=1}^{n} (x_i - \bar{x})^2}{n-1}, S = \sqrt{\frac{\sum_{i=1}^{n} (x_i - \bar{x})^2}{n-1}} \tag{7—14}$$

对于分组数据资料，则以次数加权，则有：

$$S^2 = \frac{\sum_{i=1}^{k} (x_i - \bar{x})^2 f_i}{\sum_{i=1}^{k} f_i - 1}, S = \sqrt{\frac{\sum_{i=1}^{k} (x_i - \bar{x})^2 f_i}{\sum_{i=1}^{k} f_i - 1}} \tag{7—15}$$

当样本数据个数很大时，n 与 $n-1$ 很接近，因而样本方差与总体方差也很接近。

从方差与标准差的定义和计算公式，我们看到它与平均差同样是以离差来反映一组数据的差异程度的。不同之处在于对离差的处理方式不同，方差和标准差是通过对离差进行平方来避免正负离差的互相抵消，这使得它不仅能够考虑所有数据的情况以反映数据离散程度的大小，而且避免了绝对值计算，使得数学上的处理更加方便。此外，方差在统计推断上具有较佳的统计与数学性质，这就使得方差成为最重要的离中趋势测度量。

例如，表 7—9 是某快递公司一周内收到的订单价值的分布。

表 7—9　　某快递公司一周内收到的订单价值的分布资料

订单的价值（元）	订单数（f）	组中值（x）	$x \cdot f$	$x-\bar{x}$	$(x-\bar{x})^2$	$(x-\bar{x})^2 \cdot f$
1～10	4	15	60	−46.62	2 173.424 4	8 693.697 6
10～30	16	25	400	−36.62	1 341.024 4	21 456.390 4
30～50	27	40	1 080	−21.62	467.424 4	12 620.458 8
50～70	24	60	1 440	−1.62	2.624 4	62.985 6
70～100	19	85	1 615	23.38	546.624 4	10 385.863 6
100 以上	15	125	1 875	63.38	4 017.024 4	60 255.366
合　计	105	—	6 470			113 474.762

方差或标准差是根据全部数据计算的，它反映了每个数据与其均值相比平均相差的数值，因此，它能准确地反映出数据的离散程度。与平均差相比，方差在数学处理上通过平方消除离差的正负号，这更便于数学上的处理。因此，方差或标准差在实际中应用最为广泛。

根据表 7—9 的资料，第一步，先计算出订单的平均值：

$$\bar{X} = \frac{\sum xf}{\sum f} = \frac{6\ 470}{105} = 61.62(\text{元})$$

第二步，根据公式(7—15)计算标准差：

$$S=\sqrt{\frac{\sum_{i=1}^{k}(x_i-\bar{x})^2 f_i}{\sum_{i=1}^{k} f_i-1}}=\sqrt{\frac{113\ 474.762}{105-1}}=\sqrt{1\ 091.103\ 5}=33.03(\text{元})$$

2. 相对离中趋势

前述各种度量离中趋势的量，都带有与原资料相同的计量单位，属于绝对数。凡性质相同、计量单位相同、均值相同的统计资料，都可用绝对离中趋势量来比较。但是，如果资料的性质不同、单位不同或均值不同，就要考虑用相对离中趋势来进行比较，因为此时绝对离中趋势的度量已不能反映各组资料差异程度的区别和大小，这时就需要使用相对离中趋势进行度量。

相对离中趋势是用以反映总体分布数列中标志值离散程度的相对数指标，主要通过离散系数进行测度。离散系数是平均差或标准差与其平均数之比，因此，常用的相对离中趋势的测度值有平均差系数和标准差系数。

由方差公式 $\sigma^2=\frac{\sum_{i=1}^{n}(x_i-\bar{x})^2}{n}$ 可以看出，导致方差的绝对值不同的因素有：变量本身的离散程度、变量本身的平均水平、采用的度量单位。

(1)变异系数。变异系数又称为离散系数，它是标准差与均值之比值，以 $C.V.$ 表示变异系数，其计算公式为：

$$C.V.=\frac{\sigma}{\bar{x}} \tag{7—16}$$

(2)平均差系数。平均差系数测度的是相对离中趋势，它是平均差与均值之比，以 $V_{A.D.}$ 表示，其计算公式为：

$$V_{A.D.}=\frac{A.D.}{\bar{x}} \tag{7—17}$$

例如，某健身俱乐部对健美操项目练习者调查得到的有关男女练习者身高、体重的信息如表 7—10 所示。由表 7—10 的资料，我们可以研究男练习者的身高、体重的变化是否比女练习者的变化更大?

表 7—10　　某健身俱乐部对健美操项目练习者的体重、身高调查

	体重(千克)		身高(厘米)	
	平均数	标准差	平均数	标准差
男性	80	10	175	20
女性	60	12	160	12

根据公式(7—17)，通过计算，得到：

$$V_{\text{男身高}}=\frac{20}{175}\times 100\%=11.4\%$$

$$V_{\text{女身高}}=\frac{12}{160}\times 100\%=7.5\%$$

$$V_{\text{男体重}}=\frac{10}{80}\times 100\%=12.5\%$$

$$V_{女体重}=\frac{12}{60}\times 100\%=20\%$$

离散系数越小,其平均数的代表性越强;反之越小。因此,得出结论:男练习者身高的变化比女练习者身高的变化要小,而男练习者体重的变化比女练习者体重的变化要大。

第四节 市场调查信息的处理

一、信息数据处理的意义和步骤

(一)信息数据处理的意义

市场信息经过加工处理以后,可以提高其系统性、真实性和清晰度,可以补充所收到的信息量,并产生出新的更有价值的信息。因此,对信息进行加工处理是信息管理工作的重要一环。

对市场信息的加工处理包括组织处理和技术处理两项内容。组织处理是指对所取得的信息进行组织、归纳、分类等,把所得到的比较粗糙的信息变成能够满足需要的信息。技术处理是指把所得到的信息中的特殊情况加以技术上的处理,使之恢复本来面目,以便正确地反映市场活动情况。

(二)数据处理的步骤

数据处理是市场调查的收获阶段。数据处理有广义和狭义之分。狭义的数据处理的对象是问卷数目、问卷质量都无疑问的甚至是录入误差已经消除的干净数据;而广义的数据处理还包括数据录入、纠错等内容。通常不对广义和狭义的数据处理进行区分。数据处理的基本程序如图 7—10 所示。

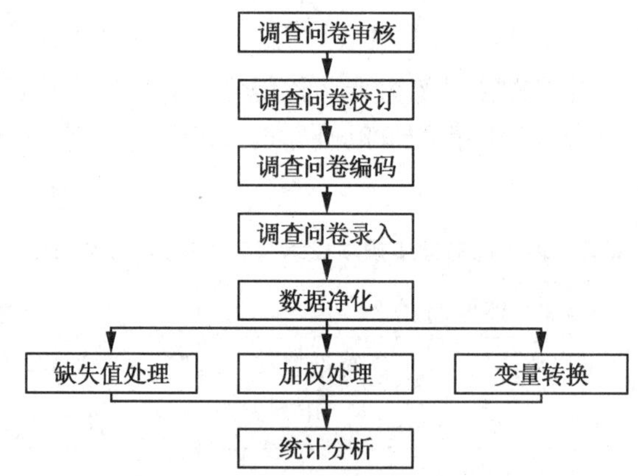

图 7—10 调查数据的处理程序

图 7—10 表明,在对调查数据进行处理时,首先是对回收的调查问卷进行审核、校订,接着要对审核过关的调查问卷进行编码、转录、净化,然后是进行统计方面的处理。一般来说,对现场信息的整理工作不一定要等到现场作业完全结束以后再开始,由于调查问卷是一批一批收集上来的,所以,只要收回第一批调查问卷,对信息的整理加工就应该开始。这样做的好处是,一旦发现问题即可迅速进行修正。

从工作程序上看,数据处理具有承前启后的作用:在现场调查之后,对数据进一步加工;在报告撰写之前，为报告结论提供数据依据。对调查数据处理的全过程的一个形象比喻是：现场访问提供原材料，数据处理加工成产品，报告撰写则完成随后的包装。

1. 问卷的审核

首先应对一份调查问卷的完整性和调研质量做审核，以便发现不合格的调查问卷。事实上，在调研员收集调查问卷时就应该及时进行调查问卷的审核。如果现场作业交给外界专门机构来完成，则我们应在现场作业完成之后进行独立审核。

在进行问卷审核时应当注意以下两个要点：

第一，规定若干规则，使检查人员明确问卷完整到什么程度才可以接受。例如，至少要完成多少？哪一部分是应该全部完成的？哪些缺失数据是可以容忍的？

第二，对于每份看似完成了的问卷必须彻底地检查，要检查每一页和每一部分，以确认调查员（被访者）是否按照指导语进行了访问（回答），并将答案记录在恰当的位置上。

2. 调查问卷的校订

校订是为提高数据的准确度而进行的审查。这个阶段实际上就是找出不满意的答案，并对这些不满意答案进行处理的过程。

在检查答案时，主要从以下几个方面入手：字迹模糊或答案不完全的、不一致的、模棱两可的、分叉错误的等。对于上述不满意的答案，通常有三种处理办法：返还现场、找出遗漏值、排除不合格的调查对象等。对于那些存在不合格回答的调查问卷，我们要将它们返还调研现场与调查对象重新取得联系，以便取得符合要求的原始资料。将调查问卷返还现场的办法对于样本容量较小且调查对象易于辨认的商业和工业市场调研是相当重要的。如果不可能将调查问卷退还现场，或由于不合格调查问卷数量较大造成成本的大幅度增加，审核人员可以找出调查问卷中的不合格回答的遗漏值，以便在进一步的信息整理工作中避开这些被遗漏信息，保留剩余的有用信息。

3. 调查问卷的编码

调查问卷数据的编码和输入是一个问卷调查中极其重要的环节，因为它既是客户更清晰地明确调查问题的前提，同时也是调查的结果向计算机的二进制数据转变的一个关键环节。如果处理不当，不但可能延长编码输入所需要的时间，而且有可能在这个环节上造成数据错误，降低调查的可信度和有效性。因此，保证问卷中各种问题编码的合理和科学，实现高效率、低错误率的数据输入工作便是一个调查顺利完成的必要条件。

4. 数据净化

如果数据不“干净”，会发生两方面的严重问题：首先，很有可能无法执行下一步的数据分析，因而报告呈交的时限也将被严重地推迟。其次，更糟的是，数据分析和报告已经完成，但是研究人员并没有意识到里面的许多错误。

数据净化主要是尽可能地处理错误的或不合理的数据，并进行一致性检查。虽然在数据的校订阶段已经进行过初步的检查，但是因为在数据净化这个阶段采用的是计算机检查，因此，检查将是更彻底、更广泛的。

数据净化通常可采用统计软件进行。例如，用 SAS、SPSS、BMDP 等软件，可以很简单方便地寻找超出范围、有极端值或逻辑上不一致的数据。通常的做法是：做一张所有非连续变量的频数表（Frequency Table），以及计算连续变量的均值、标准差、最小值、最大值等统计量，那么超出范围的数据或极端值就可以检查出来。例如，假定“收入”的编码应该是从 1 至 6、分别对应 6 种不同收入水平的被访者。假定用 0 表示缺失的数据，那么频数表中出现的大于 6 的数据就是超出范围的。根据对应的被访者编号、变量编码、记录号码、列号码以及超范围的变量值等，就可以找到原始的问卷和数据文件的对应位置，进行必要的修改。

逻辑上不一致的数据也可以通过这些软件找出来。方法之一是做出交叉表(Crosstab)，从中可以很方便地发现逻辑上不合理的数据。例如，在一张“产品使用频度”和“熟悉程度”的交叉表中(见表7—11)，有两个“从未听说过”该产品但是却“频繁地”使用这种产品的被访者。根据这两个被访者的编号、变量编码、记录号码、列号码以及变量值等，就可以进行必要的修改。

表7—11　　用交叉表寻找逻辑上的不一致

	经常使用	有时使用	很少使用	根本不使用
非常熟悉	51	45	18	12
比较熟悉	43	32	46	63
有点熟悉			44	151
听说过但完全不熟悉				208
从未听说过	2			120

5. 缺失信息数据的清理

在问卷中没有提供正确回答的值称为缺失值。缺失值发生于以下几种情况：访问员忘记询问该题或者受访者忘记填写该题；受访者回答了整份问卷，但对某一具体问题拒绝回答；受访者提供了答案，但答案存在逻辑错误(例如一名受访者年龄为16岁，但声称自己的学历是博士，这一答案在一般情况下是错误的)；录入时发生了差错，但未及时纠正。

在许多情况下，少量的缺失回答是可以容忍的。但是，如果缺失值的比例超过了10%，就可能出现严重问题。处理缺失值主要有以下几种方法：

(1)找一个中间值代替，如该变量的平均值或量表的中间值。若遇到性别这种变量，可以将第一个缺失值用男性数值代替，第二个用女性数值代替，依次交替替代。

(2)用一个逻辑答案代替。例如家庭总收入缺失，可以依据家庭中就业人数及职业情况来判断。

(3)删除处理。在资料整理时已提到过这种方法。

实际上，缺失数据的任何一种处理方法都不是尽善尽美的，只不过做了处理之后比没有处理就进行统计要好一点而已。

6. 数据统计

数据分析是一项技术性非常强的工作，不同项目涉及的分析内容也大相径庭，因而采取的统计方法也不一样。在大多数项目中，数据分析的内容仅限于计算频数和平均数以及一些基本的误差分析等，因此，采用常规的统计方法就可以胜任。但在某些复杂的项目中，需要用到许多高深的统计原理，有些时候甚至需要构造新的模型、推导一些特殊的误差计算公式等。

二、信息数据的编码和录入

通过编码将资料输入计算机进行统计，简单、有效。同时，编码是统计计算和结果解释的基础。对于问卷中的封闭式问题，回答项目基本上已预先编码。对于开放式问题，答案是被访问者按照自己的观点和自己的意愿来回答的，所以在编码工作中工作量很大，而且受研究者的主观性影响较大。这也是人们在问卷设计中尽可能避免使用开放式提问的原因之一。

(一)信息数据的编码

1. 编码的含义和作用

市场调查回收的资料都要录入计算机中，为了减少数据录入的工作量，我们会对每一个可能的回答编一个代码(通常是数字或符号)，在录入时直接输入代码，而无须录入文字。由于大规模的市场调查大多采用问卷这个标准化工具，我们就以问卷资料为例说明如何对资料进行编码。

把原始资料转化为符号或数字的资料简化过程就是编码。通过编码，资料输入计算机进行统计就简单多了。所以，编码是一个不可忽视的程序。

2. 编码方式

调查资料的编码，就是给每一个问题的每一个可能答案分配一个代码。这个代码通常是一个数字。这是因为数字输入很便捷，而且计算机处理数字的效率要高于处理字母、汉字的效率。编码可以在设计问卷时进行，也可以在数据收集结束以后进行，分别称为事前编码和事后编码。

(1)事前编码。事前编码即在实地调查之前，主要是在设计问卷时就对答案进行编码。这种编码方式只适用于封闭性问题。

大多数的调查问卷事先都经过适当的组织和构造，其可供选择的答案也是事先设计好的。所以，对于事先已设计好答案的封闭性问题，我们可以给每个答案一个代码。通常，事先编码的问卷将已编码的每个答案的对应值都印在问卷上。

例如，(出示卡片)在下列选项中选出代表你每周参加体育锻炼时间 30 分钟以上的次数的选项：A. 0 次；B. 1～3 次；C. 4～6 次；D. 6 次以上。

(2)事后编码。事前编码是指在编写问卷题目时就给予每一个变量和可能答案一个符号或数字代码；事后编码则是指研究者在调查已经实施、问题已经作答之后，给予每一个变量和可能答案一个符号或数字代码。通常，封闭性问卷的调查研究采用事前编码，而开放性问卷由于事先不知道有多少可能的答案，因此常常采用事后编码。

对开放式问题的回答进行编码需要采用以下两个步骤：

①列出答案。对于开放性问题的编码，编码员首先要将回答者的答案浏览一遍，列出所有的可能答案。在有几百名被调查者的调研中，所有的答案都应列出。

②合并答案。把一些在形式上看来不同但在本质上相同的答案适当地合并为一类。例如，“您为什么在今后两年内不想购置台式电脑?”这个提问属于开放性问题，有 8 个回答者，回答的内容从形式上都不相同，见表 7—12。

表 7—12　　开放式问题回答实例

序　号	回　答
1	体积太大，在家里使用不方便
2	我可以使用单位的电脑，没有必要买
3	在外观上不太漂亮
4	颜色不好看，同时价格较贵
5	我听说使用不方便，常常出现故障

续表

序　号	回　答
6	购买后安装和维护都很困难,不如不买
7	各种品牌质量有差异,不易挑选
8	我不喜欢它的外观,颜色也不好看

可以想象,若对100个人询问,可能会得到100种答案。如果不进行归类处理,那么就不容易进行分析。所以,可以将一些意思相近的答案归到某一类中去,从中分析为什么不买的主要原因。完成合并的过程就可得到表7－13。

表7－13　　　　不购买台式电脑答案的合并分类和编码

回答类别描述	答案归类	重新分配的数据编码
体积大、外观差、颜色不好看	1,3,4,9	1
价格贵	4	2
使用不方便	6,7	3
使用不安全	5	4
没需求	2	5
不知道	8	6

还要注意的是,如果样本量很大时,编码员可以从全部资料中随机抽取20%来确定答案类别。在确定答案类别时不宜过多,因为答案类别过多会使所研究对象在该项目上的本质特征被掩盖,并且一些类别上的回答比率小于5%,对分析没有太大的意义。

3. 编码的具体方法

具体来讲,编码的方法有以下几种情况:

(1)以答案的顺序编码。这是最常用的一种方式。

(2)以答案本身的数字编码。有些问题是以直接填写的形式设计的,这类问题的答案通常是数字,如年龄、住房面积等。

例:您的家庭住址是:____________________。

问卷编号:________。

(3)对于无回答的要编特别号码。对于那些没有做出回答的,也要编号码,不能留下空格。因为在计算机里,空格本身也是有意义的。为了与其他做出回答的号码区别开来,可编写一些比较特殊的号码,如“00”“99”“0”“9”等。

4. 编码簿的制作

(1)编码的基本原则。编码的基本原则是:同一问题的所有答案代码位数必须一一对应,每个答案只能有一个代码。

对于可选答案在1～9之间的,编码只给一位数字就足够了。但超出10个的,则要给两位数字,编码不够两位要补足两位。例如:

您认为您本人应加强哪方面的培训?请选出相应的号码(可多选)。

A	国际市场开拓	01
B	国际资本运营	02
C	企业领导艺术	03
D	企业文化	04
E	目标管理	05
F	团队管理	06
G	人际沟通	07
H	电子商务	08
I	外贸英语	09
J	财务管理	10
K	商务谈判	11
L	其他	12

(2)编码簿的结构。确定答案编码以后,在数据录入中,我们就可以直接录入答案的代码,无须录入大量的文字信息。为了了解每一个数字的具体含义,我们把每一个代码的含义都明确地写出来,形成一份编码簿,也称为编码手册。编码手册的作用与密码本的作用相似。

编码薄一般包含以下几方面的信息:

①代码所在的位置。在计算机录入中,代码是逐行录入的。对于问题不多的问卷,所有答案的代码可能只需要占用屏幕的一行就够了。通常一份问卷所有的答案代码占用了几行的空间,出于每份问卷的代码位数是一致的,我们可以统一规定某一问题的答案代码具体是在计算机屏幕上的哪一行哪一列。

②变量的名称及变量说明。变量就是问卷中的问题,一个问题只能涉及一个变量。这一项目说明的是代码所在的位置针对的是问卷中的哪一个问题。

③编码说明。对该位置上不同的代码含义加以说明,说明每一个代码具体表示什么意思。

下面给出了一份调查问卷数据资料编码的实例。

在针对汽车用户开展的市场调查中,问卷中的部分问题如下:

汽车用户情况调查表

您好!我是××调研公司的调研员,向您了解几个购买汽车方面的问题。对于您的热情合作,我首先表示深深的感谢。

问卷编号:__________

1.您的年龄是(请在相应空格中打"√"):

□ 18岁以下　　□ 18～30岁　　□ 31～50岁　　□ 50岁以上

2.在选购汽车时经销商的介绍对您的影响程度是(请在相应位置上打"√"):

0　10　20　30　40　50　60　70　80　90　100(%)

3.在选购汽车时可能会考虑各种因素,请您按优先顺序进行排序:

□ 价格　□ 品牌　□ 功能　□ 售后服务　□ 其他

4.在其他条件不变时,如果汽车系列产品平均降价10%,您的态度是(请在相应空格中打"√"):

□ 马上购买　□ 可能购买　□ 与其他公司经营策略比较后再看

□ 吸引力不大　□ 不会购买　□ 肯定不购买

分析：针对以上四个问题，我们可以做一编码簿，见表 7—14。

表 7—14　汽车用户情况调查数据资料编码表

列	变量名称及变量说明	问答题编号	编码说明
1～3	问卷编号		从 001 到 100
4	被访者年龄	1	1:18 岁以下;2:18～30 岁;3:31～50 岁; 4:50 岁以上;0:未回答
5～6	选购汽车时经销商的介绍对您的影响程度	2	01:0%～10%;02:11%～20%;03:21%～30%; 04:31%～40%;05:41%～50%;06:51%～60%; 07:61%～70%;08:71%～80%;09:81%～90%; 10:91%～100%;00:未回答
7～11	选购汽车时会考虑的各种因素	3	1:价格;2:品牌;3:功能;4:售后服务 5:其他
12	被访者对汽车系列产品降价的态度	4	1:马上购买;2:可能购买;3:与其他公司经营策略比较后再看;4:吸引力不大; 5:不会购买;6:肯定不购买

数据录入：假设样本量为 100，问卷编号最大是 100。为了保证不同问卷同一变量的代码所在位置一致，每个变量代码的长度要保持一致，所以问卷编号是从 001 到 100。假设 011 号、022 号、033 号和 100 号这四份问卷关于这几个问题的原始回答如下：

011:18～30 岁，41%～50%，功能、价格、品牌、售后服务、其他，会来购买

022:31～50 岁，61%～70%，品牌、功能、价格、售后服务、其他，与其他公司经营策略比较后再看

033:31～50 岁，61%～70%，品牌、功能、价格、售后服务、其他，马上购买

……

100:50 岁以上，61%～70%，品牌、售后服务、价格、其他，马上购买

对此 4 人的回答按编码簿得到如下编码，录入的数据库格式如表 7—15 所示。

表 7—15　汽车用户调查数据资料录入格式

1～3 列	4 列	5～6 列	7～11 列	12 列
011	2	05	31 245	2
022	3	07	23 145	3
033	3	07	23 145	1
……				
100	4	08	24 153	1

011205312452

022307231453

033307231451

……

100408241531

5. 查错与核对

如果采用人工录入原始数据，那么不管组织得如何严密、工作如何认真，差错总有可能发生，为此需要查错并进行核对。常用的方法有：

(1)双机分别录入。即用两部计算机同时录入原始数据，然后将录入结果进行比较。完全相同的可视为录入正确，有不一致的地方则认为是录入出现了差错，调出原始问卷进行核对。

(2)部分复查。一般随机抽取 20%左右的问卷进行复查。

(3)一致性查错与逻辑查错。一致性查错主要考察变量的取值范围是否与所规定的范围一致。例如“性别”的取值范围是 0(未回答)、1(男)和 2(女)。如果出现了 3、4、5 等其他代码，就说明超出了变量的正常取值范围，肯定有错。

逻辑查错是检查数据有无逻辑错误：一是样本结构上的逻辑错误，如年龄为 20 岁的退休人员；二是回答内容上的逻辑错误。例如，不知道某个品牌的被调查者在后面又选择了使用该品牌；回答不收看某个频道节目的被调查者在同一问卷上又选择了对该频道播出节目感兴趣的答案。这些都是不符合逻辑的情况，需要审核。这些错误可以用 SPSS 等统计软件做交叉分析表来检查。

(二)信息数据的录入

数据录入是将问卷上的资料录入计算机的过程。在调查界，数据录入有许多专用的程序可供使用，例如 PCEDIT 等。也可以用一般的文字编辑器进行录入工作，将数据录成文本形式，再通过特定的程序将其转化成数据文件。在这种录入中，要求所有的数字不能错位和遗漏，否则就会造成整个数据序列的错位。为避免出现在范围上的错位，在编码时可以预留出一些码位，要求在录入时只能录“Z”，未来如果发现“Z”出现在某些数据字段上，就可以知道录入中出现了错位，并且可以通过程序实现自动修改。

另一种录入方法是直接利用数据库进行录入。例如，使用 FOXPRO 中的 APPEND 命令，直接向数据库中录入数据。在样本量较小的调查项目中，用 SPSS 或者 EXCEL 等软件的表格功能进行录入有时也是比较方便和直观的。但在样本量较大的情况下，使用表格功能会有许多麻烦，因此一般不提倡使用。

录入中最核心的问题就是录入的差错问题。实际上，录入是一项人工操作，任何时候都可能出现错误，仅仅是打字员的熟练程度不同带来的差错率不同而已。处理录入差错的方法有两种。

1. 审核方法

在录入结束后，由审核人员将数据库中的记录与问卷资料进行核对，确定是否存在错录情况。这种方法能够发现差错发生的比例，但不能确定具体问卷录入中错误的所在，也就无法提供修改依据。

2. 双机录入

双机录入指将同一份问卷上的内容在计算机中录入两次，并使用不同的录入员。从理论上讲，两个录入员在同一份问卷的同一个地方按同样的方式发生错误的概率非常小。因此，在录入完成后，设计人员可以将两个数据库进行比较，找出其中对应变量之差不为 0 的变量，根据问卷号码进行查找，发现变量的真实数值。

随着扫描仪逐渐普及，采用标准化问卷并借助扫描仪进行录入也成为可能，并在一部分调查项目中得到应用。这种方式具有录入比较快捷及准确性高的优点。但问卷有特殊要求时，可能需要将问卷和答卷分离，给访问员造成一定的麻烦，对此需要具体处理。

第五节　SPSS 软件的初步应用

一、SPSS 软件简介

(一)关于 SPSS 软件

SPSS 是"社会科学统计软件包"(Statistical Package for the Social Science)的简称，是一种集成化的计算机数据处理应用软件。1968 年，美国斯坦福大学 H. Nie 等三位大学生开发了最早的 SPSS 统计软件，并于 1975 年在芝加哥成立了 SPSS 公司，全球约有 25 万家用户，广泛分布于通信、医疗、银行、证券、保险、制造、商业、市场研究、科研、教育等多个领域。SPSS 是世界上公认的三大数据分析软件之一(SAS、SPSS 和 SYSTAT)。1994～1998 年，SPSS 公司陆续购并了 SYSTAT 公司、BMDP 公司等，由原来单一统计产品开发转向为企业、教育科研及政府机构提供全面信息统计决策支持服务。伴随 SPSS 服务领域的扩大和深度的增加，SPSS 公司已决定将其名称更改为 Statistical Product and Service solutions(统计产品与服务解决方案)。

目前，世界上最著名的数据分析软件是 SAS 和 SPSS。SAS 由于是为专业统计分析人员设计的，具有功能强大、灵活多样的特点，为专业人士所喜爱。而 SPSS 是为广大的非专业人士设计，它操作简便、好学易懂、简单实用，因而很受非专业人士的青睐。此外，比起 SAS 软件来，SPSS 主要针对社会科学研究领域开发，因而更适用于教育科学研究，是国外教育科研人员必备的科研工具。1988 年，中国高教学会首次推广这种软件，从此成为国内教育科研人员最常用的工具。

(二)SPSS 软件的特点

(1)集数据录入、资料编辑、数据管理、统计分析、报表制作、图形绘制为一体。从理论上说，只要计算机硬盘和内存足够大，SPSS 可以处理任意大小的数据文件，无论文件中包含多少个变量，也不论数据中包含多少个案例。

(2)统计功能囊括了统计学中所有的项目，包括常规的集中量数和差异量数、相关分析、回归分析、方差分析、卡方检验、t 检验和非参数检验；也包括近期发展的多元统计技术，如多元回归分析、聚类分析、判别分析、主成分分析和因子分析等方法，并能在屏幕(或打印机)上显示(打印)正态分布图、直方图、散点图等各种统计图表。从某种意义上讲，SPSS 软件还可以帮助数学功底不够的使用者学习、运用现代统计技术。使用者仅需要关心某个问题应该采用何种统计方法，并初步掌握对计算结果的解释，而不需要了解其具体运算过程，可在使用手册的帮助下定量分析数据。

(3)自从 1995 年 SPSS 公司与微软公司合作开发 SPSS 界面后，SPSS 界面变得越来越友好，操作也越来越简单。熟悉微软公司产品的用户学起 SPSS 操作很容易上手。SPSS for Windows 界面完全是菜单式，一般稍有统计基础的人经过三天培训即可用 SPSS 做简单的数据分析，包括绘制图表、简单回归、相关分析等。关键在于如何进行结果分析及解释，一方面需要学习一些数理统计的基本知识，另一方面也要多进行实践，在实践中了解各种统计结果的实际意义。

(三)操作方式

SPSS 是世界上最早采用图形菜单驱动界面的统计软件，其最突出的特点就是操作界面友好，输出结果美观漂亮。它将几乎所有的功能都以统一、规范的界面展现出来，使用 Windows 的窗口方式展示各种管理和分析数据方法的功能，对话框展示出各种功能选择项。用户只要掌握一定的 Windows 操作技能，粗通统计分析原理，就可以使用该软件为特定的科研工作服务，是非专业统计人员的首选统计软件。在众多用户对国际常用统计软件 SAS、BMDP、GLIM、GENSTAT、EPILOG、Minitab 的总体印象分的统计中，其诸项功能均获得最高分。SPSS 采用类似 Excel 表格的方式输入与管理数据，数据接口较为通用，能方便地从其他数据库中读入数据。其统计过程包括了常用的、较为成熟的统计过程，完全可以满足非统计专业人士的工作需要。存储时专用 SPO 格式，可以转存为 HTML 格式和文本格式。对于熟悉老版本编程运行方式的用户，SPSS 还特别设计了语法生成窗口，用户只需在菜单中选好各个选项，然后按"粘贴"就可以自动生成标准的 SPSS 程序，极大地方便了中、高级用户。

(四)SPSS 在市场调查统计分析中的应用模式

根据 SPSS 技术的特点和市场调查统计分析的需要，可以将 SPSS 在市场调查实证研究中的应用模式分为以下几种类型：

1. 统计描述应用模式

统计描述应用模式是指在市场调查统计分析的过程中，借助 SPSS 统计功能将收集到的大量数据进行分析、综合、归纳、列表、绘图等处理工作。一般而言，统计描述主要分为三方面的内容：(1)单变量截面数据的描述；(2)相对数的统计描述；(3)双变量截面数据的描述。SPSS 最常用于描述性分析的五个过程集中在 Descriptive Statistics 菜单中，分别为：Frequencies 过程；Descriptives 过程；Explore 过程；Crosstabs 过程；Ratio 过程。

统计描述应用模式不仅可以使研究者了解事物的性质，而且其统计量还是对事物进行推断统计的依据。

2. 假设检验应用模式

在市场调查中，通常所关心的是总体的某些特征和分布规律，而问卷调查只考察总体的一部分或 个样本。统计推断和假设检验就是用样本去推断总体，实质上就是凭借概率理论用观察到的部分随机变量资料来推断总体随机变量的概率分布或数字特征(如期望值和方差等)，并且做出具有一定可靠程度的估计和判断。

3. 量表分析应用模式

客观世界是普遍联系的统一整体，事物之间存在着相互依存、相互制约、相互影响的关系。市场活动中的许多现象也不例外，也都有其产生的原因，都要受一定因素的制约，都是一定原因的必然结果。通过不同事物"量"的变化可以观察并测量出事物之间的密切程度、因果关系、交互效应等。在市场调查中，量表分析应用模式主要是指通过对不同因子之间的发展变化而揭示出因子之间关系的方式。量表分析主要包括以下几种：回归分析、聚类分析、判别分析、因子分析、相关分析、可靠性分析等。

二、SPSS 软件在市场调查资料统计分析中的初步应用

(一)数据的输入和保存

1. SPSS 的界面

当打开 SPSS 后，展现在我们面前的界面如图 7—11 所示。

请注意窗口顶部显示为"SPSS for Windows Data Editor"，表明现在所看到的是 SPSS 的数据管理窗口。这是一个典型的 Windows 软件界面，有菜单栏、工具栏。特别地，工具栏的下方是数

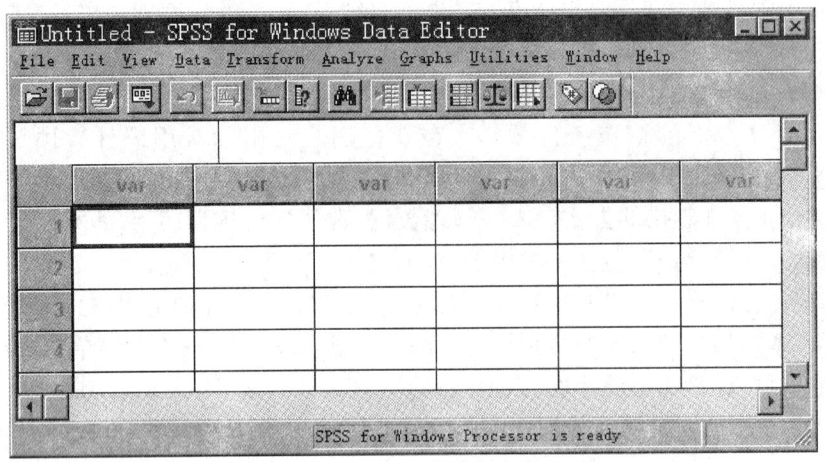

图 7—11 SPSS 主界面

据栏，数据栏的下方则是数据管理窗口的主界面。该界面与 Excel 极为相似，由若干行和列组成，每行对应一条记录，每列则对应一个变量。由于没有输入任何数据，所以行、列的标号都是灰色的。请注意，第一行第一列的单元格边框为深色，表明该数据单元格为当前单元格。

2. 定义变量

在 SPSS13.0 中，在 Variable View 窗口中定义变量，如图 7—12 所示。定义变量即要定义变量名、变量类型、变量长度、变量标签和变量格式、缺失值等。

Untitled - SPSS Data Editor

File Edit View Data Transform Analyze Graphs Utilities Window Help

	Name	Type	Width	Decimals	Label	Values	Missi
1	x	Numeric	8	2		None	None
2							
3							
4							
5							
6							
7							
8							
9							
10							
11							

Data View　Variable View

SPSS Processor is ready

图 7—12 变量定义窗口

定义变量的步骤如下：

(1)单击 Variable View 选项卡，使数据编辑窗口置于定义变量状态，如图 7—12 所示。每行定义一个变量。

(2)定义变量名。光标置于 Name 列的空单元格中，单击单元格后输入变量名。例如输入的变量为 X 作为变量名，回车后在同行各单元格中系统自动给出了变量的默认属性。

(3)变量的默认属性值。变量默认的属性值分别为：Type：变量类型，默认类型为数值型(Numeric)；Width：变量长度，默认长度为 8；Decimals：小数位数，默认位数为 2；Label：变量标签,用户自定;Values:值标签,用户自定;Missing:缺失值,用户自定。

(4)定义变量类型。设置变量类型,如图 7—13 所示。

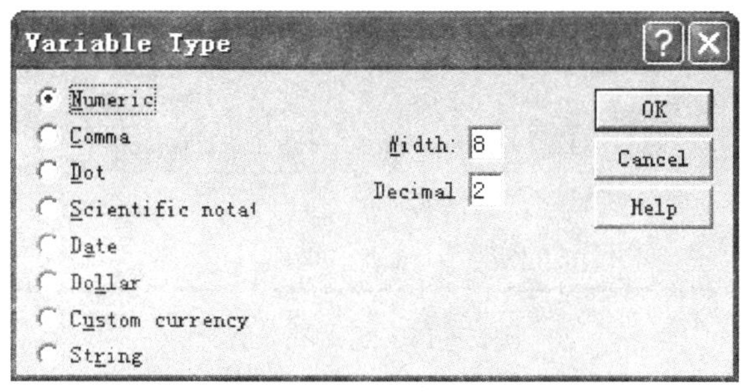

图 7—13　定义变量类型窗口

具体操作为:单击 Type 列的单元格,默认值 Numeric 旁出现删节号,单击删节号,展开 Define Variable Type 对话框,如图 7—13 所示。定义变量类型对话框左半部分有 8 种可供选择的变量类型,如图 7—13,单击选择的类型。

(5)定义变量标签。为了注释变量名含义,在 Variable View 窗口中双击 Labels 相应的单元格,输入注释即可,要尽量简单明了。例如,定义了变量 X,可以给出汉字标签,输入"性别"作为变量的标签。

(6)定义与修改值标签。定义值标签,单击 Value 栏相应的单元格,该单元格右侧出现删节号,单击删节号,打开 Value Lables 对话框,如图 7—14 所示。在第一个 Value 框中,输入变量值。在第二个 Value 框中,输入对该值含义解释的标签,单击按钮"Add",一个值标签就被加入第三个框,即值标签清单中。例如,定义性别变量 x,数值 1 表示男性,数值 2 表示女性,如图 7—14 所示。

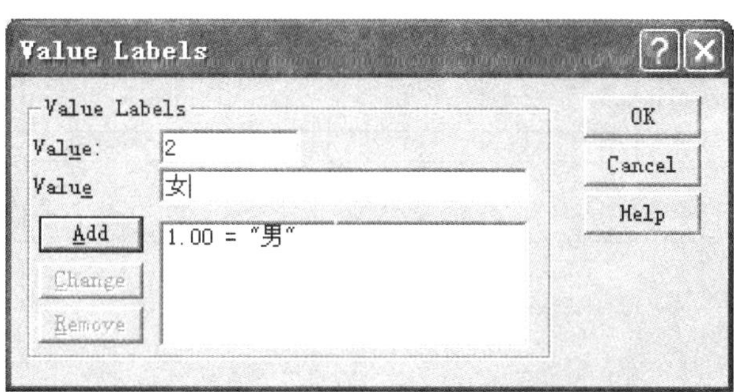

图 7—14　定义与修改值标签

(7)定义缺失值。在 Variable View 窗口中,单击变量与 Missing 对应的单元格,然后单击右侧的删节号按钮,展开 Missing Values 定义变量用户缺失值的对话框,见图 7—15。

选择一种缺失值的类型,再进行具体定义。定义缺失值的类型有如下几种:

第一是 No missing values 选项,无缺失值。本选项是系统的默认状态。如果当前变量的值测试、记录完全正确,没有遗漏,则可选择此项。

第二是 Discrete missing values 选项,为离散缺失值。可以在下面三个框中输入 3 个可能出现在相应变量中的缺失值,也可以少于 3 个,如图 7—15 所示,把 99 标为缺失值。

第三是 Range plus one optional discrete miss 选项,定义缺失值范围,其下有 Low 和

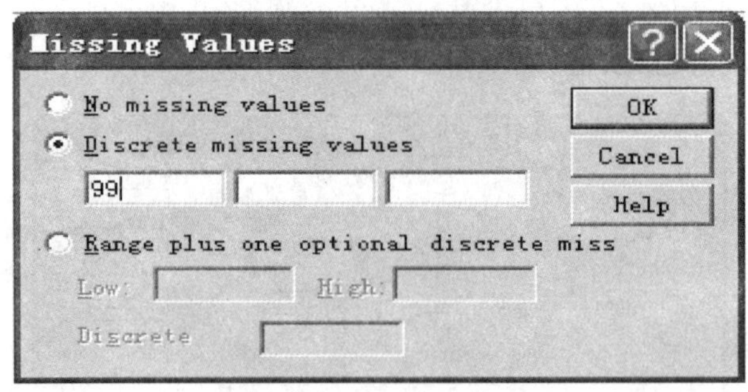

图 7—15 定义缺失值

High 两个参数。

3. 输入数据

输入数据的方法比较简单。选择要输入数据的单元格，通过键盘进行数据输入即可。例如，输入变量 X 的值，先选择一行二列单元格为当前单元格，使用键盘，输入第一个数据 0.84，单击回车键，此时界面显示为图 7－16。如果一行一列单元格因为没有输入过数据，显示为“.”，这代表该数据为缺失值。

Untitled - SPSS for Windows Data Editor

File Edit View Data Transform Analyze Graphs Utilities Window Help

	group	x	var	var	var	var
1	1.00	.84				
2	1.00	1.05				
3	1.00	1.20				
4	1.00	1.20				
5	1.00	1.39				

SPSS for Windows Processor is ready

图 7—16 数据输入

4. 保存数据

选择菜单 File⇒Save。由于该数据从来没有被保存过，所以弹出 Save as 对话框，如图 7—17 所示。

单击保存类型列表框，可以看到 SPSS 所支持的各种数据类型，有 DBF、FoxPro、EXCEL、ACCESS 等。这里，我们仍然将其存为 SPSS 的数据格式（ *. sav 文件）。在文件名框内键入 Lil_1 并回车，可以看到数据管理窗口左上角由 Untitled 变为了现在的变量名 Lil_1。

(二)数据的预分析

1. 数据的简单描述

我们首先需要知道数据的基本情况，如均数、标准差等。选择 Analyze⇒Descriptive Statistics⇒Descriptives 菜单，系统弹出描述对话框，如图 7—18 所示。

该对话框可分为左右两大部分，左侧为所有可用的候选变量列表，右侧为选入变量列表。

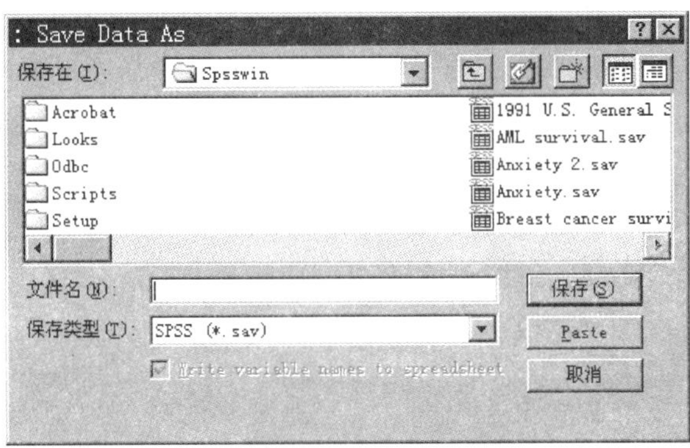

图 7—17　数据保存窗口

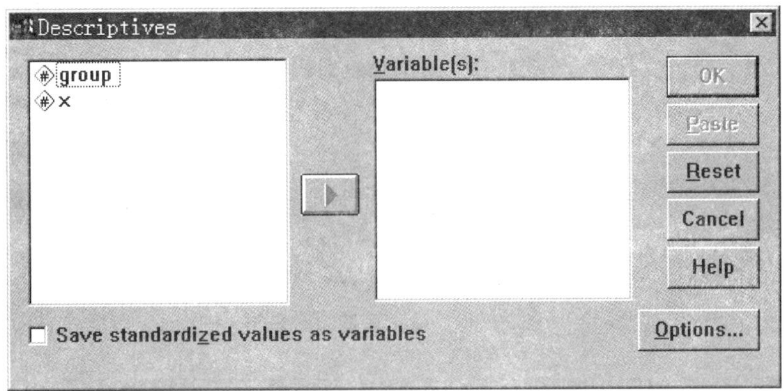

图 7—18　数据描述窗口

我们只需要描述 X，用鼠标选中 X，单击中间的，变量 X 的标签就会移入右侧，表明可以进行分析了。单击它，系统会弹出一个新的界面，如图 7—19 所示。

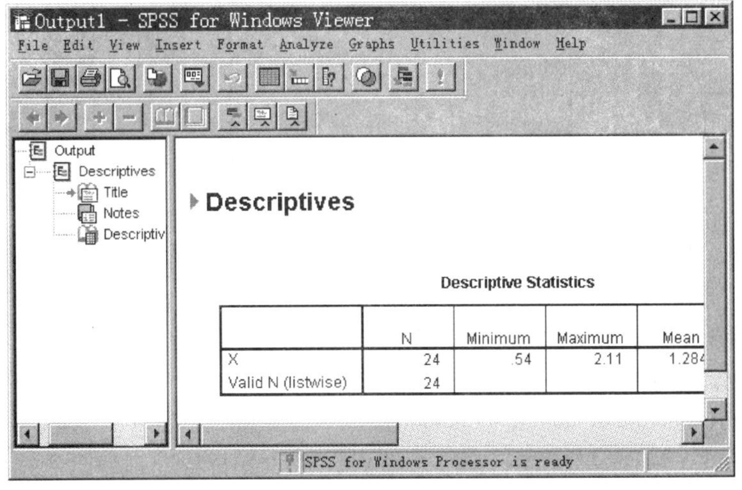

	N	Minimum	Maximum	Mean
X	24	.54	2.11	1.284
Valid N (listwise)	24			

图 7—19　(结果)浏览窗口

该窗口上方的名称为 SPSS for Windows Viewer，即(结果)浏览窗口，整个结构和资源管理器类似，左侧为导航栏，右侧为具体的输出结果。结果表格给出了样本数、最小值、最大值、均数和标准差这几个常用的统计量。从中可以看到，24 个数据总的均数为 1.284 6，标准差为 0.468 7。

2. 绘制直方图

统计指标只能给出数据的大致情况，没有直方图那样直观，直方图的特点已经在前文中进行说明。绘制直方图的方法为：选择 Graphs⇒Histogram，系统会弹出绘制直方图对话框，如图 7—20 所示。

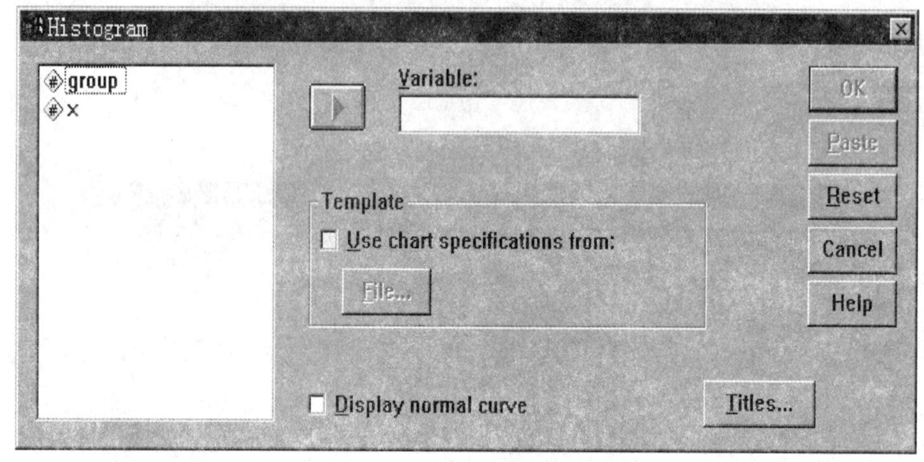

图 7—20 绘制直方图对话框

将变量 X 选入 Variable 选择框内，单击 OK 按钮。此时结果浏览窗口内会绘制出如下两个直方图，如图 7—21(A)、7—21(B)所示。

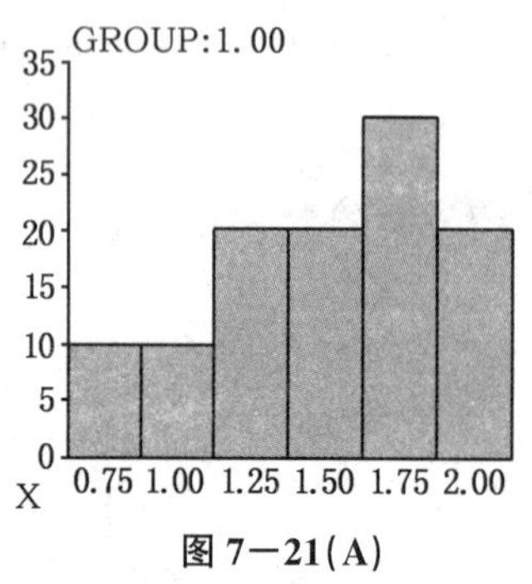

图 7—21(A)

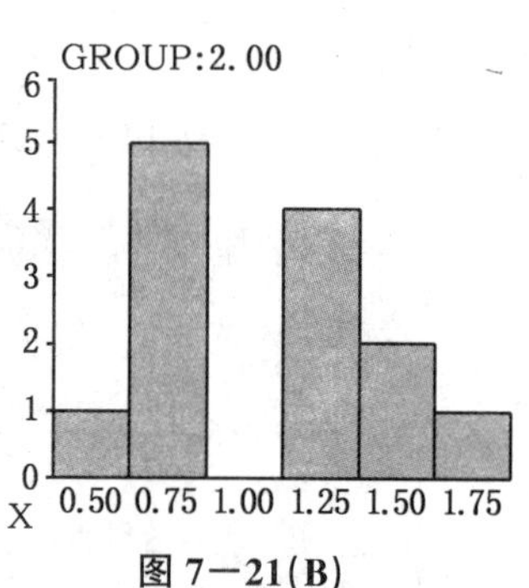

图 7—21(B)

两组数据没有特别偏的分布，也没有十分突出的离群值，因此无需变换，可以直接采用参数分析方法来分析。综合设计类型，最终确定采用 t 检验来分析。

(三)进行统计分析

1. 频数分布

频数分布能够了解变量取值的状况，对把握数据的分布特征是非常有用的，主要包括频数、百分比、有效百分比、累积百分比。

基本步骤为 Analyze→Descriptive Statistics→Frequencies，见图 7—22。

2. 描述统计

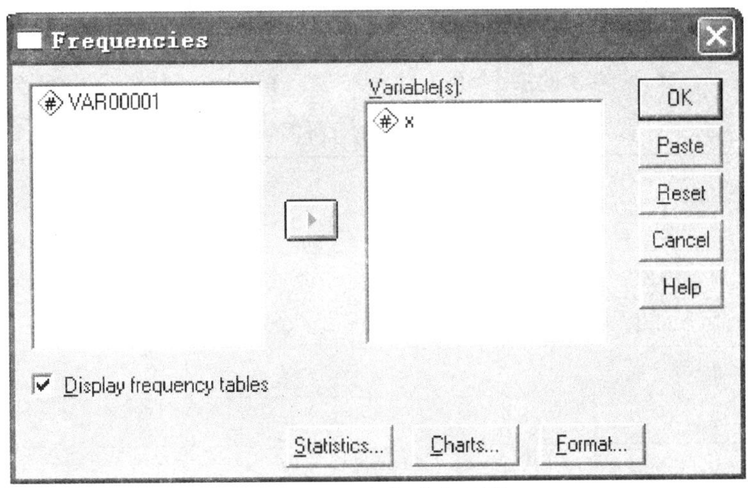

图 7—22　频数分布设置

通过频数分布分析把握了数据的总体分布后，还需要对数据的分布特征有更为精确的认识，需要描述统计来实现，主要刻画集中趋势、离散程度、分布形态的统计量。

基本步骤为：Analyze→Descriptive Statistics→Descriptives。

3. 交叉分析

通过频数分布能够掌握单个变量的数据分布情况。实际情况中，不仅要了解单变量的分布特征，还要分析多个变量不同取值下的分析，掌握多变量的联合分布特征，进而分析变量之间的相互影响和关系。

基本步骤为：Analyze→Descriptive Statistics→Crosstabs。

本章小结

现场调查所得到的原始数据必须经过整理、编码、分析和解释才能得出有价值的结果。数据整理就是检查和保证问卷中每个问题答案的有效性。编码就是用数字代码来代表某种答案，以便对答案进行分类。资料的分析就是利用各种统计分析方法来发现数据所反映的规律。解释则是说明分析结果的具体含义，把纯粹的统计分析结果变成能帮助制定正确决策的有价值信息。数据分析首先是描述性统计。描述性统计的科学手段是通过图形进行说明，包括饼形图、直方图和趋势图等。描述性统计主要分析数据集中化趋势和分散化趋势。衡量数据集中化趋势的主要指标有均值、中位数和众数。衡量数据分散化程序的指标主要是方差和标准差。在对市场调查资料的初步统计中，可以利用 SPSS 软件。SPSS 具有操作简便、好学易懂、简单实用的优点，本章对其初步应用进行了介绍。

复习思考题

1. 简述统计整理的意义。
2. 统计资料整理的步骤是什么？
3. 市场调查资料审核的内容及方法是什么？
4. 对缺失数据的处理方法是什么？
5. 我国 2015～2018 年进出口贸易总额资料显示：2015 年进出口贸易总额为 1 510.5 亿美元；2016 年进

出口贸易总额为 1 827.9 亿美元；2017 年进出口贸易总额为 1 838.1 亿美元；2018 年进出口贸易总额为 1 949.3 亿美元。请将上述内容设计成表格。

6. 有人拟订了对家庭成员年龄的三种编码方案，见下表。你认为哪一种编码方案更合理？为什么？

对家庭成员年龄的三种编码方案

方案一		方案二		方案三	
编码	年龄	编码	年龄	编码	年龄
0	1～10 岁	0	0～9 岁	0	1 岁以下
1	10～20 岁	1	10～19 岁	1	1～10 岁
2	20～30 岁	2	20～29 岁	2	11～20 岁
3	30～40 岁	3	30～39 岁	3	21～30 岁
4	40～50 岁	4	40～49 岁	4	31～40 岁
5	50～60 岁	5	50～59 岁	5	41～50 岁
6	60 岁及以上	6	60 岁及以上	6	51～60 岁
9	无信息	9	无信息	7	60 岁及以上
				9	无信息

7. 某地区职工家庭人均月收入资料见下表。从表中可知，家庭户数最多的是 3 200 户，它所对应的人均月收入为 500～600 元，为众数所在的组。试计算众数。

人均月收入(元)	家庭户数(户)
300 以下	260
300～400	660
400～500	1 800
500～600	3 200
600～700	2 000
700～800	1 000
800～900	800
900～1 000	600
1 000 以上	400
合　计	10 720

8. 某企业工人日包装量及有关计算资料见下表，试计算标准差。

按日包装量分组(件)	工人数(人)	组中值	日包装总量(件)	离差	离差方	以工人数加权的离差平方
甲	f	x	xf	$x-\bar{x}$	$(x-\bar{x})^2$	$(x-\bar{x})^2 f$
40 以下	5	35	175	−22	484	2 420

续表

按日包装量分组(件)	工人数(人)	组中值	日包装总量(件)	离差	离差方	以工人数加权的离差平方
40～50	13	45	585	—12	144	1 872
50～60	18	55	990	—2	4	72
60～70	15	65	975	8	64	960
70～80	7	75	525	18	324	2 268
80 以上	2	85	170	28	784	1 568
合 计	60	—	3 420	—	—	9 160

案例分析

【7—1】 中小企业网络营销调查的资料整理分析

美国战略咨询公司 Frank N. Magid Associates 对中小企业采用以及计划采用的网络营销方法的调查发现,目前真正将互联网应用于网络营销的中小企业仅占 22%,如表 7—16 所示。这个数字多少有些出人意料,似乎与美国企业互联网应用的整体水平并不相符。

表 7—16 美国中小企业采用的网络营销方法

网络营销方法	占被调查者比例(%)
E-mail 营销	60
搜索引擎	56
Banner 广告	36
PPC 网络广告	25

通过对调查资料的整理,发现在开展网络营销的美国中小企业中,E-mail 营销是最常用的网络营销方法;其次是搜索引擎和 Banner 广告等。在这些开展网络营销的中小企业中,有 74%计划进一步增加网络营销投入。在尚未开展网络营销的企业中,有 43%表示将在 6 个月内采用网络营销方法。通过对比多家美国调查咨询机构的研究结果,发现 E-mail 营销在美国企业中的应用相当普遍,这种情况与我国国内有较大差别。尽管没有权威的统计数据,但通过一些相关调查资料的分析可以得到这样的结论:许可 E-mail 营销在国内企业中并没有得到广泛应用,即使大型企业网站和 B2B 电子商务网站对基于内部邮件列表方式的许可 E-mail 营销应用水平也比较低,许可 E-mail 营销、搜索引擎营销(包括搜索引擎广告和基于自然检索结果的搜索引擎优化)、各种形式的网络广告等式最主要的网络营销方法。其中,许可 E-mail 营销在国内的普及应用有较大局限,因而搜索引擎营销方法在国内企业网络营销策略中显得更为重要。尤其在中小企业中,搜索引擎营销无疑是最重要的网络营销方法。

(案例来源:黄静,《市场调查与预测》,清华大学出版社 2014 年版,第 167～168 页。)

思考题:

1. 市场调查资料的整理是市场调查的必要环节吗?
2. 怎样对收集的资料进行科学的整理?

【7—2】 Tico Taco 公司

Tico Taco 公司最近在犹他州开了它的第 17 家分店。现在连锁店提供的产品包括墨西哥玉米卷饼、墨西哥肉卷和墨西哥玉米煎饼。管理者最近在考虑推出一款比普通玉米卷饼大 1 倍的超级卷饼,该卷饼包含有足足 6 盎司的牛肉末。玉米卷饼上一般会撒上牛肉末、生菜和奶酪。管理者认为,超级卷饼应该提供更多的选择。

他们正在准备实施一项市场调研以决定应该增加哪些口味选择。调查问卷上的一个关键问题就是:"如果在家中制作墨西哥卷饼,除了肉类以外您一般还会添加什么?"这是一个开放式问题,下表是对该问题进行的分类编码。

答案	编码	答案	编码
牛油果	1	洋葱	7
奶酪	2	胡椒	8
鳄梨色拉	3	甜辣椒	9
生菜	4	酸奶酪	0
墨西哥辣酱	5	其他	X
橄榄	6		

(案例来源:小卡尔·麦克丹尼尔等著,李桂华等译,《当代市场调研》,机械工业出版社 2018 年版,第 359～360 页。)

思考题:

1. 如何对下列回答编码?

a. 我通常加入一种绿色的牛油果味辣酱。

b. 我会将生菜和菠菜切碎后混合起来加入卷饼。

c. 我是一个素食主义者,所以完全不加肉类,我的墨西哥玉米卷饼中加的全是鳄梨色拉。

d. 通常我喜欢用香菜,不过偶尔也会加点儿生菜。

2. 如果有很多回答在"其他"分类中,会出现什么问题?这说明调研人员在哪里出了问题?

【7—3】 某企业产品质量的描述统计分析及其评定

提高产品质量是实现企业经济效益的基本手段,也是企业追求的主要目标,是企业为社会提供合格产品的保证。因此,对企业各种产品的质量进行科学的定量分析是一项重要的工作。影响产品质量的因素不仅有工人的操作方法、机器设备的运行状况、具体工作流程的设计、管理制度的完善等,还应考虑生产的组织形式以及操作人员的精神面貌等诸多方面。但是,不同产品、不同类型的工人差别很大,分数之间没有可比性,削弱了质量测量的意义,所以不能简单地进行评价。如何在抽样测试中体现质量评价的评定功能、区分功能、预测功能、诊断功能、反馈功能以及激励导向等作用,值得进一步研究。本案例采用描述统计分析评定某企业产品质量的方法。

1. 对象和方法

以某企业为本次调研对象。选择其 2018 年 1 月生产的 3 种产品 A、B、C 各 50 件进行质量评价,考核结果采用百分制计分。

运用 SPSS 软件对评价结果进行描述统计,提供有关数据的趋中性和易变性的信息,如算术平均值、中值(中位数)、众数(模式)、标准差、偏斜度(偏度系数)、峰态(峰度系数)、区域(极差或全距)、最大值、最小值等参数。其中,偏斜度和峰态是用以判断考核结果分布特征的 2 个重要参数。当偏斜度为零时考核结果呈对称正态分布,大于零时为正偏态分布,小于零时为负偏态分布。峰态为零时考核结果呈正态峰,大于零时为尖峭峰,小于零时为平阔峰。通过偏斜度和峰态可计算偏度和峰度(矩法),经 U 检验来推断分布的正态性。服从正态分布的数据概率曲线具有对称性，其数据按概率落入一定范围内，如表 7—17 所示。

表 7—17　　正态分布数据落入一定范围内的概率

范围	$\mu\pm0.5\sigma$	$\mu\pm0.674\sigma$	$\mu\pm\sigma$	$\mu\pm1.28\sigma$	$\mu\pm1.5\sigma$	$\mu\pm1.64\sigma$	$\mu\pm1.96\sigma$	$\mu\pm2.58\sigma$
概率	38%	50%	68%	80%	86%	90%	95%	99%

注：μ 为总体算术平均值，σ 为总体标准差。

根据这些概率分布的特点评定考核结果的优良等级，如取落入 $\mu\pm\sigma$ 内的概率为 68%，落入 $\mu\pm1.64\sigma$ 外的概率为 10%，落入余下的概率为 22%，则可确定优秀、不合格各占 5%，良好、合格各占 11%，中等占 68%。

对于偏态分布的考核结果，可将数据转换成对数后，就有可能服从对数正态分布。如正偏态分布可找到某一常数 K，用 K 值加上考分，经对数变换后再做描述统计，并经 U 检验其对数正态性；如呈负偏态分布可找到某一常数 K，用 K 值减去考分，经对数变换使之呈对数正态分布。

2. 考核结果等级评定和标准分计算

实际考核中，对考核结果约定俗成地选用 90 分、80 分、70 分、60 分作为等级分数线，评定考核结果的优秀、良好、中等、合格和不合格。本文根据落入 $\mu\pm\sigma$ 和 $\mu\pm1.64\sigma$ 内外的概率来确定考核结果的等级，对应分数线为概率等级分数线（D_P），经对数变换的考核结果数据需还原成原始分数。概率等级分数线分别对应于习惯用等级分数线，优秀等级再另取点（100，100），不合格等级另取点（0，0），建立各个等级的两点式直线方程，把对应各个等级内的原始考核结果代入到相应的直线方程中，计算线性标准分（我们称为 L 标准分）。

3. 结果与分析

3 种产品产量评价结果用 SPSS 软件做描述统计，结果见表 7—18。

表 7—18　　3 种产品质量考核结果的描述统计

产品	平均值	中值	众数	标准误差	标准差	偏斜度	峰态	最大值	最小值	区域
A	74.28	74.25	69	1.250	8.840	0.113 7	−0.347 5	95.5	56.5	39
B	79.92	80	80	0.621	4.393	−0.320	1.022	90	67	23
C	82.42	84	81	1.447	10.230	−0.539	−0.569	98	58	40

表 7—18 表明：(1)产品 A 结果的平均值、中值、众数较为接近，说明其呈近似正态分布；产品 B 和产品 C 考核结果的该 3 项值有一定的偏差，说明考核结果呈不完全对称分布。(2) 标准误差、标准差、最大值、最小值和区域的数据说明产品 B 考核结果离散较小，产品 B 和产品 C 考核结果的离散较大。(3)偏斜度、峰态数值显示产品 A 考核结果为正偏态分布，产品 B 和产品 C 成绩为负偏态分布；产品 A 和产品 C 呈平阔峰，产品 B 为尖峭峰。对 3 种产品的考核结果进行对数变换，并验证服从对数正态分布。对数变换后的偏斜度变化见表 7—19，对数变换后数据的描述统计见表 7—20。

表 7—19　　3 种产品考核结果(X)对数变换后的偏斜度

产品	A	B	C
对数变换	$\mathrm{Ln}(108.338+x)$ $\mathrm{Ln}(108.337+x)$	$\mathrm{Ln}(136.6933-x)$ $\mathrm{Ln}(136.6934-x)$	$\mathrm{Ln}(112.58701-x)$ $\mathrm{Ln}(112.58702-x)$
偏斜度	$4.41\times10^{-5}-1.76\times10^{-7}$	$-1.69\times10^{-7}-1.17\times10^{-7}$	$-1.77\times10^{-7}-1.12\times10^{-8}$

表 7—20　　3 种产品考核结果对数变换后数据的描述统计

产品	平均值	中值	众数	标准误差	标准差	偏斜度	峰态	最大值	最小值	区域
A	5.206	5.207	5.178	0.006 84	0.048 4	-1.92×10^{-7}	−0.399 9	5.317	5.105	0.212
B	4.036	4.038	4.038	0.010 9	0.007 72	-1.69×10^{-7}	0.934 6	4.244	3.844	0.401
C	3.351	3.353	3.453	0.048 1	0.340 3	-1.77×10^{-7}	−0.926 6	3.999 8	3.680	1.320

表 7—19 和表 7—20 显示，考核结果对数变换后数据的平均值、中值、众数的数值相近，偏斜度接近于零，经 U 检验（$0.82<P<0.99$）表明均服从对数正态分布。因此，可用对数正态分布的概率来评定考核结果。按概率（参见表 7—17）计算各个考核结果的等级分数线，并将对数值还原成原始分数，得到概率等级分数线（D_P），求出各等级的两点式直线方程，结果见表 7—21。利用直线方程可计算各个等级内考核结果的 L 标准分，用以评定各个考核结果的等级。由表 7—21 可见，如以群体考核结果为常规参照基准，产品 B 考核结果需 86.8 分以上为优秀，72 分以下为不合格；产品 C 考核结果需 96.5 分以上为优秀，62.5 分以下为不合格。

表 7—21　　3 种产品考核结果的概率等级分数线（D_P）和等级评定直线方程

等级（概率）	产品 A		产品 B		产品 C	
	D_P	直线方程	D_P	直线方程	D_P	直线方程
优秀（5%）	89.13	$L=0.919\,9x+8.006$	86.81	$L=0.758\,4x+24.16$	96.37	$L=2.677\,5x-167.75$
良好（11%）	83.11	$L=1.661\,4x-58.076$	84.19	$L=3.959\,1x-253.71$	92.39	$L=2.515\,6x-152.17$
中等（68%）	65.46	$L=0.566\,5x+32.919$	75.54	$L=1.143\,5x-16.38$	72.51	$L=2.515\,6x+152.17$
合格（11%）	60.16	$L=1.887\,6x-53.561$	72.45	$L=3.229\,9x-174.00$	62.76	$L=1.025\,6x-4.368$
不合格（5%）		$L=0.997\,3x$		$L=0.828\,2x$		$L=0.956\,0x$

4. 结论

（1）在产品质量评价研究中，要对评价结果做描述统计推断，正态分布是其理论基础。需指出的是：呈正态分布或近似正态分布的考核结果方可进行卡方检验、t 检验、F 检验等统计处理，较大偏态分布的考核结果可做对数变换，使之呈对数正态分布。由于计算机的普及，有关的数据处理已不再困难。

（2）考核结果的描述统计反映了其客观分布特征，可结合多种情况分析产生这种分布的原因。不必为了追求达到某种需要的分布而人为地干扰考核结果的计量，避免做出不恰当的结论，掩盖生产中的不足。例如对于达标性的测试，当大部分产品均达到生产目标的要求时，反映在考核结果分布形态上应是总体平均值的提高和峰态的右移。但是，有一些因素也会造成考核结果的负偏态分布。所以，应正确分析呈负偏态分布的产品质量或抽样中可能存在的问题。

（3）算术平均数主要用于对称分布，特别是正态分布。当数据分布呈偏态时，该值易受特殊值大小的影响，不能很好地反映平均水平。中位数是度量中心位置最好的值，不受变量分布限制，用来解释分数的参照标准可明显地表露考核结果之间的水平差异。标准误差、标准差表示了数据相对于平均值的离散程度。

（4）在实际质量评价中，考核结果等级的评定约定俗成地采用 90 分以上为优秀、80 分至 90 分为良好等判断的绝对标准。运用统计概率相对标准方法评定考核结果的等级，可使评估人员解除顾虑准确地评价，避免当分值过高或过低时人为操纵评估标准，以客观反映产品质量水平，为企业生产管理提供有效的信息。

(5)在考核结果分析中，为使考核结果具有可比性和区分度，可以产品群体为基准，将测验结果与常规参照计算标准分，来评定考核结果。标准分的计算有 Z 标准分数、T 标准分数等方法。Z 标准分可为负值，T 标准分也不符合百分制的习惯表达方式。L 标准分不仅反映了考核结果的高低，还显示了在群体中所处的相对位置(概率)，且符合习惯的百分制表达和等级评定方法。

(6)考核结果等级及标准分的计算应结合产品生产的实际状况或评定的目的来确定。如在达标性测试中，若 90%以上的产品达到良好水平，则应以良好占 90%的概率来评测考核结果的等级及其标准分。如选择 10%的优质产品，则应以优秀占 10%的概率来计算。运用描述统计对考核结果进行分析，可在群体中评定每个考核分数，为考核结果的评比诊断提供依据，便于准确地衡量企业生产的真实水平。

思考题：请用资料中的统计数据解释最终结论。

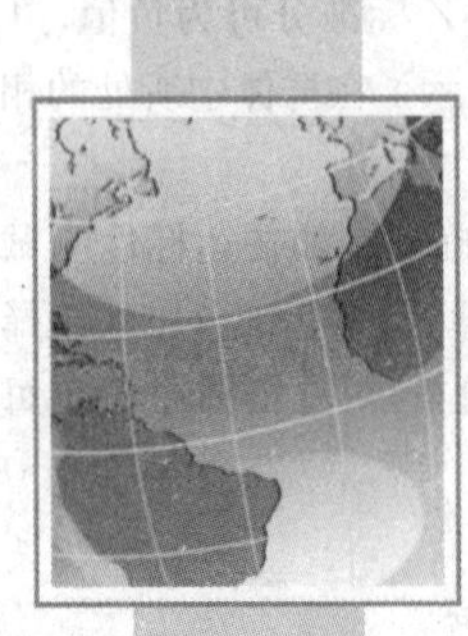

第八章 定性分析与预测方法

学习目的与要求

通过本章的学习，应使学生了解对整理的资料要进行更深入的分析预测。掌握消费者意图预测法的实施条件及具体操作步骤；理解专家意见市场预测法（德尔菲法、头脑风暴法、缺点列举法、希望判断法）；熟悉判断市场预测法（主观概率预测法、思维判断法、指标判断法）等；同时了解以分析和综合、归纳和演绎、抽象和具体等为核心的理论分析方法。

定性预测主要依靠预测者个人的专门知识、经验和直观材料，对市场做出分析判断，来确定未来市场发展的趋势。分析预测市场的定性方法很多，比较常用的且在一定条件下非常有效的定性预测方法包括消费者意图预测法、专家意见市场预测法等。

第一节 消费者意图预测法

市场总是由潜在的消费者构成的，预测就是要分析、判断在给定条件下潜在消费者的可能行为，所以要调查消费者。这种调查的结果是比较准确可靠的，因为只有消费者才知道将来会购买什么和购买多少。

消费者意图预测法又称顾客意见法，是企业为预测消费者的需求变化，对直接使用本企业产品的消费者的购买意向、购买意见进行调查，从而预测消费者的需求变化趋势的一种方法。

一、消费者意图预测法的实施条件

由于顾客的购买意向在转化为现实的购买行为之前，会受到很多因素的影响，因此，这种方法在一定的条件下使用将会更加有效。一般来说，消费者意图预测法运用时要满足以下三个条件：

（1）消费者的购买意向是明确清晰的。

（2）这种意向会转化为消费者的购买行动。

（3）消费者愿意把其购买意向告诉调查者。

对于耐用消费品（如汽车、房屋、家具、家用电器等）的购买者，调查者一定要定期进行抽样调查。另外，还要调查消费者目前和未来个人财力情况以及他对未来经济发展的看法。对于产业用品，企业可以组织专门的调查人员，通过统计抽样选取一定数量的潜在购买者，访问这些购买者的有关部门负责人，通过访问获得的资料以及其他补充资料，企业便可以对其产品的市场需求做出估计。尽管这样费时费钱，但企业可以从中间接地获得某些好处。因此，这种方法多用于预测需求较稳定的生产资料市场的发展变化。

二、消费者意图预测法的应用

日本三菱电机公司第五任总经理进藤贞和，为扭转家电产品的困难局面，亲自调查了日本 3 000 多个销售点。店主们对产品提出了许多意见，有的店主向他抱怨，有的店主对产品的缺点抓住不放。进藤贞和再三道歉，并表示要加以改进。由于取得了确切的信息，企业及时改进了生产，使得三菱电机公司的销售额翻了 10 倍。三菱电机公司在相当一段时期内主宰了日本家电市场，进藤贞和也被人们誉为"三菱霸主"。

首先，通过访问，企业分析人员可以在公开出版资料没有的情况下考虑各种问题的新途径。其次，可以树立或巩固企业关心购买者需要的良好形象。最后，在进行总市场需求预测过程中，也可以同时获得各行业、各地区的市场需求估计值。

以下以服装市场为例，分析消费者意图预测法的运用过程。通过收集服装消费者购买意向、需求数量、评价等方面的意见，可以推断服装未来的需求量。收集消费者意见可通过下列途径：

(1)由服装市场调查人员对消费者进行个别访问、电话询问，征询消费者意见；

(2)发调查表或邮寄调查表，征集消费者意见；

(3)通过开服装展销会、订货会，征询消费者意见；

(4)通过服装零售柜台，直接征集消费者意见。

服装市场预测人员将征询到的消费者意见，进行综合分析，并根据以往的经验和现时的经济状况，预测消费者在一定时期内对服装的需求数量、质量、品种、规格和价格等。

案例 8—1

某针织机械厂 2015 年 4 月召开了一次订货会。该厂在订货会上采用发放调查表的方式，向与会者进行了产品需求调查。调查项目如表 8—1 所示。

表 8—1　　　　针织机械需求情况调查表

用户名称		所在地区	
人数规模		主要生产品种	

请您回答下列问题(在回答栏中写明或打"√"，如不回答可写"?")

问　题	回　答
1. 贵单位现有多少针织设备?	台车___台；棉毛机___台；罗纹机___台；羊毛衫圆机___台；弹力网眼机___台；其他___。
2. 贵单位最近增添针织设备吗?	今年下半年：不增___；增加___台；不清楚___。 明年：不增___；增加___台；不清楚___。
3. 贵单位认为我厂产品在哪些方面有缺点? 服务方面有什么问题?	质量___；品种___；规格___；包装___；按合同交货___；技术服务___。

续表

问　题	回　答
4. 您估计您单位明年对我厂产品的需求量会有变化吗？	不变___；增加___；减少___；不清楚___。 （这仅是征求您个人的看法，不做订货依据）
5. 如有变化的话，您估计百分比有多大？	1%～5%___；6%～10%___；11%～15%___；16%～20%___；21%～25%___；26%～30%___；31%以上。
6. 您估计您单位明年对我厂产品的需求在规格和品种方面有变化吗？	不变___；有改变___；增加___；减少___；不清楚___。
7. 变化的情况能告诉我们吗？	可能增加的规格和品种是__________； 可能减少的规格和品种是__________。
8. 贵单位当前需要我厂帮助解决哪些问题？	品种选择________；针织设备使用方法________；针织机械配件________；其他________。
9. 贵单位对我厂有哪些意见和要求？	

请您将此表于___月___日前填好送回，十分感谢您的支持！

调查表中1、2问题是为用户建立针织机械使用档案；3、8、9问题是为了改进产品质量，提高服务质量；4、5问题是本次调查的主要问题，是预测下一年度针织机械销量的依据；6、7问是征询用户在下一年度对针织机械品种、规格方面的变化需求，为调整产品做参考。该厂将调查表进行汇总后，根据4、5两个问题的答案，进行分析判断。

预测是在一组规定的条件下预料购买者可能买什么的艺术。消费者意图预测法建议对购买者应该买什么进行调查。如果购买者有清晰的意图，愿付诸实施，并能告诉访问者，则这种调查就显得特别有价值。

在业务购买领域，各类机构多进行关于工厂、设备和材料的购买者意图调查。这些机构中比较著名的是麦格劳—希尔研究所和普林斯顿意见研究公司。它们大部分的估计和实际结果相比，误差一般在10%以内。购买者意图调查对于工业产品、耐用消费品、要求有先行计划的产品采购和新产品的需求估计都有使用价值。

第二节　专家意见市场预测法

在企业营销中，专家包括理论学者、经销商、分销商、供应商、营销顾问和贸易协会。例如，汽车公司向经销商定期调查以获得短期需求的预测。但是，经销商的估计和销售人员的估计一样，有着相同的优点和弱点。许多公司从一些著名的经济预测公司那里购买经济和行业预测。这些预测专家处在较有利的位置，由于他们有更多的数据和更好的预测技术，因此，他们的预测优于公司的预测。

一、专家评估预测法

专家评估预测方法又称启发预测法，是以专家为索取信息的对象，充分利用专家的经验、判断力、想象力，有效运用各种科学方法，达到节约时间、节约费用、适用面广、评估准确度高的预测效果。该方法在整个预测方法系统中占有重要的地位，特别是在战略性预测中，其作用富有成效。近二三十年来，专家评估预测方法已成为一种广为适用的预测方法，不仅在军事预测、科技发展预测和市场需求预测领域中得以普遍应用，而且在人口预测、医疗和卫生保健预测、教育预测、研究方案评价、信息处理以及社会、经济、科技协调发展的中长期规划等领域得到了日益广泛的应用。

例如，美国国防部制定长远科技规划时，邀请50多名专家对事先提出的工作文件进行质疑讨论，形成了一个新的、更可行的预测规划。另外，美国邮政部、美国洛克希德（Lockheed）公司、可口可乐（Coca-Cola）公司和国际商用机器公司（IBM）等曾积极应用专家评估预测法开展预测，取得了良好的效果。我国20世纪80年代初期运用专家评估预测法对彩色电视机市场需求量进行了预测，预测出黑白电视机将走“下坡”路，而彩色电视机将出现市场需求骤增趋势，有些厂家利用这一商情预测结果，立即转产彩色电视机，迅速占领了市场，取得了丰厚的经济效益。由此可见，专家评估预测法的价值是相当可观的。

具体办法是：组织相关领域的专家，运用他们专业方面的渊博知识和丰富的实践经验，通过深入细致地研究预测对象自身性质和各方面情况，全面考察预测对象所处的自然环境和社会环境以及与外界的各种联系，全面掌握与预测对象有关的过去和现在的各种信息与材料，进行全面综合分析，找出预测对象运动变化和发展的规律，进而对预测对象未来的发展趋势及状态做出判断和评估。

专家评估预测法属于直观预测范畴，是应用历史比较久的一种预测方法。需要指出的是，随着现代经济、科技的发展，现代专家评估预测法为尽可能减少主观武断，使评估判断更符合客观实际，通过不断探索，有了质的飞跃，与古老的直观预测法具有截然不同的特点。其中突出的特点有：

第一，已经形成一整套如何有效组织专家，充分利用专家的创造性思维进行评估的基本理论和科学方法。

第二，更加依靠专家的集体智慧，充分发挥专家的集体效应。现代专家预测法不是依靠一个或少数专家，而是依靠许多专家或专家集体；不仅依靠本领域专家，同时广泛邀请相关领域专家和社会学、系统学方面的专家参加。依靠专家集体不仅可以消除个别专家的局限性和片面性，还可以降低偏差，提高预测结果的准确度。

第三，其预测结果具有数理统计特性，更具严谨性、科学性。现代的专家评估预测法是在定性分析基础上，以打分等方式对预测对象的未来发展趋势与状态做出定量评估，然后运用数理统计方法进行处理并进行必要修正，使预测结果更加可靠、可信。

专家评估预测法有很多种，我们主要介绍头脑风暴法、德尔菲法。

（一）头脑风暴法

头脑风暴法是组织各类专家对市场预测目标相互交流意见，进行智力碰撞，产生新的思维和观点，再进一步深化、集中得出最佳预测结果的一种方法。它是专家会议法的进一步发展，是运用专家们创造性思维进行预测的一种方法。头脑风暴法可分为直接头脑风暴法和质疑头脑风暴法两大类。

1. 直接头脑风暴法

直接头脑风暴法是采用直接鼓励专家对所要预测的问题进行创造性的思维活动并得出预测结果的一种方法。具体做法如下：

(1)准备。会前的各项准备工作大体包括：

①确定欲解决的问题。若解决的问题涉及的面很广或包含的因素太多，就应该把问题分解为若干单一明确的子问题，一次会议最好只解决一个子问题。

②根据要解决的问题的性质挑选参加会议的人员。

③拟订开会的邀请通知，并附上一张备忘录。备忘录应注明会议的主题及涉及的具体内容。

(2)"热身"。人的大脑不是一下子就可以发动起来并立即投入高度紧张的工作的，它需要一个逐步"升温"的过程。此步骤的目的是促使与会者的大脑尽快开动起来并处于"受激"状态，从而形成一种热烈、欢愉和宽松的气氛。"热身"一般只需要几分钟。常常是通过讲幽默故事或者提出一两个与会议主题关系不大的小问题的形式，促使与会者积极思考并畅所欲言地说出自己的意见。

(3)介绍问题。主持人首先向大家介绍所要解决的问题。介绍问题时，只能向与会者提出有关问题的最低数量的信息，切忌把自己的初步设想全盘端出来。同时，要注意表达问题的技巧，使主持人的发言尽量做到富有启发性。

(4)重新叙述问题。这里指的是改变问题的表达方式。此步骤要在仔细地分析所要解决问题的基础上，尽量找出它的不同方面，然后对每一方面都用"怎样……"的句型来表达。例如，假定要解决的问题是如何提高某企业的经济效益。那么，对此问题就可重新叙述如下：①怎样降低成本？怎样扩大市场？怎样争取更多的顾客？②怎样减少库存、加快资金的周转速度？③怎样提高管理水平？④怎样搞好技术革新、技术改造？⑤怎样强化职工技术培训，提高职工的科学技术水平和工艺水平？⑥怎样引进人才、引进技术？⑦怎样减少浪费？⑧怎样加强职工的思想政治工作，调动积极因素，增强企业的凝聚力？⑨怎样提高企业的决策水平，切实做到决策的民主化和科学化？等等。

(5)畅谈。按会议所规定的原则，针对上面重新叙述的问题进行畅谈。这一阶段是与会者充分发挥自己的创造能力，让思维自由驰骋，并借助于与会者之间的智力碰撞、思维共振、信息激发提出大量创造性设想的阶段。因此，它是直接头脑风暴法中的关键阶段。

(6)对有价值的设想加工整理。会议主持者召集有关人员，对会上提出的设想都要认真筛选，特别是对那些有一定价值的设想要进行仔细研究和评价，并进行加工整理，去掉不合理、不科学或不切实际的部分，补充一些内容，使某些新颖、有价值的设想更完善，更具有实用价值。会议提出的设想应录在磁带上，或设一名记录员记录，以便不放过任何一个设想。会议结束后，由分析组对会议产生的设想，按如下程序系统化：①就所有提出的设想编制名称一览表；②用专业术语说明每一设想；③找出重复和互为补充的设想，并在此基础上形成综合设想；④分组编制设想一览表。将提出的设想分析整理，分别进行严格的审查和评议，从中筛选出有价值的提案。

2. 质疑头脑风暴法

质疑头脑风暴法是指对直接头脑风暴法提出的已系统化的预测方案进行质疑分析的预测方法，是一种同时召开两个会议、集体产生设想的方法。第一个会议完全遵从直接头脑风暴法原则，第二个会议对第一个会议提出的设想进行质疑。其做法与直接头脑风暴法基本相同，与会者对每一个提出的设想都要提出质疑，进行全面评论。在对已提出的设想能否实现进行论证时，分析存在的制约因素以及排除限制因素的建议。在质疑过程中，鼓励提出可行性设想，从而进一步完善预测方案，形成一个更科学、更可行的预测结果。

3. 运用头脑风暴法需注意的几个问题

(1)注意选好专家。能否正确地选好出席头脑风暴会议的专家，是一项事关会议能否开得成功的关键工作。

①如果应邀的专家彼此相互认识，就要从同一职位（职称和职务）的人员中挑选，领导者不应参加。

②如果应邀的专家彼此互不认识，可以从不同职位（职称和职务）的人员中挑选，但禁止宣布参加者的职位，主持会议者应一视同仁。

③绝大多数的应邀专家应在预测问题的相关领域内寻找，同时也可邀请一些学识渊博、经验丰富、对所预测的问题有较深理解的其他领域的专家。

④选择专家不仅要看他的经验、知识和能力，还要看他是否善于表达自己的意见。知识面广、思想活跃的专家，可以防止会议气氛沉闷，同时可以作为易激发的元素因子，使整个创造设想引起强烈连锁反应。

⑤参加会议的专家人数不宜太多，也不宜太少，这样可以在思维激发持续时间内使问题讨论更深入一些，意见反映也更全面一些。一般由10～15个专家组成专家预测小组，理想的专家预测小组应由如下人员组成：方法论学家——预测学家；设想产生者——专业领域专家；分析者——专业领域的高级专家，他们应当追溯过去，并及时评价对象的现状和发展趋势；演绎者——对所讨论问题具有充分的推断思维能力的专家。

头脑风暴会议时间一般以60分钟为宜，通常在头脑风暴会议开始时，主持人必须采取强制询问的方法，因为主持人能在5～10分钟之内创造一个自由交换意见的气氛，但激起参加者发言的可能性很小。同时头脑风暴会议会场布置要考虑到光线、噪音、室温等因素，做到环境宜人，给人以轻松舒适的感觉。

（2）与会者要严格遵守的原则：

①讨论的问题不宜太小，不得附加各种约束条件；

②强调提新奇设想，越新奇越好；

③提出的设想越多越好；

④鼓励结合他人的设想提出新设想；

⑤不允许私下交谈，不得宣读事先准备的发言稿；

⑥与会者不论职务高低，一律平等相待；

⑦不允许对提出的创造性设想做判断性结论；

⑧不允许批评或指责别人的设想；

⑨不得以集体或权威意见的方式妨碍他人提出设想；

⑩提出的设想不分好坏，一律记录下来。

（3）头脑风暴法的两条基本原则：

①推迟判断原则。不要过早地下断言、做结论，避免束缚人的想象力，熄灭创造性思想的火花。这一原则要求对与会者发言畅谈期间所提出的任何一种设想和看法，不管这些设想和看法正确与否，也不管这些设想和看法是否符合自己的想法，严格规定不准对别人提出的设想和意见提出怀疑和批评，更不允许抓别人发言中的“辫子”。应自觉地杜绝一切形式的评判，例如，“您提出的这个方案，就是解决这个问题的最佳方案！”“您提出的预测日期，那是准确无误的！”“您老是这方面的权威，您的意见绝对正确！”等等。

②数量提供质量原则。这一原则是指在有限的时间里所提出的设想的数量越多越好，鼓励与会者抓紧时间提出尽可能多的设想。因为只有一定的数量，才能保证一定的质量。国外的调查统计结果表明，一个在同一时间内比别人多提出2倍设想的人，最后产生的有实用价值的设想可能比别人高出10倍。因此，要激发与会专家尽可能多地提出自己的设想。

(二)德尔菲法

德尔菲是 Delphi 的中文译名。德尔菲原是一处古希腊遗址，相传太阳神阿波罗在德尔菲杀死了一头猛兽，成了德尔菲的主人，阿波罗对于未来有极高的预测能力，因此在当地建有一座阿波罗神殿，它是预卜未来的神谕之地，故德尔菲就成了预言的代名词。美国兰德公司在 20 世纪 50 年代与道格拉斯公司协作，研究如何通过有控制的反馈更为可靠地收集专家意见的方法时，以"德尔菲"为代号，德尔菲法由此而得名。自德尔菲法问世以来，已在国内外军事领域、经济领域、技术领域以及社会领域得到了极其广泛的应用，并取得了显著的经济和社会效益。概括地说，德尔菲法是采用函询调查，对与所预测问题有关领域的专家分别提出问题，尔后将他们回答的意见予以综合、整理、反馈，这样经过多次反复循环，最终得到一个比较一致的且可靠性也较大的意见。

1. 德尔菲法的特点

德尔菲法与一般专家意见汇总法相比，具有以下三个特点：

(1)匿名性。即每位专家的分析判断是在背靠背情况下进行的。在实施德尔菲法的过程中，专家们彼此互不相知，应邀参加预测的专家之间横向不发生联系，只与预测领导小组成员单线联系。可使被征询的专家不会出现迷信权威或因慑于权威而不敢发言的现象，也不需要因顾于面子而固执己见，从而将心理因素干扰降到最低程度，创造一种平等、自由的气氛，鼓励专家们独立思考、充分发表意见。

(2)反馈性。在匿名的情况下，为了使参加预测的专家掌握每轮预测的汇总结果和其他专家提出的意见及其理由，预测领导小组要对每一轮的预测结果做出统计，并作为反馈材料分别寄给各位专家。专家们从多次的反馈资料中进行分析从而坚持或修改自己的想法。

(3)具有对调查结果定量处理的特性。即可根据需要从不同角度对所得结果进行统计处理，提高了调查的科学性。

当然，德尔菲法也有一定的局限性，主要表现在：首先，调查结果主要凭专家判断，缺乏客观标准，故这种方法主要适用于缺乏历史资料或未来不确定因素较多的场合；其次，有的专家在得到调查组织者汇总后的反馈资料后，由于水平不高或不了解别的专家所提供调查资料的依据，有可能做出趋近中位数或算术平均数的结论；再次，由于反馈次数较多、反馈时间较长，有的专家可能因工作忙或其他原因而中途退出，影响调查的准确性。

为了克服上述局限性，可以采取以下一些措施：

第一，向专家说明德尔菲法的原理，使他们对这种方法的特点有较清楚的了解。

第二，尽可能详尽地提供与调查项目有关的背景材料。

第三，请专家将自己的判断结果分为最高值、一般值、最低值等不同程度，并分别估计其概率，以保证整个判断的可靠性，减少轮回次数。

第四，在第二轮反馈后，只给出专家意见的级差值，而不反馈中位数或算术平均数，避免发生简单求同的现象。

2. 德尔菲法的执行步骤

(1)拟订意见征询表。意见征询表是专家回答问题的主要依据。调查机构根据调查目的，拟订需要调查了解的问题，制成调查意见征询表，作为调查的手段。拟订意见征询表应注意以下几点：

①征询的问题要简单明确，能让人给予答复；

②数量不宜太多；

③问题的内容要尽量接近专家熟悉的领域，以便充分利用专家的经验；

④意见征询表中还要提供一些比较齐全的背景材料，供专家做出判断时参考。

(2)选定征询专家。选择的专家是否合适直接关系到德尔菲法的成功与否。在选择专家时，应注意的要点有：

①应按照调查课题需要的专业范围，选择精通业务、见多识广、熟悉市场情况、具有预见性和分析能力的专家；

②专家人数的多少需根据课题的大小和涉及面的宽窄而定，人数不能过多或过少，以 20 人为宜；

③调查机构用通信方式与专家联系，专家彼此之间不发生联系。

(3)轮回反复征询专家意见。

第一轮，向专家寄发征询表，提供现有的背景材料，要求专家明确回答，并在规定时间内寄回，调查人员对各个问题的结论进行归纳和统计，并提出下一轮的调查要求。

第二轮，将第一轮经过汇总的专家意见及调查人员对所要调查的新的要求和意见寄给专家，要求专家根据收到的资料，提出自己的见解。在这个阶段，专家可以清楚地了解全局情况，他们可以保留、修改原有意见。对于和总体结论差异较大的专家，应请他们充分陈述理由。这样，可再次将专家寄回的资料进行统计，并提出新的要求。

由此经过几轮反复征询，使专家的意见逐步趋向一致。需要说明的是，征询的轮次和征询的时间间隔不应一概而论，需依据调查内容的复杂程度、专家意见的离散程度而定，通常征询轮次为 3～5 轮，征询的时间间隔为 7～10 天。

(4)做出调查结论。调查人员根据几次提供的全部资料和几轮反复修改的各方面意见，最后做出调查结论。

3. 德尔菲法的具体应用

上面介绍了德尔菲法的特点和执行步骤，现结合统计处理方法，举例说明其应用。

对于每一轮征询的结果，调查人员要根据问题的不同类型，采用不同的统计处理方法加以汇总、归纳。

当专家的回答是一系列可供比较大小的数据，或有前后顺序排列的时间，统计调查结果需要用数量或时间表示时，则可用中位数、算术平均数和上下四分位数来处理，求出调查的期望值和中间值。此外，还要计算极差，以反映专家意见的差异程度。

案例 8—2

某厂要成批生产一种新产品。为了解市场需求状况，该厂在正式投产前采用德尔菲法预测了产品销售量。该厂的做法是：

第一，选择有丰富经验的经理、部门经理、业务骨干等 9 位专家。

第二，将新产品的样品、说明书(说明新产品的用途和特点)以及同类产品的价格和销售资料等连同调查表寄给 9 位专家，请他们做出个人判断后寄回。

第三，汇总整理寄回的调查表，再反馈寄给每位专家，请他们进一步做出判断。如此反复三次，对新产品投放市场的年销售量进行了各自的判断。调查结果见表 8—2。

表 8-2　　新产品销售量专家意见统计表　　单位：万件

专家序号	第一次判断销售量			第二次判断销售量			第三次判断销售量		
	最低	最可能	最高	最低	最可能	最高	最低	最可能	最高
1	10	15	18	12	15	18	11	15	18
2	4	9	12	6	10	13	8	10	13
3	8	12	16	10	14	16	10	14	16
4	15	18	30	12	15	30	10	12	25
5	2	4	7	4	8	10	6	10	12
6	6	10	15	6	10	15	6	12	15
7	5	6	8	5	8	10	8	10	12
8	5	6	10	7	8	12	7	8	12
9	8	10	19	10	11	20	6	8	12
平均	7	10	15	8	11	16	8	11	15

第四，根据第三次判断，预测新产品的销售量。

(1)算术平均数：

$X=(8+11+15)/3=11.33$(万件)

(2)若对最低、最可能和最高销售量分别按 0.2、0.5 和 0.3 加权，则加权平均数为：

$X=8\times0.2+11\times0.5+15\times0.3=11.6$(万件)

(3)对备选销售量取中位数，再按上述权数计算加权平均数：

如最低销售量按数值大小顺序排列为 6,6,6,7,8,8,10,10,11，中位数是 8；同样，最可能销售量的中位数是 10，最高销售量的中位数是 13。

$X=8\times0.2+10\times0.5+13\times0.3=10.5$(万件)

新产品销售量的三种预测数都可以提供给决策部门参考。

二、列举预测法

列举预测法是一种借助对一具体事物的特定对象(如特点、优缺点等)从逻辑上进行分析并将其本质内容一一罗列出来的手段，再针对列出的项目一一进行分析预测的方法。

列举预测法有许多种。从市场调查预测的角度出发，我们主要介绍希望点列举法、缺点列举法。

(一)希望点列举法

希望点列举法是由 Nebraska 大学的克劳福特(Robert Crawford)发明的。希望点列举法是偏向理想型设定的思考，是通过不断提出“希望可以”“怎样才能更好”等的理想和愿望，使原问题能够聚合成焦点，再针对这些理想和愿望探求解决问题和改善对策的方法。

1. 希望点列举法执行步骤

(1)确定主题；

(2)列举主题的希望点，激发和收集人们的希望；

(3)仔细研究人们的希望，以形成“希望点”；

(4)以“希望点”为依据，创造新产品以满足人们的希望，再根据选出的希望点来考虑实现方法。

2. 希望点列举法的具体做法

用希望点列举法进行预测的具体做法是：召开希望点列举会议，每次由5～10人参加。

会前由会议主持人选择一件需要分析的事情或者事物作为主题，随后发动与会者围绕这一主题列举出各种可能实现的希望点。为了激发与会者产生更多的希望，可将各人提出的希望用小卡片写出，公布在小黑板上，并在与会者之间传阅，这样可以在与会者中产生连锁反应。会议一般举行1～2小时，产生50～100个希望点，即可结束。

会后再将提出的各种希望进行整理，从中选出目前可能实现的若干项进行研究，制定出具体的实施方案。

一家制笔公司为了能生产出更加适应市场需要的产品，用希望点法产生出了一批改进钢笔的希望：希望钢笔出水顺利；希望绝对不漏水；希望一支笔可以写出两种以上的颜色；希望书写流利；希望能粗能细；希望小型化；希望笔尖不开裂；希望不用墨水；希望省去笔套；希望落地时不损坏笔尖；等等。这家制笔公司从中选出"希望省去笔套"这一条，再结合市场调查表得出的结论，研制出一种像圆珠笔一样可以伸缩的钢笔，从而省去了笔套，产品在投入市场后大受欢迎。

3. 希望点列举法的注意事项

(1)由列举希望点获得的结果要与人们的需要相符，更能适应市场。

(2)希望是由想象而产生的，思维的主动性强，自由度大，所以，列举希望点所得到的结论含有较多的创造成分，更易于企业创新，提升企业的竞争力。

(3)列举希望时一定要注意打破定式。

(4)对于用希望点列举法得到的一些"荒唐"意见，应用创新的观点进行评价，不要轻易放弃。

(二)缺点列举法

日本有个叫鬼冢八郎的人听朋友说："今后体育大发展，运动鞋是不可缺少的。"这句听来很普通的话，鬼冢八郎却另有一番思考，他决定加入生产运动鞋这一行业。他想，要在运动鞋制造业打开局面，一定要做出其他厂家没有的新型运动鞋。然而，他一无研究人员，二缺乏资金，不可能像大企业那样投入大量的人力和资金去研制新产品。但是他想：任何商品都不会是完美无缺的，如果能抓住哪怕是针眼大的小缺点进行改革，也能研制出新的商品来。所以，他选了篮球运动鞋来进行研究。他先访问优秀的篮球运动员，听他们谈目前篮球鞋存在的缺点。几乎所有的篮球运动员都说："现在的球鞋容易打滑，止步不稳，影响投篮的准确性。"他便和运动员一起打篮球，亲身体验这一缺点，然后开始围绕篮球运动鞋容易打滑这一缺点进行革新。有一天他在吃鱿鱼时，忽然看到鱿鱼的触足上长着一个个吸盘。他想，如果把运动鞋底做成吸盘状，不就可以防止打滑吗？他就把运动鞋原来的平底改成凹底。试验结果证明：这种凹底篮球鞋比平底的在止步时要稳得多。于是，他发明的这种新型的凹底篮球鞋问世了，逐渐排挤了其他厂家生产的平底篮球鞋，成为独树一帜的新产品。

鬼冢的这种创造发明方法，就称作缺点列举法。缺点列举法就是将事物的缺点具体地一一列举出来，然后针对发现的缺点，有的放矢地进行分析研究，从而获得理想结果的方法。世界上没有尽善尽美的东西，现在没有，将来也不会有。金无足赤，人无完人，说的就是这个道理。有的人善于观察、研究、分析，能经常发现许多事物的缺点。缺点列举法就是偏向改善现状型的思考，透过不断检讨事物的各种缺漏，再针对这些缺点一一提出解决问题和改善对策的方法。

运用缺点列举法可分四步进行：第一步，先确定主题。课题要相对小一些、简单一些，这样比较容易成功。如果课题过大，则可以把它分解开来，就该课题的局部进行考虑。第二步，确定与课题有关的信息种类，如材料、功能、结构等。第三步，根据已确定的信息一一列出缺点。第四步，针对一个或几个缺点提出改进方案。特别是对企业产品中存在的问题可以有效地进行分析判断，最终找出解决问题的方法。

缺点列举法的具体做法是：召开缺点列举会，会议由 5～10 人参加。会前先由主管部门针对某项事物，选择一个需要改进的主题，在会上发动与会者围绕这一主题尽量列举各种缺点，越多越好。另请一人将提出的缺点逐一编号，记在一张张小卡片上，然后从中挑选出主要的缺点，根据这些缺点制定出改进方案。每次开会在一两个小时之内，讨论的主题宜小不宜大。如果是大的课题，应设法将它分解成若干小的课题，分组解决，这样使缺点不会遗漏。每开一次这样的会，"自我突破"的能力就得到一次提高。并且，由于这种会有要突破的目标，所以与会者积极性高，会议效果好。

第三节　判断市场预测法

一、主观概率预测法

主观概率预测法是指利用主观概率对各种预测意见进行集中整理，从而得出综合性预测结果的预测方法。它是对市场调查预测法、专家评估法的不同定量估计进行集中整理的常用方法。这种方法可适用在许多市场现象和各种影响市场的因素的预测中。但它有两个特点：一是概率值估计是主观的，会因人而异，有很大差异；二是概率值估计的正确与否是无法核查的。

（一）市场调查预测法中的主观概率估计

预测者为了做出对市场现象的合理预测，向各方面专家（即直接在一线的企业经营管理人员和业务人员）调查对该市场现象的意见。他们通过日常工作，掌握大量的实际资料。他们最熟悉市场需求变化情况，对他们的意见进行充分调查并加以集中，可以对市场的未来情况做出预测。

企业各方面人员在根据预测目的提出自己的预测意见过程中，必须从质和量两方面进行分析判断。就一个具体企业而言，各方面人员必须对本企业产品销售的历史状况，对当前消费者的消费心理变化，对企业商品资源、流通渠道及库存数量和结构，对企业劳动组织状况等情况进行周密分析。通过这些分析，预测企业产品销售的发展趋势。在质的分析基础上，进一步对企业产品销售额做出预测。销售额预测值一般由相关人员分别做出。做法是先在相关人员中汇总出综合预测值，作为企业预测值的数量依据。比如，对某产品确定由各销售经理、管理科室和售货员三方面分别做出数量预测，他们会对自己的估计结果赋概率值，如表 8－3、表 8－4、表 8－5 所示。

表 8－3　　**经理预测值**　　单位：万元

经理	估计值				期望值
	最高额	概率	最低额	概率	
甲	128.0	0.9	109.5	0.1	126.15
乙	130.0	0.7	110.0	0.3	124.00
丙	127.0	0.8	106.5	0.2	122.90

表 8—4　　**管理科室预测值**　　单位:万元

单位	估计值						期望值
	最高额	概率	中等额	概率	最低额	概率	
业务	127.5	0.2	124.0	0.6	120.5	0.2	123.90
统计	135.5	0.3	130.5	0.5	125.0	0.2	130.90
财务	140.0	0.1	135.5	0.5	128.0	0.4	132.70

表 8—5　　**售货员预测值**　　单位:万元

售货员	估计值						期望值
	最高额	概率	中等额	概率	最低额	概率	
组长	120.0	0.3	95.5	0.5	68.5	0.2	97.45
甲	116.5	0.2	98.0	0.6	80.0	0.2	98.10
乙	114.0	0.2	92.0	0.5	89.0	0.3	95.50
丙	111.0	0.3	98.0	0.5	85.0	0.2	99.30

然后,根据各自的预测值和给定的概率,很容易计算出期望值。以表 8—3 为例:

甲经理预测期望值＝128.0×0.9＋109.5×0.1＝126.15(万元)

乙经理预测期望值＝130.0×0.7＋110.0×0.3＝124.00(万元)

丙经理预测期望值＝127.0×0.8＋106.5×0.2＝122.90(万元)

这里的概率是由各位经理主观给出的,再对三位经理算出他们的综合预测值:既可以用简单算术平均法,也可以用加权平均法。如果用加权平均法,那么还要由预测人员确定每位经理的权数。这个权数也是预测人员主观给定的。假设预测人员认为甲经理的预测结果更重要一些,那么给定的权数也会高一些。如果给定的甲、乙、丙三位经理的权数分别是 0.4、0.3、0.3,那么,加权平均经理综合预测值＝125.95×0.4＋124.00×0.3＋122.90×0.3/(0.4＋0.3＋0.3)＝124.45(元)。

同理,在表 8—4 中,假定给定的管理科室三方面人员的权数是 0.4、0.3、0.3,那么综合预测值是:

123.90×0.4＋130.90×0.3＋132.7×0.3＝138.64(万元)

同理,在表 8—5 中,假定给定的售货员的权数是 0.4、0.2、0.2、0.2,那么综合预测值是:

97.45×0.4＋98.10×0.2＋95.50×0.2＋99.30×0.2＝97.56(万元)

再对上述三方面人员的预测值加以综合。仍可以考虑不同的权数,计算出企业的预测值。如果对经理、管理科室、售货员给定的权数是 0.5、0.3、0.2,那么企业预测值是:

124.45×0.5＋138.64×0.3＋97.56×0.2＝123.33(万元)

(二)专家评估法中的主观概率估计

1. 说明市场预测的目的和要求

专家评估法中采用主观概率市场预测法,首先要向参加主观概率的各位专家说明市场预测的目的和要求,并提供做出主观概率所必需的资料。主观概率预测绝不是主观随意估计,它必须在每个专家对市场现象有一定了解的基础上,才可能提出比较准确的主观概率值。为了使专家们有比较充分的依据,所提供的资料必须准确、系统。资料的内容既要有数量资料,也要有文字材料;既要有被预测现象本身的资料,也要有各种影响因素的资料。

2. 制定调查表，发给专家们填写

调查表用来收集被调查者（专家）对未来销售额变动趋势有关看法的主观概率，以达到预测目标时期目标数据的目的。在调查表中要列出各种销售额可能发生的不同概率（所列出的概率在0～1之间），并分出不同层次。由被调查者在不同的概率下填写不同的销售额。其概率一般以累积概率列出，如表8－6所示。

表8－6　主观概率调查表　单位：万元

累积概率	0.010 (1)	0.125 (2)	0.250 (3)	0.375 (4)	0.500 (5)	0.625 (6)	0.750 (7)	0.875 (8)	0.990 (9)
预测值									

表8－6中，第(1)栏累积概率为0.010，被调查者将在此累积概率下填写该公司目标时期预测值的最低可能值，即预测值低于此值的概率为0.010(或1%)。

表8－6中，第(9)栏累积概率为0.990(或99%)，被调查者将在此累积概率下填写该公司目标时期预测值的最高可能值，即被调查者认为预测值高于此值的概率只有0.010(或1%)。

表8－6中，第(5)栏累积概率为0.500，被调查者将在此累积概率下填写预测值的中间可能值，表明该企业10月份目标绩效高于或低于此值的概率都为0.500(或50%)。

此主观概率调查表由市场预测的组织者发给每一个被选定参加主观概率预测的人，并由他们根据所提供的资料，依据自己的判断，在预测值一行各栏中填写。

3. 整理汇总主观概率调查表

主观概率调查表由被调查者（专家）填写后，预测的组织者将调查表收回。由于调查是在较多的被调查者中进行的，而预测组织者又不能仅根据某一个被调查者的主观概率进行预测，必须根据所有的被调查者的主观概率进行预测，对调查表进行整理，并汇总所有被调查者的意见。汇总的一般方法是计算平均值，绘制累积概率的分布图。

（三）根据汇总情况进行判断预测

根据对被调查者的主观概率的汇总，可以做出判断预测。在确定预测值时，既要考虑预测的精确度，又要顾及可靠程度（即现象发生的概率）。这就要对预测值进行检验和校对：一是研究专家们提出预测及其主观概率的根据是否可靠；二是对过去已经做过的预测与实际发生值的误差进行测算，以此对预测值做进一步的校正。

二、思维判断预测法

（一）ECRS思考法

ECRS分别是四项考虑的英文词头，其含义是：

E：能不能排除某项工作。

C：能不能使某项工作结合（合并）。

R：能不能变更某些工作的顺序。

S：能不能使某些工作简化。

任何改善活动都要遵循ECRS顺序思考原则；否则，改善工作有可能“捡了芝麻，丢了西瓜”，或造成重复思考甚至无效劳动。

(二)5W1H 思考法

5W1H 思考法可以使思考改善的内容深化和具体化，其内容如表 8－7 所示。

表 8－7　　5W1H 思考法的具体内容

	现状如何	为什么	能否改善	如何改善
对象(what)	销售什么	为什么	可否销售别的商品	应该怎样调整经营范围
目的(why)	干什么	为什么那样干	有无别的办法	应该做什么
场所(where)	在哪干	为何在那干	可否在别处干	应当在哪干
时间或程序(when)	何时干	为何那时干	可否别的时候干	应该何时干
人员(who)	谁干	为何那人干	可否由别人干	应该由谁干
手段(how)	怎么干	为何用那个方法干	有无其他方法	应该怎么干

三、指标判断预测法

(一)指标的种类与判断

指标判断分析法是根据经济发展指标的变化与市场现象变化之间的关系，由经济指标的变化来分析、判断和预测市场未来变化的方法。根据经济发展指标对市场需求影响的关系，可以把经济发展指标分为三类。

(1)领先指标(Leading Indicators)也称预兆性指标，该指标的变化一般先于总体经济情况的变化，故对经济的发展趋势有预兆作用。这类指标主要有：财政金融政策、价格政策、综合股票价格指数、新收订单、商品的库存变动、工业原料价格、公司纳税后利润、新建公司数目、建筑合同与许可、消费者支出水平、人口变动趋势等。由于领先指标具有预兆性作用，因此，这类指标是市场预测所依据的主要指标。

(2)同步指标(Coincident Indicators)也称重合指标，这类指标与总体经济活动的变化基本趋于一致。这类指标主要有：国民生产总值、国民收入、工业生产指数、失业率、个人收入、工商业销售额等。同步指标的变化与总体经济的变化在时间上基本是一致的，在总体经济出现高涨或衰退时，它也出现上升或下降。鉴于同步指标所具有的这种"同步变化"的性质，我们可以根据它的变动来分析总体经济的运行状况。

(3)落后指标(Lagging Indicators)也称滞后指标，其变化往往落后于总体经济情况的变化。这类指标主要有：长期失业(指 15 周以上的失业)、未清偿债务、库存总量、投资总支出额、货币市场利息率等。由于落后指标是在总体经济活动出现变动之后才发生变化，在时间上是落后的，所以它通常主要用来分析市场行情发生过的变化所具有的某些特征或规律。对于分析目前的状况或预测可能出现的发展趋势而言，落后指标的用途不大。因此，在市场分析和预测过程中，主要使用领先指标和同步指标。

这三类不同的经济指标不是孤立、静止的。采用指标判断分析法进行预测，在不同国家和不同经济发展阶段，所采用的指标不尽相同。不同的国家由于经济制度、经济指标的内涵、指标所反映的经济关系不同，在市场预测中所采用的经济指标会有所不同。处在不同经济发展阶段上，经济指标与市场的表现是有区别的：在一定的经济发展阶段，市场变化可能与某一些经济指标的变化比较直接；在另一个经济发展阶段，市场变化则与另一些经济指标的变化比较直接。因此，采用此方法进行市场预测，必须首先正确确定市场变动与指标变动之间的关系，选择适当的指标。做到这一点,需要通过长期的分析和观察。根据我国的经济发展实践,根据我国所处的市场经济发展阶段,应找到一套适合我国的市场预测经济指标,并在不断地使用过程中使其更合理、完善。

上述分类是根据有关指标在总体经济的运行过程中所具有的变动特征来划分的。在市场行情研究中,我们可根据指标所反映的事物将指标分为经济指标、贸易指标、生产指标、金融货币指标、价格指标等。

(1)经济指标是指能够反映一般经济情况的指标,如经济增长率、国民生产总值、经济格局、国民经济结构等。

(2)贸易指标是指国内外贸易方面的指标,如国际贸易量、国际贸易的结构及增长速度、具体国家对外贸易量、大宗商品的国际贸易量和具体国家的进出口量以及具体商品的主要进出口国家等。

(3)生产指标是指反映商品生产领域活动状况的指标,如工业生产指数、固定资本投资、制造业开工率、主要商品的生产量、大宗农副产品的产量等。

(4)金融货币指标主要包括各个国家的货币发行量、国际货币市场的贷款利率、货币汇率、通货膨胀率、股票价格综合指数、银行存款利率。

(5)价格指标是指有关市场价格方面的指标,如世界市场商品价格指数、大类商品的价格指数、具体国家的批发价格指数、零售价格指数、商品进出口价格指数等。

用上述方法对指标进行分类,是从社会再生产过程的不同环节来区分的。马克思主义再生产的理论强调生产的主导地位,但坚持以生产、流通、消费和分配相统一的观点来研究资本主义再生产的具体动态。根据这一原则,经济行情研究的指标体系包括下述主要指标:国民生产和国民收入、工业生产、订单、固定资本投资、就业和失业、国内贸易、商品库存、综合商品价格、综合股票价格、对外贸易和国际收支等。

(二)指标在市场预测中的作用

(1)用一系列经济指标的分析和研究来描述市场状态。市场预测首先要对经济和市场的状态做出描述性的分析,即回答"目前状况如何"这样的问题。例如,目前经济形势如何?我们的社会主义市场经济处在何种阶段?市场上的供求关系如何?这些问题必须通过对有关指标的分析才能找到合适的答案。

(2)可通过一些指标的变化来衡量市场变动的幅度。市场情况总是在变化,指标不仅可以描述市场状态,还可用来衡量市场波动的幅度。例如,用工业生产总指数的增长或下降的幅度来衡量经济进入什么状态及这一状态所持续的时间,用世界市场商品价格指数的增减比率来度量商品价格的升降幅度,用各国的进出口数量来度量世界商品市场的规模等。

(3)可通过对指标的分析预测市场变动的趋势。市场预测的最终落脚点是对未来可能出现的趋势进行预测。这种预测不是主观臆断,而是需要大量的指标作为依据。例如,我们预测一种商品在某一个国外市场销售量的变动趋势,无论用什么方法预测,都必须包括销售额、进出口量、市场价格、居民收入等方面。

简言之,指标的作用主要是分析或描述、衡量及预测市场的发展变化。

第四节　理论分析与市场预测法

理论分析市场预测法是指预测者在深入实际进行市场调查研究,取得必要的经济信息的基础上，根据自己的历史经验和专业水平，对市场发展变化前景做出的一种分析判断和推理。具体来说，是运用归纳和演绎、分析与综合以及抽象与概括等方法，对获得的各种材料进行再加工，从而去粗取精、去伪存真、由此及彼、由表及里，达到认识事物本质、揭示内在规律的目的。

一、分析和综合

（一）分析

分析是对某一现象整体的解剖，也是从现象逐渐深入到本质的过程。分析的作用是将感性上的整体现象，通过思维分解为相互联系的不同方面和不同特征。但是，分析绝不是简单的机械分割，分析是一种解剖整体的方法，其目的不仅是为了认识事物的各个方面、各种特征，而且要从诸多方面中把握整体，透过现象看本质，从特殊中找出一般。

“分析”一词在我国古书上意思为分割和分离，希腊文的原意是“分解”。对于“分析”，可以从以下 6 个方面来概括：

（1）分析是通过对某一现象整体的解剖，逐渐深入到事物本质的一个过程，它类似于医学上的“解剖术”。

（2）分析的目的在于将感性上的整体现象，通过思维分解为相互关联的不同方面或不同特征的各个单元。

（3）分析的基础是客观存在的事物，不是主观的愿望。

（4）分析的作用在于通过对极其复杂的社会现象的层层剥离，探寻事物的本质。

（5）分析的局限性在于对事物的认识是单纯的、割裂的、支离破碎的。如果不与综合相结合，分析就是孤立、不完整的。黑格尔曾用一个形象化的比喻揭示了分析方法的局限性。他说，用分析方法来研究对象就好像剥葱一样，将葱一层一层地剥掉，但圆葱也不在了。

（6）分析贯穿于调查研究的全过程。无论是调查选题的确立、理论假设后提出计划的准备、问卷的设计，还是调查本身以及资料的积累等，都离不开分析的方法。

分析的形式是多种多样的，在理论分析的过程中，要坚持具体情况具体分析。

（二）综合

综合是在已经认识到的事物本质的基础上，将事物的各个方面的本质有机地联合成一个整体。综合的实质是把已分析达到的认识对象的各个方面、各个部分在思维中再组合成一个整体来加以考察，把认识对象的各个方面、各个部分特别是把各个本质方面的基础部分，按照事物的内在联系加以认识，以达到对事物认识的微观与宏观的统一。综合的过程是思维运动由部分到整体、由简单到复杂的过程。

“综合”一词，希腊文的原意是“联合”“组合”，正好同“分析”相对应。正像分析不是对事物的机械分割一样，综合也不是对分析结果的机械相加。综合在人们认识自然与社会的过程中具有重要的作用。综合是把分析所得的成果进行归纳整理，达到新的升华，从而得出一种较高层次的、一般性的结论。“综合”也可以从以下 6 个方面来概括：

（1）把被分解过的客观事物或现象的各个属性、各个方面、部分和发展阶段等，有机地联系起来，再现事物整体的过程，它类似医学上的“整合术”。

（2）综合的目的是组合，是把个别上升为一般、把个体统一为整体、把片面概括为全面。

（3）综合的基础是分析的结论，分析的终点是综合的起点。

（4）综合的作用在于把已获得的对各个方面、各个部分的认识联合成一个有机的整体，以达到对整体本质的认识。

(5)综合的趋势是各学科之间的相互渗透、交叉。在近代，自然科学大多采用分析的方法，把自然界各种事物、现象划分为各个部分，进行分门别类的研究。随着科学技术的巨大进步，各种边缘学科纷纷出现，科学工作者和研究人员越来越注重从总体上、从各种事物的相互联系上来观察、研究世界。

(6)综合与分析一样，贯穿于调查研究的全过程。在调查资料的理论分析阶段，更是贯穿于从资料审读思考到得出调查结论的整个过程。

总之，从某种意义上说，"综合"是比"分析"更为深刻的思维方法，它是对事物认识的深化和升华。

(三)分析和综合的辩证关系

分析和综合是对立统一的，两者既相互联系又相互转化。其统一性表现在：

(1)分析和综合是相互依赖的。一方面，综合以分析为基础。恩格斯在《反杜林论》中说过：没有分析就没有综合；另一方面，综合是分析的前导，因为任何分析都是在一定整体观念指导下进行的。例如，要分析市场情况，如果没有关于市场的一定整体知识，就提不出要从哪些方面进行分析，就无法着手进行分析。当然，分析前的整体知识与在分析基础上得到的综合知识，无论在深度还是广度上都有质的区别。不管怎样，任何分析都必须以一定的综合知识为前导，所以说分析是综合的基础。不进行分析，不能为调查资料提供关于客观事物的确切、清晰的认识，也无法进行综合；反之，不进行综合，则无法获得关于客观事物的整体概念，而分析本身就失去了意义。

(2)分析和综合是互相转化的。一方面是分析向综合的转化。任何分析都是为了更深刻地认识事物，没有综合就没有对事物的整体认识。因此，综合是分析的完成和归宿。另一方面是综合本身向分析的转化。它们之间的转化表现为：互为起点又互为终端。一般来说，从具体到抽象的过程是以分析为主的，在揭示了事物的本质以后，建立理论观点则是以综合为主的。当新的事物出现后，认识又在新的基点上转入分析。理论分析就是分析—综合—再分析—再综合的不断转化和螺旋式上升的过程。实践中，凡是分析和综合两者转化往返多的，材料结论的起点就可能高，也可能有新意和深度，价值就大。科学的分析和综合是人们认识客观世界不可缺少的两种基本方法，也是调查研究必须掌握的两种最基本的工具。

二、归纳和演绎

社会调查资料的理论分析过程是与科学的认识规律和科学研究的一般程序一致的，而科学研究则由归纳和演绎这两个逻辑推理的过程构成。在调查资料的理论分析中，归纳与演绎不是对立的，而是相互结合的。

(一)归纳

归纳是从经验观察出发，通过大量客观现象的描述，概括出现象的共同特征或一般属性，由此建立理论来说明观察到的各种具体现象或事物之间必然的、本质的联系。归纳过程是由感性认识上升到理性认识，由个别到一般，由具体到抽象，由特殊到普通的循环往复、不断深化的思维过程。归纳法也就是由个别到一般的思维方法。根据归纳对象的不同特点，归纳法可分为完全归纳法和不完全归纳法。

1. 完全归纳法

完全归纳法是根据某类事物中每一个对象都具有或不具有某种属性，从而概括出该类事物的全部对象都具有或不具有某种属性的归纳方法。

完全归纳法在从个别材料中概括出一般结论。应用时必须具备两个条件：一是须确知某类事物全部对象的具体数量，并对每一对象进行调查；二是须确知每一对象具有（或不具有）被研究的那种属性。但在实际调查中，所获得的调查资料往往很难同时满足这两个条件，所以完全归纳法的适用范围是很有限的。

2. 不完全归纳法

不完全归纳法是根据某类事物的部分对象具有或不具有某种属性，推论出该类事物的全部对象具有或不具有某种属性的归纳方法。这一方法主要有两种形式：简单枚举法和科学归纳法。

（1）简单枚举法。它是根据某类事物中部分对象具有（或不具有）某种属性，而又没有发现相反的事例，从而推论出该类事物都具有（或不具有）某种属性的一种归纳方法。

简单枚举法是建立在直接经验基础上的，它的结论来自某种社会现象的反复出现，又没有遇到相反的事例而得出的，具有一定的可靠性，特别是当直接经验恰好反映了事物本质联系的时候。同时，又因为这一方法简便易行，不需要调查某类事物的全部对象，所以在调查材料的分析中应用得极为普遍。如以随机抽样来分析产品质量、以问卷来分析社会动向等，都是简单枚举法的具体运用。但是它也有很大的局限性：一是其结论的或然性。一旦有一例与结论相反的情况，结论就立不住。二是该方法只能使人知其然而不知其所以然。为提高简单枚举法的可靠性和增强分析结论的科学性，一是要使分析的对象尽可能地多一些，有代表性一些；二是注意分析那些有可能出现相反情况的材料；三是作结论时尽量使用留有余地的语言，不要把话说死。

（2）科学归纳法。它是根据某类事物中的部分对象与某种属性之间的必然联系，推论出该类事物的所有对象都具有某种属性的归纳方法。

科学归纳法和简单枚举法虽都是不完全归纳法，但它们之间有很大区别：①结论的根据不同：前者是以对象与属性之间的联系为据，后者是以社会现象的重复出现为据。②调查材料的数量对结论的影响不同：前者的数量与结论没有直接联系；后者是数量越大，其结论的可靠性越大。③结论的性质不同：前者的结论有必然性，后者的结论只具有或然性。科学归纳法因此在调查材料的分析中应用得非常广泛。

（二）演绎

演绎是从一般理论或普遍法则出发，依据这一理论推导出一些具体的结论，然后将它们应用于具体的现象和事物，并在应用过程中对理论进行检验。换言之，演绎是由一般到个别、由普遍到特殊的思维过程，演绎法也就是从一般性前提推出个别性结论的思维方法。

1. 演绎三段论

演绎法有多种多样的类型，这里只介绍最常用的演绎三段论，即由大前提、小前提推导出结论。它的基本形式是：

所有 X 都是 Y	例如，凡是不景气的企业，它的领导必然没有开拓精神
所有 T 都是 X	某企业的生产不景气
所以，所有 T 都是 Y	所以，某企业的领导没有开拓精神

2. 演绎的作用

演绎的主要作用是将一般理论或普遍法则应用到具体的现象上，以此来解释和说明具体的现象。具体有三个作用：

(1)以一般原理或理论假说来指导理论分析。一项分析如果缺乏理论的指导就是盲目的、不系统的,分析起来就会无从下手。

(2)由抽象的理论推导出具体的、未知的现象。理论往往是抽象的、概括的,只有通过演绎才能运用到具体的现象上。另外,通过演绎还可以预测出一些未知的现象,使人们获得新的认识。

(3)理论性文章中,演绎法还可以帮助我们论证或反驳某一理论。

三、抽象与具体

一个完整的理论分析过程就是一个完整的思维过程,它是由感性具体到思维抽象,再由思维抽象上升到思维具体的过程。

(一)从感性具体到思维抽象

所谓感性具体,就是人们在实践中通过感觉器官所获得的关于认识对象的感觉、知觉和表象。人们对于客观事物的认识,总是从十分生动、丰富和具体又十分表面、笼统和模糊的感觉认识(感性具体)开始的。但这还是很不够的。毛泽东说过:"认识的真正任务在于经过感觉而到达于思维,到达于逐步了解客观事物的内部矛盾,了解它的规律性,了解这一过程和那一过程间的内部联系。"要认识事物的规律性,必须在感性具体的基础上进行思维的抽象。

思维的抽象,就是从客观事物或感性材料的整体中,抽取一定的方面、属性、关系和特点进行相对独立的研究,暂时撇开了其他属性的一种思维方法。例如,"居民"就有许多属性,既有性别、年龄、生育、死亡等自然属性,又有经济地位、政治态度、思想意识等社会属性。如果要分析"居民"现状,就必须用抽象的方法,分别研究"居民"的各个主要方面或属性。当我们研究"居民"的政治态度时,就是一次抽象,即从"居民"的各种属性中抽取居民的政治态度这一属性进行相对独立的研究,而暂时撇开了其他属性。

这说明,抽象的方法就是人们根据实践的需要,在思维中将认识对象的某一属性抽取出来进行单独研究的方法。运用抽象的方法分析调查资料时,要注意研究其中那些内在的、本质的、必然的东西,区别那些外在的、非本质的、偶然的东西,以真正揭示出事物的本质和发展规律,达到认识事物的目的。从这个意义上说,抽象的方法就是透过事物的外部现象抽取其内在本质的思维方法。

人们要从认识对象的整体中抽取某一方面的属性进行研究,就必须把调查资料的整体分解为各个方面、各个部分,这就离不开思维的分析;要区别调查资料中哪些是内在的、本质的、必然的东西,同样离不开思维的分析。可见,分析的方法是抽象的主要方法,没有分析就没有抽象。

思维抽象在认识过程中有重要的作用。从现象上看,抽象似乎使我们离开了客观事物;但实质上,抽象却使我们撇开了事物的各种次要方面的影响,使我们在比较纯粹的形态中更加接近事物的本质。列宁曾精辟地指出,当思维从具体的东西上升到抽象的东西时,它不是离开真理,而是接近真理。一切科学的(正确的、郑重的、不是荒唐的)抽象,能更深刻、更正确、更完全地反映自然。

(二)从思维抽象到思维具体

从感性具体到思维抽象,是人们认识客观事物本质的一个必经阶段。但思维中的每次抽象,都只是对客观事物某一方面本质的反映,它相对于具体的、完整的客观事物来说,肯定具有某种程度的片面性和孤立性。所以,要获得对客观事物的全面的、具体的认识,就必须再从思维的抽象上升到思维的具体。

从思维抽象到思维具体是一个辩证的思维过程，因为这一个过程的起点是科学的抽象。

思维具体是对于客观事物内在本质的完整的具体反映。思维具有两个显著的特点：一是多样化，它必须是客观事物本身固有的多方面质的规定性的反映；二是统一性，它必须是客观事物自身固有的联系有机组合起来的统一整体的反映。也就是说，思维具体不同于感性具体，它是客观事物各方面质的规定性有机组合而成的统一整体在思维中的再现。

如上所述，从思维抽象到思维具体，其特点是思维的科学抽象，不是空洞错误的抽象。这个过程的中介主要依托于思维的综合，就是把对客观事物各方面本质的科学抽象综合起来，形成关于认识对象整体的具体认识。这个过程的终端就是思维的具体，这不是关于客观事物整体的、笼统的、模糊的表象，而是对于客观事物多方面的本质在思维中完整的、具体的反映。

思维的具体似乎是向感性具体复归，其实不然，它高于感性具体，它反映了人们在思维中达到的对客观事物本质的具体把握。比方说，我们要分析企业的本质，就得在已获得的关于各种类型的企业的感性材料中形成一系列反映企业某一方面本质的思维抽象：企业是从事经济活动的单位，企业要进行独立核算。企业中有的从事工业生产，有的从事农业生产，有的从事服务性活动等。把企业的各方面本质联系起来，依靠综合，形成反映企业统一整体的思维具体：企业是从事生产或服务性活动等的独立核算的经济单位。这样，就达到了对企业的本质的、具体的判断。

本章小结

本章主要介绍市场预测技术中的重要组成部分——定性预测及其应用。定性预测包含多种方法。消费者意图预测法是由预测者凭借自己的经验，在收集和充分掌握来自消费者的各种信息后，对未来某个阶段的消费者意图做出估计和推测。专家意见市场预测法主要根据市场预测的目的和要求，向一组经过挑选的有关专家提供一定的背景资料，通过一定的形式对预测对象及其前景进行评价，主要包括头脑风暴法、质疑头脑风暴法、德尔菲法等内容。

列举预测法是一种借助对一具体事物的特定对象(如特点、优缺点等)从逻辑上进行分析并将其本质内容一一罗列出来的手段，再针对列出的项目一一进行分析预测的方法。从市场调查预测的角度出发，我们主要研究希望点列举法、缺点列举法。

判断预测法是根据预测目标的要求，通过多种形式的调查，把调查所取得的各项资料，经过整理分析，做出判断，提出预测报告的方法，主要包括主观判断法、思维判断法、指标判断法等。

理论分析市场预测法，是指预测者在深入实际进行市场调查研究，取得必要的经济信息的基础上，根据自己的历史经验和专业水平，对市场发展变化前景做出的一种分析判断和推理。具体来说，是运用归纳和演绎、分析与综合以及抽象与概括等方法，对获得的各种材料进行再加工，从而能去粗取精、去伪存真、由此及彼、由表及里，达到认识事物本质、揭示内在规律的目的。

复习思考题

1. 什么是定性预测法？它主要包括哪些方法？
2. 什么是专家评估预测法？
3. 什么是德尔菲法？德尔菲法的预测步骤及其优缺点有哪些？
4. 什么是主观概率法？
5. 什么是分析和综合？两者具有什么关系？

6. 怎样理解抽象和具体?

7. 为了研究的需要,你认为是否可以采取下面的方法:

(1)虽然访问实际上要花10分钟,但你却告诉应答者只需要占用他2~3分钟的时间。

(2)虽然已经告诉应答者问卷是匿名的,但实际上对问卷做了手脚以辨别出应答者是谁,从而能利用现有的有关应答者的信息。

(3)秘密地录下与应答者的谈话。

(4)冒用某研究机构的名义进行你公司的市场调查。

案例分析

【8-1】 红星电器厂的电饭锅预测

鉴于主导产品电饭锅大量滞销,红星电器厂为了摸清电饭锅市场的需求特征,掌握其发展趋势,决定对电饭锅市场需求趋势进行一次预测。

1. 预测方法

本次预测选用德尔菲法。该厂选用此方法的主要原因是:缺乏历史资料来预测今后的情况;主要是解决电饭锅市场的趋势、影响因素及寿命问题;专家意见有客观性、专业性强,趋势把握好、信息广泛的特点;较为节省时间和调研经费。

至于德尔菲法的局限性(如意见分散、客观性差等),他们将采用多轮反馈,并辅之一轮座谈的方式予以弥补。

2. 主要内容

本次活动拟对以下4个方面的内容进行预测:有关市场需求潜力及电饭锅生命周期;影响电饭锅市场的主要因素;电饭锅目前的竞争状况;电饭锅的改型以及新一代替代产品的有关信息。

3. 专家选择

在100位专家中,其类型特点如下:按行业分类,国家、地方政府部门11%,商业部门30%,外贸部门5%,科研部门6%,高等院校5%,家电类工业企业23%,其他企业10%,新闻宣传部门5%,其他5%;按职业分,经营管理人员26%,技术开发人员22%,研究人员6%,教师8%,行政领导15%,各类专业人员23%(包括推销员、广告商、记者、分销渠道业务员等);按所处地域分,华南18%,西南20%,华中15%,华东15%,华北11%,东北13%,西北8%。另外,在这100人中间,有约60人过去或现在与该厂有过交往和联系,另外40人由本厂职工推荐、省人才交流信息中心提供信息以及本厂资料分析得出。

4. 实施步骤

整个活动分5个步骤进行,2005年8月1日开始执行,10月31日结束,历时3个月。

具体进度控制见下图:

① 第一轮征询意见信

↓

② 回顾总结、分析、整理

↓

③ 第二轮征询意见信

↓

④ 第三轮征询、邀请信

↓

⑤本厂领导、专家总结报告

5. 活动组织

成立活动小组,具体领导这次预测活动。活动小组组长由副厂长担任,营销部部长担任副组长并负责日常工作。

6. 经费预算

信函打印、邮寄费：800 元；咨询专家酬谢费：10 000 元（200 元×50 人）；邀请部分专家赴厂经费：12 000 元；活动杂费：1 200 元；经费预算合计：24 000 元。

7. 附录

(1)调查分析人员情况登记曾进行过哪些预测项目？

表 8－8　　红星电器厂"电饭锅市场"专家预测表

<table>
<tr><td>姓名</td><td></td><td>年龄</td><td></td><td>文化程度</td><td></td></tr>
<tr><td>所在单位</td><td colspan="3"></td><td>本单位归口
行业或部门</td><td></td></tr>
<tr><td>详细通信地址</td><td colspan="5"></td></tr>
<tr><td>对预测的了解程度
（请打√）</td><td colspan="5">□系统学习过 □参加过学习 □实践过 □尚不太熟悉 □很想了解</td></tr>
<tr><td>工作性质属于哪种
（请打√）</td><td colspan="5">□行政管理 □计划 □销售 □情报信息 □统计 □其他</td></tr>
</table>

注：此表的目的是要了解参加者的背景。如果样本数量足够多，可通过这些背景材料调查统计结果做出更多的推断。因为要给回函者一定酬谢，辟出"通信地址"栏目。

(2)您认为电饭锅市场需求潜力如何？请在下表相应栏目内打√：

很有潜力	有 潜 力	潜力不大	不宜再发展

您的根据是：＿＿＿＿＿＿＿＿＿＿＿＿＿＿＿＿＿＿＿＿＿＿＿＿。

(3)请您对电饭锅目前所处的生命周期位置做出分析估计（请在当前所处阶段打√，并填入预计各阶段到达的年份）。

成长阶段	萌芽期	发展前期	发展后期	成熟期	进入淘汰期

(4)您认为当前电饭锅市场需求趋势如何？请在下表中打√并解释理由。

迅速上升	逐步上升	持 平	逐步下降	滞 销

(5)您认为影响电饭锅市场需求的主要因素是什么？请在下表相应栏目内打√，并说明您的其他分析意见。

主要影响因素	选择项	是否存在其他影响因素，请说明
价 格		
质 量		
工资收入		
节约时间		
用电费用		

(6)您认为哪几种牌号的电饭锅较好？请填入：

①________；②________；③________；④________。

(7)您认为从电饭锅产品出发，还可改型、开发生产哪些产品？请您提出见解：

____。

(8)据您的分析研究，是否有新一代的替代需求？出现年份？请打√并说明：

有________；什么产品________；可能替代的年份________。

无理由________。暂时还没有________；理由________。

(9)请提出生产电饭锅企业应采取的对策和建议：

____。

(10)您对红星电器厂的经营情况有何意见？

____。

(案例来源：http://210.35.104.5/marketing/download/cases_4_s.pdf。)

思考题：

1. 你认为影响电饭锅市场需求的主要因素是什么？应采取哪些对策？

2. 请你为红星电器厂设计一套更有效的市场需求预测方案。

【8—2】 智能化成就物流业未来

我国物流业市场前景广阔，也最具魅力和发展潜力。从物流业发展的趋势来看，我国物流业持续向好的方向发展。20世纪90年代后期，物流的重要性逐渐被人们所认识，不同形式的物流企业也逐次出现，包括由传统运输仓储货代转型的企业，新兴第三方物流企业和专门从事运输、仓储的企业。近年来，我国物流企业开始走向信息化，以物料需求为核心的ERP系统在钢铁、煤类、家电和汽车等行业得到推广。2015年8月，发改委印发了《关于加快实施现代物流重大工程的通知》(简称《通知》)，《通知》指出，到2020年基本建立布局合理、技术先进、便捷高效、绿色环保、安全有序的现代物流服务。同时，《通知》提出，物流业增加值年均增长目标为8%，第三方物流比重由目前约60%提高到70%，按照2014年物流业增加值3.5万亿元计算，到2020年我国第三方物流仍有万亿元发展空间。

目前，我国物流业发展还存在小、散、乱、差的局面，实现集约化还面临困境。我国物流浪费严重，原因主要是运输分散和智能化水平低。伴随越来越激烈的竞争，物流业利润被严重挤压，利润率低于5%，部分中小物流企业甚至徘徊在盈亏平衡点边缘。因此，以推行智能化、绿色化物流来降低成本是必然趋势。从物流业发展的趋势来看，未来要掌握12个趋势，即向下、向西、向外、O2O、移动化、平台化、供应链化、生态圈化、融合、安全、绿色和高科技化，这将会对我国物流业的发展带来重要影响。

“互联网+物流”不仅改变物流业的结构，还将改变业态和规则。从结构上讲，传统工业化早期和中期的物流在互联网时代、数字化时代，其地位可能有所下降，而与信息化、数字化、智能化相结合的物流业态的优势将会得到彰显。在物流行业的“拐点”上，各家企业纷纷亮出底牌，当亚马逊在全球布局智慧物流中心，大力发展无人机、智能手表等智能设备；当京东聚焦无人机送货和自动化物流中心的搭建；当马云宣布加快菜鸟网络布局，打造智能物流骨干节点城市的时候，智慧化物流的大潮已经成为行业不可逆转的趋势。

(资料来源：《中国商界》，2016年9月。)

思考题：在本案例中，对未来智能物流发展前景的预测主要基于何种根据？在“互联网+物流”的大背景下，智能物流在经济发展中扮演的角色会发生什么变化？

(案例来源：刘常宝著，《市场调查与预测》，机械工业出版社2018年版，第180～181页。)

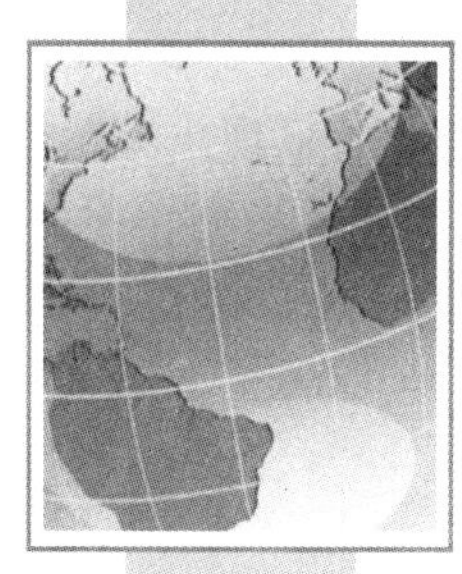

第九章 定量分析与预测方法

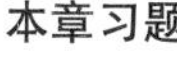

学习目的与要求

通过本章的学习，使学生在了解定量预测基本原理的基础上，掌握时间序列预测的原理和方法，学会运用移动平均预测法、季节分析预测法、马尔科夫预测法和趋势预测法；了解回归分析预测法的一般步骤，掌握一元线性回归分析预测的具体方法。

第一节　时间序列预测法

一、时间序列分析预测法概述

时间序列分析预测法，又称动态数列预测法，是以连续性原理为依据，以假设事物过去和现在的发展变化趋势会延续到未来为前提，从预测对象的历史资料所组成的时间序列中，找出事物发展的趋势，并延伸其趋势来推断未来状况的一种预测方法。它是最常用的一类市场预测方法。

时间序列分析法，又称引申法，属于量的分析方法。它是将经济发展、购买力增长、销售变化等同一变数的一组观察值，按时间顺序加以排列，构成统计的时间序列，然后运用一定的数学方法，使其向外延伸，预计未来的发展变化趋势，确定市场预测值。

运用时间序列法进行预测，必须以准确、完整的时间序列资料为前提。编制的时间序列资料准确、完整与否，直接影响到预测的效果。因此，在编制时间序列资料时应注意以下几个方面：首先，时间序列中各项数字所代表的时间长短应该是一致的；否则，就不能反映出相同期间内所发生的经济现象，没有可比性。其次，时间序列中各项数字的计算方法和计量单位应保持一致性，各项数字所反映的总体范围以及前后所代表的内容也应保持一致性。只有依照这些要求编制出来的时间序列数据，才有可比性，才能引申历史、预测未来。

时间序列分析法具有以下特点：

(1)时间序列分析法是根据市场过去的变化趋势预测未来的发展的，它的前提是假定事物的过去同样会延续到未来。

事情的发展，大多是经历了过去，发展到现在，延续到未来。但有些事物并不遵循其发展规律，由于某些因素的影响或其发展过程中止，或其发展过程中出现了质的转折点，未来的事物与原来的事物不再遵循同一发展规律。而运用时间序列分析法进行市场预测时，预测对象必须是从过去到现在并发展到未来，不发生质的变化，能够延续下去。这就是时间序列分析法的前提条件。如果没有这种假定，用时间序列分析法进行预测，就会失去其效果。然而，从长期来看，由于各种影响因素在不断变化，预测对象根本不可能按照某一个既定的规律向前发展，不可能是过去历史的简单重复。因此，这就决定了时间序列分析法，只适合于近期和短期的预测，如果用于中、长期预测，则有很大的局限性，甚至会因预测值偏离实际较大而使决策失误。

时间序列数据存在着不规则性。时间序列数据，由于受到多种因素的影响，呈现出来的变动趋势不可能是完全一致的。一般情况下，将时间序列数据的变动分为以下四种类型：

①长期变动趋势。时间序列数据呈现出某一种长期趋势，或呈上升趋势，或呈下降趋势，或表现为水平趋势。这三种变动趋势如图 9－1 所示。

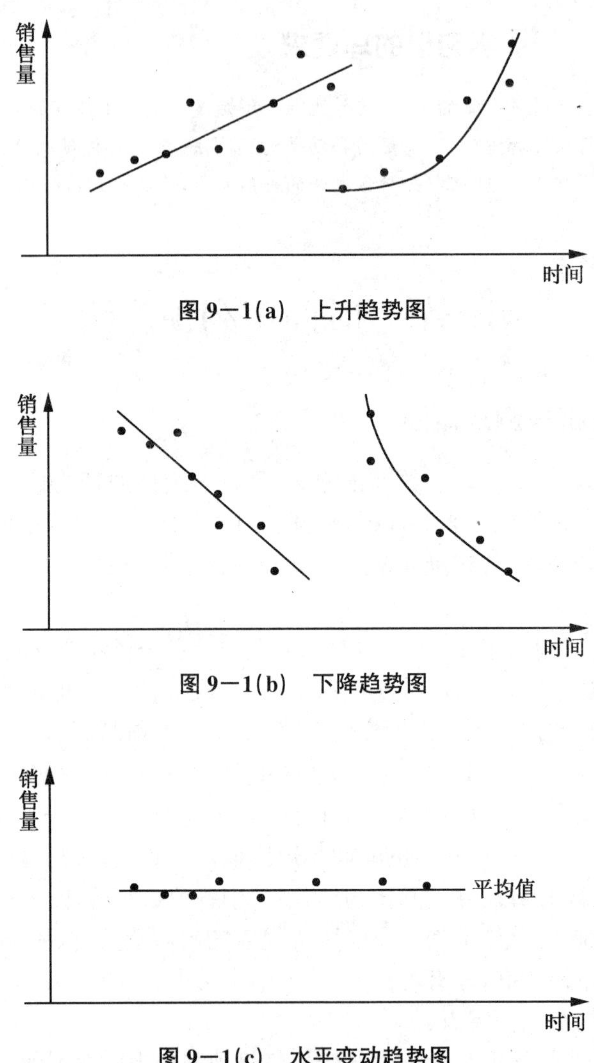

图 9－1(a)　上升趋势图

图 9－1(b)　下降趋势图

图 9－1(c)　水平变动趋势图

②季节性变动。如气候变化，人们的生理需要变化引起某商品的销售量季节性波动等。呈现季节性变动的时间序列数据一般以一年为周期，每年重复出现周期性变动，如图 9－2 所示。

③循环变动。它是指时间序列数据在为期较长(5 年、10 年乃至数十年)的周期内，呈现出有规则的上升或下降的循环变动。资本主义经济由于竞争和生产无政府状态，使经济出现周期性的危机、萧条、复苏、高潮等阶段的循环变动周期。在社会主义制度下，经济虽然不会由于

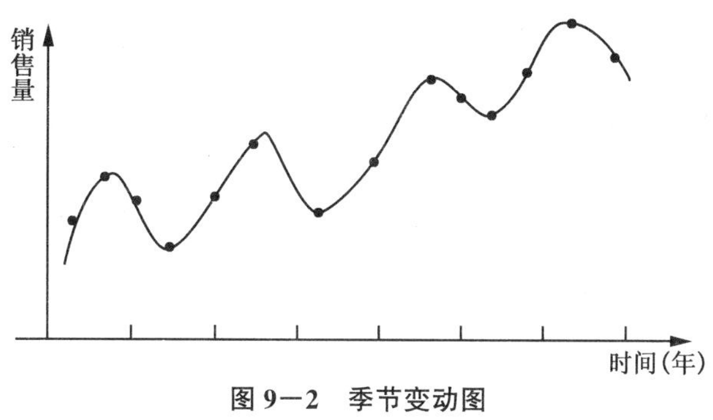

图 9—2　季节变动图

生产、经营的无政府、无计划而造成经济增长忽高忽低，出现同期性变动，但是，由于气候等自然条件影响农业生产而出现丰收年、平收年、歉收年，导致农产品的市场供应出现波动，势必影响到整个国民经济的发展出现波动。从长远的角度考察自然条件引起的国民经济发展及市场经济活动出现循环变动，便于从全局的观点来分配消费资料，合理储存，做到有备无患。循环变动规律如图 9—3 所示。

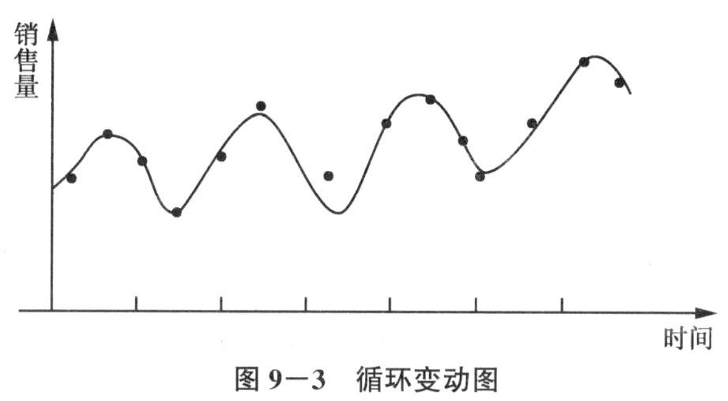

图 9—3　循环变动图

④不规则变动，又称随机变动。它是指时间序列数据呈现出忽上忽下的不规则变动。经济现象的不规则变动往往是由一系列偶然因素造成的，如战争、政治运动、自然灾害等。在处理不规则变动时间序列数据资料时，一方面，要认真分析造成不规则变动的偶然因素；另一方面，在分析的基础上，剔除偶然因素造成的波动，经过统计处理，使之规则化。

(2)时间序列法撇开了市场发展的因果关系去分析市场的过去和未来的联系。

预测对象的发展变化是受很多因素影响的，在对预测对象的影响因素进行量的分析中，一种是把预测对象和影响因素的关系作为主要研究方向，其结果是用因果分析等预测模型。另一种则是抛开所有的影响因素，仅研究预测对象与时间因素关系，或说只研究时间序列本身。实际上，是将所有的影响因素归结到时间上，也就是承认所有影响因素的综合作用，并在未来对预测对象仍然起作用。因此，为了求得能反映市场未来发展变化的预测值，在运用时间序列法进行预测时，必须将量的分析方法与质的分析方法结合起来，从质的方面充分研究各种因素对市场预测值的影响。

运用时间序列进行市场预测，首先，应绘制历史数据曲线图，确定其趋势变动类型；其次，根据历史资料的趋势变动类型、预测目的以及期限，选定具体的预测方法，并进行模拟、运算；最后，将量的分析与质的分析相结合，确定市场未来发展趋势的预测值。

二、移动平均预测法

移动平均法是取预测对象最近的一组观察期的数据(或历史数据)的平均值作为预测值的方法。所谓"平均值"是算术平均值,所谓"移动"是指参与平均的数据随着观察期的推移而不断更新。当一个新的数据进入平均值时,要剔除平均值中最陈旧的一个数据,并且每一次参与平均的数据都有相同的个数。移动平均法又可分为简单算术移动平均法和加权移动平均法两种。本书只介绍简单算术移动平均法。简单算术移动平均法又可分为一次移动平均法和二次移动平均法。

(一)一次移动平均法

一次移动平均法是直接以本期移动的平均值作为下期预测值的方法。其计算公式如下:

$$M_t^{(1)}=\frac{x_t+x_{t-1}+x_{t-2}+\cdots+x_{t-n+1}}{n} \quad (9-1)$$

式中:$M_t^{(1)}$——第 t 期的一次移动平均数,作为下期 x_{t+1} 的预测值;

n——期数(每一移动平均数的跨越期);

x_t——前第 1 期的观察值;

x_{t-1}——前第 2 期观察值;

x_{t-n+1}——前第 n 期观察值。

公式(9—1)也可以写成:

$$当期预测值=\frac{前第1期观察值+前第2期观察值+\cdots\cdots+前第n期观察值}{期数}$$

例如,某商场某年的销售额资料见表 9—1,试计算 $n=3$ 和 $n=4$ 时的一次移动平均预测值。

表 9—1　　采用一次移动平均法的某商场销售额预测计算表

月份	实际销售额	3 个月移动平均预测值	4 个月移动平均预测值
1	234	—	—
2	219	—	—
3	226	—	—
4	214	226.3	—
5	231	219.7	223.3
6	231	223.7	222.5
7	257	225.3	225.5
8	234	239.7	233.3
9	238	240.7	238.3
10	252	243.0	240.0
11	254	243.1	245.3
12	257	248.0	244.5

解：按公式(9—1)测算，各预测值见表 9—1。其中，当 $n=3$ 时，4 月份的预测值为：

$$M_3^{(1)}=\frac{x_3+x_2+x_1}{3}=\frac{226+219+234}{3}=226.3(\text{万元})$$

当 $n=4$ 时，8 月份的预测值为：

$$M_7^{(1)}=\frac{x_7+x_6+x_5+x_4}{4}=\frac{257+231+231+214}{4}=233.3(\text{万元})$$

其余预测值可以此逐一计算。必须指出的是，表 9—1 中的 1、2、3 期平均数 226.3 万元作为下一期的预测值，列在第 4 期第一栏上，故 $M_3^{(1)}$ 与 $t=4$ 是同一期。其余各期以此类推。

从表 9—1 可以看出，n 取值不同，结果也就不同。预测值的误差与 n 有关。在一般情况下，n 值越大，误差越大；反之，误差越小。在期数较多的情况下，为了简化计算，公式(9—1)可改写成如下递推形式：

$$M_t^{(1)}=\frac{x_t+x_{t-1}+x_{t-2}+\cdots+x_{t-n+1}+x_t-x_{t-n}}{n}$$

$$=\frac{x_t+x_{t-1}+x_{t-2}-x_{t-n}}{n}+\frac{x_t-x_{t-n}}{n}=M_{t+1}^{(1)}\ \frac{x_t-x_{t-n}}{n}$$

即：

$$M_t^{(1)}=M_{t-1}^{(1)}\ \frac{x_t-x_{t-n}}{n} \tag{9—2}$$

可见，移动平均法是将时间序列的数据逐项移动而平均的。$M_t^{(1)}$ 与 $M_{t-1}^{(1)}$ 仅首尾两数有变化，中间各数据是依次向前推移的。

公式(9—2)告诉我们，如果已知 $M_t^{(1)}$，仅需计算$\frac{x_{t+1}-x_{t-n+1}}{n}$，即可求 $M_{t+1}^{(1)}$。

例如，当 $n=3$ 时，已知 $M_3^{(1)}=226.3$，则：

$$M_4^{(1)}=\frac{x_4-x_1}{3}=M_3^{(1)}=226.3+\frac{214-234}{3}=219.7$$

采用一次移动平均法进行预测，可将计算出的 t 期的移动平均值原封不动地作为 $t+1$ 期的预测值使用。当出现线性趋势(即逐期增减量大致相等)时，预测值将会滞后于这种趋势(称为滞后偏差)。为了消除这种情况，可以对一次移动平均值再进行二次平均，并在最后的两个移动平均值(即最后的一次移动平均值和二次平均值)的基础上求得预测值，以提高预测的精度。

(二)二次移动平均法

二次移动平均法的思路是在一次移动平均值的基础上加上一个趋势调整值，以弥补一次移动平均后损失的趋势。

二次移动平均法的计算公式为：

$$M_t^{(2)}=\frac{M_t^{(1)}+M_{t-1}^{(1)}+M_{t-2}^{(1)}+\cdots+M_{t-n+1}^{(1)}}{n} \tag{9—3}$$

式中：$M_t^{(1)}$——一次移动平均数；

$M_t^{(2)}$——二次移动平均数；

n——移动平均数的跨越期。

其计算方法与一次移动平均法完全相同。

例如，资料同上例中的表 9—1，仍设 $n=3$，则二次移动的平均数如表 9—2 所示。

表 9—2　采用二次移动平均法的某商场销售额预测计算表

月份	实际销售额	$M_t^{(1)}$	$M_t^{(2)}$
1	234	—	—
2	219	—	—
3	226	226.3	—
4	214	219.7	—
5	231	223.7	223.3
6	231	225.3	229.0
7	257	239.7	229.6
8	234	240.7	231.9
9	238	243.0	241.1
10	252	243.1	242.3
11	254	248.0	244.7
12	257	254.3	248.5

二次移动平均法不能独立进行预测，只能与一次移动平均法配合，求得移动系数，建立预测模型。所以，要进一步解决滞后偏差的问题，前提条件是时间序列的数据必须具有线性趋势。如果把时间序列的最后 n 项数据看作某直线上的点，并认为未来时间也按直线趋势变化，则可设该直线方程为：

$$y_{t+r}=a_t+b_tT$$

式中：t——目前的时期数；

T——由 t 期算起的预测期的时期数；

y_{t+r}——$t+T$ 期的预测值；

$a_t=2M_t^{(1)}-M_t^{(2)}$——直线的截距；

$b_t=2(M_t^{(1)}-M_t^{(2)})/(n-1)$——直线的斜率。

例如，某公司 2004～2018 年的销售收入见表 9—3，试用二次移动平均法预测该公司 2023 年的销售收入。

表 9—3　某公司销售收入　单位：万元

时间	销售收入 X_t	$M_t^{(1)}(n=5)$	$M_t^{(2)}(n=5)$
1(=2004)	50		
2	51		
3	53		
4	52		
5	54	52.0	
6	53	52.6	
7	56	53.6	
8	55	54.0	
9	58	55.2	53.5

续表

时间	销售收入 X_t	$M_t^{(1)}(n=5)$	$M_t^{(2)}(n=5)$
10	57	55.8	54.3
11	58	56.8	55.1
12	60	57.6	55.9
13	61	58.8	56.9
14	63	59.8	57.8
15	62	60.8	58.8

解：运用二次移动平均法，求解过程为：

$a_t=2M_t^{(1)}-M_t^{(2)}=2\times(60.8)-58.8=62.8$

$b_t=2(M_t^{(1)}-M_t^{(2)})/(n-1)=2\times(60.8-58.8)/(5-1)=1$

$T=5$

即2023年销售收入的预测值为67.8万元。

三、季节分析预测法

季节变动预测法，又称季节周期法、季节指数法、季节变动趋势预测法。季节变动预测法是对包含季节波动的时间序列进行预测的方法。要研究这种预测方法，首先要研究时间序列的变动规律。

（一）季节变动的概念

季节变动是指有些社会经济现象，因受社会因素和自然因素的影响，在一年内随着时序的变化而引起周期性的变化。这种周期性的变化一般是比较稳定的。

季节变动在统计中，一般指的是一年内4季或12个月的周期性变动，但所提供方法和运用早已超出这一范围。凡是短期的周期性的规律变动，如一个月上、中、下旬的周期性变动，一个星期内从周初到周末的周期性变动，甚至一天内的周期性变动，又称之为季节变动。也可以运用季节变动分析和预测方法。总之，季节变动一般具有三个特点，即：规律性、重复性、稳定性。

季节变动是与一定的历史条件相联系的，随着科学技术的不断发展以及具体条件的改变，有些季节变动也将随之改变。进行季节变动的分析和预测，在于认识、掌握和利用季节变动，从而克服季节变动引起的不良影响，以便更好地组织生产，安排人民经济生活。

（二）季节模型

季节模型是指季节变动分析所运用的各种数学方程式，也就是用某种数学方程式去模拟一个资料的变动规律作为分析的模式。

一般认为影响动态数列发展变化的因素有四种，即：长期趋势（这是最主要的），用 T 表示；季节变动，用 S 表示；循环变动，用 C 表示；不规则变动，用 I 表示。因此，动态数列的模型有两种模式：

乘法模式：$Y=T\times S\times C\times I$

加法模式：$Y=T+S+C+I$

一般来说，T 和 S 为常态变动，C 和 I 为剩余变动。

另外，还有混合模式：

$Y=T\times S+C\times I$

按照上述原理，测定季节变动的模型有三种形式：

(1)$S=\frac{Y}{T\times C\times I}$；

(2)$S=Y-T-C-I$；

(3)$S=\frac{Y-C\times I}{T}$。

(三)单纯季节型动态数列的季节变动分析

在有些动态数列中，由于长期趋势比较稳定，因此其数列中可视为只有季节变动。像这样的动态数列，就称为单纯季节型动态数列。

对单纯季节型动态数列的季节分析，一般至少需要 3～5 年的资料，其常用的分析方法是周期平均法。

周期平均法的特点是：将不同年份中同一时期(如同月、同季)数值相加，求算术平均数，以消除无规则变动；再计算季节指数。

例如，某百货公司商品零售额资料如表 9－4 所示。

表 9－4　　某百货公司 2014～2018 年各季度商品零售额　　单位：千元

年份	一季度	二季度	三季度	四季度	全年合计	季节平均数
2014	341	95	89	185	710	177.5
2015	367	101	100	172	740	185.0
2016	353	125	82	162	722	180.5
2017	407	82	71	141	701	175.3
2018	292	152	108	160	712	178.0

测定季节变动数值的具体步骤如下：

首先计算 5 年同季合计数和平均数。如各年一季度合计为 1 760，一季度平均数为 1 760 ÷5＝352。其余类推。

其次，计算各年合计数和平均数。如 2014 年合计数为 710，2014 年的季节平均数为 710 ÷4＝177.5。其余类推。

最后，分别以各季度平均数除以 5 年总平均数，即得各季的季节指数。如一季度零售额季节数为：352÷179.3＝196.3%，其余类推。结果如表 9－5 所示。

表 9－5　　某百货公司 2014～2018 年各年季度指数

年份	一季度	二季度	三季度	四季度	全年合计	季节平均数
2014	341	95	89	185	710	177.5
2015	367	101	100	172	740	185.0
2016	353	125	82	162	722	180.5
2017	407	82	71	141	701	175.3
2018	292	152	108	160	712	178.0
合计	1 760	555	450	820	3 585	896.3
周期平均	352	111	90	164	717	179.3
季节指数(%)	196.3	61.9	50.2	91.5	400	100

该表求出的各季季节指数表明，该百货公司一年中的零售额有明显的季节变动，即：一季度的季节指数为 196.3%；二、三季度零售额下降，季节指数分别为 61.9%和 50.2%；四季度又有所回升，季节指数上升到 91.5%。

若有各年的分月资料，依照上述方法，同样可以计算出各月的季节指数，反映全年各月的季节变动情况。

(四)趋势和季节混合型动态数列的季节变动分析

在动态数列中，有些既包含季节变动，又包含长期趋势，这样的动态数列称为趋势和季节混合型动态数列。

在分析动态数列时，如果该数列存在明显的长期趋势，则必须先消除长期趋势的影响，才能得到准确的季节指数。

测定带有长期趋势的季节变动，不能采用上述的周期平均法。因为尚未剔除长期趋势，从而使计算出来的季节指数不够精确，受到长期趋势的影响。为此，可先采用 12 个月(或 4 个季度)移动平均法。其计算步骤如下：

(1)根据各年每月份(季)资料(y)进行 12 个月或 4 个季度移动平均(须两次平均)，求长期趋势(T)。

(2)将实际值除以趋势值 y/T。

(3)把 y/T 按月(季)排列，再按月(季)求其平均季节指数(消除了不规则变动)。

(4)将各平均季节指数加总，其总和应为 120.0%，如果大于或小于此数，则要求出校正系数(平均季节指数加总实际数/120.0%)，用校正系数乘各月的平均季节指数，即为所求的消除长期趋势的季节指数。

例如，某地电力消耗资料如表 9—6 所示。

表 9—6　　某地 2016～2018 年各月电力消耗数据

月份	2016 年	2017 年	2018 年
1	1 440	1 460	1 711
2	1 353	1 378	1 558
3	1 275	1 357	1 474
4	1 289	1 365	1 440
5	1 407	1 525	1 529
6	1 760	1 882	1 815
7	2 022	2 119	2 066
8	2 080	2 162	2 228
9	2 055	2 142	2 169
10	1 709	1 870	1 821
11	1 451	1 581	1 495
12	1 297	1 441	1 493

第一步：先计算出数列长期趋势。用 12 个月(或 4 个季度)移动平均法求长期趋势。本例由于用偶数项移动，所以还要做一次二项移动平均。移动平均结果见表 9—7。

表 9—7　　某地电力消耗长期趋势

月份	2016 年	2017 年	2018 年
1	—	1 635.79	1 734.63
2	—	1 634.26	1 735.17
3	—	1 650.30	1 739.04
4	—	1 660.63	1 738.12
5	—	1 672.75	1 732.50
6	—	1 684.17	1 731.09
7	1 595.67	1 700.63	—
8	1 597.54	1 718.58	—
9	1 602.00	1 730.96	—
10	1 608.59	1 738.96	—
11	1 616.69	1 742.25	—
12	1 626.69	1 739.63	—

第二步：从原数列中消除长期趋势（T），即用原数列各项数值除以其对应的长期趋势值（y/T）。这一比值为 $S\times I$，结果见表 9—8。

表 9—8　　季节指数计算表

月份	2016 年	2017 年	2018 年	合计	平均	季节指数(%)
1	—	89.25	98.64	187.89	93.95	93.72
2	—	83.86	89.79	173.65	86.83	86.62
3	—	82.22	84.76	166.98	83.49	83.29
4	—	82.20	82.85	165.05	82.53	82.33
5	—	91.17	88.25	179.42	89.71	89.44
6	—	111.75	104.85	216.60	108.30	108.04
7	126.72	124.60	—	251.32	125.66	125.35
8	130.20	125.80	—	256.00	128.00	127.69
9	128.28	123.75	—	252.63	126.02	125.71
10	106.24	107.54	—	213.78	106.89	106.63
11	89.25	90.74	—	180.49	90.25	90.03
12	79.73	82.84	—	162.57	81.29	81.09
合计	—	—	—	—	1 202.92	1 200.00

第三步：将各年同月的数值求平均值，即对 $S\times I$ 求平均。这样，可以消除 I 的影响，而乘 $\overline{S}$，结果见表 9—8。

第四步：将 12 个月的平均值 $\overline{S}$ 加总得 $\sum\overline{S}$，并据以计算调整系数：

$$调整系数=\frac{1\ 200}{\sum\overline{S}}$$

第五步：用调整系数乘以各月修正比率值 $\overline{S}$，得季节指数，结果见表 9－8。

(五)季节预测模型

常用的季节预测模型有两种，即简单预测模型和移动平均预测模型。

1. 简单季节预测模型

简单季节预测模型，因这种模型没有明显的长期趋势或允许不考虑长期趋势，所以在预测时可以直接用各月(季)季节指数来调整各月的预测值。

(1) 已知预测年全年的预测值，则各月(季)的季节预测模型为：

$$\text{某月(季)预测值}\ \hat{y}=\frac{\text{全年预测值}\sum(\hat{y})}{12\text{ 个月}(4\text{ 季})}\times\text{当月(季)季节指数}$$

例如，某蔬菜公司 2018 年预测全年销售额为 825 665 元，季节指数各季分别为 72.48%、100.16%、135.78%、91.57%。试预测 2018 年一、二季度销售额。

$$\text{第一季度蔬菜销售额}=\frac{825\ 665}{4}\times 72.48\%=149\ 610(\text{元})$$

$$\text{第二季度蔬菜销售额}=\frac{825\ 665}{4}\times 100.16\%=206\ 747(\text{元})$$

(2)如果已知预测年头几月(季)的实际值，则以后各月(季)的预测模型为：

$$\hat{y}=y_0\times\frac{S_1}{S_0}$$

式中：y——季或月的预测值；

y_0——已知季(月)的实际值；

S_1——预测季(月)的季节指数；

S_0——已知季(月)的季节指数。

例如，若某商品 2018 年第一季度销售额为 96.5 万元，季节指数为 94.46%，第二、三、四季的季节指数分别为 102.17%、101.83%和 101.53%。试预测第二、三、四季的销售额。

$$\text{第二季：}\hat{y}_2-96.5\times\frac{1.021\ 7}{0.944\ 6}-104.38(\text{万元})$$

$$\text{第三季：}\hat{y}_3=96.5\times\frac{1.018\ 3}{0.944\ 6}=104.03(\text{万元})$$

$$\text{第四季：}\hat{y}_4=96.5\times\frac{1.015\ 3}{0.944\ 6}=103.72(\text{万元})$$

2. 移动平均季节预测模型

这种方法适合于存在长期趋势的时间数列的季节预测。具体方法是：对给定的资料，测定出预测期的长期趋势值及固定的季节指数，然后两者相乘即得。

例如，测定 2018 年 6 月的趋势值为 110 000 元，而该月的固定季节指数为 85.3%，则该月的预测值为：

$\hat{y}_6=110\ 000\times 85.5\%=94\ 050$(元)

又如，测定 2018 年 12 月的趋势值为 130 000 元，而该月的固定季节指数为 112.4%，则该月的预测值为：

$\hat{y}_{12}=130\ 000\times 112.4\%=146\ 120$(元)

四、马尔科夫预测法

马尔科夫预测法是利用马尔科夫链的原理，分析市场所处状态的变化规律，用以预测经济现象变动趋势的方法。它可用于市场预测,也可用于市场决策。

(一)马尔科夫链概念及特征

1. 现象状态及状态转移

市场现象所处的状态是会变化的,如商品经营可分为盈利、保本和亏损状态,商品销售可分为畅销、滞销状态,生产企业可分为发展、维持、萎缩、倒闭状态等。在时间序列中,第一期为初始状态,第二期会变成何种状态则不一定,有随机性。例如某企业初始经营状态为盈利,随后几期是盈利、保本、亏损,下期会是什么状态,只与本期保本状态有关,与过去状态无关,这是马尔科夫无后效性质。马尔科夫链就是指一种随机的时间变量序列,该序列各期取值只与它前一期取值有关,而与以前取值无关的随机过程。

2. 转移概率与概率矩阵

市场现象一般都有几种状态,一种状态转变为另一种状态的可能性多大就称为状态转移概率。一种具体现象在某一时间只可能处于一种状态中,如处在 i 状态。后一时间转向 j 状态的可能性用 P_{ij} 表示其转移概率。现象 N 种状态的转移概率用矩阵表示为:

$$P=\begin{bmatrix} P_{11} & P_{12} & \cdots & P_{1j} & \cdots & P_{1n} \\ P_{21} & P_{22} & \cdots & P_{2j} & \cdots & P_{2n} \\ \cdots & & & & & \\ P_{i1} & P_{i2} & \cdots & P_{ij} & \cdots & P_{in} \\ \cdots & & & & & \\ P_{n1} & P_{n2} & \cdots & P_{nj} & \cdots & P_{nn} \end{bmatrix}$$

每种状态下期转向其他各状态的概率于上式各行中显示,每行之和均为 1,并且各概率总是在 0~1 之间,不存在负数,即:

$$\sum_{i=1}^{n} P_{ij}=1,\quad 0\leqslant P_{ij}\leqslant 1$$

各种状态第一时期转向第二时期的概率为初始转移概率,即一步转移概率。马尔科夫法预测要求市场现象以后几次的转移概率均与第一次一样,即以后各步转移概率均与一步转移概率相同,一旦某步转移概率发生明显变化,则应以变化的概率为一步转移概率,重新建立转移概率矩阵方可用于预测。

如果现象转移概率各期一样或十分接近,逐步转移下去,K 步后的转移概率矩阵为一步转移概率的 K 次方,即 $P^{(K)}=P^{K}$。

设某地有 A、B 两家旅游公司,上期 A 公司游客中有 30%本期到 B 公司,B 公司中有 60%游客到 A 公司。若今后 9 期均是如此转移概率,B 公司游客不会跑光了,而是双方接近于 42.86%的游客跑到对方。即:

$$P^{(1)}=\begin{bmatrix} 0.7 & 0.3 \\ 0.4 & 0.6 \end{bmatrix}$$

$$P^{(9)}=\begin{bmatrix} 0.7 & 0.3 \\ 0.4 & 0.6 \end{bmatrix}^{9}=\begin{bmatrix} 0.571\,4 & 0.428\,6 \\ 0.571\,4 & 0.428\,6 \end{bmatrix}$$

可见,马尔科夫过程有两个特征:一是状态转移后出现的新状态,只与它前一期的状态有关,而与再前期状态无关,即无后效性;二是状态转移按同一概率进行,在较长时期后出现稳定的转移概率,称稳定概率,状态也稳定(注意:条件是每次转移概率不变或无大变化)。

(二)马尔科夫过程的时期状态模型

1. 马尔科夫过程的短期状态模型

马尔科夫状态转移概率既定为各期不变,则可以应用概率转移的数学方法,建立概率转移模型,预测未来市场事件。如果以初始状态的转移状态为 P,初始状态的向量为 S_0,有 n 种状态,各期的状态向量依次是:

$S_1=S_0P$

$S_2=S_0P^2=S_1P$

$S_3=S_0P^3=S_2P$

…

$S_t=S_0P^t=S_{t-1}P$

矩阵表示为:

$$S_t=S_0\begin{bmatrix}P_{11} & P_{12} & \cdots & P_{1n}\\ P_{21} & P_{22} & \cdots & P_{2n}\\ \cdots & & & \\ P_{n1} & P_{n2} & \cdots & P_{nn}\end{bmatrix}^t=S_{t-1}\begin{bmatrix}P_{11} & P_{12} & \cdots & P_{1n}\\ P_{21} & P_{22} & \cdots & P_{2n}\\ \cdots & & & \\ P_{n1} & P_{n2} & \cdots & P_{nn}\end{bmatrix} \tag{9—4}$$

可见,各期转移的状态取决于三个因素,即初始状态、一步转移概率和状态转移期数。其模型为:

$$S_t=S_{t-1}P \tag{9—5}$$

2. 马尔科夫过程长期状态转移稳定概率模型

初始的状态如以概率分布形式出现,即为 P_{ij},从此转移概率不变,长期转移下去的即是稳定的转移概率,它有如下关系:

$$(P_1^t\ P_2^t\cdots\ P_n^t)=(P_1^{t-1}\ P_2^{t-1}\cdots\ P_n^{t-1})\times\begin{bmatrix}P_{11} & P_{12} & \cdots & P_{1n}\\ P_{21} & P_{22} & \cdots & P_{2n}\\ \cdots & & & \\ P_{n1} & P_{n2} & \cdots & P_{nn}\end{bmatrix} \tag{9—6}$$

t 表示较长的转移期数,这时转移概率稳定,概率总和为 1,即有:

$P_1^t=P_1^{t-1},P_2^t=P_2^{t-1},\cdots,P_n^t=P_n^{t-1}$

$P_1^t+P_2^t+\cdots+P_n^t=1$

由此可得方程组:

$$\begin{cases}P_1^t=P_{11}P_1^t+P_{21}\ P_2^t+\cdots+P_{n1}\ P_n^{t-1}\\ P_2^t=P_{12}P_1^t+P_{22}\ P_2^t+\cdots+P_{n2}\ P_n^{t-1}\\ \cdots\\ P_n^t=P_{1n}P_1^t+P_{2n}\ P_2^t+\cdots+P_{nn}\ P_n^{t-1}\\ P_1^t+P_2^t+\cdots+P_n^t=1\end{cases} \tag{9—7}$$

上述方程组右边 n 项的系数,实质上是一步转移概率矩阵的转置矩阵。

如将上述方程组前几个方程中任一个删去(设删末行),方程可解。将各方程系数提出,形成矩阵 P',即:

$$\begin{cases}(P_{11}-1)P_1^t+P_{21}P_2^t+\cdots+P_{n1}P_n^{t-1}=0\\ P_{12}P_1^t+(P_{22}-1)P_2^t+\cdots+P_{n2}P_n^{t-1}=0\\ \cdots\\ P_{1n}P_1^t+P_{2n}P_2^t+\cdots+(P_{nn}-1)P_n^{t-1}=0\\ P_1^t+P_2^t+\cdots+P_n^t=1\end{cases} \tag{9—8}$$

$$P'=\begin{cases}P_{11}-1 & P_{21} & \cdots & P_{n1}\\ P_{12} & P_{22}-1 & \cdots & P_{n2}\\ \vdots & & & \\ P_{1n-1} & P_{2n-1} & \cdots & P_{(n-1)(n-2)}P_{nn}\\ 1 & & 1 & 1\end{cases} \tag{9—9}$$

$$P^t=\begin{bmatrix}P_1^t\\ P_2^t\\ \vdots\\ P_n^t\end{bmatrix},B=\begin{bmatrix}0\\ 0\\ \vdots\\ 1\end{bmatrix}$$

即为马尔科夫链的稳定状态时的概率。当然,如果状态较少,也可采用消元法或最小平方方法,直接求 P^t。

$$P'\cdot P^t=B$$

于是:

$$P^t=(P')^{-1}\cdot B \tag{9—10}$$

(三)马尔科夫模型在预测中的应用

市场现象在某时间总是表现出各种状态,某种商品生产经营在某时间也总是处于某种状态下。随着时间的推移,原先各状态受多种因素影响,会出现随机性的状态变化,影响市场结构和经营者利益。利用马尔科夫模型,可以预测市场占有率变化趋势,预测经营者利益前景。

例如,设某地市场有 3 家百货店,A 店拥有该地顾客 45%,B 店拥有 35%,C 店拥有 20%。在各店人均购买商品额接近的情况下,三店的市场占有率同样是 45%、35%、20%,这是初始状态分布。经调查,第二期顾客流动情况如表 9—9 所示,预计:(1)第四期各店的市场占有率;(2)长期稳定后的市场占有率。

表 9—9　某地市场三家百货店第二期顾客流动情况　单位:%

	A	B	C	合计
A	45	35	20	100
B	50	40	10	100
C	60	10	30	100

解:(1)第四期各店市场占有率是占有率乘第三步的市场占有率转移矩阵

$$(P_AP_BP_C)\cdot\begin{bmatrix}P_{11} & P_{12} & P_{13}\\ P_{21} & P_{22} & P_{23}\\ P_{31} & P_{32} & P_{33}\end{bmatrix}^3$$

$$=(0.45\quad 0.35\quad 0.20)\begin{bmatrix}0.45 & 0.35 & 0.20\\0.50 & 0.40 & 0.10\\0.60 & 0.10 & 0.30\end{bmatrix}^3$$

$$=(0.45\quad 0.35\quad 0.20)\begin{bmatrix}0.4936 & 0.3196 & 0.1868\\0.4927 & 0.3248 & 0.1825\\0.4970 & 0.3090 & 0.1940\end{bmatrix}$$

$$=(0.4940,\ 0.3193,\ 0.1867)$$

即第四期市场占有率：A 为 0.494 0，B 为 0.319 3，C 为 0.186 7。

(2)长期稳定后的市场占有率计算矩阵应为：

$$P'\cdot P^t=B$$

$$P=\begin{bmatrix}-0.55 & 0.50 & 0.60\\0.35 & -0.60 & 0.10\\1 & 1 & 1\end{bmatrix}^{-1}\cdot\begin{bmatrix}0\\0\\1\end{bmatrix}=\begin{bmatrix}0.4940\\0.3192\\0.1868\end{bmatrix}$$

即 A 店稳定的市场占有率为 0.494 0，B 店为 0.319 2，C 店为 0.186 8，与第四期的各店市场占有率十分接近。

应当注意，市场占有率与概率及转移是相似的同一问题的两种说法，故转移概率矩阵的第一行 0.45，0.35，0.20 就是初始市场占有率，表示整个顾客群体为 1 的分布。若早期各店市场占有率不是上述分布，说明转移概率发生变动，应以稳定后的第一期市场占有率为初始状态，这时 P^t 仅说明是稳定概率，应乘初始状态方为稳定状态。

例如，某公司经营的信息服务业务分兴旺与清淡两状态，两状态各期的转移概率如表 9－10 所示，两种状态的利润情况如表 9－11 所示。试预测近一、二、三个月后的利润期望值各为多少？

表 9－10　　**状态转移概率表**　　单位：万元/月

从＼到	兴旺	清淡
兴旺	0.7	0.3
清淡	0.2	0.8

表 9－11　　**状态转移利润表**　　单位：万元/月

从＼到	兴旺	清淡
兴旺	20	3
清淡	10	－6

解：根据资料，状态转移概率矩阵为：

$$P=\begin{bmatrix}P_{11} & P_{12}\\P_{21} & P_{22}\end{bmatrix}=\begin{bmatrix}0.7 & 0.3\\0.2 & 0.8\end{bmatrix}$$

设利润为 R，各状态转移后的利润矩阵为：

$$R=\begin{bmatrix}R_{11} & R_{12}\\ R_{21} & R_{22}\end{bmatrix}=\begin{bmatrix}20 & 3\\ 10 & -6\end{bmatrix}$$

该题的条件仍是状态转移概率从观察期起不变，状态转移后月利润不变或变化不大，初始状态的利润额为 0，即 $t=0$ 时，$R_1^0=0$，$R_2^0=0$ 从状态 i 一步转移到 j 时，利润为 R_{ij}，则一步转移后的期望利润总额为：

$$R_i^{(1)}=\sum_{i=1}^{n}P_{ij}r_{ij}\qquad (i=1,2,\cdots,n)$$

n 步转移后的期望利润总额为：

$$R_i^{(1)}=\sum_{i=1}^{n}P_{ij}r_{ij}+\sum_{i=1}^{n}P_{ij}R^{n-1}\quad \begin{pmatrix}i=1,2,\cdots,n\\ t=0,1,2,\cdots\end{pmatrix}$$

用矩阵表示则为：

$$R(t)=R(1)+PR(t-1)$$

如兴旺状态为 1，则清淡状态为 2。

(1)一个月后的期望利润为：

$$R^{(1)}=\sum_{i=1}^{2}P_{ij}r_{ij}$$

如公司初始处于兴旺状态下，期望利润为 $R_1^{(1)}$。

$$\begin{aligned}R_1^{(1)}&=P_{11}r_{11}+P_{12}r_{12}\\&=0.7\times 20+0.3\times 3\\&=14.9(\text{万元})\end{aligned}$$

如公司初始处于清淡状态，期望利润为 $R_2^{(2)}$。

$$\begin{aligned}R_2^{(1)}&=P_{21}r_{21}+P_{22}r_{22}\\&=0.2\times 10+0.8\times(-6)\\&=-2.8(\text{万元})\end{aligned}$$

(2)两个月后期望利润为 $R(2)$：

$$\begin{aligned}R(2)&=R(1)+P\,R(1)\\&=\begin{bmatrix}14.9\\-2.8\end{bmatrix}+\begin{bmatrix}0.7 & 0.3\\0.2 & 0.8\end{bmatrix}\begin{bmatrix}14.9\\-2.8\end{bmatrix}\\&=\begin{bmatrix}24.49\\-2.06\end{bmatrix}\end{aligned}$$

(3)三个月后期望利润为 $R(3)$：

$$\begin{aligned}R(3)&=R(1)+P\,R(1)\\&=\begin{bmatrix}14.9\\-2.8\end{bmatrix}+\begin{bmatrix}0.7 & 0.3\\0.2 & 0.8\end{bmatrix}\begin{bmatrix}24.49\\-2.06\end{bmatrix}\\&=\begin{bmatrix}31.425\\0.410\end{bmatrix}\end{aligned}$$

(2)、(3)计算的结果表明，如果初始时期公司处于兴旺状态，则可望两个月获利 24.49 万元，三个月获利 31.425 万元。如果初始期处于清淡经营状态，则两个月可能亏损 2.8 万元，三个月可能只获 0.41 万元利润。

应当说明，上述预测是建立在公司经营能力不变情况下的期望利润，即公司还需一如既往地努力，保持生产经营能力不变、营销环境不变情况下的期望利润，亦非公司再做营销努力或不做任何努力情况下的可期望利润。如果那样，转移概率迅速变动，期望利润也改变。可以设想，原兴旺公司如加大努力，基本消除了转向清淡状态的可能，那么第三个月后总利润将是 60 万元；如不做任何努力，将亏损 18 万元。

五、趋势预测法

趋势预测法也称趋势延伸法，是根据事物的历史和现实资料，寻求事物长期发展变化的规律，从而推断出市场未来的发展变化趋势。趋势外推法研究的是时间性。如果能把事物的发展与相对应时间之间的规律性找出来，以函数的形式加以量化，那么，就可运用函数关系来预测未来的市场变化趋势。

寻求事物发展与相对应时间之间的函数关系，就是趋势外推法所要解决的主要问题。一般来说，是根据历史数据编制时间序列，运用最小二乘法求得函数。常用的趋势外推法有直线趋势外推法、曲线趋势外推法、对数趋势外推法。

（一）直线趋势法

直线趋势法是一种最简单的直接外推的方法。当时间序列观察值的长期变动表现为近似直线的上升或下降时，长期趋势可用直线趋势来描述，并通过直线趋势的延伸来确定预测值。直线趋势法可以分为直观法和拟合直线方程法。

1. 直观法

直观法也称随手作图法，或目估手画法，是将时间序列的历史数据在坐标图上标出散点，直观地用绘图工具随手画出一条拟合度最佳的直线，并加以延伸以预测未来值。这里之所以提出拟合一条最佳直线，是因为时间序列历史数据分布在坐标上，会因人而异画出一些不同的直线，而不同的直线加以延伸对未来预测值的确定也就不一样。因此，在坐标图上描绘出历史数据的散点后，如何拟合直线是提高预测精确度的关键一步。利用直观法进行预测，不需要建立数学模型，简便易行，在国内外工商业界预测中被广泛采用，并收到了良好效果。

例如，某服装厂 2008～2018 年国内市场服装销售额如表 9－12 所示，用直观法预测 2021 年、2022 年的销售额。

表 9－12　　某服装厂 2008～2018 年的销售额　　单位：万元

观察期	2008	2009	2010	2011	2012	2013	2014	2015	2016	2017	2018
销售额	500	550	650	700	800	880	900	920	1 000	960	1 020

根据表 9－12 的数据，以观察期作为 x 轴，以销售额作为 y 轴，利用作图工具在坐标上描出各点，然后拟合成直线图，形成图 9－4。

从图 9－4 可以看出，直线 AB 是以每年增量几乎相等的趋势延伸的。利用直线 AB 预测 2021 年和 2022 年的销售额，即在 x 轴上找到 2021 年和 2022 年的点，然后做 x 轴的垂线向上延伸，与直线 AB 相交于 C、D 两点，那么，C 点即为 2021 年的预测值，D 点为 2022 年的预测值。

2. 拟合直线方程法

拟合直线方程法，是根据时间序列数据的长期变动趋势，运用量的分析，做出预测模型。拟合直线方程的方法很多，大多属于拟合直线方程的方法，本节只介绍最小二乘法。

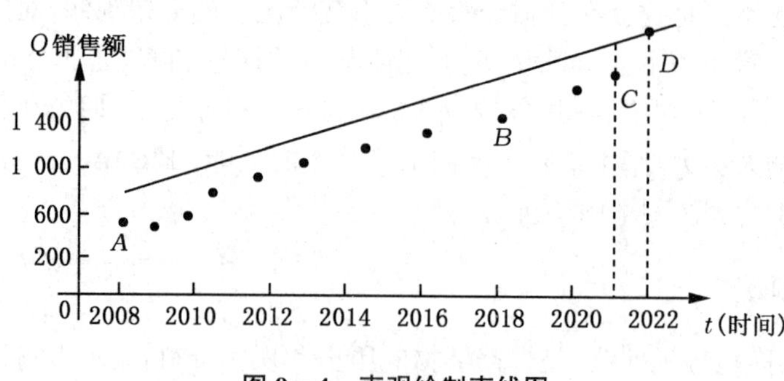

图 9—4　直观绘制直线图

直线方程为：

$Y_t=a+bx$

假设时间序列观察期的编号为自然编号，即 $x=1,2,3,\cdots$，其一阶差分 y' 为：

$y'=y_t-y_{t-1}=a+b_t-a-b_t+b=b$

用表 9—13 显示出来更为直观。

表 9—13　　直线方程的一阶差分表

年次(x)	观察值(y)	一阶差分(y_t-y_{t-1})
1	$a+b$	—
2	$a+2b$	b
3	$a+3b$	b
4	$a+4b$	b
5	$a+5b$	b
6	$a+6b$	b

由表 9—13，从理论上说直线方程的一阶差分为一个常数，即当 x 增加 i 时，y 增加(或减少)一个 b 值。在实际操作中，如果原始数据的移动平均值的一阶差分趋近于某一个常数，则可以将原始数据拟合成直线趋势外推模型。

最小二乘法，是运用数学中最小二乘的原理，根据历史数据拟合出一条发展趋势线，使该线与实际值之间的离差平方和为最小，见图 9—5。

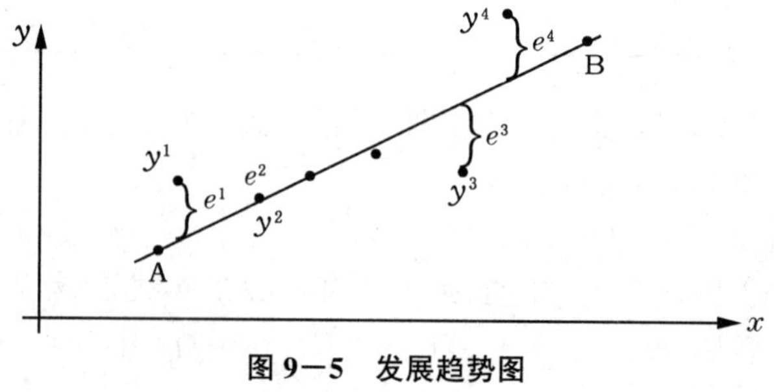

图 9—5　发展趋势图

时间序列的历史数据，有一些点落在直线 AB 的上方，其离差为正；有一些落在直线 AB

下方，其离差为负；相差之和可能为 0。所以，应采用离差平方和的办法进行计算。如果离差平方和为最小，即$\sum e^2$ 为最小值。由于经过精确计算，所以用最小二乘法拟合的直线确定的预测值，其精确度要高一些。

其直线趋势方程为：

$$Y_t = a + bx$$

式中：Y_t——因变量，即第 t 预测周期的预测值。

x——自变量，在直线趋势法中表示时间。

a——趋势直线的 y 轴截距点。

b——趋势直线的斜率。

运用最小二乘法求解一次直线方程，即确定 a、b 的值。

设 y_i 为时间序列的观察值（$i=1,2,3,\cdots,n$）；y_t 为根据趋势直线推算出来的相应的理论值即估计值（$t=1,2,3,\cdots,n$）；实际值与估计值的离差为 e_i；Q 为总方差，即离差平方和。根据最小二乘法的原理，有：

$$e_i = y_i - y_t = y_i - (a - bx)$$

$$\begin{aligned} Q &= \sum e^2 \\ &= \sum (y_i - y_t)^2 \\ &= \sum (y_i - a - bx)^2 \end{aligned}$$

为使 Q 为最小值，需要利用偏导数求极值的方法求$\frac{\partial Q}{\partial a}$，并令$\frac{\partial Q}{\partial a}=0$。

$$\begin{aligned} \frac{\partial Q}{\partial a} &= \frac{\partial}{\partial a}\sum (y_i - a - bx)^2 \\ &= 2\sum (y_i - a - bx)\frac{\partial}{\partial a}(-a) \\ &= -2\sum (y_i - a - bx) \\ &= 0 \end{aligned}$$

即
$$\sum y_i - na - b\sum x = 0 \qquad (9-11)$$

求$\frac{\partial Q}{\partial b}$，并令$\frac{\partial Q}{\partial b}=0$。

$$\begin{aligned} \frac{\partial Q}{\partial b} &= \frac{\partial}{\partial b}\sum (y_i - a - bx)\frac{\partial}{\partial b}(-bx) \\ &= 2\sum (y_i - a - bx)(-x) \\ &= -2x\sum (y_i - a - bx) \\ &= 0 \end{aligned}$$

即
$$\sum xy_i - a\sum x - b\sum x^2 = 0 \qquad (9-12)$$

将(9－11)式和(9－12)式联立，求解：

$$\begin{cases} \sum y_i - na - b\sum x = 0 \\ \sum xy_i - a\sum x - b\sum x^2 = 0 \end{cases}$$

得

$$a = \frac{1}{n}\left(\sum y_i - b\sum x\right) \tag{9-13}$$

$$b = \frac{n\sum xy_i - \sum x \sum y_i}{n\sum x^2 - \left(\sum x\right)^2} \tag{9-14}$$

由于在直线趋势法中，x 是代表时间序列的时间，那么，对时间的编号可采用几种不同的编写方法：可以从 0 开始顺序编写，也可以从 1 开始顺序编写；或以公元年号编排；或当时间序列的数据个数为奇数时，采用使 $\sum x = 0$ 的方法编写。例如，如果是 9 年，那么可以编成 -4，-3，-2，-1，0，1，2，3，4，这样可达到简化计算的目的。使用 $\sum x = 0$ 的编写年号的方法，在计算中常常用到，并且可将(9－13)式、(9－14)式简化为：

$$\begin{cases} a = \dfrac{\sum y_i}{n} & (9-15) \\ b = \dfrac{\sum xy_i}{\sum x^2} & (9-16) \end{cases}$$

例如，2010～2018 年某地化纤布销售资料如表 9－14 所示。用最小二乘法求直线趋势方程，预测 2022 年化纤布销售量。

表 9－14　　化纤布销售资料　　单位：亿米

年份	2010	2011	2012	2013	2014	2015	2016	2017	2018
销售量	7.3	6.2	8.7	9.0	8.8	7.5	9.9	10.6	8.4

利用最小二乘法求解直线方程进行预测的步骤如下：

第一步：以时间为自变量，销售额为因变量，在坐标上描绘出各点，观察其变化趋势是否可以拟合成直线(见图 9－6)。

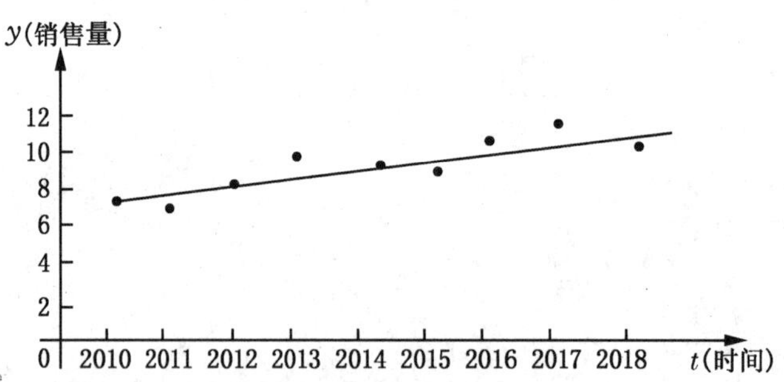

图 9－6　观察期资料散点图

从图 9－6 中可以看出，确属直线趋势，所以确定使用直线趋势外推法进行预测。

第二步：利用表 9－15 计算出求解参数 a、b 所需要的数据。以 $\sum x = 0$ 确定自变量 x，或以自然数列为自变量 x，填入表 9－15 中。

表 9—15　　**求解直线方程必需数据计算表**

年份	销售量 y	x	x^2	xy	y_t	x	x^2	xy	y_t
2010	7.30	−4	16.00	−29.20	7.26	0	0	0	7.25
2011	6.20	−3	9.00	−18.60	7.56	1	1.00	6.20	7.56
2012	8.70	−2	4.00	−17.40	7.87	2	4.00	17.40	7.87
2013	9.00	−1	1.00	−9.00	8.18	3	9.00	27.00	8.18
2014	8.80	0	0	0	8.49	4	16.00	35.20	8.49
2015	7.50	1	1.00	7.50	8.80	5	25.00	37.50	8.8
2016	9.90	2	4.00	19.80	9.11	6	36.00	59.40	9.11
2017	10.60	3	9.00	31.80	9.41	7	49.00	74.20	9.42
2018	8.40	4	16.00	33.60	9.72	8	64.00	67.20	9.73
$\sum$	76.4	0	60	18.5	76.4	36	204	324.1	76.41

第三步：确定参数 a、b，求得直线趋势方程。

(1) 当 $\sum x=0$ 编制时间序列时：

$$a_1=\frac{\sum y_i}{n}=\frac{76.4}{9}=8.49$$

$$b_1=\frac{\sum xy_1}{x^2}=\frac{18.5}{60}=0.31$$

那么，直线方程为 $Y_t=8.49+0.31x$。

(2) 当 x 采用自然数列编制时间序列时：

$$b_2=\frac{n\sum xy_i \quad \sum x\sum y_i}{n\sum x^2-(\sum x)^2}$$

$$=\frac{9\times 324.1-36\times 76.4}{9\times 204-36^2}$$

$$=0.31$$

$$a_2=\frac{1}{n}(\sum y_i-b\sum x)$$

$$=\frac{1}{9}(76.4-0.31\times 36)$$

$$=7.25$$

那么，直线方程为 $Y_t=7.25+0.31x$。

两种时间序列编制方法不同，$x=0$ 原点不同，所以截距 a 也就不同，而单位时间的增量 b 相同。

第四步：利用直线方程预测 2022 年的销售量。

利用 $Y_t=8.49+0.31x$ 进行预测：

当 $x=8$ 时，$Y_{2015}=8.49\times 0.31\times 8=0.97$(亿米)，即 2022 年化纤布的销售量预测为 10.97 亿米。

利用 $Y_t=7.25+0.31x$ 预测，2022 年的时间编序为 $x=12$，故 $Y_{2015}=7.25+0.31\times12=10.97$(亿米)。

由此可见，运用不同的方法编制的时间序列自变量的数列，拟合直线方程所求得的预测结果完全一样。所以，在运用直线趋势外推法进行预测时，采用令 $\sum x=0$ 的自变量的序列，可以简化计算。

综上所述，运用最小二乘法求得直线趋势方程进行预测，可得出如下结论：

第一，直线趋势外推法只适用于时间序列历史数据呈现出直线升降变化的情形，而移动平均法和指数平滑法均可运用到历史数据呈其他变化的情形。

第二，在历史数据中，不像移动平均法和指数平滑法那样采取重近轻远的原则，而是不论其远近、重要程度如何，一律同等看待。

第三，运用最小二乘法确定参数 a、b 拟合直线方程，在拟合中消除了不规则变动因子的影响。将上例中的趋势值和实际值分别在坐标上描出，从图 9－7 可以看出，绘出图形的直线趋势方程经过最小二乘法求解后，消除了不规则变动。

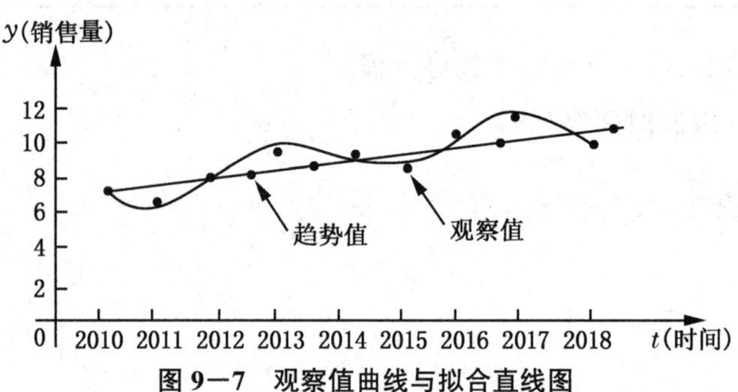

图 9－7 观察值曲线与拟合直线图

在运用方程对未来进行预测时，是假设未来发展遵循直线延伸规律。对于发展平缓、确能遵循其发展规律的预测对象来说，预测值较准确；否则会产生误差。所以在运用直线趋势方法预测之前，必须对预测对象的过去与未来进行分析，明确其变化趋势。

(二)曲线预测法

市场上商品的需求与供应，由于受到政策性、消费者心理、季节性等多种因素的影响，其变动趋势并非都呈直线状态，有时会呈现出不同形状的曲线变动趋势。在这种情形下，就需要用曲线方程式求得曲线趋势变动线，然后加以延伸，确定预测值。

由于影响市场的因素很多，使得曲线方程式多种多样。这里只介绍二次曲线法。

二次曲线法适用于时间序列观察值的变动属于由高而低再升高或由低而高再降低的趋势形态的预测，即各数据点分布呈抛物线的情况。

二次曲线方程为：

$Y_t=a+bx+cx^2$

假设时间序列观察期按自然序号编排，即 $x=1,2,3,\cdots$，其一阶差分为：

$y'=y_t-y_{t-1}=b-2tc-c$

二阶差分 $y''=y_t-y_{t-1}=2c$，如表 9－16 所示。

表 9－16 二阶曲线方程的一阶差分、二阶差分表

年(x)	观察值(y_t)	一阶差分	二阶差分
1	$a+b+c$	—	—
2	$a+2b+4c$	$b+3c$	
3	$a+3b+9c$	$b+5c$	$2c$
4	$a+4b+16c$	$b+7c$	$2c$
5	$a+5b+25c$	$b+9c$	$2c$
6	$a+6b+36c$	$b+11c$	$2c$

由表 9－16 可知，从理论上说，二次曲线的二阶差分为一个常数。在实际预测中，如果原始数据所求得的移动平均值的二阶差分趋近于一个常数，即用二次曲线拟合的模型，其预测结果较为精确。

二次曲线方程为：

$$Y_t=a+bx+cx^2 \tag{9-17}$$

当 $a>0,b>0,c>0$ 时，二次曲线开口向上，有最低点，曲线呈正增长趋势。

当 $a>0,b<0,c>0$ 时，二次曲线开口向上，有最低点，曲线呈负增长趋势。

当 $a>0,b>0,c<0$ 时，二次曲线开口向下，有最高点，曲线呈正增长趋势。

当 $a>0,b<0,c<0$ 时，二次曲线开口向下，有最高点，曲线呈负增长趋势。

以上各类型二次曲线如图 9－8 所示。

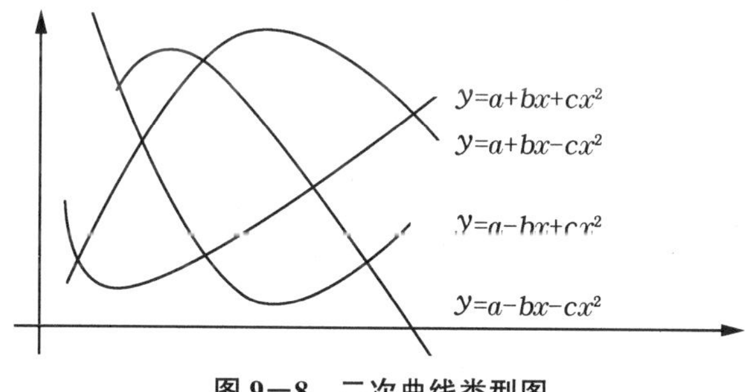

图 9－8 二次曲线类型图

式(9－17)中参数 a、b、c 通常利用最小二乘法来确定。

设 y_i 为时间序列观察值($i=1,2,3,\cdots,n$)，e_i 为 y_i 与 y_t 的离差，Q 为总方差，即离差平方和，那么：

$$e_i=y_i-y_t=y_i-a-bx-cx^2$$

$$Q=\sum e_i^2=\sum(y_i-a-bx-cx^2)^2$$

利用高等数学中的极值原理求$\frac{\partial Q}{\partial a}$，$\frac{\partial Q}{\partial b}$，$\frac{\partial Q}{\partial c}$，并分别令其等于零，则：

$$\frac{\partial Q}{\partial a}=\frac{\partial}{\partial a}Q(y_i-a-bx-cx^2)^2$$

$$=2\sum(y_i-a-bx-cx^2)\frac{\partial}{\partial a}(-a)$$

$$=-2\sum(y_i-a-bx-cx^2)=0$$

即：
$$\sum y_i - na - b\sum x - c\sum x^2 = 0 \quad (9-18)$$

第二节 回归分析预测法

在市场预测的定量预测方法中，回归预测法是与长期趋势预测法、移动平均预测法、季节指数法等时间序列预测法不同的另一种预测方法。时间序列预测法侧重于考虑预测目标随时间变化而发生变化和发展的情况，其模型一般都是时间的函数。回归预测法是以遵循市场预测的因果性原理为前提的，就是从分析事物变化的因果联系入手，通过统计分析，并建立回归预测模型揭示预测目标与其他有关经济变量之间的数量变化关系，据此对预测目标进行预测的方法。即把其他相关因素视为“因”，把预测目标的变化视为“果”，建立因果之间的数学模型，并根据相关因素的变化，推断预测目标的变动趋势。

一、回归预测的一般步骤

（一）根据市场决策目的确立市场预测的目标，并确定影响预测目标的自变量和因变量

根据决策目的的需要，确立所要进行预测的具体目标，即确定因变量。一般来说，因变量比较容易确定。只要根据市场预测的目的，将市场预测的对象直接作为因变量就可以了。但是，因变量的发展变化受一个或多个自变量的影响，自变量的数值直接决定因变量的值。因此，在回归预测中，自变量的确定是非常重要的，它比因变量的确定要复杂得多。选择自变量，首先必须根据有关资料分析各种因素与因变量之间的相关关系，观察相关关系的表现形式及其相关程度的高低，选用与因变量存在密切相关关系的因素作为自变量。

（二）进行相关分析

回归预测法是对具有因果关系的影响因素（自变量）和预测对象（因变量）进行的数理统计分析处理。只有当自变量与因变量确实存在某种关系时，拟合出的回归方程才有意义。自变量与因变量的相关程度，影响到预测值有效性的大小。因此，自变量与因变量之间存在着显著的相关性是应用回归预测法的基础。

（三）建立回归预测模型

根据对自变量和因变量分析的结果，利用它们在观察期的资料，建立适当的回归方程，以此来描述现象之间相关关系的发展变化规律，并将回归方程作为预测模型。建立预测模型，其关键是求得方程中的系数值。

（四）回归预测模型的检验

回归预测模型是建立在收集来的统计数字的基础上的，而统计数字本身可能存在各种偏差。所以，在使用回归预测模型时，要注意这些偏差的性质。这些偏差有的属于随机误差，是偶然性的，可以用适当的数理统计方法解决；有的偏差是内在的、必然的，对这些偏差要用适当的数理统计方法判别出来，从而确定能不能用这个回归模型做出预测；对于回归系数，也只有在它不为零的情况下，采用回归预测法才有意义。此外，建立起的回归预测模型有一个假设，即认为每一个时期的误差是一个独立的偶然性误差，不受时间的影响；否则，预测对象自身相关，回归预测模型也是不可靠的。

（五）进行实际预测

最后一个步骤就是依据经过分析和检验后的回归预测模型，进行实际预测，并对预测的结果进行综合分析。利用回归预测模型确定预测值，是预测者的最终目标。预测值可以用一个点表示，但更多的情况下是根据需要求出预测值的区间估计值。区间预测值更能反映预测值的实际含义，在使用时具有充分的余地。

上述五个预测步骤仅仅是回归预测法建立预测模型和进行预测值确定的基本步骤。在实际的市场预测中，由于市场现象的复杂性，还必须结合预测者的经验和分析判断能力，对预测模型合理调整后才能应用。

二、一元线性回归预测方法

(一)一元线性回归预测法的基本原理

在市场经济活动中，经过定性分析，可发现我们所感兴趣的两个变量存在某种相互关联的现象。一元线性回归预测法是指将一个变量(因变量)与另一(且仅为一个)变量(自变量)的变化看成线性关系，并通过统计数据来定量分析自变量变化而导致作为预测值的因变量的变化。若通过对大量统计数据的分析，发现两个变量的数据分布有近似的线性关系，则可以用以下方程式表示它们之间的关系，即一元线性回归预测模型为：

$$y_t = a + bx_t + e$$

式中：x_t——t 期的自变量，是所选定预测目标(因变量)的相关量；

y_t——t 期的因变量，是要预测目标量；

a——回归系数，是 y 轴上的截距；

b——回归系数，是回归直线的斜率；

e——随机误差。

一元线性回归预测法，就是通过对 y_t、x_t 大量的数据进行统计分析，寻找出线性分布规律，即确定 a、b、e；并据所获得的以上线性关系式，在已知 x_t 时对 y_t 进行预测。

(二)一元线性回归预测法的实例和预测步骤

例如，已知某地区 2009～2018 年国内生产总值与固定资产投资额的资料如表 9－17 所示。试用一元线性回归预测法对该地区 2020 年和 2021 年的国内生产总值进行预测。

表 9－17　　某地区 2009～2018 年国内生产总值与固定资产投资额　　单位：万元

年份	2009	2010	2011	2012	2013	2014	2015	2016	2017	2018
国内生产总值(y_i)	169	185	216	266	346	467	584	678	744	783
固定资产投资额(x_i)	44	45	55	80	130	170	200	229	249	284

第一步，进行线性相关分析。

从表 9－17 的统计数据来看，国内生产总值随着固定资产投资额当年增加而增大，而且呈现近似的线性关系，即国内生产总值与固定资产投资额成正比关系。但这只是定性分析，而且在数据量大时，或进行多元回归分析时难以直接发现数据之间的这些相互关系，因此在建立国内生产总值与固定资产投资额回归关系式之前，要对两者之间的相互关联程度进行定量分析，也就是对统计数据进行线性相关分析。

选择要预测的国内生产总值作为因变量 y_i，给定的固定资产投资额为自变量 x_i，两者之间的相关程度和线性关系可用线性相关系数来确定。线性相关系数的计算公式为：

$$r = \frac{\sum (x_i - \bar{x})(y_i - \bar{y})}{\sqrt{\sum (x_i - \bar{x})^2}\sqrt{\sum (y_i - \bar{y})^2}} \qquad (9-19)$$

式中：$\bar{x}$ 与 $\bar{y}$ 分别是 x、y 的历年平均值。对上式进行推导，其公式可以写为：

$$r=\frac{n\sum x_iy_i-\sum x_i\sum y_i}{\sqrt{[n\sum x_i^2-(\sum x_i)^2][n\sum y_i^2-(\sum y_i)^2]}} \tag{9-20}$$

将相关系数计算要用的数据汇总于表 9－18。

表 9－18 **相关系数计算数据表**

序号	年份	y_i	x_i	x_iy_i	x_i^2	y_i^2
1	2009	169	44	7 436	1 936	28 561
2	2010	185	45	8 325	2 025	34 225
3	2011	216	55	11 880	3 025	46 656
4	2012	266	80	21 280	6 400	70 756
5	2013	346	130	44 980	16 900	119 716
6	2014	467	170	79 390	28 900	218 089
7	2015	584	200	116 800	40 000	341 056
8	2016	678	229	155 262	52 441	459 684
9	2017	744	249	185 256	62 001	553 536
10	2018	783	280	219 240	78 400	613 089
合计		4 438	1 482	849 849	292 028	2 485 368

相关系数的性质及意义主要有：

(1)相关系数的取值范围为：$-1<r<1$。

(2)相关系数 r 的符号与 b 相同。当 $r>0$ 时，称为正线性相关，这时 y 随 f 增加而呈线性增加的趋势。当 $r<0$ 时，称为负线性相关，这时 y 有随 x 增加而呈减少的趋势。

(3)相关系数 r 的绝对值越接近 1，两个变量之间的线性相关程度就越高；反之则越低。当 $r=0$ 时，称完全不线性相关。

将表 9－18 中的有关数据代入公式(9－20)，可得：

$$r=\frac{10\times849\ 849-1\ 482\times4\ 438}{\sqrt{(10\times292\ 028-1\ 482^2)\times(10\times2\ 485\ 368-4\ 438^2)}}=0.994$$

通过上述计算，可见国内生产总值与固定资产投资额之间的正线性相关程度很高。但其可靠程度如何，必须进行相关系数检验。其检验步骤为：

(1)选择显著性水平 α，通常市场预测问题的 α 选择 5%或 10%。

(2)根据 α 值和$(n-2)$，通过查相关系数表可得临界值。$\alpha=5\%$与$(n-2)=8$ 的临界值 $r_c=0.631\ 9$。

(3)比较 r 与 r_c。当 $|r|>r_c$ 时，表明自变量与因变量之间的线性相关关系具有显著性。$(1-\alpha)$的可靠性决定了可以进行预测。当$|r|<r_c$ 时，说明相关程度不足，就不能建立回归预测模型，应更新收集数据、选择变量来建立回归预测模型。当出现 $|r|<r_c$ 时，也说明推算出的一元线性回归预测对实际情况的吻合程度较差。出现这种情况的原因很多，主要有两点：一

是定性分析选择的各变量之间并不存在因果关系，原先的定性分析设想不正确；二是选择的变量之间的因果关系是非线性关系。

第二步，建立回归方程，确定预测模型。

上述资料已给出自变量与因变量的一系列历年统计数据。根据这些统计数据，寻求回归系数 d 和 b，由此确定回归方程。可以看到，一元线性回归预测法的回归方程与前文叙述中时间序列分析法的线性方法类似，只不过自变量不是时间 t，而是所选定的影响因素 x。这也可以看出时间序列分析法和回归预测法的区别，即时间序列分析法是根据变量自身的历史数据来预测其随时间的变化规律，而回归预测法是用来预测其与其他影响因素之间的关系的。

回归系数 a 和 b 仍用最常用的最小平方法原理计算。回归系数计算公式为：

$$b=\frac{\sum x_i y_i-\sum y_i\sum x_i}{n\sum x_i^2-(\sum x_i)^2} \tag{9—21}$$

$$a=\frac{\sum y_i-b\sum x_i}{n} \tag{9—22}$$

由公式(9—21)和公式(9—22)可计算出：

$$b=\frac{10\times 849\ 849-4\ 438\times 1\ 482}{10\times 292\ 028-1\ 482^2}=2.65$$

$$a=\frac{4\ 438-2.65\times 1\ 482}{10}=51.07$$

将回归系数 d 和 b 代入一元线性回归方程，就可得到所需的一元线性回归预测模型：

$\hat{y}=51.07+2.65x$

式中：$\hat{y}$——因变量的预测估计值。

第三步，利用预测模型进行预测。

将今后每年固定资产投资额分别代入回归预测模型中，就能得到今后每年国内生产总值的预测值。

例如，预计 2020 年和 2021 年固定资产投资额分别为 298 亿元和 311 亿元，就可将此数据代入上述预测模型，得：

$\hat{y}_{2020}=51.07+2.65\times 298=840.77$

$\hat{y}_{2021}=51.07+2.65\times 311=875.22$

第四步，对预测值的置信区间进行估计，即对回归预测模型进行检验。

利用回归预测模型进行预测，预测值是回归趋势线上的数据点。我们只能说 y 的未来实际值落在回归趋势线上的可能性最大，但也有可能不落在回归趋势线上，与预测值不符。实际值总是落在回归线上下一定范围幅度内。因此，要对 y 的未来实际值的可能取值范围（即置信区间）以及置信度（即实际值）落在此区间的概率大小进行分析。

置信区间太宽，虽然置信度高，但对决策的参考作用不大；置信区间太窄，置信度较低，风险较大。关键是要在一定的置信度上，寻求一个合理的置信区间。

置信区间可以根据主观判断，也可以用数理统计方法进行计算。其计算方法是：

(1)计算预测值的回归标准误差。计算回归标准误差的公式为：

$$S=\sqrt{\frac{\sum(y_i-\hat{y}_i)^2}{n-k}} \tag{9—23}$$

式中：S——回归标准误差；

y_i——因变量实际值；

$\hat{y}_i$——因变量估计值；

n——数据的总个数；

k——自变量、因变量的总个数。

(2)求得标准误差之后，根据三标准误差原则，在正态分布条件下，预测值取值范围在 $g\pm S$ 之间置信度为 68.3%；预测值取值范围在 $g\pm 2S$ 之间的置信度为 95%；预测值取值范围在 $y\pm 3S$ 之间的置信度为 99%。

依据以上方法对上例进行置信区间估计，先得出置信区间计算表，如表 9－19 所示。

表 9－19　　置信区间计算表

n	y_i	x_i	$\hat{y}_i$	$(y_i-\hat{y}_i)^2$
1	169	44	167.67	1.768 9
2	185	45	170.32	215.502 4
3	216	55	196.82	367.872 4
4	266	80	263.07	8.584 9
5	346	130	395.57	2 457.185
6	467	170	501.57	1 195.085
7	584	200	581.07	8.584 9
8	678	229	657.92	403.206 4
9	744	249	710.92	1 094.286
10	783	280	793.07	101.404 9
合计	4 438	1 482	4 438	5 853.481

将表中数据代入回归标准误差公式中，得：

$$S=\sqrt{\frac{5\ 853.481}{10-2}}=27.05$$

当该地区 2020 年的固定资产投资额为 298 亿元时，预测出国内生产总值的预测值为 840.77 亿元。利用 2S 原则计算置信区间，置信区间为 $y\pm 2S$，即该地区 2020 年的国内生产总值的区间估计值为 786.67 亿～894.87 亿元之间，置信度为 95%。同理可以得到，该地区 2021 年的国内生产总值的区间估计值为 821.12 亿～929.32 亿元之间，置信度也为 95%。

以上预测置信区间是从统计意义上的定量分析推断，不能将统计上的有效性与客观的有用性完全等同。例如，置信区间太宽，几乎会使它失去作为预测模型的现实意义。因此，在实际预测中，预测人员有必要在定量分析基础上，根据经验和对环境或其他因素的综合分析，得出一个更有把握的预测区间范围，或使某一预测值对决策更具实用性。此外，一元回归分析建立的一元回归预测模型不是一劳永逸的，要根据事物随时间的发展变化，不断收集新的资料以重新确立新的模型。

本章小结

本章对时间序列预测方法、移动平均预测法、季节分析预测法、马尔科夫预测法和趋势预测法及回归分析预测法的原理及应用进行了介绍。时间序列预测法利用时间顺序加以排列，构成统计的时间序列，向外延伸或外推，预计未来的发展变化趋势。其数据分布呈现出长期变动、季节变动、循环变动、随机变动趋势。平均预测法以一定观察期内市场现象时间数列的平均数作为某个未来期的预测值的预测方法，包括简单平均法、移动平均法等。马尔科夫预测法是利用马尔科夫链的原理，分析市场所处状态的变化规律，用以预测经济现象变动趋势的方法。趋势预测法通过建立一定的数学模型，对时间序列拟合恰当的趋势法，将其外推或延伸，用以预测经济现象未来可能达到的水平。趋势延伸预测法可分为直线趋势预测法和曲线趋势预测法。季节分析预测法是根据预测目标各年月(或季)编制的时间数列资料，以统计方法测定出反映季节变动规律的季节指数，并利用季节指数进行预测。回归分析预测是在相关关系测定的基础上，确定一个数学表达式，根据已知的变量来推测未知的变量。回归预测的类型包括一元线性回归预测、二元线性回归预测等。

复习思考题

1. 什么是时间序列预测法？其特点和步骤是什么？

2. 什么是移动平均预测法？其特点和步骤是什么？

3. 某汽车配件商店 2018 年前 11 个月的销售额见下表。请分别以 5 个月和 7 个月作为移动跨期，计算值可分别填入下表中，预测第 12 个月的销售额。

期数	实际销售额(万元)	五期移动平均值($k=5$)	七期移动平均值($k=7$)
1	46		
2	52		
3	50		
4	47		
5	53		
6	52	49.6	
7	48	50.8	
8	51	50.0	49.71
9	57	50.2	50.14
10	55	52.2	50.85
11	58	52.6	51.57
12		53.8	53.14

4. 数据同题 3，设 $k=3$，用二次移动平均法预测第 12 个月的销售额。

5. 根据下表中某企业历年销售额，预测 2019 年和 2020 年的销售额。

项目 / 观察期	Y(万元)	t	t^2	t^4	tY	$\lvert t^2Y \rvert$	$\hat{Y}_t = a + bt + ct^2$
2012	350	−3	9	81	−1 050	3 150	334.52
2013	300	−2	4	16	−600	1 200	303.57
2014	250	−1	1	1	−250	250	300.00
2015	350	0	0	0	0	0	320.81
2016	40	1	1	1	400	40	375.00
2017	450	2	4	16	900	1 800	453.57
2018	550	3	9	81	1 650	4 950	559.52
$n = 7$	$\sum Y = 2\ 650$		$\sum t^2 = 28$	$\sum t^4 = 196$	$\sum tY = 1\ 050$	$\sum \lvert t^2Y \rvert = 11\ 750$	

6. 商品市场销售量 y 与其影响因素 x 之间的统计资料见下表。请建立一元线性回归模型，并进行相关关系显著性检验，预测 $x=7$ 时的销售量。($\alpha=0.05$，$n-2=7$ 时，$rc=0.666$)

Y(千件)	3	2	4	4	6	5	8	7	8
x	1	2	3	2	4	3	5	4	6

7. 某公司 2015～2018 年各季度的电脑销售情况如下表所示(单位：百台)，试用季节指数预测法预测 2019 年各季度的销售量。

年份	一季度	二季度	三季度	四季度
2015	120	165	282	114
2016	124	182	312	123
2017	138	197	354	140
2018	142	218	370	148

8. 在预测过程中，产生误差的原因有哪些？

案例分析

【9—1】 预测中国粮食和食物需求增长

到 2010 年、2020 年和 2030 年，中国粮食需求总量将先后达到 5 亿吨、5.8 亿吨和 7.20 亿吨，其中 38%、43%和 50%将用作饲料粮，到 2020 年主要食物营养水平开始进入富裕阶段。

(1)粮食的需求要纳入总体食物需求，要在整个消费需求的全局中进行系统分析。人民解决了温饱问题、向小康水平转变的时期，是各类食物人均消费增长最快的时期。而人均直接消费的口粮由 1985 年的 253 千克，下降到 1995 年的 234 千克，2000 年下降到 213 千克。口粮占粮食总消费量的比重将由 1993 年的 61%下降到 55%。与此同时，动物性食物和水果、油、糖则呈现出很快的增长趋势。这反映了中国人民膳食质量和营养水平的迅速改善。这种改善仍然以粮食作为主要的基础物质。

(2)到 2010 年，人民的食物消费结构和水平将进入小康水平的中期阶段。人民的膳食质量将会有一个显著的改善。

(3)到 2020 年,中国人的膳食营养结构将可能进入一个新的发展阶段,接近亚洲发达国家或发达地区的膳食营养结构和水平:人均每日供给热能基本维持在 2 600 大卡;人均每日供给蛋白质 80 克,其中优质蛋白质接近 50%;人均每日供给脂肪 78 克,动物性脂肪占 35%。

(4)到 2030 年,人均粮食消费量将基本上稳定在 450 千克,人均直接消费的口粮继续下降到人均 125 千克(接近日本)的水平。人均肉类消费量基本稳定,禽肉和牛羊肉比重将继续有所提高,水产品消费量和奶类消费量将继续有所增长。同时现有先进技术的推广和管理工作的改善,又可以提高畜禽出栏率和出肉率。人均粮食消费量可以接近日本和中国台湾地区的水平。

(5)到 2030 年,人均每年主要食物消费量将同日本比较接近。根据 1990 年日本食物消费量计算,人均消费粮食为 440～450 千克。由于日本水产品的 85%来自海洋捕捞,并未使用饲料,实际粮食消耗量明显少于这个数量。对我国城镇居民近 10 年的统计资料分析表明,人均主要食物消费量与预测的 2020 年全国人均水平接近,与日本人均消费水平和结构变动趋势基本类似。

(6)到 2010 年、2020 年和 2030 年,粮食需求总量中的 38%、43%和 50%将用作饲料。如果我们全面改善种植结构,实施三元结构工程,加快发展饲、经、种、养、加、产、供、销一体化生产经营体系,则高产优质的饲料作物的效益将比现有人吃的粮食品种作饲料的效益高出 50%。

21 世纪前 30 年增加消费的粮食基本上是用作饲料粮,我们要以结构性变化效益观点来分析未来粮食的消费需求演变趋势。

(7)到 2030 年,粮食需求总量将达到 7.20 亿吨左右。其中,口粮为 2.24 亿吨,饲料粮为 3.60 亿吨,其他用粮(工商行业用粮、种子粮、新增库存粮等)为 1.36 亿吨。

(案例来源:中农源科技信息中心。)

思考题:本案例采用的是何种预测方法?应该注意哪些问题?

【9－2】 基于时间序列分析的餐饮市场需求预测

从 20 世纪 90 年代初开始,我国餐饮业发展迅速,规模扩大,其增长速度之快、持续时间之长是其他行业所没有的。连续 15 年营业额的增幅均超过同期社会消费品零售总额的增幅。1991～2005 年餐饮营业额年均增长 22.6%,比社会消费品零售总额年均增速快 7.6 个百分点,占社会消费品零售总额的比重由 1991 年的 5.2%提高到 2005 年的 13.5%。强劲的餐饮消费有力地拉动了经济增长。第一次全国经济普查资料显示,2004 年我国餐饮业创造的增加值占 GDP 的比重为 1.7%,占第三产业增加值的 4.3%。2005 年新批准的外资住宿餐饮业投资项目为 1 207 个,住宿餐饮业实际利用外资额达 5.6 亿美元。

在形势一片大好的餐饮行业,为了避免盲目投资带来的风险,进行市场需求的预测就变得十分必要。市场预测是在市场调查的基础上,利用一定的方式或技术,预算未来某时期内市场供求趋势和影响市场营销因素的变化,从而为企业的决策提供依据。市场预测主要包括市场需求预测、市场供给预测和价格预测。其中,市场需求预测是市场营销体系的一个关键环节。一个企业为了使自己的产品在激烈的市场竞争中取胜,必须对市场需求有科学的预测。市场预测的方法很多,归纳起来可分为以经验判断为主的定性预测和以数学分析为主的定量预测两类。如果仅仅依赖定性分析未免带有主观性,而定量预测方法依据的是充足的统计资料,能够很大程度上避免这种缺陷。

本次预测采用的数据来自《中国统计年鉴(2005)》,描述了 1989～2004 年餐饮业需求量。首先用 Excel 做出相应的时间序列图(如图 9－9 所示)。通过图 9－9 随时间的走势,可以发现明显的抛物线趋势,所以采用二次曲线方程来描述该时间序列的趋势变化:

$$\hat{Y}_t = a + bt + ct^2$$

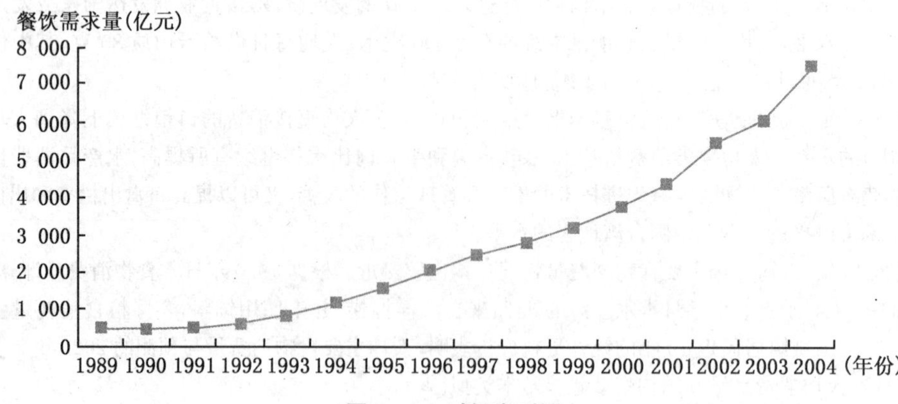

图 9—9 时间序列图

用 SPSS 软件对预测模型进行分析,得到如表 9—20 所示的结果。

表 9—20 预测模型值

年份	实值(亿元)	预测值	误差	置信下限	置信上限
1989	405.1	434.117 03	—29.017 03	—37.528 55	905.762 61
1990	419.8	445.667 72	—25.867 72	4.157 16	887.178 29
1991	492.0	519.200 09	—27.200 09	95.208 80	943.191 39
1992	589.7	654.714 16	—62.014 16	238.694 06	1 070.734 25
1993	800.1	852.209 91	—52.109 91	437.958 55	1 266.460 97
1994	1 175.1	1 111.687 34	63.412 66	696.030 85	1 527.343 84
1995	1 579.2	1 433.146 47	146.053 53	1 015.261 44	1 851.031 49
1996	2 024.9	1 816.587 28	208.312 72	1 397.205 98	2 235.968 58
1997	2 433.3	2 262.009 78	171.290 22	1 842.628 48	2 681.391 08
1998	2 816.4	2 769.413 97	46.986 03	2 351.528 94	3 187.298 99
1999	3 199.6	3 338.799 84	—139.199 81	2 923.143 35	3 754.456 34
2000	3 752.6	3 970.167 41	—217.567 41	3 555.916 35	4 384.418 47
2001	4 368.9	4 663.516 66	—294.616 66	4 247.496 59	5 079.536 75
2002	5 433.3	5 418.847 59	14.452 41	4 994.856 30	5 842.838 89
2003	6 065.7	6 236.160 22	—170.460 22	5 794.649 66	6 677.670 79
2004	7 486.0	7 155.454 53	370.545 47	6 643.808 95	7 587.100 11

检验水平 α 取 0.05,则用二次曲线进行预测有显著性意义($P=0.00\leqslant 0.05$),决定系数 $R^2=0.994$,$F=1\,103.72$,二次曲线预测模型为:

$$\hat{Y}_t=2\,031.55+222.711t+7.747\,7t^2$$

根据该模型可以得到 2007 年餐饮业需求量的预测值为 10 125.216 7,与商务部发布的数据相比较,结果基本一致。2007～2010 年的预测结果如表 9—21 所示。

表 9－21　　2007～2010 年预测结果

年份	2007	2008	2009	2010
需求(亿元)	10 125.216 7	11 252.436 3	12 441.637 5	13 692.820 3

由表 9－21 的预测结果分析得知，2007～2010 年餐饮业需求逐年的增长率为 11.1%、10.6%、10.1%，这表明餐饮市场正处在一种稳定增长的状态。

通过 SPSS 软件的预测结果可以看出未来餐饮市场将继续保持旺盛的发展势头。但应该意识到当前餐饮业的消费需求主体还是城镇居民，而农村餐饮这个庞大的市场还没有真正启动，巨大的农村餐饮市场将为我国餐饮经济提供广阔的发展空间。另外，餐饮业的繁荣对发展地方经济、增加居民收入具有较大的促进作用，可以加快种植业、养殖业、加工业、手工业等产业的专业化、现代化发展，进一步延伸餐饮经济的链条作用。目前一些地区已将餐饮业列入本地经济发展的重要或支柱性产业，旨在利用餐饮市场的巨大商机带动本地相关产业的发展，从而带动区域经济的发展。

（案例来源：张正中、王华、王迎新，《基于时间序列分析的餐饮市场需求预测模型》，《商业研究》，2008 年第 2 期。）

思考题：本案例采用的时间序列预测法适当吗？为什么？应该注意哪些问题？

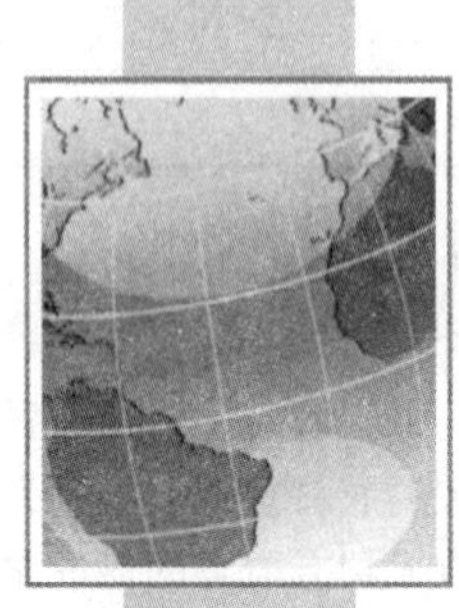

第十章 撰写市场调查研究报告

本章习题

学习目的与要求

通过本章的学习，使学生了解市场调查工作的最后一个环节，即将调查与预测过程与结果形成报告文书。为了能撰写企业需要的报告书，要求掌握市场调查工作的实际及市场调查报告写作的技能要求；熟悉市场调查报告的材料分析、写作程序、结构设计、行文安排、语言表达等。

第一节　市场调查研究报告的写作基础

在市场营销调研项目基本完成以后，研究人员应当考虑撰写市场营销调研报告。提供一份完善的市场营销调研报告既是一个营销调研项目的顶点，也是市场营销调研的终点。调研报告是整个市场营销调研过程中最重要的部分，因为调研报告通常是整个研究过程工作好坏的唯一标准。不管研究过程的基本工作如何成功，如果调研报告失败，则意味着整个研究失败。因为决策者或调研委托者只对反映研究结果的调研报告感兴趣，他们往往通过调研报告来判断整个市场调研工作的优劣。因此，研究人员在完成前面的市场营销调研工作以后，必须写出准确无误、优质的调研报告。

一、市场调查研究报告的概念

市场调查与预测报告是以一定类型的载体反映市场状况的有关信息，包括某些调查与预测结论和建议的形式，是市场调查与预测工作的最后环节，是整个市场调查与预测工作最终成果的集中表现。

市场调查研究报告是市场调查人员对市场调查所获取的信息进行分析研究后形成的书面报告，是市场调查研究结果的集中体现。市场调查研究报告与调查资料相比，便于阅读，将死数字变成活情况，起到透过现象看本质的作用。一份好的调查研究报告能对企业的市场营销活动提供有效的导向作用。为了更好地撰写调查研究报告，应了解市场调查报告的相关内容。

二、市场调查研究报告的特点

市场调查报告是对市场的全面情况或某一侧面、某一问题进行调查研究之后撰写的报告，是针对市场经济情况进行的调查与分析，因而有着不同于其他报告的特点。

(一)客观性

市场调研报告的客观性包括真实性和陈述性。

市场调查报告的真实性是指市场调研报告是市场调查情况及其结果的真实反映。市场调查是采用科学的调查方法，对市场供需状况进行客观的调查、公正的分析，以探究市场经济发展变化规律的一种认识市场的方法，其最终形成的调查报告也必须客观、真实，以市场调查获取的材料作为撰写市场调查报告的主要依据。即便是作者对调查材料的进一步分析认识，也必须遵循客观规律，符合客观实际情况。

市场调查报告的陈述性是指市场调研的目的是要对市场现象进行科学的推断，提出市场发展的经验和对策，总结出某个市场发展的规律，用以指导市场经济工作。但这种推断必须依据市场调查所获取的材料来进行，是在叙述和说明通过市场调查所反映的客观情况的基础上进行的适当分析。虽然市场调查报告具有一定的说理性，但陈述性是市场调查报告在写作方面的主要特性。陈述是说理的基础和前提，说理往往与陈述紧密结合在一起。

(二)针对性

针对性是调查报告的灵魂，主要包括两方面：第一，撰写调查报告必须明确调查的目的。任何调查报告都是目的性很强的，无论是为了解决某一问题，还是为了说明某一问题。撰写报告时必须做到目的明确、有的放矢，围绕主题展开论述。第二，调查报告必须明确阅读对象。阅读对象不同，他们的要求和所关心的问题的侧重点也不同。如果既不明确解决什么问题，又不明确读者对象，针对性不强，撰写出来的调查报告就是盲目和毫无意义的。

(三)新颖性

市场调查报告应紧紧抓住市场活动的新动向、新问题，引用一些人们未知的通过调查研究得到的新发现，提出新观点，形成新结论。只有这样的调查报告才有使用的价值，才能达到指导企业市场经营活动的目的。不要把众所周知的、常识性的或陈旧的观点和结论写进去。

(四)时效性

市场状况是瞬息万变的，市场调查是及时测知市场变化状况的重要手段，市场调查报告是反映市场变化状况的重要信息载体。因此，市场调查报告必须准确而快速地反映市场变化，及时为企业和经济管理部门的决策提供参谋意见。只有这样，市场调查报告才能发挥它应有的作用。过时的市场调查报告，资料再翔实，分析再有理，对企业和经济管理部门来说已经没有多大实用价值了。正是因为如此，市场调查报告经常通过新闻媒体来发布，成为经济新闻报道的一种重要形式。时间就是金钱，意义就在于此。

三、市场调查研究报告的作用

市场调查报告，是根据市场调查所收集、整理的商品供求等市场信息，进行科学的分析研究，探索市场经济规律的书面报告。它是市场调查分析结果的文字表达形态，是企业经营决策的重要参考资料，在企业经营管理和市场经济发展中具有重要的作用。

(一)市场调查报告是市场调查分析的最终成果

市场调查报告是市场调查成果的集中体现，不管市场调查的对象和范围如何，也不管市场调查的难易程度怎样，在市场调查工作的最后阶段，通常都要撰写和提供说明调查内容、揭示调查问题、反映调查结果的调查报告，以实现整个市场调查工作的价值。

(二)调查报告是从感性认识到理性认识飞跃过程的反映

调查报告比起调查资料来，更便于阅读和理解，它能把死数字变成活情况，起到透过现象看本质的作用，使感性认识上升为理性认识，便于更好地指导实践活动。

(三)调查报告是为各部门管理者、为企业、为社会服务的一种重要形式

一份好的调查报告，能对企业的市场活动提供有效的导向作用，同时对各部门了解情况、分析问题、制定决策和编制计划以及控制、协调、监督等各方面起到积极的作用。

(四)市场调查报告是企业经营决策的重要依据

市场调查报告能够集中、全面地反映市场供求状况及发展趋势,是市场信息的重要载体。通过市场调查报告,企业经营决策者可以把握开发与生产产品的准确信息,从而生产出适销对路的产品,提高产品的市场竞争力和占有率,为企业创造良好的经济效益提供有力的保障。

(五)市场调查报告是进行经济管理的重要情报

市场调查报告往往不仅是对市场调查结果的客观反映,而且还有调查者对市场调查结果的科学分析,因此在帮助经济管理部门了解市场发展状况、掌握经济变化动态方面能够起到积极的决策参谋作用。撰写和提供市场调查报告,目的也是为了给经济管理部门制定经济发展计划、宏观管理和调控市场提供重要的情报。

四、市场调查研究报告撰写的原则

判断一份调查报告质量好坏的基本标准,是该报告能否与报告的阅读者顺利沟通。为了达到顺利沟通的目的,在准备报告的过程中,必须始终考虑阅读者对调查的技术方法是否理解,所关心的重点是什么,以及是否有足够的时间阅读报告等。总之,报告的写作者要时时考虑客户的需要。

(一)充分考虑读者的情况

报告是为特定的读者撰写的,他们一般是管理部门的决策者。因此,撰写报告时,不但要考虑这些读者的技术水平、对项目的兴趣,还应当考虑他们可能在什么环境下阅读报告,以及他们会如何使用这个报告。应当避免技术性的术语或专门性的词汇,因为这些读者(项目委托人)一般来说对抽样调查、数据处理或统计分析不太熟悉,工作又很忙,因此要用描述性的说明来代替一些专业名词。如果无法避免使用一些技术术语,也要在附录中给予简要的说明。要知道,人们宁愿将一个解决不了的问题放在那里,也不愿意接受一个理解不了的解决方案。当然,有时候调查者必须适应不同技术水平和对项目有不同兴趣的读者。为此,可以将报告分成几个不同的部分,或干脆针对不同的对象分别撰写报告。

(二)完整而精练

所谓报告的完整性,是指报告中应根据调查项目开始提出的问题,提供回答问题所必须的全部信息,特别是最重要的信息不应遗漏。然而,调查报告的完整性并不意味着面面俱到,报告应该是精练的和简要的。一方面,市场调查报告应简明扼要,有所取舍,突出重点。如果包含了太多不重要或不必要的信息,就有可能失去重点。另一方面,写作风格要简洁明快,直截了当,避免使用过长的句子。当然,也不能为了达到简洁、精练而牺牲了完整性。

(三)客观而准确

市场调查研究报告应以客观的态度来撰写。报告应当准确地给出项目的研究方法、调查结果的结论,不能有任何迎合用户或管理决策部门期望的倾向。虽然有些决策者不太可能热情地接纳那些反映不赞同他们的判断或行为的报告,但是,调查者应当有勇气客观地报告并捍卫调查结果。

准确是指在一项调查中不仅要求收集资料准确,还要求在报告中引用资料准确。另外,还要求提供的调查结果准确,以及语言使用的准确。

(四)清晰而有条理

将所要报告的信息清楚地向读者传达并非易事,这其中包括结构要有条理,思维逻辑要清晰,语言表达要清晰。为此,在写作前应准备一份提纲,按逻辑顺序列出所有要点,在初稿完成后应反复推敲和修改。调查报告中最重要的也是主管人员最关心的部分是调查结论及建议，因此，这部分内容的清楚表达尤为重要。

（五）易读易懂

市场调查报告应当是易读易懂的，报告中的材料要组织得有逻辑性，使读者能够很容易弄懂报告各部分内容的内在联系。使用简短、直接、清楚的句子把事情说清楚，比用含糊难懂的词语表达要好得多。在报告的主体部分，应避免技术细节方面的介绍或讨论，也尽量少用专门术语，因为报告的阅读者对技术问题未必了解，也未必有时间和兴趣了解。一些涉及技术细节的内容可放在正文之后的附录中。

为了增加报告内容的易读性，可用各种表格、图、照片或其他可视物品来补充正文中的关键信息，作为表达的辅助手段。直观可视的图、表等能够帮助报告撰写人与读者之间进行良好的交流，还可以增强报告的明了程度和效果。

为了检查报告是否易读易懂，最好请几个不熟悉该项目的人阅读报告并提出意见，反复修改后再呈交给用户。

（六）外观正规而专业化

可以说，报告的外观同报告的内容是同等重要的。理由很简单，调查项目的委托人在判断项目的质量和水平方面都不是专家，他们常常会有一些疑问：调查结果的准确性、可靠性和有效性到底怎样？一般来说，并没有一套标准的方法来判断（除非经过专门鉴定）。因此，他们总是认为干净整齐、组织得很好的有专业味道的报告一定比那些外观不像样的报告更可信、更有价值。调查者一定要清楚，不像样的外观或一点小失误和遗漏都会严重影响阅读者的信任感。所以，最后呈交的报告应当是专业化的，用质量好的纸张打印，装订应是够水平的。印刷格式、字体的大小、空白位置的应用等都会对报告的外观及可读性产生很大影响。

五、市场调查研究报告撰写的要求

（一）坚持实事求是

市场调查报告作为调查研究的成果，最基本的特点就是尊重客观实际，用事实说话。真正做到实事求是是不容易的，原因在于：（1）数字不容易准确；（2）人们认识能力有局限性，因而准确的判断不是轻而易举的；（3）少数人弄虚作假、虚报瞒报，为准确反映客观事物带来困难。只有深入调查研究，才能真实地反映事物的本来面目。

（二）符合市场规律及各项政策规定

在社会主义市场经济条件下，市场供需活动有其特有的规律性。摸清市场的规律，及时掌握市场规律的变化，研究其变化的原因，加深对市场规律的认识，同时密切注意各个时期党和国家有关方针政策的变化以及自然条件的变化、群众购买心理的变化等对市场产生的影响，结合调查目的，深入分析研究，可以使问题剖析得更加透彻，使市场调查报告更加真实、准确。

（三）以调查资料为依据，做到调查资料与观点相统一

市场调查报告的独特风格就是以调查资料为依据，而数据资料显得尤为重要。数据资料具有很强的概括力和表现力，用数据证明事实的真相往往比长篇大论更能使人信服。在市场调查中，常常会碰到有的问题、观点难以表达清楚，而用一个数字、一个百分比往往使事物的全貌一目了然。但运用数据要适当，过少不能说明问题，使调查报告空洞无物，失去特色；过多地堆砌数字又太烦琐，反而使人眼花缭乱，不得要领。所以，恰当地运用调查数据，可以增强调查报告的科学性、准确性和说服力。

一篇好的市场调查报告，必须有数字、有情况、有分析，既要用资料说明观点，又要用观点统帅资料，两者应紧密结合、相互统一。通过定性分析与定量分析的有效结合，达到透过现象看本质的目的，从而研究市场活动的发展、变化过程及其规律性。

(四)表达意思要准确

准确性是市场调查报告的生命。准确性包括数字要准确、情况要真实、观点要恰当三个方面。只有掌握了准确的资料，才能做出正确的判断和结论。此外，调查报告还必须做到主题突出，结构严谨，条理清楚，文字简洁。同时，尽量用图表或其他可视物品来补充正文中的关键信息。直观可视的图表等对帮助报告撰写人和读者之间进行交流很有好处，也可以增强报告的明了程度和效果。

第二节　市场调查报告材料分析

一、确定调查报告的主题

选题即确定市场调查与预测报告的主题。主题是调查者对全部调查与预测资料价值(意义)的准确概括，是报告的中心问题。选题通常表现为市场调查与预测报告的题目，选择一个好的题目是报告成功的一半。

选题的途径一般有上级布置、客户委托和自选三种。不管选题来自哪一种途径，一般选定的题目都是本企业急需解决的问题或是市场上的热点问题，但题目不宜过大。同时，其所需要的调查资料的取得应较为容易，方法可行，且报告的题目与市场调查与预测的主题一致。

题目的形式主要有以下几种：

(1)直叙式题目，即用调查对象和调查与预测的主要问题作题目，如“TCL液晶电视市场占有率调查与预测”“中国联通市场竞争态势调查与预测”等。这类题目简明扼要，比较客观，但略嫌呆板。

(2)主题式题目，即用一定的判断或评价作题目，以表明观点，突出主题，如“缺乏创新是中小企业缺乏竞争力的重要原因”“以人为本——A公司信息化情况调查”等。这类题目既表明了报告撰写者的态度、揭示了主题，又有一定的吸引力，但通常要加一个副标题才能将调查对象和内容等表达清楚。

(3)提问式题目，即报告的题目是一个设问句，而报告的内容就是问答这个问题。如“为什么中国的中小企业普遍缺乏竞争力?”“为什么需要大力加强中小物流企业的信息化水平建设?”这类题目较尖锐，具有较大的吸引力，一般用于揭露问题的调查与预测报告。

二、取舍材料

资料整理即对市场调查与预测取得的资料进行取舍。市场调查与预测报告的特点是用大量的调查与预测资料来说明观点。确定选题后，报告撰写者必须围绕主题有针对性地筛选资料。一般来说，可供取舍的资料主要有以下几大类：

(1)典型资料，即具有代表性的资料，往往具有深刻的含义和较大的说服力，是能表现调查对象本质和发展趋势的资料。

(2)综合资料，即面上的资料，它能够说明调查对象总体的概貌和发展趋势，有助于认识整体、掌握全局。运用综合资料时需注意处理好与典型资料之间的关系，使主题更具有深度和

广度。

(3)对比资料,即运用历史与现实、成功与失败等对比资料进行横向和纵向比较,可以使市场调查与预测报告的主题更加突出。

(4)统计资料:在市场调查基础上取得的原始数据资料经过统计分析,可大大增加报告的科学性、准确性和力度。

(5)排比资料,即用若干不同的资料,从不同的角度、不同的侧面说明观点,可使报告更加深刻有力。

值得一提的是,资料必须充足才有可能写出有价值的报告。

三、拟订提纲

拟订提纲,即报告撰写者根据市场调查与预测报告的内容要求对其框架进行设计,也是对调查与预测资料做进一步分析研究的过程。它可分两步完成:

(一)初步描述

报告撰写者在脑海里形成对调查与预测对象内在关系的初步描述,如顺序有没有乱、内容有没有重复、逻辑关系有无错置等。

(二)列出提纲

在完成选题和资料整理并初步描述之后,基本上对市场调查与预测报告的撰写有了一个轮廓或框架,将它列出来,即形成报告的提纲。拟订提纲实际上是围绕主题,集中表现出报告的逻辑。表现形式主要有以下两种:

(1)条目提纲,即从层次上列出报告的章节目。如果只列章和节,则提纲比较粗;如果确定了章和节之后,再对有关部分进一步充实,细化到目或更深层次,则撰写报告时思路就会比较清晰。

(2)观点提纲,即列出各章节要表述的观点。如果说条目提纲主要是确定了报告的层次,那么观点提纲则将每一章节要表达的主要观点列出来,进一步细化了条目提纲。

可见,提纲的拟订使报告的内容避免了重复、零乱和结构失衡,从而使报告结构严谨、层次清晰,还可以发现调查与预测过程中存在的问题或不足。因此,拟订提纲的作用不可低估,是写好市场调查与预测报告必不可少的环节。

第三节　市场调查研究报告的结构

阅读市场调查报告的人,一般都是繁忙的企业经营管理者或有关机构负责人,因此,撰写调查报告时,要讲究报告书的格式,力求易读易懂。

市场调查报告的格式一般由标题、目录、概要、正文、结论和建议、附件等几部分组成。这里主要对其中最重要的三部分(即标题、正文和附录)进行详细说明。

一、标题

标题包括市场调查题目、报告日期、委托方、调查方,一般应打印在扉页上。

关于题目,一般是通过标题把被调查单位、调查内容明确而具体地表示出来,如《2015 年全国普通灯泡生产企业产销市场调研报告》。

标题应是画龙点睛之笔,它必须准确揭示调查报告的主题思想,做到题文相符。标题要简

单明了，高度概括，具有较强的吸引力。

标题的写法灵活多样，一般有两种：单标题和双标题。

单标题就是调查报告只有一行的标题。一般是通过标题把被调查单位、调查内容明确而具体地表示出来，例如《北京高端旅游市场调研报告》。

双标题就是调查报告有两行标题，采用正、副标题形式，一般正标题表达调查的主题，副标题用于补充说明调查对象和主要内容，例如《以信息化促进企业现代化——××企业信息化建设调研报告》。

二、正文

正文是市场调查分析报告的主要部分。正文部分必须准确阐明有关论据，包括从问题的提出到引出的结论、论证的全部过程、分析研究问题的方法。还应当有可供市场活动的决策、进行独立思考的全部调查结果和必要的市场信息，以及对这些情况和内容的分析、评论。

虽然市场调查报告正文的撰写，不同的人有不同的写法或风格，但其包含的内容应涵盖如下四个方面：

第一，调查方法的说明。在报告正文中应简要介绍在调查过程中选用了哪些调查方法以及选用这些方法的原因，以说明调查报告的内容和结果的可信程度。例如，调查样本的抽选方法及其结构；调查问卷的发放方式及其回收率；各种访问方式的选择及其走访的次数；方案调查资料的来源；对调查资料进行加工、整理、分析的方法；等等。

第二，关于问题背景的介绍。问题背景的介绍主要包括：明确调查的意义及重要作用，说明具体调查的市场背景及宏观环境，介绍调查的目标对象及委托调查的单位等基本信息。

例如，2008 年 1 月的《中国互联网络发展状况统计报告》对调研背景的介绍是："中国网民人数与结构特征、互联网基础资源、上网条件和网络应用等方面情况的信息，对国家和企业掌握互联网络发展动态和决策有着十分重要的意义。1997 年，经国家主管部门研究，决定由中国互联网络信息中心(CNNIC)联合互联网络单位共同实施这项统计工作。为了使这项工作正规化、制度化，从 1998 年起，中国互联网络信息中心于每年 1 月和 7 月发布《中国互联网络发展状况统计报告》。统计报告发表后，受到各个方面的重视，被国内外广泛引用。本次为第 21 次调查。"

第三，关于调查过程具体情况的介绍。按照调查各阶段的工作内容，说明调查的准备工作、市场调研的资料收集、样本的选择及抽样、调查资料的统计分析及问题的论证等。

第四，提出结论和建议。结论和建议是撰写综合分析报告的主要目的。这部分包括对引言和正文部分所提出的主要内容的总结，提出如何利用已经证明为有效的措施和解决某一具体问题可供选择的方案与建议。结论和建议与正文部分的论述要紧密对应，不可以提出无证据的结论，也不要没有结论性意见的论证。

正文框架具体应为下面的引言、论述及结尾三部分。

(一)引言

引言即开头。"万事开头难"，好的开头既可使分析报告顺利展开，又能吸引读者。开头的形式一般有以下几种：

1. 开门见山，揭示主题

文章开始先交代调查的目的或动机，揭示主题。

2. 结论先行，逐步论证

先将调查结论写出来，然后再逐步论证。这种开头形式观点明确，使人一目了然。

3. 交代情况，逐层分析

可以先介绍背景情况，然后逐层分析，得出结论。也可以先交代调查时间、地点、对象、范围等情况，然后分析。这样使读者有一个感性认识，然后再深入分析研究。

4. 提出问题，引入正题

用这种方式提出人们所关注的问题，引导读者进入正题。

开头部分的写作方式灵活多样，可根据调查报告的种类、目的、资料及调查报告的篇幅要求等情况，适当选择。但不管怎样，开头部分总是应该围绕为什么进行调查、怎样进行调查和调查的结论如何这几个问题做文章。

(二)论述

论述部分是调查报告的核心部分，它决定整个调查报告质量的高低和作用的大小。这一部分着重通过调查了解到的事实分析说明被调查对象的发生、发展和变化过程以及调查的结果及存在的问题，并提出具体的意见和建议。

由于论述一般涉及内容很多，文字较长，有时也可以用概括性或提示性的小标题，突出文章的中心思想。论述部分的结构安排是否恰当，直接影响报告的质量。论述部分一般分为基本情况和分析两部分内容。

1. 基本情况部分

基本情况部分要如实反映客观事实，但不等于对事实的简单罗列，而应该有所提炼。主要有三种方法：

第一，先对调查数据资料及背景资料做客观的介绍说明，然后在分析部分阐述观点或分析；

第二，首先提出问题，提出问题的目的是要分析问题，找出解决问题的办法；

第三，先肯定事物的一面，由肯定的一面引申出分析部分，再由分析部分引出结论，循序渐进。

2. 分析部分

分析部分是调查报告的主要组成部分。在这个阶段，要对资料进行质和量的分析。通过分析，了解情况，说明问题和解决问题。分析有三类情况：

第一类是原因分析，是对出现问题的基本成因进行分析，如××牌产品滞销原因分析就属此类。

第二类是利弊分析，是对事物在社会经济活动中所处的地位、起到的作用进行利弊分析等，如对人肉搜索这种新型搜索方式利与弊的全面分析。

第三类是预测分析，是对事物的发展趋势和发展规律做出的分析，例如对××××年互联网技术发展的趋势预测。

此外，论述部分的层次一般有四种形式：

(1)层层深入形式：各层意思之间是一层深入一层，层层剖析。

(2)先后顺序形式：按事物发展的先后顺序安排层次，各层意思之间有密切联系。

(3)综合展开形式：先说明总的情况，然后分段展开；或先分段展开，然后综合说明，展开部分之和为综合部分。

(4)并列形式：各层意思之间是并列关系。

总之，论述部分的层次是调查报告的骨架，它在调查报告中起重要作用。撰写调查报告时应注意结合主题的需要，采取相应写法，充分表现主题。

(三)结尾

结尾部分是调查报告的结束语，好的结尾可使读者明确主题，加深认识，启发读者思考和联想。结尾一般有以下四种形式：

(1)概括全文。经过层层剖析后，综合说明调查报告的主要观点，深化文章的主题。

(2)形成结论。在对真实资料进行深入细致的科学分析的基础上，得出报告结论。

(3)提出看法和建议。通过分析，形成对事物的看法，在此基础上提出建议和可行性方案。

(4)展望未来，说明意义。通过调查分析展望未来前景。

此外，结尾部分也可根据调查的实际情况将上述几种形式相互结合与渗透，对调查进行较为全面的总结。

例如，《北京品牌旅游鞋市场的消费者购物决定因素调研报告》的结尾从影响消费者购物的品牌相关因素的几个方面进行了总结，并分别提出了看法和建议。

本文的分析是针对特定的条件下初次购物的消费者进行的研究。通过我们调查得出的对影响其购买决策因素的梳理，希望能够给旅游鞋生产企业一些启示。

1.特定相同的品牌知名度

产品质量＞产品性能＞销售员的服务＞产品促销

从我们的调查结果可以看出，在面对相同品牌知名度，影响消费者购买行为的因素主要由产品质量、产品性能、销售员的导购服务水平和产品的促销构成。

从其对购买决策的制约力度排序上，旅游鞋购买品牌的质量是吸引顾客目光的首要因素。由于旅游鞋是功能性产品不宜陈列，因此，产品的陈列不是第一要素，而概念性(即功能性的宣传)成为重要因素。

销售员的服务水平和促销分列消费者购买决策的最后，不说明其不重要。如果说前者为铺垫的话，这两者反而成为购买决策的重要环节。由于旅游鞋的技术复杂性，使得销售员在影响消费者购买上起到一定的外力辅助因素，优秀的销售员可以根据消费者的购买目的来分析、引导顾客，帮助其选择适合的产品。消费者虽然是理性的，但是充分利用销售员的专业水平、导购能力进行情感营销会加速消费者的购买决定。另外，前面所提及的促销方式中，打折和返券为目前北京旅游鞋市场的主要促销方式，也是十分有效的方法。从调查结果来看，在同一商场，每个品牌的折扣情况有时候会有所不同，折扣商品的概念也会有所不同，因此打折拼杀并不是最好的竞争方式，要想赢得消费者的最终购买，应该想出除折扣以外的新的促销方法，如体验式营销等，关键是在促销方式的设置上避开同质化的手段。

2.特定相同的产品品质(相同的时尚性、质量)

品牌知名度＞专业化的服务＞产品的促销

调查结果表明，很多消费者对旅游鞋产品性能、质量认可的情况下，影响到其购买决策的因素主要由品牌的知名度、销售员的服务水平和产品的促销三者构成。

众所周知，消费者如今的消费已从产品的消费转向品牌消费。在同质化的竞争情况下，品牌的力量就凸显出来了，而品牌给其带来的附加价值又是影响其选择何种品牌的主要因素。通过我们的调查可以得知，目前多数企业的促销只是一种单项的模式，即产品对消费者而非沟通促销的方式。品牌化应该是企业通过一定的手段使消费者产生关于产品、企业、品牌等方面的联想式的沟通式促销。消费者能够通过品牌所传递的信息，产生对品牌的忠诚度，满足社会消费心理。因此，企业在进行品牌宣传的同时要进行消费者的心理调查，制定合理的品牌文化传播方式以赢得目标消费群体。消费者在购物的时候实际上在进行一种产品以外的心理交换。简言之，就是花钱能够买到合乎心意的心理需求，这包括社会价值、满足尊重等方面。

三、附录

附录是指调查报告正文包含不了或没有提及，但与正文有关、必须附加说明的部分。它是对正文报告的补充或更详尽说明，包括数据汇总表及原始资料背景材料和必要的工作技术报告，例如为调查选定样本的有关细节资料及调查期间所使用的文件副本等。

例如，在2008年1月的《中国互联网络发展状况统计报告》中对调研报告的附加说明部分形成了三个附录进行补充介绍。

附录1　互联网基础资源附表

附录2　典型互联网应用

一、网络安全

二、网络下载

三、网络视频

附录3　调查支持单位

值得一提的是，如果市场调查与预测项目是由客户委托的，则往往会在报告的目录前面附上提交信（即一封致客户的提交函）和委托书（即在项目正式开始之前客户写给调查与预测者的委托函）。一般来说，提交信中可大概阐述一下调查与预测者承担并实施的项目的大致过程和体会（但不提及调查与预测的结果），也可确认委托方未来需要采取的行动（如需要注意的问题或需要进一步做的调查与预测工作等）。而委托书则授权调查与预测者承担并实施调查与预测项目，并确认项目的范围和合同的时间等。有时候，提交信还会说明委托情况。

第四节　市场调查报告的写作技巧

一、市场调查与预测报告撰写中容易出现的问题

虽然撰写者已经很清楚地知道有关市场调查与预测报告撰写的知识和技巧，但在实际运作中，还是会经常出现一些问题。主要体现在以下几方面：

(一)处理不好篇幅和质量的关系

篇幅并不代表质量，只有让报告使用者满意的报告才是高质量的报告。因此，调查与预测的价值不是用报告的篇幅来衡量的，而是用质量、简洁和有效来度量的。

(二)解释不充分或不准确

图表和数据无疑是市场调查与预测报告的重要组成部分，但是撰写者必须对这些图表和数据做充分的解释和分析。如果只是将图表和数据展示出来而不做解释，必然引起使用者对这些图表和数据的怀疑，进而影响报告本身的可信度。

相对于图表和数据解释不充分而言，解释不准确又是报告撰写中另一类容易出现的问题。如在不精确的数据分析中，比例分析就是比较容易出现的一种。以态度测量为例，撰写者将测试的两种产品A和B的顾客满意度分为五个等级，从“很不满意”到“非常满意”。当用－2，－1，0，1，2的分值衡量这五个等级时，A产品的平均得分是1.2，B产品的平均得分是0.8，前者减去后者，然后计算一个简单的百分比，结果是B比A不满意度高50％。

如果使用不同的权数，又会出现另一种情况。假设用1～5表示上述分值，从“很不满意(1)”到“非常满意(5)”五个等级，则A产品的平均得分为4.2分，B产品的平均得分是3.8分，在同样的被调查者、同样的产品和同样的调查问卷的条件下，却得出不同的百分比差异，即B比A不满意度高10.52%。

如果改变五个等级的顺序，让它从“非常满意(1)”到“很不满意(5)”，则A产品的平均得分是2.2分，B产品的平均得分是1.8分，那么其差别的百分比为22.22%。

可见，要想正确地解释问题，撰写者必须熟悉比率假设、统计方法，并了解各种方法的局限性。

(三)把握不准资料的取舍

根据调查与预测的目标对资料进行取舍是撰写市场调查与预测报告的第二步，容易出问题的也是这一步。如撰写者在报告中采用了大量与目标无关的资料，这也是造成篇幅过长的原因之一。

(四)所提建议不可行

所提建议不可行，是指在报告中提出的建议对报告使用者来说是根本行不通的。这种问题的出现大多是出于撰写者并不十分了解企业的情况，或者对市场的判断过于轻率。如经调查和分析，企业需要对每一个目标市场增加15万元的促销费就可达到企业的营销目标，那么，这个结论就作为一项建议被提出来了，即建议“企业每一个目标市场增加15万元的促销费”。结果是不可行，因为它超过了企业的财务承受能力。在遇到这类情况时，如果报告撰写者对企业有比较深入的了解，就会将这个结论与其他方面综合起来考虑。因为要达到企业的营销目标并不完全取决于“企业每一个目标市场增加15万元的促销费”，最好能找到一个既在企业财务承受能力之内又能达到企业营销目标的可行建议。

(五)过度使用定量技术

定量技术的使用肯定会提高市场调查与预测报告的质量，但必须适可而止。过度使用定量技术会降低报告的可读性，容易造成使用者阅读疲劳和引发对报告合理化的怀疑。当使用者是一位非技术型营销经理时，他会拒绝一篇不易理解的报告。

如此种种，都是市场调查与预测报告中容易出现的问题，应引起充分重视。

(六)报告数据的公正性不够

调查报告要完整报告调查的结果，不应略去或故意隐藏所知事实。如果调查实施中出现严重问题(如回收率过低)，研究者应有勇气承认，同时不能随便报告结果，以免误导读者。即便是成功的调查，在调查报告中也不应只选择那些对自己有利的结果进行报道，其他则避而不提。

二、撰写技巧

要撰写一份好的市场调查与预测报告，还需掌握相应的撰写技巧，主要体现在叙述技巧、说明技巧、议论技巧和语言运用技巧四个方面。

(一)叙述技巧

市场调查与预测报告的叙述主要用于开头部分(如执行性摘要和正文的开头)，通过叙述事情的来龙去脉来表明调查与预测的目的、过程和结果。常用的叙述技巧有：

(1)概括叙述，即将调查与预测的过程和情况概略地陈述，不需要对细节详加铺陈。这是一种浓缩型的快节奏叙述，文字简略，以适应市场调查与预测报告快速及时反映市场变化的需要。

(2)按时间顺序叙述，即按时间顺序交代调查与预测的目的、对象和经过，前后连贯。如开头部分叙述事情的前因后果，正文部分叙述市场的历史与现状，均属运用了这一技巧。

(3)叙述主体的省略，即叙述主体在市场调查与预测报告开头部分出现后，在后面即可省略。这样做并不会导致误解。例如，市场调查与预测报告的主体通常是报告撰写者，叙述中用第一人称即可。

(二)说明技巧

(1)数字说明，即使用数字来揭示事物之间的数量关系。这也是市场调查与预测报告的主要特征。在进行数字说明时，为防止数字文学化(即在报告中到处都是数字)，通常用表格和图形来说明数字。还要注意以下两点：

①使用汉字和阿拉伯数字应统一。总的原则是：凡是可以用阿拉伯数字的地方均应使用阿拉伯数字。具体来说，计数与计量(如 50～100、15%等)、公历世纪与年代、时间(如 20 世纪 80 年代、2006 年 6 月 1 日等)均用阿拉伯数字，星期几用汉字，邻近的两个数并列连用表示概数时用汉字(如五六天、五六百元等)。

②为了让统计数字更加鲜明生动，通俗易懂，撰写报告时还应注意运用数字的技巧。如将数字进行横向和纵向的比较形成强烈的反差，或把太大不易理解的数字适当地化小(如将某企业年产 876 000 台换算成每小时生产 100 台)，或将太小的不易引起报告使用者关注的数字推算变大(如产品 A 的成本降低 0.5 元/件，如果单价保持不变，则当年销售量为 100 万件时，即可增加销售收入 50 万元)。

(2)分类说明，即根据主题的要求，将资料按一定的标准分为若干类，分别说明。如将调查收集到的资料按地理位置和经济发展水平进行分类，每类设一小标题，并做进一步说明。

(3)举例说明，即举出具体的、典型的事例来说明市场的发展变化情况。在市场调查与预测中会遇到大量的事例，可从中选择具有代表性的例子。

(三)议论技巧

(1)归纳论证，即运用归纳法将市场调查与预测过程中掌握的若干具体的事实进行分析论证，得出结论。

(2)局部论证，即将市场调查与预测的项目分成若干部分，然后对每一部分分别进行论证。由于市场调查与预测报告不同于议论文，不可能形成全篇论证，只是在情况分析和对未来预测中做出局部论证。如对市场情况从几个方面进行分析，每一方面形成一个论证过程，用数据等资料做论据去证明其结论，形成局部论证。

(四)语言运用技巧

市场调查与预测报告不是文学作品，而是一种说明性文体，有着自己的语言风格。其常用的语言技巧有：

(1)用词技巧。市场调查与预测报告中用得比较多的是数词(前面已经做了介绍)、介词(如“根据”“为”“对”“从”“在”等)和专业词(如“市场竞争”“价格策略”“市场细分”等)，撰写者应能灵活适当地使用。除了前面提到报告用词要生动活泼和通俗易懂外，还应该严谨和简洁，切忌使用“大概”“也许”“差不多”之类给人产生不确切感、不严谨的词语。

(2)句式技巧。市场调查与预测报告以陈述句为主，陈述调查与预测的过程和市场情况，表示肯定或否定的判断，在建议部分会使用祈使句表示某种期望。

此外，从整体上说，撰写者还要注意语言表达的连贯性和逻辑性。

第五节　市场调查结果的汇报与沟通

一、市场调查结果汇报的意义

市场调研报告的格式和编制在过去的15年发生了巨大的变化。寻找更有效和高效的沟通调研结果的压力促使调研人员严重依赖汇报软件，微软的PPT主导了这个市场。

典型的市场调研报告是用图形“讲故事”，这是客户所期望调研人员使用的汇报方式。客户通常明确地表明，希望在他们的招标书中出现以图形为基础的报告。在过去，调研报告通常为50页或更多的文字以及一些图形，但是现在以有限的文字陈述，假如串联在一起的话只有几页文字，但却包含了20～30页的图形。这些方法可使面临时间压力的经理们快速抓住主要发现并直接跳到结论和建议。今天，大多数客户只是想要一份PPT副本，而不是冗长的、详细的传统报告。

与书面报告相比，口头陈述更加生动，更具有感染力和冲击力。有些客户可能要求将调研结果做汇报。汇报有多个目的，要求有关方面齐聚一堂，重新认识调研目标和调研方法，也为各方倾听意料之外的事件、调研结果和相关依据提供机会，同时还能展示调研结果，提出相关建议。实际上，对公司的某些决策者来说，听汇报是他们唯一接触调研结果的时候，他们从不读调研报告。还有一些经理只会大致浏览调研报告借此回忆汇报中的要点。总之，高效展示沟通绝对是至关重要的。

二、市场调查结果汇报应注意的几点问题

有效的汇报应以听众为核心展开。汇报者不仅要充分考虑听众偏好、态度、偏见、教育背景和时间因素，而且还应注意相关的词语、概念，对不易理解的数字进行解释。良好的汇报应在汇报最后留出时间供听众提问，并对此展开讨论。

汇报失败的原因：其一或许在于没有充分理解本章开始所列举的阻碍有效沟通的因素；其二是没有意识到或不承认调研报告的目的在于说服。这当然不是说要歪曲事实，而是以调研的发现来强化调研的建议和结论。

在准备汇报的过程中，调研人员应时刻注意以下几个问题：

(1)数据的真正含义是什么？

(2)它们有什么影响？

(3)我们能从数据中获得些什么？

(4)在现有的条件下我们应做些什么？

(5)将来如何进一步提高这类研究水平？

(6)如何能使这些信息得到更有效的运用？

三、互联网在汇报展示中的应用

有了PPT，将PPT展示发布在网上就更容易了。将PPT展示发布到网上使个人能够使用，不管他们在哪里或者什么时候需要。另外，调研人员能够将结果发布在互联网不同位置。发布的步骤也非常简单：

(1)打开PPT。看看幻灯片发布在网上看起来的效果，从“文件”菜单选择“网页预览”。

在进行完编辑后，从相同的菜单栏选择“以网页格式保存”。

（2）“另存为”对话框允许改变 PPT 展示的标题，改成任何你想要在访问者的浏览器中显示的标题。

（3）点击“发布”按钮，进入“发布为网页”对话框，在这里你可以自定义你的展示。

（4）“Web 选项”对话框让你指定发布文件的方式，并将发布文件储存在服务器中，可以指定是否自动更新内部链接。

案例 10－1

市场调研人员的“愿望清单”

市场调研人员参与公司的技术研究并不罕见。Confirmit 是一家市场调研公司，在针对市场调研软件的调研中，对那些调研人员做了调查，希望获得新兴的行业走势反馈，摸清整个行业中技术所起的作用。近期的一个研究发现了结果汇报环节发生的一些变化和研究者相关软件的使用情况。

时间跨度为一年，Confirmit 发现调研报告的各个汇报方式的使用比例发生了巨大变化。PPT 展示工具使用率一直最大，但是从 56%下降到了 48%。微软文字处理文档、打印的表格以及 Acrobat PDF 的使用率都下降了。在线结果汇报没有变化，互动分析作为唯一使用率上升的沟通方式，从 8%上涨到 10%。尽管似乎有许多调研人员使用多格式(multiformat)汇报方式，但这种模式的比例也在下滑。虽然有 52%的公司认为交叉列表报告的制作能力非常重要，但是真正用到的公司只有 14%。

调研人员对分析、报告工具的改善意见主要集中于两点：第一，74%的人把有关 PPT 的问题列为“前三项”，希望软件开发者能解决必须手动将导入的图表转换成展示材料的问题，将其自动化；第二，3/5 的应答者认为在线分析工具目前令人不太满意。他们正在积极寻找可替代的方式，38%的人将更好的桌面分析工具作为“前三项”。

（案例来源：小卡尔·麦克丹尼尔等著，李桂华等译，《当代市场调研》，机械工业出版社 2018 年版，第 453～454 页。）

思考题：

1. 你认为哪一种汇报方式对调研报告来说最有用？会不会有些方式更适合某些具体情况的要求？你会使用多格式方式汇报吗？

2. 你有没有用软件生成过调研报告？生成的结果如何？以你自己的经验为基础，你的“愿望清单”里，你最希望优先实现哪个愿望？

第六节　市场调查报告实例

企业人才需求调研报告

随着市场经济体制的建立与生产现代化的加速发展，中国的经济建设取得了前所未有的成就，中国企业也在不断地崛起。面对如此激烈的挑战与机遇，人才作为企业发展立足的重要基石和动力，是企业至关重要的核心要素。因此，了解市场人才需要，并培养适应市场需要的人才，是社会各界高度重视的重要问题。

2016 年 4 月 6 日，在哈尔滨市平房区政府的领导下，哈尔滨师范大学组织调研团队进行了关于“企业人才需求情况”的调研，调研总结如下。

一、调查目的及意义

本次调研由哈尔滨市平房区人社局、区统计局、发改局、招商局、工商联等部门配合进行相关企业走访，由哈尔滨师范大学企业调研小组对哈南新城区域内企业进行地毯式摸底调查，开展调研工作，了解企业人才需求并记录在册，根据人才类别进行科学分类汇总，形成“摸底调研报告”。

调研团队主要成员详见表10－1。

表10－1　调研团队主要成员

带队教师	闫秀荣教授、张丽兵讲师
团队成员	朱红亮、杜明达、吴桐宇 孔　博、吴　迪、王　倩 刘　瑞、秦　静、南文丽 王嘉慧、慕　童、薛　萌 吴华辉、于彬彬、张智强

本次调研的目的在于：深入哈南新城，对该区域内的企业进行“摸底式”走访和调查，了解企业基本情况，重点把握企业对于人才方面的需求，挖掘其深层次原因，进行科学的汇总，了解人才市场发展方向，剖析市场人才需要。为企业适时提供合适的人才；为高校培养适应社会需要的人才；为政府更好地服务社会奠定良好的基础。

二、调查对象及调查方法

(一)调查对象

本次市场调研的主要对象为黑龙江省哈尔滨市哈南新城。新城入驻近9 000家企业，我们对其中比较具有代表性、人才需求问题突出的企业进行了调研。

本次计划调研企业38家，成功调研企业26家。主要包括装备制造业类企业、食品类企业、云计算类企业、文化创意类企业、现代服务类企业共五大类企业(见表10－2)。

表10－2　调查企业类别及名称

企业类别	序号	企业名称
装备制造业	1	东北轻合金有限责任公司
	2	凯斯纽荷兰
	3	东安三菱汽车发动机制造有限公司
	4	长安福特汽车有限公司
	5	哈尔滨威瀚电气设备股份有限公司
	6	哈尔滨远大牧业有限公司
食品业	1	百威英博哈尔滨啤酒有限公司
	2	九三集团哈尔滨惠康食品有限公司
云计算	1	中科曙光
	2	浪潮集团
	3	黑龙江亿林网络股份有限公司
	4	哈尔滨国裕数据技术服务有限公司

续表

企业类别	序号	企业名称
文化创意产业	1	哈尔滨品格文化传播公司
	2	七剑数字动漫科技有限公司
	3	哈尔滨森阳科技开发有限公司
	4	哈尔滨原始空间动漫文化传媒有限公司
	5	黑龙江新洋科技开发有限公司
	6	福威华彩广告公司
现代服务业	1	哈工大机器人
	2	哈尔滨宇蕙科技有限公司
	3	哈尔滨三六九科技开发有限公司
	4	哈尔滨家乐福超市
	5	黑龙江正阳家电有限公司
	6	哈尔滨哈飞综利环境工程有限责任公司
	7	北京盛世汇海投资管理有限公司
	8	仁和健身国际健身俱乐部

在哈尔滨市平房区政府的直接领导和帮助下，企业调研小组对哈南新城区域内企业进行摸底调查。在调查完成之后，针对企业需求类别进行调研汇总，形成就业需求动态信息。

接受调查的主要人员为企业中高管理人员、人力资源管理人员（HR）。

（二）调查方法

本次调研主要采用“实地调研”“问卷调查”“电话采访”及“电子调查问卷”四种方式。为了采集到更详细、更真实的第一手数据，本次有92%的企业采用了实地调研的方法进行数据采集。本次共发放26份调查问卷，回收问卷26份，问卷有效率为100%。

三、调查时间、地点与分工

（一）调查时间

本次市场调研调查时间为：2016年4月6日—15日。

（二）调查地点

黑龙江省哈尔滨市哈南新城入驻的东轻集团、百威英博、哈工大机器人等共26家企业。

企业调查时间及分组参见表10—3。

表10—3　　企业调查时间及分组

调研时间	调研企业	调研人员
2016年4月6日	中科曙光	朱红亮、吴华辉
2016年4月6日	哈尔滨品格文化传播公司	朱红亮、吴华辉
2016年4月6日	哈尔滨原始空间动漫文化传媒有限公司	张智强、刘瑞
2016年4月6日	哈尔滨宇蕙科技有限公司	朱红亮、吴华辉
2016年4月6日	浪潮集团	朱红亮、吴华辉

续表

调研时间	调研企业	调研人员
2016年4月6日	哈尔滨森阳科技开发有限公司	张智强、刘瑞
2016年4月6日	七剑数字动漫科技有限公司	吴桐宇、慕童
2016年4月6日	东安三菱汽车发动机	吴迪、于彬彬
2016年4月6日	哈工大机器人	杜明达、秦静
2016年4月8日	长安福特汽车有限公司	杜明达、秦静
2016年4月8日	凯斯纽荷兰	杜明达、秦静
2016年4月8日	哈尔滨家乐福超市	于彬彬、南文丽
2016年4月11日	东北轻合金有限责任公司	杜明达、吴迪
2016年4月11日	福威华彩广告公司	吴桐宇、慕童
2016年4月11日	哈尔滨哈飞综利环境工程有限责任公司	张智强、刘瑞
2016年4月11日	百威英博哈尔滨啤酒有限公司	杜明达、吴迪
2016年4月11日	哈尔滨三六九科技开发有限公司	朱红亮、孔博、王倩
2016年4月11日	黑龙江亿林网络股份有限公司	朱红亮、孔博、王倩
2016年4月11日	黑龙江新洋科技开发有限公司	刘瑞、张智强
2016年4月12日	哈尔滨威瀚电气设备股份有限公司	杜明达、刘瑞
2016年4月12日	九三集团哈尔滨惠康食品有限公司	吴桐宇、慕童
2016年4月13日	哈尔滨远大牧业有限公司	张智强、刘瑞
2016年4月13日	哈尔滨国裕数据技术服务有限公司	张智强、刘瑞
2016年4月14日	北京盛世汇海投资管理有限公司	杜明达、吴迪、秦静
2016年4月14日	黑龙江正阳家电有限公司	杜明达、吴迪、秦静
2016年4月14日	仁和健身国际健身俱乐部	杜明达、吴迪、秦静

考虑到本次调研区域范围广泛、交通不便利等客观原因，将调研小组按照被调研企业的位置或距离远近进行任务分配。为了保证调研过程中数据采集的便利，每组的调研对象大多为同类型企业。调研小组与企业对接调研过程中，进行动态跟踪服务，定期针对新需求进行信息汇总。

四、调查的基本情况

本次通过哈南新城地区企业的调查，摸清了该地区企业的人才需要的基本情况。

(一)企业概况

根据企业分类，将企业主要概况进行整理汇总，包括企业分类、企业名称、主营业务、企业大类概述等方面(见表10—4)。

表 10—4　企业概况

企业分类	企业名称	主营业务	企业大类概述
装备制造业	东北轻合金有限责任公司	铝镁合金加工	装备制造业是为国民经济和国防建设提供生产技术装备的制造业，是制造业的核心组成部分，是国民经济发展特别是工业发展的基础。
	东安三菱汽车发动机	汽车发动机、变速器	
	哈尔滨哈飞综利环境工程有限责任公司	园林、绿化、保洁、苗木、市场、礼品	
	凯斯纽荷兰	拖拉机、打捆机生产制造	
	长安福特汽车有限公司	长安福特汽车生产制造	
	哈尔滨威瀚电气设备股份有限公司	自动仪器仪表、传感器、计算机技术、电子产品	
食品业	百威英博哈尔滨啤酒有限公司	啤酒制造、运输等	食品工业主要以农业、渔业、畜牧业、林业或化学工业的产品或半成品为原料，制造、提取、加工成食品或半成品，具有连续而有组织的经济活动工业体系。
	九三集团哈尔滨惠康食品有限公司	生产及经营食品(豆类)产品	
	哈尔滨远大牧业有限公司	饲料	
云计算	中科曙光	服务器、硬件、软件	该行业是一种按使用量付费的模式，这种模式提供可用的、便捷的、按需的网络访问，进入可配置的计算资源共享池，这些资源能够被快速提供，只需投入很少的管理工作，或与服务供应商进行很少的交互，方便快捷。
	浪潮集团	服务器、硬件、软件	
	黑龙江亿林网络股份有限公司	信息咨询管理、IDC 增值业务、IaaS 业务、ITO 服务外包、通信服务(较为全面)	
	哈尔滨三六九科技开发有限公司	软件研发，服务外包，全面但不够精准	
	哈尔滨国裕数据技术服务有限公司	云计算级相关行业	
文化创意业	哈尔滨品格文化传播公司	动画影视作品及动漫衍生产品	文化创意产业是一种在经济全球化背景下产生的以创造力为核心的新兴产业，强调一种主体文化或文化因素依靠个人(团队)通过技术、创意和产业化的方式开发、营销知识产权的行业。
	七剑数字动漫科技有限公司	动漫、技术	
	福威华彩广告公司	平面设计、3D 制作	
	哈尔滨森阳科技开发有限公司	网页游戏开发	
	哈尔滨原始空间动漫文化传媒有限公司	flash 动画二维影视后期	
	黑龙江新洋科技开发有限公司	销售、影视制作、网页设计、动画制作	
现代服务业	哈工大机器人	机器人、新兴智能装备、技术咨询服务	现代服务业即现代第三产业，包括基础服务、生产和市场服务、个人消费服务和公共服务。
	哈尔滨宇蕙科技有限公司	东盟产品业务	
	哈尔滨家乐福超市	大型超市、超市以及折扣店	
	仁和健身国际健身俱乐部	私教、餐厅、理疗、按摩、美容等	

续表

企业分类	企业名称	主营业务	企业大类概述
	北京盛世汇海投资管理有限公司	投资管理，资产管理，投资咨询，经济贸易咨询，财务咨询（不得开展审计、验资、查账、评估、会计咨询、代理记账等需经专项审批的业务，不得出具相应的审计报告、验资报告、查账报告、评估报告等文字材料），项目投资，企业管理咨询	
	黑龙江正阳家电有限公司	家电、家居、建材、日用百货、玩具	

（二）人才需要概况

1. 人员结构

通过本次调查，按照科学的分类方法，将企业现有人员结构汇总整理如下（见图 10－1 至图 10－5）：

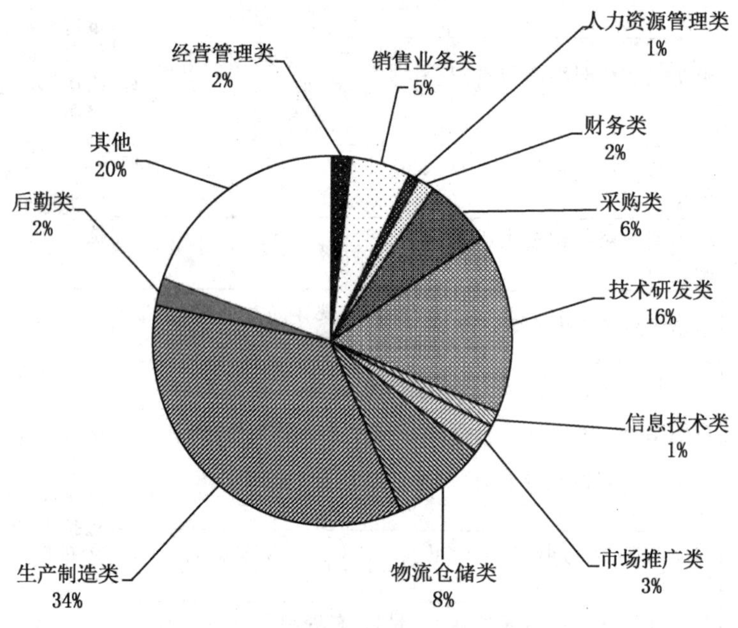

图 10－1 装备制造类企业人员结构

其中，生产制造类企业的人员结构以生产制造类、技术研发类、物流仓储类为主；食品类企业的人员结构以生产制造类、物流仓储类为主；文化创意类企业以生产制造类、技术研发类为主；现代服务类企业以技术研发类、销售业务类、生产制造类为主；云计算类企业以技术研发类、信息技术管理类为主。

从这几种类型的企业人才需求中可以看出，技术研发类和信息技术管理类人才的需求量较大，就业面广；人力资源类、财务类、后勤类和经济管理类人才是各种类型企业都必须具备的人才。

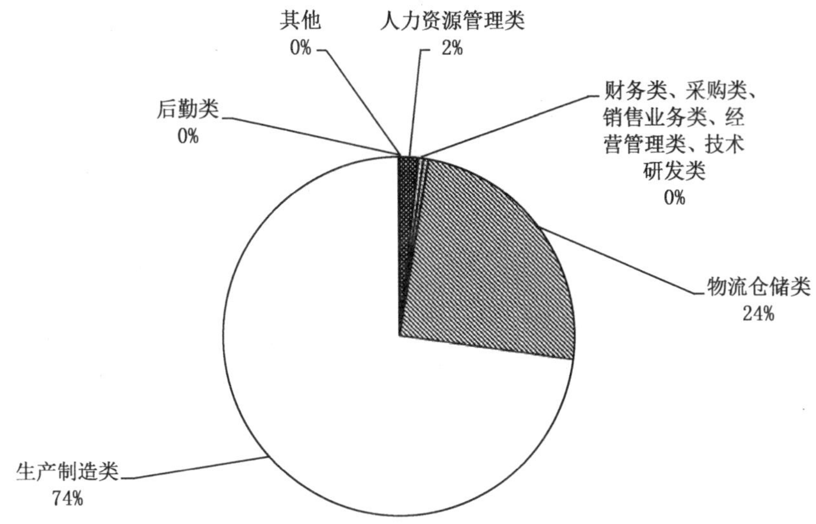

图 10－2　食品类企业人员结构

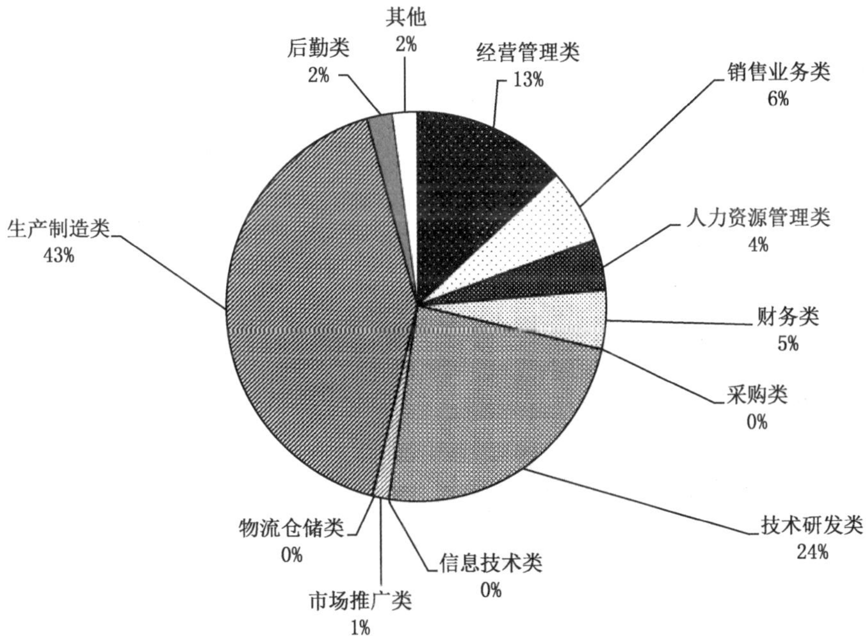

图 10－3　文化创意类企业人员结构

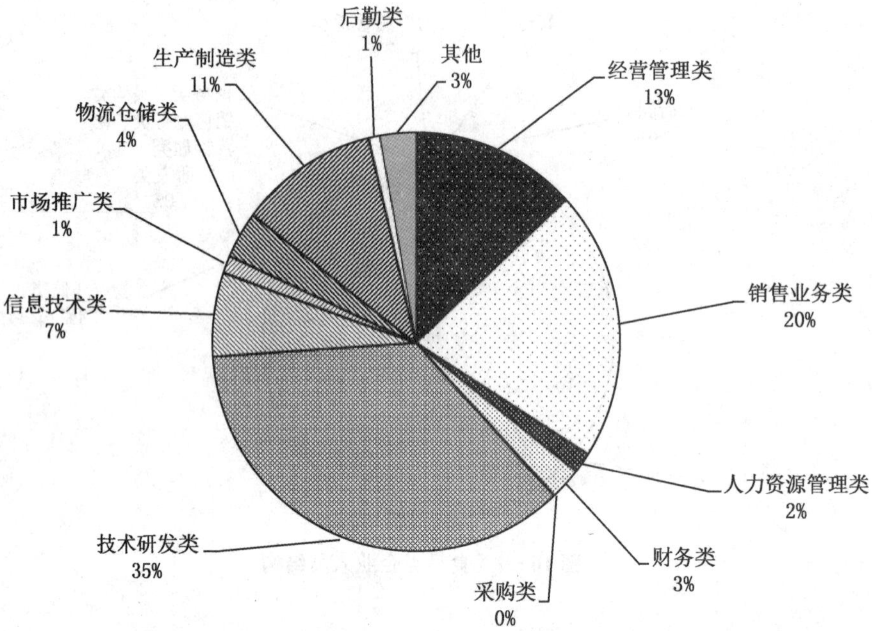

图 10—4　现代服务类企业人员结构

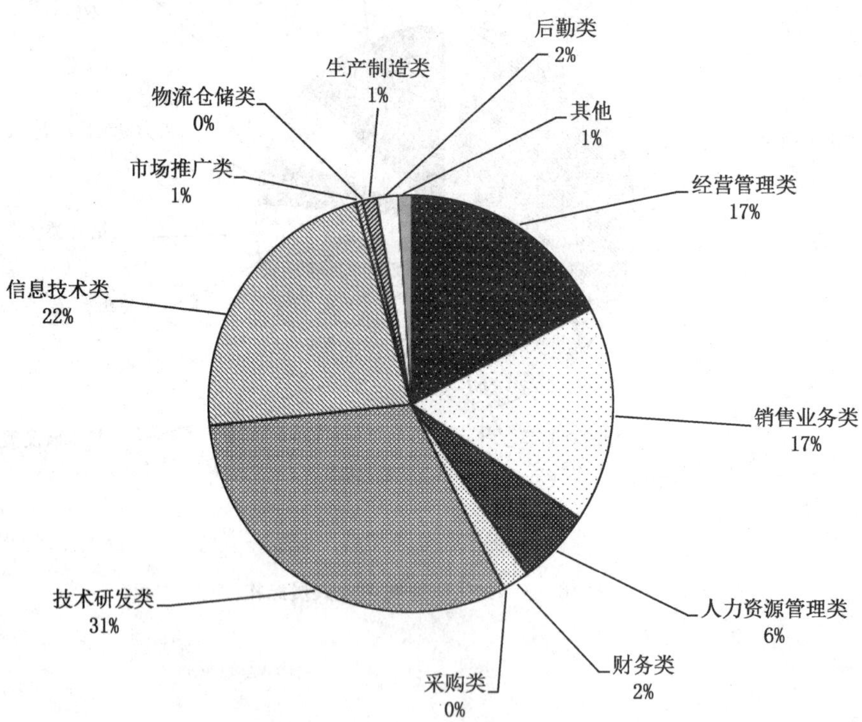

图 10—5　云计算类企业人员结构

2. 企业人才需求特点

通过将 26 家企业调查的结果汇总后，进行数据分析，总体人才需求最看重沟通能力(69.23%)、工作经验(53.85%)、专业素质(50%)，见图 10—6。

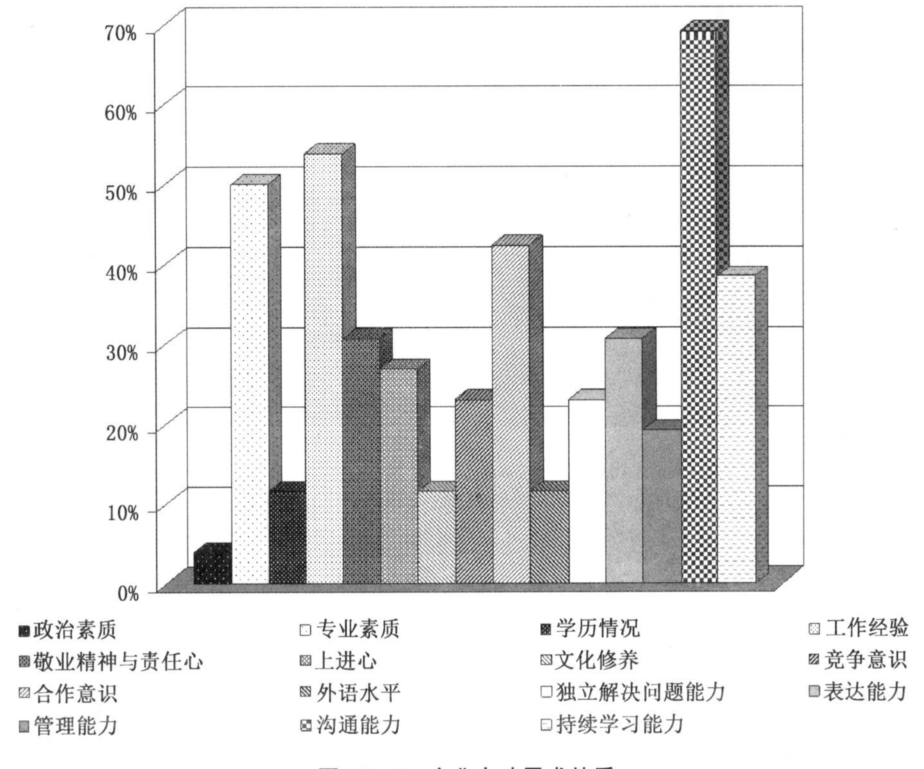

图 10—6　企业人才需求特质

现代服务业中，企业选拔人才最注重沟通能力、敬业精神、上进心；云计算行业之中，企业最看重人才的工作经验、专业素质、沟通能力；现代创意产业中，企业最看重工作经验、专业素质、持续学习能力；装备制造型企业中，选拔人才时最看重沟通能力、表达能力、专业素质、合作精神；食品类企业中，企业选拔人才重视其沟通能力、管理能力、情商性格。

3. 企业招聘大学生的需求特点

从企业招聘的一般规律看，从整体来说，企业选聘大学生时最看重其学习能力(57.69%)、责任心(50%)、团队精神(46.15%)，见图 10—7。

现代服务业中，企业在招聘大学生时，最注重其学习能力、团队精神、动手能力、责任心、实践经验(部分企业的特殊招聘要求：主动工作性、职业操守)。

云计算行业企业在招聘大学生时，最看重其责任心、学习能力、表达能力(部分企业的特殊招聘要求：良好的职业操守)。

现代创意产业企业在招聘大学生时，最看重其创新能力、专业知识、学习成绩。

装备制造型企业在招聘大学生时，最看重其学习能力、敬业精神与责任心。

食品类企业招聘大学生时，更注重其学习能力、团队精神、敬业精神(部分企业的特殊招聘要求：懂得换位思考、情商高)。

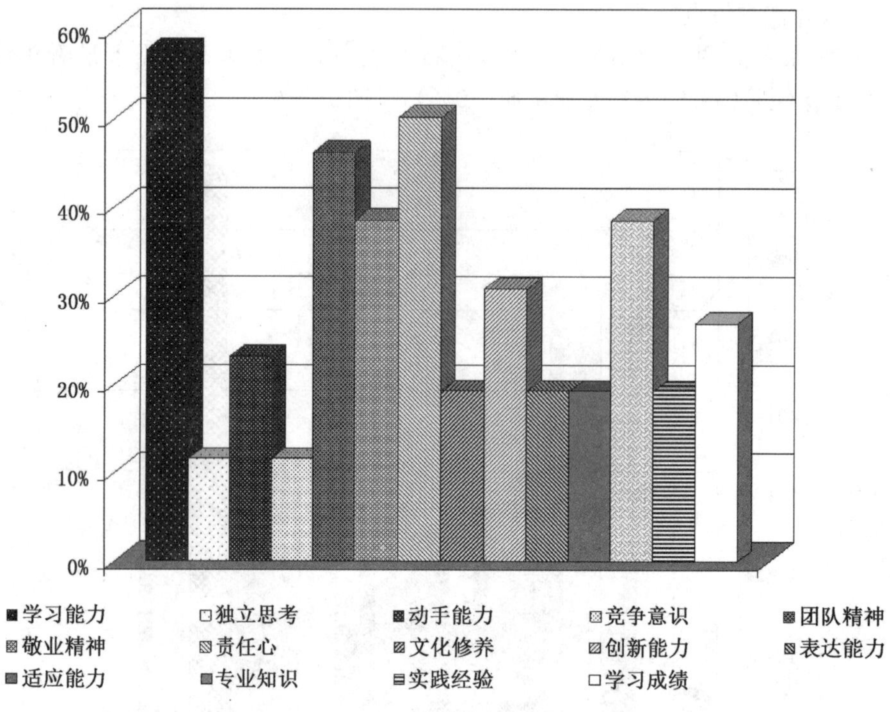

图 10－7　企业需求大学生特质

4. 企业人才招聘方式

企业招聘方式总体丰富多样，但以高校招聘（包括校企联合）、网络招聘（80％招聘效果不理想）、社会招聘为主，多选用稳妥渠道，招聘方式较呆板，见图 10－8。

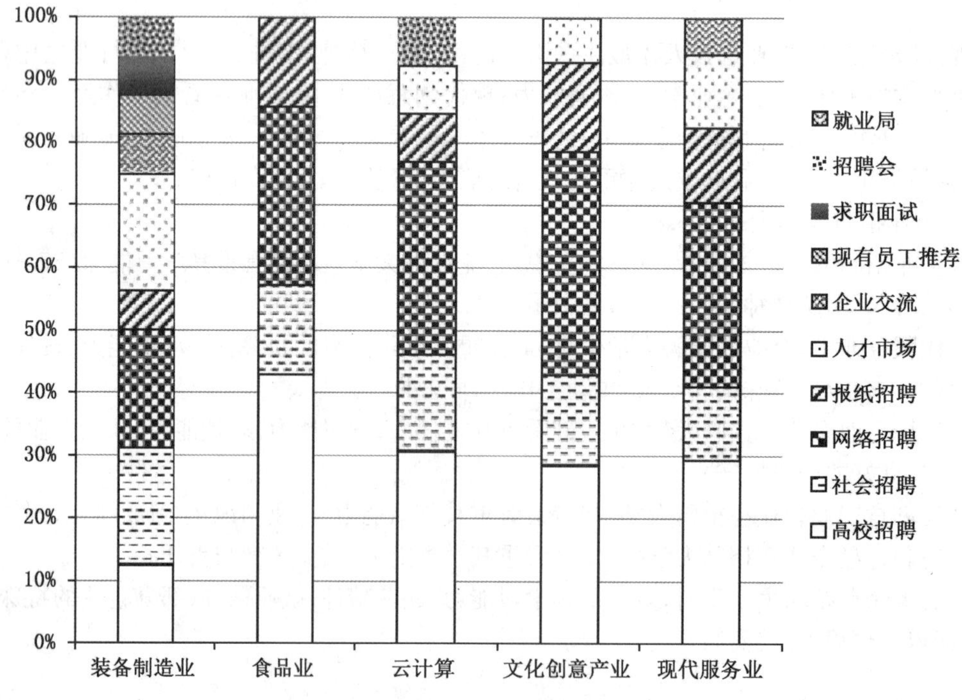

图 10－8　企业人才招聘方式

装备制造业：总体较为丰富，各招聘方式所占比例趋同（在10%左右），以网络招聘和社会招聘为主，对招聘员工学历要求低，更为看重经验与技术。

食品类企业：招聘方式较为简单，只有高校招聘、社会招聘、网络招聘、报纸招聘四种，不能根据自我需求创造多元化的招聘渠道。

云计算类行业：注重人才质量，以高校招聘和网络招聘为主，总体分布不均衡，无法从多方面为企业引进所需人才。

文化创意业：人才招聘方式与云计算接近，以高校招聘和网络招聘为主，企业之间应加强员工交流，相互学习，员工之间相互推荐。

现代服务业：招聘方式多样，与现代网络联系密切，以网络招聘为主，应加强在社会方面的人才招聘，也可以实行招聘会，公开选拔招收人才。

5. 企业留住人才的主要方式

总体来看，企业留住人才方面最常用的是加薪、提供培训机会及升职方式，其他方式使用较少。一次性货币奖励、授予荣誉称号、股票期权、福利待遇、增强企业文化教育、规范管理制度，方式较为多样，但总体分布不均衡，使用增强企业文化与规范管理制度方式的企业较少，见图10—9。

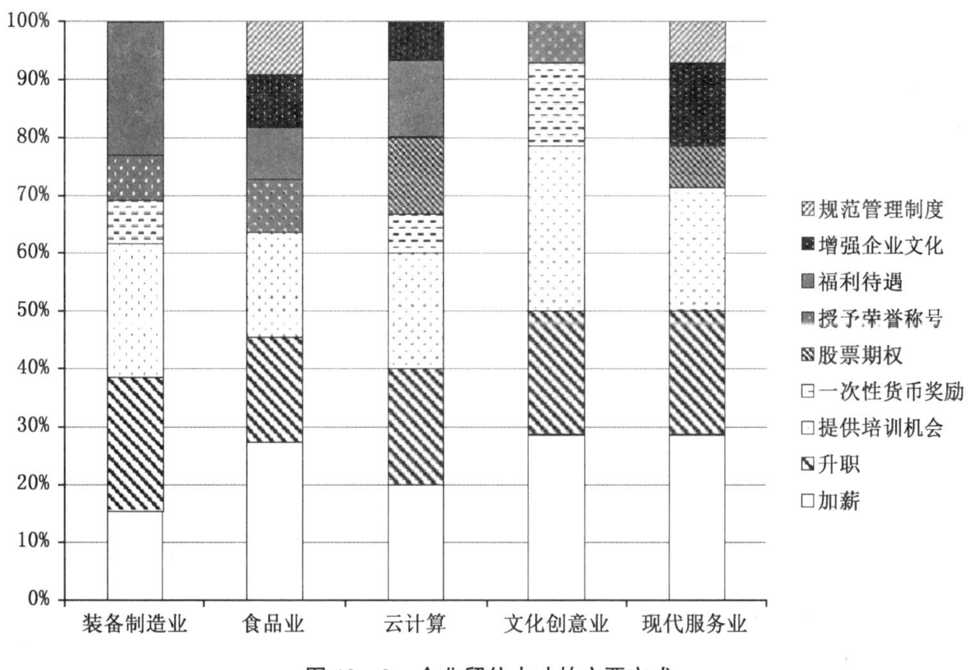

图10—9　企业留住人才的主要方式

装备制造业：总体方式较为丰富，分布平均（皆在15%左右），但对于加强企业文化与规范企业管理方面有待加强。

食品类企业：留住人才方式较为简单，以升职、加薪、提供培训机会为主，无授予荣誉称号与股票期权方面，无法在心理上给予员工鼓励和发展空间。

云计算类行业：注重人才技能，多为提供培训机会，缺乏内部管理的加强和企业文化的增强。

文化创意业：人才留住方式与云计算接近，物质奖励较多，应完善和建立企业核心文化，让员工看到公司发展历史、发展现在以及美好未来。要通过企业文化的感染来建立员工对企业的信心、对自己的信心。

现代服务业:总体来看使用方式较为简单,主要以加薪方式留住人才,无法在情感上加深与员工的关系。

6. 企业近三年的人才需求情况

从整体上看,平房区企业对于人才需求与以往相比大有不同,从只注重成绩与学历慢慢向更加看重应聘者的专业知识、综合能力、工作经验、实践能力等方面转变,成绩与学历等硬性要求只作为参考出现;在性别方面,同样也丢弃了以往传统观念,除了少数岗位如信息技术类,男性优先以外,其他岗位并不受限制。(具体情况见附件:平房区企业近三年人才需求情况表。)

本次调研分析得出结论:装备制造类企业、食品类企业对于技术类岗位(包括工程技术类、生产制造类等岗位)需求人数最多,岗位三年需求人数达 780 人,平均每家企业年需求人数为 33 人。

文化创意类企业对于美术、设计类岗位的三年需求人数为 208 人,企业年均需求人数达到 12 人。

云计算类、文化创意类、现代服务类企业对于 IT 技术类岗位均有需求,三年需求人数达 300 人,企业年均需求人数为 6 人。

市场类岗位(包括市场推广岗位、销售岗位)三年需求人数达到 1 150 人,涉及行业类别广泛,企业年均需求人数达到 21 人。

企业对于经营管理类岗位的三年需求人数为 665 人,企业年均需求人数为 12 人。

而在各行业企业中,对于财务管理类岗位需求极少,三年需求人数仅为 15 人。

(注:数据来源为现有 26 家企业调查资料,由于企业调研数量有限,所得结论与实际可能存在一些偏差,待今后调研更多企业后进行进一步调整。)

五、资料分析

(一)近九成企业赞同人才订单式培养

在走访的共 26 家企业中,92%的企业赞同人才订单式培养,主要原因有以下几个方面。

1. 市场需要方面

人才培养应适应市场需要,具有针对性的培养人才,让高校学生在步入社会后能够以良好的状态进入岗位,满足企业所面向的领域需要,避免出现大学生在校学习内容广泛而无针对性、方向性,导致步入岗位后不尽如人意,造成流失的情况发生。

2. 从业观念方面

多数企业认为目前应届大学生普遍存在的问题是:一味追求高工资,忽略了职业的发展。大学生投入了巨大的教育成本,经过数年的寒窗苦读,刚毕业的大学生普遍期望找到好工作,获得高工资。甚至为了高工资选择非对口专业的工作,导致职业发展的前景并不乐观。这些大学生在现实中很容易碰壁,不利于自我价值的实现,也对企业人才招聘造成了极大的影响。

针对性培养有利于明确高校学生就业方向和目标,避免出现学生“高不成,低不就”的就业瓶颈。

3. 人才技能方面

加强大学生专业技能培养是当前高校面对的一个现实而紧迫的问题,同时也是企业对人才需求的关注点。应届毕业生往往因为理论学习内容枯燥、僵化,纸上谈兵,与企业岗位所需技能不能对接，再次培训学习不仅会造成企业成本资源的浪费，同时也不利于人才尽快融入岗位。

“订单式培养”有利于培养高校学生专业领域方向的技能，让高校学生掌握行业和岗位所需技能，尽快为企业和社会创造价值，节约企业再次进行人才培养所造成的成本。

(二)不同类别企业和岗位对人才的需求存在差异

通过对接受调查的企业进行总体调研后，综合出不同类别企业和岗位对于人才的需求差异，其差别主要体现在专业技能和综合素质两个方面。

1. 生产制造和技术研发类行业、专业技术类岗位以人才专业技能为核心

在接受调查的五大类企业中，装备制造业、云计算、文化创意业、食品业等类别企业，由于岗位专业性强，对于人才的需求侧重于专业人才，如工程技术类专业人才、IT 类人才等。

而企业对于此类人才的需要建立在专业技能的基础上，人才需要具备足够的专业技能素养才能够胜任岗位需要，为企业创造价值。因此，这对于理工专业人才培养尤其是理工高校人才培养提出了新的人才培养思路。

2. 服务销售类行业、职能类岗位更看重人才的综合素质

相对于生产制造和技术研发类行业而言，服务销售类行业更加侧重于人才的综合素养，包括正确认识社会和自我的能力、良好的社会适应能力、人际交往能力、团结协作和善于竞争的能力、独立工作的能力、开拓进取和创新能力等方面。

在岗位基本技能熟练掌握的基础上，企业对于人才沟通、社交、执行力等“情商”方面尤为重视，因此，高校对于此类学生的培养方向应更加侧重于综合素质的培养。

而无论是何类企业、何种岗位，企业对于人才需求的一致看法是：充分具备岗位所需的专业技能的基础上，更青睐具备高综合素质的人才，这也对高校人才培养提出了新的要求。

六、思考与建议

综上所述，企业对于人才的需求、对高校人才培养及“政校企”平台的搭建的建议和想法主要有以下几个方面。

(一)企业对于高校人才培养的看法建议

1. 高校人才培养应以市场需求为核心

从本质上来讲，企业与高校存在差异。企业是营利性组织，其目的是谋求最大利益和发展；而学校是非营利性组织，其目的是培养人才和科学研究。企业认为：高校人才的培养，应该首先研究市场需求、企业需求。无论是从专业知识还是操作技能上，现阶段高校毕业生在步入社会和岗位后均无法快速适应。而高校人才培养模式如果立足于市场、企业的需要，将能够极大地促进高校人才对社会需要的适应性。

2. 培养专业技能完备的大学生

专业知识的学习是大学期间奠定的职业基础，而专业技能的熟练掌握更是企业用人的需求。对于大多数大学生来说，专业与今后的职业发展密切相关，大学教育要体现在专业理论、专业技能同步发展。高校对于学生专业技能的培养不仅仅体现在技能上的提升，也体现在思维方式、处理问题的方式方法上的增进。培养过程中应该不断地让学生对专业技能熟知、熟练。这也要求高校在进行大学生培养时应更加贴近市场需要、企业实际，在技术快速更新的时代，与时俱进，实现学生与市场需求的“零距离”。

3. 培养具备综合素质的人才

多年来，高等教育的办学规模不断扩大，大学毕业生的数量逐年增加，大学生就业遇到了

前所未有的挑战。从企业的角度来说，最看重的是毕业生的综合素质。因为素质是底蕴、是内涵，只有高素质才能转化为高能力。大学生要能够参与社会竞争，适应社会要求，在激烈的人才市场中脱颖而出，就必须从以往的片面注重专业知识学习，转到同时注重提高自身综合素质的轨道，全面提升自我，真正做到德、智、体、美、劳全方面发展。

4. 改进高校人才培养模式

大学生的人才培养模式的调整和优化，有利于适应社会对人才培养的要求。要打破现行的教育模式。一是加强人文教育，注重人文教育与科学教育的融合。二是改革传统课程体系，建立通才教育课程体系，改革课程设置目标，强调学科知识与技能、过程与方法、情感态度与价值观三个方面的整合；改革课程内容的选择和组织方式，注重基础性、时代性、实用性和综合性相结合。三是促进理论学习与实践环节的深度结合，加强科研方法和手段的教学，建立开放、动态平衡的知识结构，培养和挖掘学生的创新潜质，使学生具有科技创新能力。

(二)企业对于政校企平台的看法，可预见性问题和建议

接受调查的企业中，有92%的企业表示支持并愿意加入“政校企”平台，在政府的桥梁下实现企业与高校的对接和交流，共同开展就业活动，同时促进企业人才质量的提升。

1. 加强沟通

在平台架设和运作期间，企业建议加强“政校企”三方以及“校企”的面对面沟通，避免出现沟通不畅造成的人才培养方向错误、资源成本的浪费。九成企业建议和赞同采用高校老师和学生到企业参观学习和企业管理人员到高校进行讲座的形式，加强沟通，也有利于让高校老师与学生更直观地接触和感受市场、企业需要。

2. 高校人才把关

企业对于“政校企”平台共建给予一定的支持和配合的同时，也希望高校能够做好人才把关工作，确保人才质量，使平台起到应有的作用，真正为企业提供源源不断的新鲜血液。

3. 加快落实平台建设，做好前期准备工作

企业希望政府和高校能够尽快将平台建设的前期准备工作落实，并积极给予大力的支持，让平台更顺畅、更好地运营，形成高效互动的良性循环。

七、总结

“政校企”合作是我国经济发展的重要途径。通过校企合作平台的建设，企业可通过平台了解高校学生基本状况以及教师、教学等各种可以利用的资源，学校可通过平台了解企业的项目、人员、设备等可以利用的资源，解决了政府、学校、教师、学生、企业的信息不对称问题，实现校企资源的共建、共管、共享，互惠互利，达到多赢的目的，为实现专业人才培养目标提供了强有力的支持。

在哈尔滨市平房区区政府的领导下，哈尔滨师范大学积极响应政府号召，组建调研队伍对哈南新城区域内企业进行深入的摸底调研。调研过程中，团队全体成员积极努力和配合，历时10天，成功地完成了此次调研的总体目标，完成了“企业关于人才需要”的调研报告，对高校人才培养提供了宝贵的借鉴和指导，也为企业得到更多高专业素养、高综合素质的人才，提供了一些帮助。

但由于时间短，企业联系有些不畅，调研的企业还很少，所得数据不一定能够全面、准确地反映未来行业人才需求情况，我们还需要继续努力，更深入地了解企业需求、企业发展，我们将继续在政府指导和支持下，努力配合实现“政校企”平台的搭建和“政校企”的对接，为哈南新城做出我们新的贡献。

附件 平房区企业近三年人才需求情况表

附表 1 装备制造类企业人才需求的岗位

岗位需求	岗位特质
工程技术类	工程制造类需要的专业是工程技术，这类需求对学历的要求比较严格，正式员工要求毕业于“985”“211”院校，劳务派遣工学历需在正规大专院校统招及以上水平。在性别方面男性居多，女性要求控制在10%以内。所需人才的特质主要包括专业技能、学习能力、沟通能力、合作意识、敬业精神、责任心和表达能力。
生产制造类	生产制造类需要的专业是金属材料、机械制造，这类需求对学历无明显要求。在性别方面要求男性居多。所需人才的特质主要包括专业素养、敬业精神、责任心、上进心、合作意识、独立解决问题的能力、沟通表达能力和持续学习的能力。

附表 2 食品类企业人才需求的岗位

岗位需求	岗位特质
现场工艺类	学历要求大专以上。在性别方面要求男性居多。他们所需人才的特质主要有学习能力、外语读写、沟通能力、换位思考能力。
物流专业	

附表 3 云计算类企业人才需求的岗位

岗位需求	岗位特质
经营管理类	经营管理类需要的专业是工商管理类，这类需求对学历的要求是本科以上。但对于性别没有特殊规定。所需人才的特质主要包括较强的专业素养，较强的学习能力、工作经验、合作意识、沟通能力。
市场销售、推广人员	市场销售、推广人员类不限专业，市场营销专业优先考虑，对于学历没有明显要求，主要看重个人能力。在性别方面也没有具体要求。所需人才的特质主要包括工作经验和沟通能力。
财务管理	财务管理类需要的专业是财务管理，要求学历要在本科及本科以上。但对于性别没有要求。所需人才的特质主要包括专业素养、敬业精神、责任心、表达能力、沟通能力、学习能力和较强的团队合作意识。
IT 技术类	IT 技术类需要的专业是计算机，对学历的要求严格，至少要在本科以上，提倡越高越好。对于性别没有强烈要求，但男士可以优先考虑。所需人才的特质主要包括专业技能、高学历、较强的工作经验。

附表 4 文化创意类企业人才需求的岗位

岗位需求	岗位特质
动漫设计 （开发、制作）	动漫设计类需要的专业是动漫设计，要求学历在本科及本科以上。对于性别没有要求。所需人才的特质主要包括较高的专业素养、工作经验、合作意识、创新能力。
技术类 （研发）	技术类（研发）需要的专业是电子、计算机，学历没有具体要求（高至研究生以上，低至专科以下）。在性别方面提倡男士优先。所需人才的特质主要包括专业技术、工作经验、学习能力。

续表

岗位需求	岗位特质
项目经理	项目经理类需要的专业是经营管理类,学历要求本科就行。没有性别限制。所需人才的特质主要包括专业素养、工作经验、合作意识和沟通能力。
美术设计类（喷涂、平面、制作）	设计类(喷涂、平面)需要的专业是有关平面和3D设计的,学历要求在大专以上。没有性别限制。所需人才的特质主要包括专业素养和计算机技能。 美术类对专业没有限制,要有绘画基础,动漫专业优先考虑,对于学历没有要求,以经验技术为主。对性别也没有要求。他们所需人才的特质主要包括专业技能。
市场管理	市场管理类没有特定专业,没有学历要求。在性别方面要求男性居多。所需人才的特质主要包括工作经验。
行政与微商部门	行政与微商部门类没有专业要求,也没有学历要求。在性别方面要求女性居多。所需人才的特质主要要求有电商经验。

附表 5　　现代服务类企业人才需求的岗位

岗位需求	岗位特质
行政管理	行政管理类需要的专业是行政管理和人力资源管理,学历要求本科及本科以上。在性别方面要男性居多。所需人才的特质主要包括专业素养、高学历和沟通能力。
市场营销与微信推广	市场营销与微信推广类不限专业,市场营销专业可以优先考虑,没有学历要求。在性别方面要求女性居多。所需人才的特质主要包括工作经验、沟通能力和懂多种语言。
财务管理	财务管理类所需专业是财务管理,学历要求在大专以上。性别不限。所需人才的特质主要包括专业素养、工作经验。
软件开发	软件开发类需要的专业是软件工程,学历要求在本科及本科以上。没有性别限制。所需人才的特质主要包括专业技术、工作经验、创新能力和合作意识。

本章小结

市场调查报告是以一定类型的载体反映市场状况的有关信息,包括某些调查与预测结论和建议的形式,是市场调查与预测工作的最后环节,是整个市场调查与预测工作最终成果的集中表现。一份完整的市场调查报告包括目录、正文、结论与建议、附件等部分。要撰写一份好的市场调查与预测报告,还需要一定的叙述技巧、说明技巧、议论技巧和语言运用技巧等撰写技巧。另外,市场调查报告质量与效果应是市场调查报告使用者或委托者及其他人之间以各种有效的形式传递市场调查结果的活动。影响市场调查报告使用的因素主要有报告的可信度和使用价值,报告使用者和市场调查者之间的沟通程度,调查与预测工作的组织者和报告主要使用者的性格和任职期限等。市场调查报告的评价是对市场调查报告实施之后的效果进行评价。这是市场调查与预测者必须开展的一项工作,它不仅关系到其为报告使用者服务的质量,还有利于总结经验、发现不足。

复习思考题

1. 市场调查为什么要提供市场调查报告?

2. 简述市场调查报告的写作格式。

3. 书面调查报告的基本要求是什么?

4. 书面调查报告的写作步骤有哪几步?

5. 正规调研报告的格式应包括哪些内容?

6. 修改以下市场调查报告的标题:

(1)从新产品开发、开源节流和综合利用,看提高企业经济效益的新途径

(2)对我省高校后勤社会化改革状况的调查报告——高校后勤产业化发展的现状与对策

(3)增加花色品种,提高服务质量——我省上半年饮食行业营业额下降的原因调查

7. 为以下市场调查报告中的段落拟写小标题:

(1)调查表明,1999 年 8 月份,城镇就业者中受教育程度在大学及以上的占 11.5%,人均收入 980 元;中专学历占 12.6%,人均收入 691 元;高中学历占 32.8%,人均收入 664 元;小学文化占 1.5%,人均收入 530 元。大学以上就业者收入水平比中专高 41.8%,比高中高 47.6%,比小学高 84.9%。

论资排辈调工资已经是老皇历了。本次调查中,收入变化最大的是 30 岁以下的年轻家庭,他们已成为收入最高的年龄组。从按户主年龄分组的家庭平均收入水平观察,各年龄段的家庭平均收入呈 U 字形,年轻和年老的家庭收入较高,中年组最低。由于受教育程度较高,家庭负担较轻,户主 30 岁以下家庭人均收入 522 元,比全国平均水平高 23.7%;而 41～45 岁家庭人均收入仅为 402 元,这部分家庭的就业者成长在“文革”时期,受教育程度较低,在市场经济大潮中竞争能力较差,收入水平相对较低,家庭人均收入比 30 岁以下的家庭低 30%。

(2)社会保障制度是市场经济运行的安全网和稳定器,它关系到每个人的切身利益。有调查资料表明,在被调查的 13.7 万户城镇居民家庭户主中,36.6%的居民参加了养老保险;11.8%的人参加了失业保险;31.2%的人参加了住房公积金;13.9%的人参加了医疗保险。参加工伤保险、生育保险和职工互助补充保险的人更少,分别仅为 2.2%、1.2%和 0.9%(见下表)。

保险类别	养老保险	失业保险	住房公积金	医疗保险	工作保险	生育保险	职工互助补充保险
比例	33.6%	11.8%	31.2%	13.9%	2.2%	1.2%	0.9%

按调查居民的就业状况分组,就业者的社会保障状况明显好于非就业者。就业者参加养老保险、失业保险和医疗保险的比重分别为 51.8%、17.9%和 17.7%,而非就业者参加的比重仅为 14.4%、2.9%和 8.2%。

调查表明,目前仍有 7%～8%的人对这项制度不清楚,许多私营个体劳动者还存有疑虑,表示对未来考虑较少。

8. 对下列市场调查材料进行简要分析,写一段陈述分析文字:

(1)2001 年第一季度长春市场各品牌皮鞋知名度如下表所示:

品牌	森达	达芙妮	红蜻蜓	富贵鸟	华伦天奴	鳄鱼	康奈
知名度	65.15%	54.55%	43.94%	43.94%	39.39%	37.88%	34.85%
品牌	花花公子	百丽	梦特娇	贵人鸟	百思图	奥康	圣智
知名度	33.33%	31.82%	24.24%	21.21%	18.18%	13.64%	7.58%

(2)中国经济景气监测中心会同中央电视台中国财经报道,就目前我国教育形势问题对北京、西安、武汉三座城市的 900 余位常驻户口居民进行了抽样问卷调查。下表是被调查者对网络教育看法的统计结果:

看法	统计结果
未来的主流教育	44.7%
一样学到知识	41.7%
追赶新奇时髦	13.6%

9. 实地调查本地区内各种品牌啤酒销售状况，撰写一篇市场调查报告。

案例分析

2007～2008 年中国手机市场调查报告（部分）

一、市场概述及主要观点

1. 市场概述

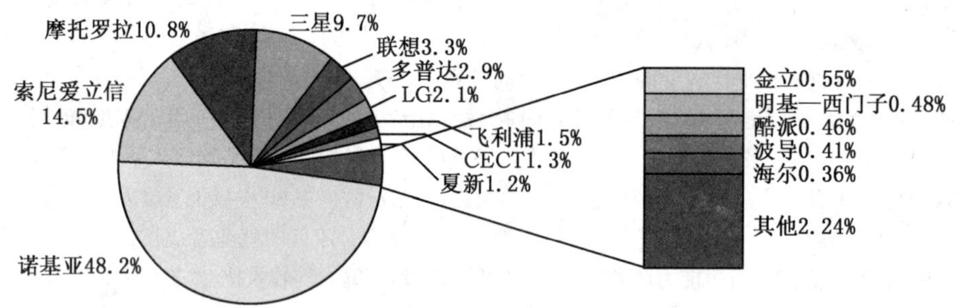

2007 年中国市场最受用户关注的 15 大手机品牌分布

市场：竞争激烈、百花齐放

2007 年中国手机市场竞争激烈，从低端市场的短兵相接到高端市场的开启，从区域市场的打响到各品牌新战略的发布，手机市场呈现出良好的发展态势。

品牌：各大品牌市场对抗激烈

诺基亚推动娱乐市场战略与涉足互联网服务领域；索尼爱立信弥补智能手机软肋；三星放下架子攻低端；摩托罗拉发展受阻；其他国外品牌（如 LG 等）表现不佳。联想继续挺进，多普达锋芒毕露，其他国产品牌在生死线上挣扎。手机市场再现黑马，苹果高调入市，娱乐功能比重占主流；魅族、纽曼先后进入手机市场。

渠道：三、四级区域市场竞争加剧

调查显示，2007 年区域市场成为厂商竞争的焦点。各大品牌渠道下渗，向三、四级乃至更低的区域市场延伸，并与"黑手机"对抗。

产品：产品功能竞争全面开花

2007 年，音乐手机、智能手机、高像素拍照手机、触摸屏手机、游戏手机等并行不悖，且层层推进，充分反映了 2007 年手机市场向娱乐功能竞争的转型。在这一过程中，手机逐渐转化成娱乐的载体。

上游：手机产业链喜忧参半

2007 年，运营商单向收费为消费者带来惊喜。运行五年之后的手机核准制寿终正寝，这对于各大厂商来说有喜有忧。此外，截至 2007 年底，3G 牌照仍未发放。

2. 观点及预测

通过对 2007 年手机市场的监测调查，ZDC 得出以下主要结论及市场预测：

品牌：品牌竞争格局保持稳定

整体品牌竞争格局保持稳定，诺基亚获得 48.2%的关注比例，超过索尼爱立信、摩托罗拉与三星三个品牌的关注比例之和。国内品牌无力应对,关注份额日渐萎缩。新品牌对整体市场的影响尚不明显。

ZDC 预测 2008 年诺基亚继续攀高,有望夺得半壁江山。三星与摩托罗拉胶着之势明显,但在争夺过程中三星将胜出。国内品牌多普达锋芒毕露,2008 年将成为国内品牌的领军者。

厂商:市场地位决定四大厂商竞争策略差异

诺基亚的产品策略围绕其领导品牌而进行。索尼爱立信重在补阙产品线,扩大在其他产品方面的缺失,这也是索尼爱立信 2008 年的市场战略重点。三星在 2007 年作为挑战者出现,并取得一定成绩。摩托罗拉竞争力下滑,并以一个跟随者的身份出现,2008 年重新取得一线领导者地位是摩托罗拉的奋斗目标。

区域:品牌格局变动不大

华南市场集中了 34.9%的关注比例,且关注度保持上升势头。2008 年区域市场继续升温,但品牌格局相对稳定,不会发生较大变化。

产品:多功能产品齐上阵

音乐手机初期在容量方面为用户所诟病,但是 2007 年 2GB、4GB 乃至更高容量的机型不断上市,给音乐手机市场注入活力,使其关注比例在 2007 年第四季度反弹,达到 55.6%。智能手机 2007 年实现三级跳,关注比例上升 10.3 个百分点。200 万像素拍照手机主导市场,占据 46.9%的关注份额。

ZDC 预测 2008 年手机市场多功能产品竞争升级。智能手机市场关注比例将超过 50%,音乐播放功能成手机标准配置,游戏手机在 2008 年将启动,并且成为市场争夺的焦点。300 万像素产品关注比例将突破 20 个百分点,500 万及以上高像素拍照手机成为亮点,市场关注份额将超过 100 万像素机型。

价格:手机关注向中高端倾斜

2007 年,2 000 元以下中低端手机占半壁江山,但高端产品关注度上升明显。音乐与智能手机均价差距缩小至 647 元。ZDC 认为:2008 年手机市场消费将向中高端市场转移,4 000 元以上产品关注比例在 2008 年有望接近 10%。

二、市场结构研究

(一)品牌结构

1. 整体市场

调查显示,诺基亚成为 2007 年中国手机市场关注度最高的品牌,关注比例达到 48.2%。2007 年诺基亚进军新兴手机市场,N95 的上市再度掀起高端战略,随后进军网络服务市场,诺基亚游戏手机再度进入市场,N81 以及诺基亚“娱乐下一季”受到高度关注。

索尼爱立信获得 14.5%的关注比例,虽然其全球市场占有率与中国市场关注同步上涨,但是产品端表现捉襟见肘,中高端产品的匮乏成为其产品线建设的软肋,尤其是当音乐播放功能不再是竞争亮点而成为手机产品的标准配置之后,索尼爱立信能否翻身值得关注。

2007 年下半年摩托罗拉在关注度与销量两方面均被三星超越,因此 2007 年全年其获得 10.8%的关注比例不能掩盖困境。三星机海战术成功,获得 9.7%的关注比例,并从 2007 年第三季度开始超过摩托罗拉,但在全年统计数字上三星仍稍逊于摩托罗拉。

相对于国外四大品牌激烈对抗,国内品牌的表现乏善可陈。此外,“黑手机”抢夺市场,使得国内品牌的生存空间更加狭窄。ZDC 调查数据显示,2007 年国内品牌合计获得 11.5%的关注比例,其中联想、多普达、CECT 与夏新分别以 3.3%、2.9%、1.3%和 1.2%的关注比例入围十大品牌之列。排名第十一至第十五的均为国内品牌,但关注比例较低。

2007 年手机市场再现黑马。苹果 iPhone 从 2007 年 1 月份的高调推广到 6 月份的美国上市,搅动市场,但在 2007 年进入中国市场的希望最终破灭。2007 年 12 月另一美国厂商黑莓(RIM)与中国移动合作,登陆中国手机市场。苹果 iPhone 之后,传出国内 MP3 品牌魅族进军手机市场、Google 推出 Gphone 的音讯,但纽曼抢先发布手机新品,给手机市场带来意外惊喜。

2. 主流品牌关注变化

调查结果显示,2007 年度最受用户关注的主流品牌中,诺基亚、联想、多普达、LG、夏新与苹果这六个品牌的关注比例呈正增长。诺基亚关注比例增长幅度达到 10 个百分点,这主要是由于 2007 年诺基亚低端新兴

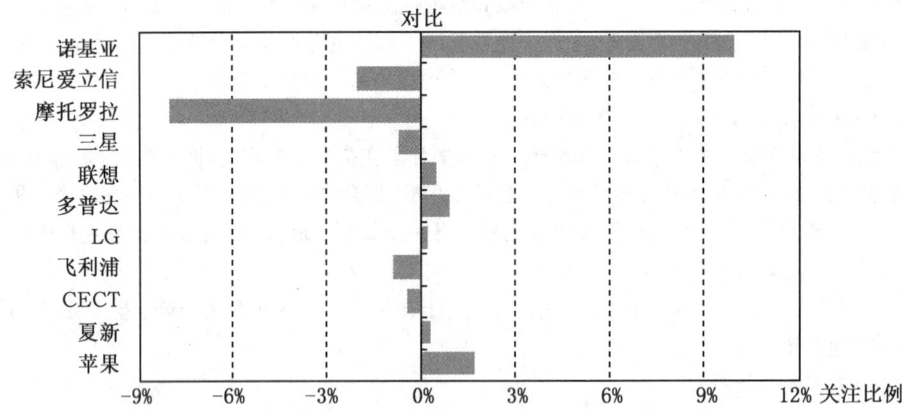

注:苹果在2007年表现上佳,因而在品牌关注比例波动对比中涵盖了苹果。

2007年主流品牌关注比例增长对比

市场战略、高端价格战、游戏手机的推出以及向互联网进军等相关举措带动了关注的提升。LG上升幅度较小,而苹果关注比例提升幅度接近2个百分点。

国内品牌也有上佳表现,多普达最具发展潜力,关注比例增长幅度为1个百分点,联想关注比例提升了0.6个百分点。夏新锁定GPS手机市场定位,关注比例轻微上扬。

在2007年度,索尼爱立信、摩托罗拉、三星、飞利浦与CECT关注比例均出现负增长。尤其是摩托罗拉,关注比例负增长超过7个百分点,这充分反映出摩托罗拉在中国手机市场遭遇困境的现状。索尼爱立信虽然位居三甲,但发展态势不容乐观。

三星关注比例负增长幅度为0.6个百分点,2007年下半年三星低端手机市场战略为其挽回不少关注份额,因此关注负增长幅度较小。飞利浦与CECT发展均面临较大压力,关注比例负增长幅度分别为0.8个百分点和0.4个百分点。

(二)区域结构

1. 关注格局

ZDC根据调查数据,统计得出七大区域手机市场关注比例分布。而由于经济发展状况不同,导致各个区域市场关注度存在差异,具体分布见下图:

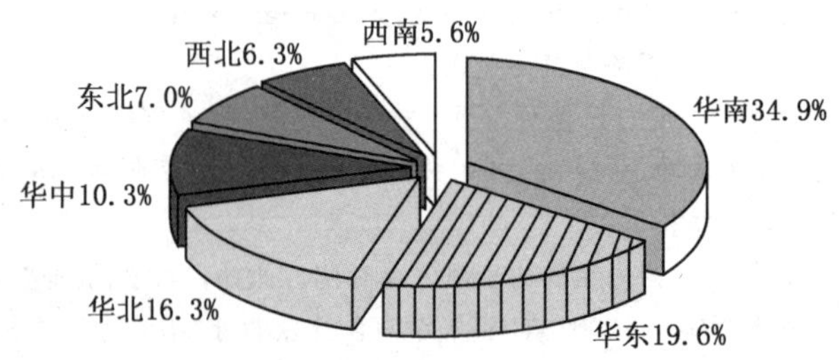

2007年中国市场七大区域手机关注比例分布

从关注比例分布状况来看,华南市场集中了整体市场1/3以上的关注比例。华东、华北与华中市场关注比例均保持在10～20个百分点之间,东北、西北与西南市场关注比例在5～7个百分点之间。从这一分布来看,七大区域市场关注度分布随着东部向西部延伸、南部向北部移动而逐步递减。

下图是2007年四个季度七大区域市场关注比例走势对比,主要考察2007年各大厂商区域市场战略逐步实施之后区域市场关注的变化状况。

调查结果显示,2007年区域市场关注相对集中,华南市场一直保持三成以上的关注比例。华东市场整体

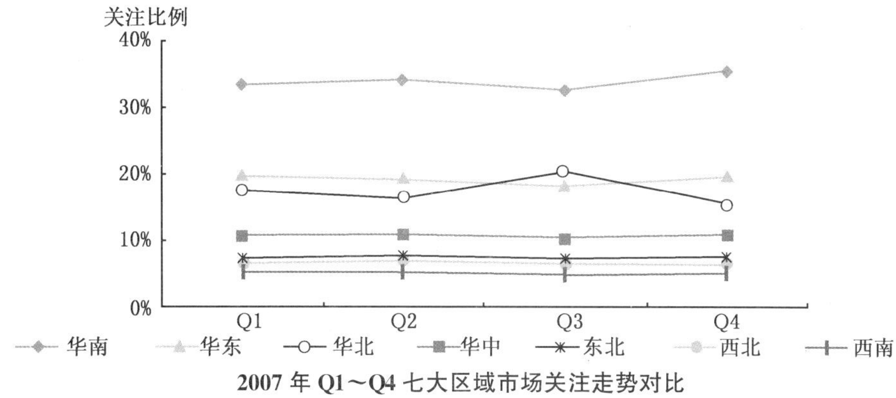

2007 年 Q1～Q4 七大区域市场关注走势对比

较为稳定，而华北市场则上下波动。虽然各大厂商区域市场战略已经启动，但是对东北、华中、西北与西南市场关注影响不大，关注走势都只出现轻微的波动。从这一状况来看，2008 年区域市场竞争格局难以改变，各大厂商向三、四级乃至更低的区域市场渗透力度有待继续提升。

2. 品牌格局

ZDC 调查数据显示，全国七大区域市场主流厂商形成的品牌竞争格局差距不大。诺基亚在七大区域市场的关注度均排名第一，索尼爱立信在东北与西北市场不敌摩托罗拉，三星在各区域市场的关注度排名保持稳定，一直处于排行榜第四的位置，如下表所示。

排名	华南	华东	华北	华中	东北	西北	西南
1	诺基亚	诺基亚	诺基亚	诺基亚	诺基亚	诺基亚	诺基亚
2	索尼爱立信	索尼爱立信	索尼爱立信	索尼爱立信	摩托罗拉	摩托罗拉	摩托罗拉
3	摩托罗拉	摩托罗拉	摩托罗拉	摩托罗拉	索尼爱立信	索尼爱立信	摩托罗拉
4	三星	三星	三星	三星	三星	三星	三星
5	多普达	联想	多普达	联想	联想	联想	联想
6	联想	多普达	联想	LG	飞利浦	多普达	多普达
7	LG	LG	LG	多普达	LG	LG	LG
8	夏新	夏新	飞利浦	夏新	多普达	飞利浦	夏新
9	飞利浦	CECT	CECT	CECT	CECT	CECT	CECT
10	CECT	飞利浦	苹果	飞利浦	夏新	夏新	飞利浦

从排行榜第五位开始，各品牌在不同区域市场的排名频繁变动。联想与多普达在第五的位置争夺突出。LG 的优势在华中市场得到体现，排名第六。飞利浦在东北市场排名第六，但在其他区域表现欠佳。夏新在华南、华东、华中与西南市场均有不错表现，但在东北与西北市场排名较低。CECT 在华南市场表现较差，苹果在华北市场表现最佳。

（案例来源：中通网；数据来源：ZOL 调研中心。）

习题参考答案

思考题：

1. 这是一份什么性质的报告？这份报告有哪些优缺点？
2. 这份报告对哪些人有用处？为什么？

参考文献

[1]范伟达:《市场调查教程》(第二版),复旦大学出版社 2014 年版。

[2]小卡尔·麦克丹尼尔等著,李桂华等译:《当代市场调研》(原书第十版),机械工业出版社 2018 年版。

[3]陈启杰:《市场调研与预测》(第四版),上海财经大学出版社 2014 年版。

[4]麦克丹尼尔·盖兹著,范秀成译:《市场调研精要》(第三版),机械工业出版社 2002 年版。

[5]小卡尔·麦克丹尼尔等著,李桂华等译:《当代市场调研》(原书第八版),机械工业出版社 2015 年版。

[6]胡祖光等:《市场调研与预测》,中国发展出版社 2006 年版。

[7]屈援:《市场研究》,经济科学出版社 2011 年版。

[8]庄贵军:《市场调查与预测》(第二版),北京大学出版社 2014 年版。

[9]周宏敏:《市场调研案例教程》,北京大学出版社 2008 年版。

[10]杨凤容:《市场调研实务操作》,清华大学出版社 2008 年版。

[11]黄静:《市场调查与预测》,清华大学出版社 2014 年版。

[12]龚曙明:《市场调查与预测》,清华大学出版社、北京交通大学出版社 2005 年版。

[13]徐井岗:《市场调研与预测》,科学出版社 2004 年版。

[14]刘玉玲:《市场调查与预测》(第三版),科学出版社 2016 年版。

[15]林根祥、吴晔、吴现立:《市场调研与预测》,武汉理工大学出版社 2005 年版。

[16]柴庆春:《市场调查与预测》,中国人民大学出版社 2006 年版。

[17]石井荣造:《市场调研》,科学出版社 2006 年版。

[18]刘常宝:《市场调查与预测》,机械工业出版社 2018 年版。

[19]小约瑟夫·F.海尔等著,白雪梅主译:《市场营销调研精要》,东北财经大学出版社 2016 年版。

[20]伊恩·布雷著,胡零、刘智勇译:《市场调查宝典——问卷设计》,上海交通大学出版社 2005 年版。

[21]伊冯娜·麦吉温等著,李桂华等译:《市场调研实务》(原书第四版),机械工业出版社 2017 年版。

[22]陈殿阁:《市场调查与预测》,清华大学出版社、北京交通大学出版社 2004 年版。

[23]刘红霞:《市场调查与预测》(第四版),科学出版社 2017 年版。

[24]小约瑟夫·海尔等著,刘新智等译:《营销调研——信息条件下的选择》,清华大学出版社 2012 年版。

[25]黄丹:《市场调研与预测》,北京师范大学出版社 2014 年版。

[26]查尔斯·希尔著,曹海陵、刘萍译:《当代全球商务》,机械工业出版社 2004 年版。

[27]戴维·阿克、库马、乔治·戴:《营销调研》,中国财政经济出版社 2004 年版。

[28]马连福:《市场调查与预测》,机械工业出版社 2016 年版。

[29]汤杰、郭秀颖、刘威娜:《市场调查与预测》,哈尔滨工业大学出版社 2012 年版。

[30]田志龙:《市场研究——基本方法、应用与案例》,华中科技大学出版社 2002 年版。

[31]魏炳麒:《市场调查与预测》,东北财经大学出版社 2010 年版。

[32]宋剑涛:《市场调查与预测》,西南财经大学出版社 2011 年版。

[33]叶伟:《市场调查与预测》,北京理工大学出版社 2011 年版。